NCS 합격 노트
의사소통능력

시대에듀

2026 최신판 시대에듀 NCS 의사소통능력 합격노트

Always with you

사람의 인연은 길에서 우연하게 만나거나 함께 살아가는 것만을 의미하지는 않습니다.
책을 펴내는 출판사와 그 책을 읽는 독자의 만남도 소중한 인연입니다.
시대에듀는 항상 독자의 마음을 헤아리기 위해 노력하고 있습니다. 늘 독자와 함께하겠습니다.

 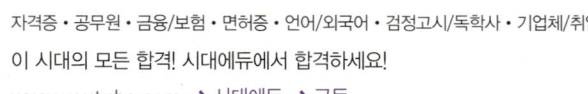 

머리말 PREFACE

NCS 의사소통능력 핵심만 정복하기!

의사소통능력은 공사·공단 채용을 위해 시행하는 대부분의 NCS 기반 필기시험에서 다루는 영역으로 다양한 유형의 문제가 출제된다. 또한 다른 영역에 비해 지문이 길어 내용에 대한 이해가 중요하다. 제한된 시간 안에 여러 영역의 문제를 빠르고 정확하게 풀이해야 하는 시험 특성상, 의사소통능력에 출제되는 지문의 유형 분석이 필수적이다. 해를 거듭할수록 난도 높은 문제가 출제되고 있기에 취업준비생들은 의사소통능력 출제 유형에 익숙해지는 것과 더불어 문제 풀이 능력을 함양하여 실력을 향상하는 것이 중요하다.

공기업 필기시험 합격을 위해 시대에듀에서는 기업별 NCS 시리즈 누적 판매량 1위의 출간 경험을 토대로 다음과 같은 특징의 도서를 출간하였다.

도서의 특징

❶ **기출복원문제를 통한 출제 유형 확인!**
 • 2025~2024년 주요 공기업 의사소통능력 기출복원문제를 통해 해당 영역의 출제 유형과 경향을 파악할 수 있도록 하였다.

❷ **단계별 학습을 통해 실력 상승!**
 • 의사소통능력 핵심 모듈이론을 학습하고 대표유형을 통해 세부 영역에 대한 이해를 돕고자 하였다.
 • 기본문제-응용문제-적중문제에 걸친 체계적인 문제 풀이로 단기간 실력 향상에 도움이 될 수 있도록 하였다.

❸ **최종점검 모의고사를 통한 완벽한 실전 대비!**
 • 철저한 분석을 통해 실제 시험과 유사한 최종점검 모의고사를 수록하여 자신의 실력을 점검할 수 있도록 하였다.

❹ **다양한 콘텐츠로 최종 합격까지!**
 • 온라인 모의고사 응시 쿠폰을 무료로 제공하여 필기시험에 대비할 수 있도록 하였다.
 • 모바일 OMR 답안채점/성적분석 서비스를 제공하여 자동으로 점수를 채점하고 확인할 수 있도록 하였다.

끝으로 본 도서를 통해 공기업 채용을 준비하는 모든 수험생 여러분이 합격의 기쁨을 누리기를 진심으로 기원한다.

SDC(Sidae Data Center) 씀

합격 Cheat Key ANALYSIS

문제에서 요구하는 바를 먼저 파악하라!

의사소통능력에서 가장 중요한 것은 제한된 시간 안에 빠르고 정확하게 답을 찾아내는 것이다. 그러하기 위해서는 우리가 의사소통능력을 공부하는 이유를 잊지 말아야 한다. 우리는 지식을 쌓기 위해 지문을 읽는 것이 아니다. 의사소통능력에서는 지문이 아니라 문제가 주인공이다. 지문을 읽기 전에 문제를 먼저 파악해야 한다. 주제 찾기 문제라면 첫 문장과 마지막 문장 또는 접속어에 주목하자. 내용일치 문제라면 지문과 선택지의 일치/불일치 여부만 파악한 뒤 빠져 나오자. 지문에 몰입하는 순간 소중한 시험 시간은 속절없이 흘러 버린다.

잠재되어 있는 언어능력을 발휘하라!

의사소통능력에는 끝이 없다. 의사소통의 방대함에 포기한 적이 있는가? 세상에 글은 많고 우리가 학습할 수 있는 시간은 한정적이다. 이를 극복할 방법은 다양한 글을 접하는 것이다. 실제 시험장에서 어떤 내용의 지문이 나올지 아무도 예측할 수 없다. 따라서 평소에 신문, 소설, 보고서 등 여러 종류의 글을 접하는 것이 필요하다. 잠재되어 있는 안목이 시험장에서 빛을 발할 것이다.

상황을 가정하라!

업무 수행에 있어 상황별 언어표현은 중요하다. 같은 말이라도 상황에 따라 다르게 해석될 수 있기 때문이다. 그런 의미에서 자신의 의견을 효과적으로 전달할 능력을 평가하는 것은 당연하다. 따라서 다양한 상황에서의 언어표현능력을 함양하기 위한 연습의 과정이 요구된다. 업무를 수행하면서 발생할 수 있는 여러 경우를 가정하고 그에 따른 올바른 언어표현을 정리하는 것이 필요하다. 의사표현 영역의 경우 출제 빈도가 높지는 않지만 상황에 따른 판단력을 평가하는 문항인 만큼 철저한 대비가 필요하다.

말하는 이의 입장에서 생각하라!

잘 듣는 것 또한 하나의 능력이다. 상대방의 이야기에 귀 기울이고 공감하는 태도는 업무를 수행하는 관계 속에서 필요한 요소이다. 그런 의미에서 다양한 상황에서의 듣는 능력을 평가하는 것이다. 말하는 이가 요구하는 듣는 이의 태도를 파악하고, 이에 따른 판단을 할 수 있도록 언제나 말하는 사람의 입장이 되는 연습이 필요하다.

반복만이 살길이다!

외국어를 공부하던 때를 떠올려 보자. 셀 수 없이 많은 표현들을 익히기 위해 얼마나 많은 반복의 과정을 거쳤는가? 의사소통능력 역시 그러하다. 문제 유형을 마스터하기 위해 가장 중요한 것은 바로 반복하여 많이 풀어 보는 것이다.

도서 200% 활용하기 STRUCTURES

1 기출복원문제로 출제 경향 파악!

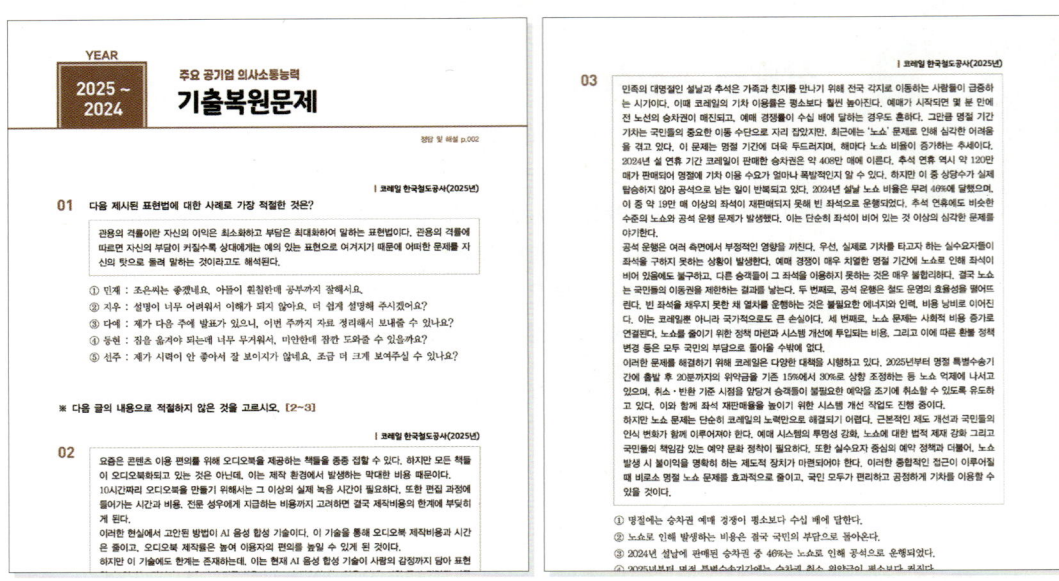

▶ 2025~2024년 주요 공기업 의사소통능력 기출문제를 복원하여 공기업별 출제 경향을 파악할 수 있도록 하였다.

2 모듈이론 + 대표유형으로 핵심 파악!

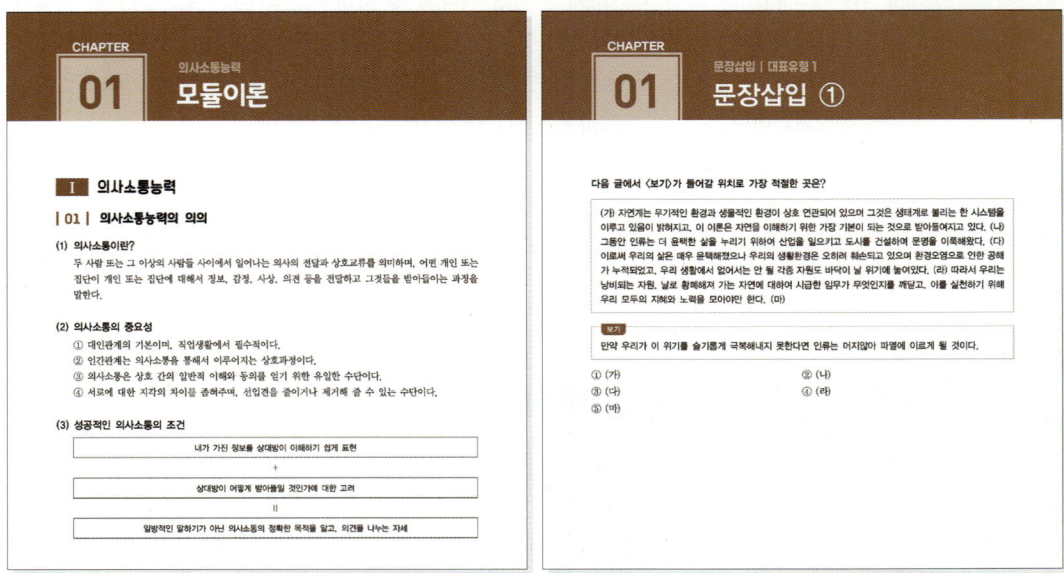

▶ 핵심 모듈이론을 수록하여 반드시 익혀야 할 내용을 확인할 수 있도록 하였다.
▶ 대표유형을 수록하여 세부 영역별 유형의 특징을 파악할 수 있도록 하였다.

3 3단계 유형점검으로 체계적 학습!

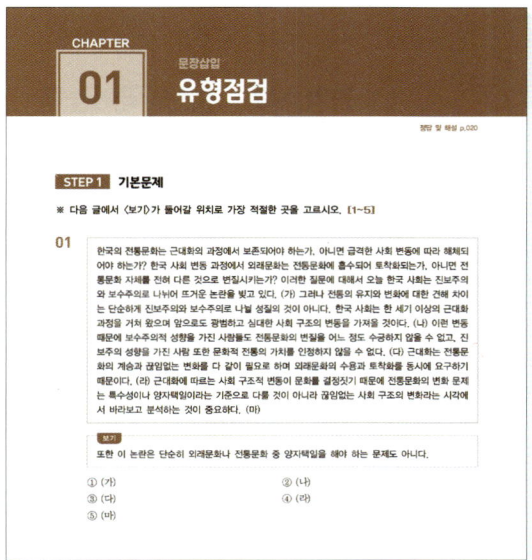
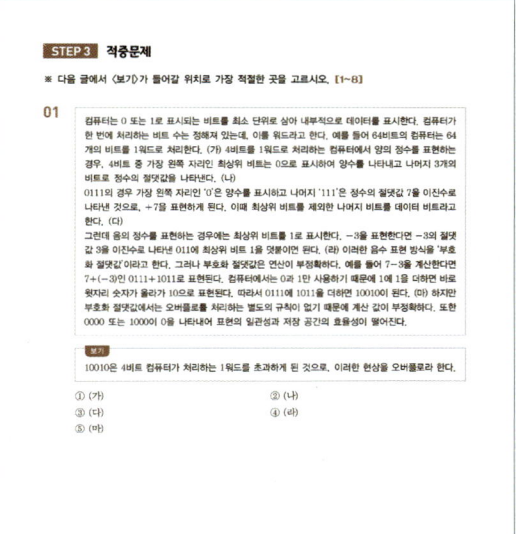

▶ 기본문제 – 응용문제 – 적중문제 3단계에 걸친 유형점검을 수록하여 체계적으로 학습할 수 있도록 하였다.

4 최종점검 모의고사로 실전 연습!

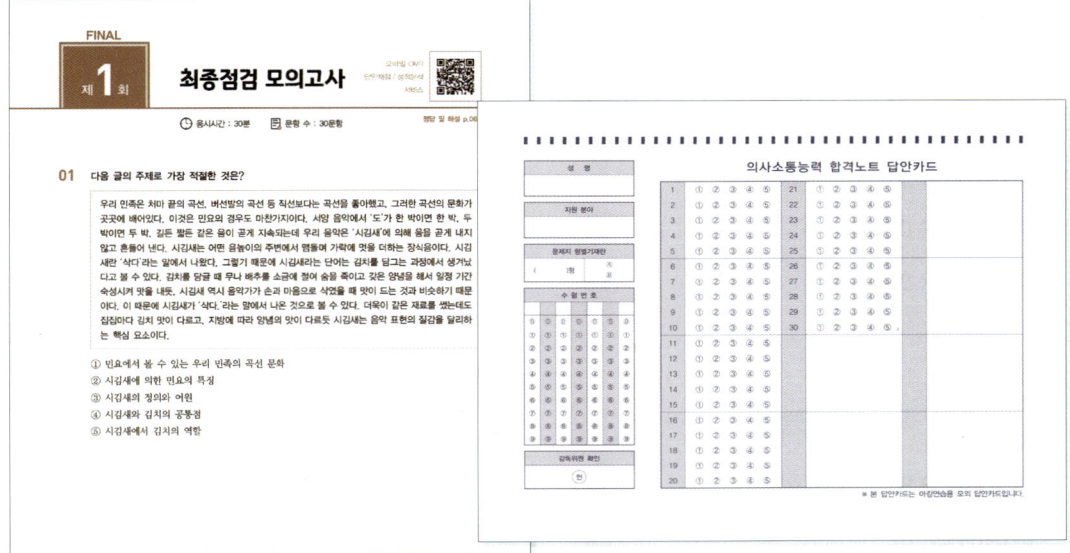

▶ 최종점검 모의고사를 수록하여 실제로 시험을 보는 것처럼 마무리 연습을 할 수 있도록 하였다.
▶ 모바일 OMR 답안채점/성적분석 서비스를 제공하여 자동으로 채점하고 결과를 확인할 수 있도록 하였다.

이 책의 차례 CONTENTS

Add+ 2025~2024년 주요 공기업 의사소통능력 기출복원문제   2

PART 1 모듈형
CHAPTER 01   모듈이론   2
CHAPTER 02   유형점검   20

PART 2 문서이해능력
CHAPTER 01   문장삽입   34
CHAPTER 02   빈칸추론   54
CHAPTER 03   내용일치   72
CHAPTER 04   나열하기   92
CHAPTER 05   주제·제목 찾기   108
CHAPTER 06   비판·반박   124
CHAPTER 07   추론   144

PART 3 문서작성능력
CHAPTER 01   개요수정   164
CHAPTER 02   내용수정   186
CHAPTER 03   도식화   198

PART 4 의사표현능력
CHAPTER 01   언어표현   210
CHAPTER 02   다의어   220
CHAPTER 03   관용적 표현   226

PART 5 경청능력·기초외국어능력
CHAPTER 01   경청   238
CHAPTER 02   기초외국어   244

PART 6 최종점검 모의고사
제1회   최종점검 모의고사   252
제2회   최종점검 모의고사   274

별책 정답 및 해설
Add+ 2025~2024년 주요 공기업 의사소통능력 기출복원문제   2
PART 1   모듈형   14
PART 2   문서이해능력   20
PART 3   문서작성능력   44
PART 4   의사표현능력   52
PART 5   경청능력·기초외국어능력   62
PART 6   최종점검 모의고사   68
OMR 답안카드

2025 ~ 2024년
주요 공기업 의사소통능력 기출복원문제

※ 기출복원문제는 수험생들의 후기를 통해 시대에듀에서 복원한 문제로 실제 문제와 다소 차이가 있을 수 있으며, 본 저작물의 무단전재 및 복제를 금합니다.

YEAR 2025~2024

주요 공기업 의사소통능력
기출복원문제

정답 및 해설 p.002

┃코레일 한국철도공사(2025년)

01 다음 제시된 표현법에 대한 사례로 가장 적절한 것은?

> 관용의 격률이란 자신의 이익은 최소화하고 부담은 최대화하여 말하는 표현법이다. 관용의 격률에 따르면 자신의 부담이 커질수록 상대에게는 예의 있는 표현으로 여겨지기 때문에 어떠한 문제를 자신의 탓으로 돌려 말하는 것이라고도 해석된다.

① 민재 : 조은씨는 좋겠네요. 아들이 훤칠한데 공부까지 잘해서요.
② 지우 : 설명이 너무 어려워서 이해가 되지 않아요. 더 쉽게 설명해 주시겠어요?
③ 다예 : 제가 다음 주에 발표가 있으니, 이번 주까지 자료 정리해서 보내줄 수 있나요?
④ 동현 : 짐을 옮겨야 되는데 너무 무거워서, 미안한데 잠깐 도와줄 수 있을까요?
⑤ 선주 : 제가 시력이 안 좋아서 잘 보이지가 않네요. 조금 더 크게 보여주실 수 있나요?

※ 다음 글의 내용으로 적절하지 않은 것을 고르시오. [2~3]

┃코레일 한국철도공사(2025년)

02
> 요즘은 콘텐츠 이용 편의를 위해 오디오북을 제공하는 책들을 종종 접할 수 있다. 하지만 모든 책들이 오디오북화되고 있는 것은 아닌데, 이는 제작 환경에서 발생하는 막대한 비용 때문이다.
> 10시간짜리 오디오북을 만들기 위해서는 그 이상의 실제 녹음 시간이 필요하다. 또한 편집 과정에 들어가는 시간과 비용, 전문 성우에게 지급하는 비용까지 고려하면 결국 제작비용의 한계에 부딪히게 된다.
> 이러한 현실에서 고안된 방법이 AI 음성 합성 기술이다. 이 기술을 통해 오디오북 제작비용과 시간은 줄이고, 오디오북 제작률은 높여 이용자의 편의를 높일 수 있게 된 것이다.
> 하지만 이 기술에도 한계는 존재하는데, 이는 현재 AI 음성 합성 기술이 사람의 감정까지 담아 표현할 수 없다는 것이다. 이에 따라 전문 성우가 반드시 필요하지는 않은 경제, 과학 등과 관련된 비문학 도서들은 AI 음성 합성 기술로 제작하고, 소설, 동화 등 문학 도서는 전문 성우들이 낭독하는 방식으로 제작되고 있다.

① AI 음성 합성 기술이 전문 성우의 녹음보다 더 효율적이다.
② AI 음성 합성 기술이 오디오북 제작에서 전문 성우의 역할을 대체할 수 있다.
③ 문학보다는 비문학이 AI 음성 합성 기술을 통한 오디오북화에 더 유리하다.
④ 전문 성우들의 오디오북 녹음에는 많은 시간이 소요되어 제작에 어려움을 겪고 있다.
⑤ 전문 성우들의 오디오북 녹음에는 막대한 비용이 소요되어 현실적으로 제작이 어렵다.

03

민족의 대명절인 설날과 추석은 가족과 친지를 만나기 위해 전국 각지로 이동하는 사람들이 급증하는 시기이다. 이때 코레일의 기차 이용률은 평소보다 훨씬 높아진다. 예매가 시작되면 몇 분 만에 전 노선의 승차권이 매진되고, 예매 경쟁률이 수십 배에 달하는 경우도 흔하다. 그만큼 명절 기간 기차는 국민들의 중요한 이동 수단으로 자리 잡았지만, 최근에는 '노쇼' 문제로 인해 심각한 어려움을 겪고 있다. 이 문제는 명절 기간에 더욱 두드러지며, 해마다 노쇼 비율이 증가하는 추세이다. 2024년 설 연휴 기간 코레일이 판매한 승차권은 약 408만 매에 이른다. 추석 연휴 역시 약 120만 매가 판매되어 명절에 기차 이용 수요가 얼마나 폭발적인지 알 수 있다. 하지만 이 중 상당수가 실제 탑승하지 않아 공석으로 남는 일이 반복되고 있다. 2024년 설날 노쇼 비율은 무려 46%에 달했으며, 이 중 약 19만 매 이상의 좌석이 재판매되지 못해 빈 좌석으로 운행되었다. 추석 연휴에도 비슷한 수준의 노쇼와 공석 운행 문제가 발생했다. 이는 단순히 좌석이 비어 있는 것 이상의 심각한 문제를 야기한다.

공석 운행은 여러 측면에서 부정적인 영향을 끼친다. 우선, 실제로 기차를 타고자 하는 실수요자들이 좌석을 구하지 못하는 상황이 발생한다. 예매 경쟁이 매우 치열한 명절 기간에 노쇼로 인해 좌석이 비어 있음에도 불구하고, 다른 승객들이 그 좌석을 이용하지 못하는 것은 매우 불합리하다. 결국 노쇼는 국민들의 이동권을 제한하는 결과를 낳는다. 두 번째로, 공석 운행은 철도 운영의 효율성을 떨어뜨린다. 빈 좌석을 채우지 못한 채 열차를 운행하는 것은 불필요한 에너지와 인력, 비용 낭비로 이어진다. 이는 코레일뿐 아니라 국가적으로도 큰 손실이다. 세 번째로, 노쇼 문제는 사회적 비용 증가로 연결된다. 노쇼를 줄이기 위한 정책 마련과 시스템 개선에 투입되는 비용, 그리고 이에 따른 환불 정책 변경 등은 모두 국민의 부담으로 돌아올 수밖에 없다.

이러한 문제를 해결하기 위해 코레일은 다양한 대책을 시행하고 있다. 2025년부터 명절 특별수송기간에 출발 후 20분까지의 위약금을 기존 15%에서 30%로 상향 조정하는 등 노쇼 억제에 나서고 있으며, 취소·반환 기준 시점을 앞당겨 승객들이 불필요한 예약을 조기에 취소할 수 있도록 유도하고 있다. 이와 함께 좌석 재판매율을 높이기 위한 시스템 개선 작업도 진행 중이다.

하지만 노쇼 문제는 단순히 코레일의 노력만으로 해결되기 어렵다. 근본적인 제도 개선과 국민들의 인식 변화가 함께 이루어져야 한다. 예매 시스템의 투명성 강화, 노쇼에 대한 법적 제재 강화 그리고 국민들의 책임감 있는 예약 문화 정착이 필요하다. 또한 실수요자 중심의 예약 정책과 더불어, 노쇼 발생 시 불이익을 명확히 하는 제도적 장치가 마련되어야 한다. 이러한 종합적인 접근이 이루어질 때 비로소 명절 노쇼 문제를 효과적으로 줄이고, 국민 모두가 편리하고 공정하게 기차를 이용할 수 있을 것이다.

① 명절에는 승차권 예매 경쟁이 평소보다 수십 배에 달한다.
② 노쇼로 인해 발생하는 비용은 결국 국민의 부담으로 돌아온다.
③ 2024년 설날에 판매된 승차권 중 46%는 노쇼로 인해 공석으로 운행되었다.
④ 2025년부터 명절 특별수송기간에는 승차권 취소 위약금이 평소보다 커진다.
⑤ 노쇼 문제를 해결하기 위해서는 코레일의 노력뿐만 아니라 국민들의 의식 변화와 정부의 제도 개선이 필요하다.

※ 다음 글의 주제로 가장 적절한 것을 고르시오. [4~5]

| 한국전력공사(2025년)

04

결핵은 기원전 7000년경 석기 시대의 화석에서도 흔적이 발견될 만큼 인류와 오랜 시간을 함께 해온 질병이다. 결핵균(Mycobacterium Tuberculosis)에 의해 발병하는 결핵은 치료법이 없던 시기에는 수많은 사람들의 생명을 앗아가 백색 페스트라고 불릴 정도로 전염성과 치명률이 높은 질병이다.

그러나 결핵균에 감염된다 하더라도 모든 사람이 즉시 결핵이 발병하지는 않는다. 상당수의 감염자는 결핵균에 노출된 후에도 바로 증상을 보이지 않는데, 이를 일컬어 잠복결핵감염(LTBI; Latent TuBerculosis Infection)이라고 한다. 잠복결핵감염은 결핵균에 감염되어 있지만 몸속에 들어온 결핵균이 활동하지 않아 결핵 증상이 없고, 몸 밖으로 균이 배출되지 않아 전염성 또한 없는 상태이다. 증상과 전염성이 없어 잠복결핵감염은 별거 아닌 것 같아 보이지만, 이는 면역체계가 결핵균을 억제하고 있기 때문이며, 면역력이 약해지는 경우 언제든지 결핵으로 이어질 가능성이 있음을 의미한다.

잠복결핵감염이 결핵으로 악화되는 경우는 약 5~10% 수준으로 특히 고령자, 당뇨병 환자, 면역억제 치료를 받는 환자 등 면역력이 저하된 사람들에게서 더욱 빈번하게 발생한다. 잠복결핵감염이 활동성 결핵으로 진행된 경우 이미 다른 요인에 의해 면역력이 떨어진 상황이므로 독성이 더욱 강력하며, 본인은 물론 주변 사람들에게도 광범위하게 결핵을 전파할 수 있어 공중보건상의 심각한 문제를 야기한다.

잠복결핵감염은 증상이 없기 때문에 본인이 감염 사실을 인지하지 못하는 경우가 많다. 따라서 결핵 발생률이 높은 국가에서는 결핵 환자와 밀접하게 접촉한 사람, 면역 저하자, 의료업계 종사자 등 고위험군을 대상으로 잠복결핵감염 검사를 권고하고 있다. 대표적인 검사 방법으로는 투베르쿨린 피부반응 검사(TST)와 인터페론 감마 분비 검사(IGRA)가 있다. 만일 잠복결핵감염에 양성 반응이 있을 경우 3~9개월 동안 꾸준한 투약 치료가 필요하며, 적절한 치료를 받을 경우 결핵 발병 확률을 60~90%까지 예방할 수 있다.

잠복결핵감염의 위험성은 단순히 개인의 건강 문제를 넘어 사회 전체의 공중보건과 직결되는 문제이므로 무증상이라고 방치할 것이 아니라, 적극적인 검사와 예방적 치료를 통해 결핵의 확산을 차단하는 노력이 필요하다. 특히 우리나라의 경우 보건소나 가까운 의료 기관에서 잠복결핵감염 치료를 전액 무료로 받을 수 있으므로 평소 잠복결핵감염에 관심을 가지고, 사전에 예방하는 것이 가장 중요하다.

① 잠복결핵감염의 위험성
② 잠복결핵감염의 치료 과정
③ 잠복결핵의 증상과 전염성
④ 효과적인 결핵의 억제 방법
⑤ 잠복결핵감염이 활동성 결핵으로 이어지는 과정

05

> 온실가스를 적게 배출하면서도 높은 경제성을 가진 원자력 발전소는 원전에서 나오는 방사성 물질의 차단이나 외부 오염물질의 유입 방지를 위한 강력한 공기조화시스템(공조시스템)이 필요하다. 특히 공기 중으로 떠다닐 수 있는 에어로졸 형태의 방사성 물질은 $1 \sim 10\mu m$ 정도의 아주 작은 물질이지만, 높은 밀도의 방사성 기체는 인체에 치명적일 수 있으며 환경 오염문제 또한 발생할 수 있다. 따라서 원자력 발전소의 공조시스템은 이러한 미립자를 걸러내기 위하여 헤파필터(HEPA Filter)를 사용하고 있다.
>
> 헤파필터는 'High Efficiency Particulate Air Filter'의 약자로, 공기 중의 아주 미세한 입자까지 효과적으로 걸러내는 고성능 필터이다. 일상 생활에서는 주로 공기청정기, 진공청소기, 에어컨 등에 사용되며 $0.3\mu m$ 크기의 입자(MPPS; Most Penetrating Particle Size)를 99.97% 이상 포획할 수 있다. 헤파필터는 주로 유리섬유나 폴리프로필렌 같은 합성섬유로 만들어지는데, $0.5 \sim 2.0\mu m$의 섬유가 불규칙하게 얽혀있는 거미줄 구조로 구성되어 있다. 오염물질이 포함된 공기가 헤파필터를 통과할 때, 헤파필터의 간격보다 큰 오염물질은 걸러지고 그보다 작은 오염물질은 공기 흐름을 따라 진행하다 섬유에 달라붙게 된다. 또한 헤파필터는 등급에 따라 E10(85%), E11(95%), E12(99.5%), H13(99.75%), H14(99.975%) 등으로 나뉘며 등급이 높을수록 더 작은 입자까지 걸러낼 수 있다. 특히 H13 이상을 트루 헤파필터라고 부르며, 원자력 발전소의 경우 H13 이상의 트루 헤파필터를 사용하는 등 일반적인 산업용 필터보다 엄격한 기준을 충족해야 한다.
>
> 이처럼 헤파필터는 원자력 발전소의 안전을 지키는 핵심 장치로, 방사성 입자와 미세먼지, 바이러스까지도 효과적으로 제거하는 중요한 역할을 한다. 특히 헤파필터의 정화 성능을 보장하기 위하여 ASME AG-1이나 KEPIC-MH 등 국내외에서 기술기준을 정해 시설, 유지, 보수 등 관리법의 기준을 제시하고 있다. 안전관리가 필요한 원자력 발전소의 특성상 헤파필터는 없어서는 안 될 중요한 안전 설비이다.

① 헤파필터의 여과 원리
② 헤파필터의 등급별 성능
③ 방사성 물질의 위험과 대처방법
④ 원자력 발전소에서의 헤파필터의 역할
⑤ 원자력 발전소의 발전 효율과 미래 전망

06 다음 제시된 단어와 가장 비슷한 어휘는?

된서리

① 타계(他界)
② 타격(打擊)
③ 타점(打點)
④ 타락(墮落)
⑤ 타산(打算)

| 한국전력공사(2025년)

07 다음 빈칸에 들어갈 단어로 가장 적절한 것은?

> 정조는 애민주의를 _____ 하며 백성들을 위한 정책을 펼쳤다.

① 표징(表徵)
② 표집(標集)
③ 표방(標榜)
④ 표류(漂流)
⑤ 표리(表裏)

| 국민건강보험공단(2025년)

08 다음 글을 읽고 추론한 내용으로 적절하지 않은 것은?

> 만성질환이란 증상이 극심하지는 않지만 오래 지속되는 질환인 탓에 삶의 질을 저하시키고, 관리를 소홀히 할 경우 합병증의 발생으로 사망까지 이를 수 있어 운동이나 식이 등 꾸준한 관리가 필요한 질환을 말한다.
> 만성질환에는 당뇨, 천식, 심장병, 허리통증 등이 있으며, 만성질환이라고 하더라도 모든 운동이 좋은 것은 아니다. 또한 질환별로, 환자의 상태에 따라 맞는 운동 방법과 강도는 천차만별이다.
> 당뇨병의 경우 인슐린 분비량이 없거나 혹은 적어 인슐린이 혈당을 낮추는 기능을 정상적으로 수행할 수 없는 상태를 말한다. 따라서 혈당조절에 효과적인 유산소 운동을 통해 인슐린이 더 효율적으로 사용되도록 하여 혈당 수치를 낮출 수 있다. 이뿐만 아니라 규칙적인 유산소 운동은 심혈관계를 향상시켜 심장 건강을 개선시킬 수 있다.
> 운동 중 또는 운동 후에 호흡곤란과 반복적이고 발작적인 기침이 나타날 수 있는 천식의 경우 운동 시 각별히 주의하여야 한다. 특히 건조하거나 찬 공기가 있는 환경에서 운동하거나, 갑작스레 격렬한 운동을 할 경우 천식 발작이 일어날 수 있다. 따라서 수영과 같이 건조하지 않고, 심장 박동이나 호흡 수가 급격히 증가하지 않는 환경에서 운동하는 것이 도움이 될 수 있다.
> 허리통증의 경우는 유산소 운동보다는 코어 운동이 도움이 된다. 코어 운동을 통해 척추 주위의 근육이 강화되면서 척추를 지지하는 힘이 늘어나 허리 통증이 감소하는 것이다.

① 당뇨 환자는 달리기나 등산, 수영과 같은 운동을 하는 것이 혈당 개선에 도움이 된다.
② 규칙적인 걷기 운동은 당뇨 환자와 심장병 환자의 질환을 개선시킬 수 있다.
③ 천식 환자는 심장박동 및 호흡 수를 증가시키는 달리기나 줄넘기보다는 등산이 좋다.
④ 허리 통증을 가진 환자에게는 허리의 중심 부위를 강화시키는 플랭크나 브릿지와 같은 운동이 좋다.

09 다음은 보건의료 빅데이터 심포지엄의 개최에 대한 개요이다. 각 발표자가 준비한 자료의 내용으로 적절하지 않은 것은?

〈2024년 보건의료 빅데이터 활용 성과 공유 심포지엄〉

1부 : 빅데이터 · AI 기반 건강보험 서비스 혁신
1. 인공지능(AI) 기술을 통해 공단이 어떻게 데이터 기반의 가입자 맞춤형 서비스를 제공하고, 보험자의 역할을 더욱 강화할 수 있을지에 대한 비전
   – ○○대병원 A교수
2. 'sLLM(소형언어모델)을 활용한 건강보험 내·외부 서비스 향상'을 주제로 인공지능(AI) 기술을 통한 고객 서비스와 업무 효율성 증대 사례
   – ○○대 B교수
3. 공단이 보유한 방대한 건강보험 데이터를 어떻게 인공지능(AI)을 통해 분석하고 활용할 수 있는지에 대한 방안
   – 공단 C실장(빅데이터연구개발실)

2부 : 건강보험 빅데이터를 활용한 우수 연구 성과
1. 야간 인공조명이 인간의 건강에 미치는 영향에 대한 분석 결과
   – ○○대 D교수
2. 결핵 빅데이터인 국가결핵통합자료원(K-TB-N Cohort) 구축을 통해 국가 결핵 관리 정책·사업의 효과를 평가, 정책을 수립·보완할 근거를 생산
   – ○○청 E과장
3. 병원 내에서 발생하는 폐렴 데이터의 분석을 통해, 이를 예방하기 위한 실효성 있는 병원 내 감염관리 체계 마련 필요성 제시
   – 공단 F팀장(빅데이터연구개발실)

---

① A교수 : 사람과의 직접 대면이 아닌 인공지능 기술로 대체할 수 있는 공단의 서비스에 대한 자료가 필요하겠군.
② B교수 : 인공지능 기술을 활용해 건강보험 서비스를 이용한 고객과 공단 근로자에게 편리성 및 효율성에 대한 설문조사를 진행해야겠군.
③ D교수 : 자연광에만 주로 노출된 사람과 자연광과 더불어 인공조명에 많이 노출된 사람의 건강 상태를 비교할 수 있는 자료가 필요하겠군.
④ F팀장 : 병원 내 병동별 폐렴 발생 현황과 주로 발병하는 연령대에 대한 조사가 필요하겠군.

10. 다음 글에 이어질 문단을 논리적 순서대로 바르게 나열한 것은?

> 국민건강보험공단은 담배소송 제12차 변론에서 직접 손해배상 청구권을 포함해 지금까지의 주요 쟁점에 관련한 전반적 입장을 적극적으로 표명했다.
> (가) 또한 흡연과 암 발생의 인과관계를 과학적 근거에 따라 분명히 하기 위해 대상 암종을 소세포암과 편평세포암으로 흡연기간이 30년 이상이고, 하루 한 갑의 담배를 20년 이상 흡연한 대상자로 구분하였기에 이번 변론에서는 흡연과 암 발생의 인과관계를 의학적으로 또 국민 상식에 부합하도록 인정하여야 한다고 강조했다.
> (나) 공단은 담배회사들이 담배라는 제품에 대한 중독성과 건강 위해성을 인지하고 있음에도 수십 년 동안 이를 소비자에게 정확히 알리지 않고 막대한 이득을 취한 것은 소비자를 기만한 것이자 기업의 사회적 책임을 다하지 않은 중대한 문제임을 지적하며, 특히 담배회사가 흡연중독 피해를 개인의 선택으로 치부한 것은 소비자를 두 번 기만한 것이라며 비판했다.
> (다) 마지막으로 공단은 이번 변론을 준비하면서 국민들의 보험료가 주요 재원인 건강보험 재정이 담배로 인해 발생되는 질병으로 재산상 손해가 발생한 점에 대해 당연히 담배회사에 법적으로 책임을 물어야 한다고 주장하며 이에 대한 국민들의 관심과 지지가 필요하다고 호소했다.
> (라) 아울러 공단은 이 주장을 입증하기 위한 뒷받침 자료로 대한폐암학회와 호흡기내과 전문의 의견서, 담배 중독에 대한 한국중독정신의학회와 정신건강의학과 전문의의 의견서, 대한금연학회에서 실시한 담배중독 감정서와 이들 중 일부에 대한 흡연경험 심층사례 분석 결과, 공단 내부 연구결과 등을 추가 증거로 제출하였다.

① (가) – (나) – (라) – (다)
② (가) – (라) – (나) – (다)
③ (나) – (가) – (라) – (다)
④ (나) – (라) – (가) – (다)

11. 다음 밑줄 친 외래어를 우리말로 바르게 순화하지 않은 것은?

① 그 전시회의 테마는 극사실주의로 현실보다 더 현실적인 작품을 볼 수 있다.
 → 주제
② 전문가들은 이번 포럼에서 관세전쟁 속에서의 지속가능한 전략에 대해 논하였다.
 → 회의
③ 코로나19가 재확산하는 양상을 보이자 시민들의 팬데믹에 대한 우려가 커지고 있다.
 → 세계적인 감염병 대유행
④ 세계 유명 도시는 지역만의 정체성과 타 지역과의 차별성을 가진 랜드마크를 갖고 있다.
 → 상징물

12 다음 글을 읽고 추론한 내용으로 적절하지 않은 것은?

> 개인의 DNA 내에 있는 특정 유전자의 변화 또는 돌연변이는 질병을 유발한다. 우성 유전은 한 쌍의 대립 유전자 중 하나만 있어도 그 특성이 발현되는 반면, 열성 유전은 두 쌍 모두 열성일 때 그 특성이 나타난다. 유전성 질병의 발생 원인은 다양하며, 단일 유전자 변이에 의해 유발되거나 복수의 유전자와 환경 요인의 상호작용으로 발생할 수 있다.
>
> 유전자 이상으로 발생하는 낫적혈구 빈혈은 부모 양쪽 모두에게서 낫적혈구 유전자를 물려받은 사람에게 관찰되는 질환이다. 정상적인 적혈구가 둥글납작한 형태를 가졌다면, 낫적혈구 빈혈 환자의 적혈구는 낫 모양이나 초승달 모양을 가지고 있다.
>
> 낫적혈구는 생존 기간이 짧고, 세포 자체가 딱딱하고 서로 잘 달라붙는 특성 때문에 얇은 혈관의 통과가 어려워 혈류를 막히게 하고 이로 인해 조직으로의 산소 공급을 방해해 신체 기관의 손상을 발생시키기도 한다. 각 기관은 산소를 효율적으로 전달받지 못해 쉽게 피로해지고 황달 증상이 생기기도 하며, 심각해지면 폐의 혈관이 막혀 호흡까지 어려워진다. 그러나 현재까지 이 질환의 치료방법은 타인의 혈액을 수혈받는 조혈모세포 이식이 유일하다.
>
> 낫적혈구 빈혈 환자는 정기적인 수혈이 필요한데, 적혈구의 수명은 약 120일 정도로 짧으며 수혈받은 혈액 속에는 젊은 적혈구뿐만 아니라 늙은 적혈구도 섞여 있어 실제로는 120일이 되기 전에 수혈받은 적혈구의 수명이 끝나 더 빈번한 수혈이 필요하다. 하지만 혈액 공급 부족 문제로 이마저도 쉽지 않은 게 현실이다.
>
> 이러한 혈액 공급 부족 상황을 해결하고자 영국에서는 인공혈액의 임상 시험이 시작되었다. 인공혈액의 경우 실제 사람의 혈액과 달리 모두 젊은 적혈구로 구성되어 있어 120일 동안 온전히 그 기능을 다할 수 있을 것으로 예상돼 수혈의 빈도도 감소할 것으로 예측된다.

① 낫적혈구 빈혈은 열성 유전되는 질환이다.
② 낫적혈구는 모세혈관에서의 통과가 어렵다.
③ 낫적혈구 빈혈 환자는 최소 4개월의 한 번씩 수혈을 받아야 한다.
④ 인공혈액으로 수혈을 받을 경우 수혈을 받는 주기가 길어질 것이다.

| 건강보험심사평가원(2025년)

13 다음은 주택담보대출 비교 자료이다. 이에 대한 설명으로 옳지 않은 것은?

〈주택담보대출 비교 자료〉

구분	보금자리론	디딤돌대출
신청대상	• 민법상 성년 • 대한민국 국민 • 한국신용정보원 신용정보관리규약에 해당사항 없고, 신용점수(CB) 271점 이상	• 민법상 성년 • 대한민국 국민 • 접수일 현재 세대주(만 30세 미만 단독세대주는 제외) • 한국신용정보원 신용정보관리규약에 해당사항 없고, 신용점수(CB) 350점 이상 • 본인 및 배우자 합산 순자산 가액 4.88억 원 이하
대출요건	• 6억 원 이하 공부상 주택 • 구입용도, 보전용도, 상환용도로 취급 가능 • 본건 담보주택 제외 무주택 또는 1주택 • 부부합산 연소득 7천만 원 이하(신혼부부 8천 5백만 원 이하, 미성년 자녀 1명 9천만 원, 다자녀 1억 원) • LTV 최대 70% • DTI 최대 60%	• 5억 원(신혼, 다자녀 6억 원) 이하 공부상 주택 • 주거전용면적 85m^2(수도권을 제외한 도시지역이 아닌 읍 또는 면 지역은 100m^2) 이하 • 구입용도의 대출만 취급 가능 • 세대원 전원이 무주택 • 부부합산 연소득 6천만 원 이하(생애 최초, 다자녀 7천만 원, 신혼부부 8천 5백만 원) • LTV 최대 70% • DTI 최대 60%
대출한도	• 최대 3.6억 원(다자녀, 전세사기 피해자 4억 원, 생애 최초 4.2억 원)	• 최대 2.5억 원(생애 최초 3억 원, 신혼 및 다자녀 4억 원)
대출만기	• 10, 15, 20, 30, 40, 50년	• 10, 15, 20, 30년(거치기간 1년 또는 비거치)
상환방법	• 원리금균등, 원금균등, 체증식 분할상환	• 원리금균등, 원금균등, 체증식 분할상환

※ 신혼부부 : 신청일 당시, 혼인 신고일 기준으로 7년 이내인 사람

① 주택 구입 목적이 아닌 단순 임차 목적이라면 보금자리론만 이용이 가능하다.
② 디딤돌대출은 30세 이상 세대주만 신청 가능하나, 보금자리론은 민법상 성인이라면 신청할 수 있다.
③ 신혼부부의 경우 담보주택의 평가액 한도와 소득요건이 두 대출 모두 동일하나 대출한도에서 디딤돌대출이 유리하다.
④ 신용도가 낮거나 본인 및 배우자의 합산 순자산 가액이 높다면 디딤돌대출보다 보금자리론 대출을 이용하는 것이 유리하다.

14 다음 중 밑줄 친 어휘의 쓰임이 옳은 것은?

① 보복관세는 사실상 총구만 겨루지 않았을 뿐 보이지 않는 전쟁이다.
② 비타민 B3의 복용이 암환자의 수명을 늘인다는 연구 결과가 나타났다.
③ 오해에 대해 해명하지 않았더니 소문은 겉잡을 수 없이 퍼져나갔다.
④ 자신과 정치적 성향이 다르다고 편을 가늠하는 것은 폭력과 다름이 없다.
⑤ 전라도 김치는 갖은 양념과 속이 꽉 찬 배추로 K-푸드의 선두주자로 자리매김하고 있다.

15 다음 중 공문서의 항목의 표시에 대한 설명으로 옳지 않은 것은?

① 항목을 표시할 때 항목 기호와 그 항목의 내용 사이에는 1타를 띄운다.
② 문서의 두 번째 항목부터는 바로 위 항목 위치에서 오른쪽으로 2타씩 옮겨 시작한다.
③ 항목의 순서는 숫자인 경우에는 오름차순으로, 한글인 경우에는 가나다순으로 표시한다.
④ 항목을 표시할 때 필요한 경우에 한하여 ㅁ, ㅇ, -, • 등의 특수기호 표시를 허용한다.
⑤ 항목을 표시할 때에는 상위 항목부터 가. → 1. → 가) → 1) → (가) → (1)의 순서로 표시한다.

16 다음 중 공문서의 금액 표기로 옳은 것은?

① 금1,130,000원(금백십삼만원)
② 금1,130,000원(금일백십삼만원)
③ 금1,130,000원(금일백일십삼만원)
④ 금 1,130,000원(금 일백십삼만원)
⑤ 금 1,130,000원(금 일백일십삼만원)

17 다음 글을 읽고 추론한 내용으로 적절하지 않은 것은?

> 목재나 금속을 가공하는 등의 생산 과정에서는 불가피하게 분진이 발생하게 된다. 이러한 분진은 작업자의 건강을 위협하기 때문에 산업 현장이나 작업장, 공장에서는 주로 분진 집진기를 사용한다. 분진 집진기는 작업자의 안전과 쾌적한 작업환경을 유지하기 위해 공기 중 떠다니는 분진을 제거하는 장비이다.
>
> 집진기는 강력한 팬(Fan)이나 블로워(Blower)를 이용해 작업하면서 발생한 분진이 포함된 공기를 흡입한다. 이렇게 흡입된 공기는 집진기의 필터 또는 집진 장치로 이동하여 분진과 공기를 분리하는 과정을 거친다. 이때 분리 과정은 집진기가 작동하는 기술 방식에 따라 사이클론, 필터, 전기 등으로 구분할 수 있다. 사이클론 집진기의 경우 원심력을 이용해 분진을 분리하는 방식이라 큰 입자 제거에 유리한 반면, 전기 집진기는 분진에 (+) 전하를 부여하여 이를 집진판에 흡착시키는 방식이기 때문에 미세한 분진 제거에 유리하다. 또한 필터 집진기의 경우 섬유필터를 통해 분진을 걸러내기 때문에 다양한 크기의 분진을 제거할 수 있으나 그만큼 필터 관리에 주의를 기울여야 한다. 이렇게 분리된 깨끗한 공기는 다시 작업 공간으로 배출되거나 외부로 배출되어 이용한다.

① 분진 집진기는 공기 흡입, 분진 분리, 공기 배출 3단계로 작동한다.
② 분진 집진기는 분진을 없애는 것이 아니라 분진과 공기를 분리한다.
③ 전기 집진기의 집진판은 (+) 전하를 띠고 있어 분진의 부착이 용이하도록 되어있다.
④ 필터 집진기는 다른 방식에 비해 발생하는 분진의 크기에 따라 광범위하게 사용할 수 있다.
⑤ 작업환경에서 발생하는 분진의 크기에 따라 집진기 작동방식을 선택하여야 효과적으로 사용할 수 있다.

18 다음 글과 가장 관련 있는 한자성어는?

> A씨는 대학 졸업 후 창업에 도전하기로 결심했다. 그는 자신의 아이디어에 확신을 가지고 작은 카페를 열었지만, 예상치 못한 문제들이 끊임없이 발생했다. 위치 선정이 잘못되었고, 경쟁이 치열했으며, 운영 경험 부족으로 인해 손님을 끌어들이지 못했다. 결국 1년 만에 카페는 문을 닫아야 했고, A씨는 큰 빚과 좌절감 속에서 실패를 받아들여야 했다.
> 하지만 A씨는 실패를 통해 얻은 교훈을 놓치지 않았다. 그는 자신이 부족했던 점들을 분석하며 경영과 마케팅에 대해 더 깊이 공부하기 시작했다. 또한 카페를 운영하며 쌓은 고객 관리 경험과 식음료 산업에 대한 이해를 바탕으로 새로운 방향을 모색했다. 그러던 중, 그는 소규모 카페 운영자들이 겪는 어려움 해소를 돕기 위해 전문 컨설팅 서비스를 제공하는 사업 아이디어를 떠올렸다.
> A씨는 실패를 발판 삼아 철저히 준비한 끝에 컨설팅 회사를 설립했다. 그의 서비스는 소규모 카페 운영자들에게 실질적인 도움을 제공하며 빠르게 입소문을 탔고, 사업은 성공적으로 성장했다.

① 전화위복(轉禍爲福) ② 사필귀정(事必歸正)
③ 일취월장(日就月將) ④ 우공이산(愚公移山)

19 다음 중 밑줄 친 단어의 의미가 다른 것은?

① 인간은 네 번째 <u>차원</u>인 시간을 인식하며 살아간다.
② 그의 능력은 취미의 <u>차원</u>을 넘어 예술의 경지로 나아갔다.
③ 과도한 사탕발림이 예의의 <u>차원</u>을 넘어 불편하게 다가왔다.
④ 독창적인 아이디어가 한 <u>차원</u> 높은 수준의 품질을 이끌어 내었다.

20 다음 글에 대한 설명으로 적절하지 않은 것은?

> 큐비트(Qubit)는 양자 컴퓨터에서 정보를 저장하고 처리하는 기본 단위이다. 기존의 컴퓨터가 정보를 0과 1로 이루어진 비트(Bit)로 표현하는 것과 달리, 큐비트는 양자역학의 특성을 활용해 더 복잡하고 강력한 방식으로 정보를 다룬다.
>
> 큐비트는 0과 1의 상태를 동시에 가질 수 있는 양자 중첩 특성을 가지고 있다. 양자 중첩이란 빛이 입자와 파동 2가지 상태를 가진 것과 마찬가지로 미시적 세계에서 여러 양자 상태가 동시에 존재할 수 있는 현상을 뜻하며, 측정하기 전까지 양자 상태를 정확히 파악할 수 없고 관측과 동시에 상태가 결정되는 것을 의미한다. 이처럼 큐비트 또한 측정하기 전까지 0과 1의 상태를 동시에 가진 중첩 상태가 유지되며 측정 시에는 0 또는 1 중 하나의 값으로 확정된다. 이를 통해 큐비트는 병렬 계산을 가능하게 만들어 복잡한 문제를 빠르게 해결할 수 있다.
>
> 또한 두 개 이상의 큐비트가 양자 얽힘 상태에 있으면, 한 큐비트의 상태가 다른 큐비트의 상태와 즉각적으로 연결된다. 이에 따라 한 큐비트가 측정되면 얽혀 있는 다른 큐비트의 상태 또한 자동으로 결정되므로 큐비트 간의 빠른 정보 전달과 협력 계산을 가능하게 한다.
>
> 양자 컴퓨터에 사용되는 큐비트는 다양한 방식으로 개발되고 있으며 대표적인 방식은 초전도 회로, 이온 트랩, 광자, 스핀 등이 있다. 초전도 회로는 전기적 초전도체를 활용해 양자 상태를 생성하고, 이온 트랩은 전기장으로 이온을 가두고 조작한다. 광자는 빛 입자를 이용한 정보 저장 및 전송에 사용되며, 스핀은 전자의 스핀 상태를 활용한다.
>
> 큐비트는 기존 컴퓨터보다 훨씬 더 많은 정보를 처리할 수 있다. 예를 들어, 20개의 큐비트를 활용하면 2^{20}, 약 100만 개의 상태를 동시에 표현할 수 있다. 이는 암호 해독이나 복잡한 시뮬레이션 같은 문제에서 기존 컴퓨터보다 월등히 빠른 성능을 발휘한다. 하지만 현재 기술로는 큐비트를 안정적으로 유지하고 제어하는 데 한계가 있다. 환경적 요인으로 인해 양자 상태가 쉽게 붕괴되기 때문에 이를 극복하기 위한 연구가 활발히 진행 중이다.
>
> 큐비트는 양자역학의 원리를 기반으로 기존 컴퓨터와는 완전히 다른 방식으로 정보를 처리한다. 중첩과 얽힘 같은 특성 덕분에 복잡한 계산 문제를 해결하는 데 강력한 도구가 될 수 있지만, 기술적 도전 과제도 많다. 앞으로 양자 컴퓨팅 기술이 발전하면 큐비트를 활용한 혁신적인 응용이 더욱 확대될 것으로 기대된다.

① 큐비트의 값은 측정과 동시에 정해진다.
② 큐비트는 정보를 0과 1의 2진수로 나타내는 것이다.
③ 큐비트는 측정하기 전까지는 양자 중첩 상태로 존재한다.
④ 4개의 큐비트를 활용하면 16번의 상태를 동시에 표현할 수 있다.

21 다음 글에 대한 설명으로 가장 적절한 것은?

> 소형 모듈 원전(SMR; Small Modular Reactor)은 기존 대형 원자로와는 다른 설계와 운영 방식을 가진 차세대 원자력 발전 기술이다. SMR은 전기 출력이 300MWe 이하로 소형화된 원자로를 의미하며, 크기가 작고 유연한 설계 덕분에 다양한 환경에서 활용 가능하다. 주요 특징 중 하나는 모듈화된 설계로, 주요 기기를 모듈화하여 공장에서 제작한 뒤 현장으로 운송해 조립한다. 이로 인해 건설 기간이 단축되고 초기 투자 비용을 줄일 수 있다.
>
> SMR은 기존 원전에 비해 안정성 또한 높다. 자연 순환 냉각 방식을 채택해 전력 공급 없이도 중력과 밀도 차, 자연 대류를 활용해 원자로를 냉각할 수 있다. 이는 사고 발생 시 노심 용융 가능성을 낮추며, 방사성 물질의 저장 및 관리 측면에서도 유리하다. 또한 다양한 입지 조건에서 설치가 가능하여 전력망이 없는 지역이나 해상에서도 활용할 수 있다. 이는 탄소 배출이 적은 에너지원으로서 기후 변화 대응에도 기여할 수 있다.
>
> SMR의 경제성도 강점이다. 공장에서 미리 제작된 모듈을 현장에서 조립하는 방식은 전통적인 대형 원전보다 건설 비용과 기간을 줄인다. 그러나 단위 출력당 건설 비용이 높아질 수 있어 대량 생산과 표준화를 통해 비용을 절감해야 한다. 기술적 검증도 중요한 과제로, 안전성과 경제성을 동시에 만족시켜야 한다. 기후 변화에 따른 환경적 취약성도 고려해야 하며, 이를 극복하기 위해 각국 정부와 민간 기업들은 협력하여 연구 개발에 투자하고 있다.
>
> SMR은 탄소 중립 시대를 맞아 중요한 에너지원으로 주목받고 있으며, 다양한 분야에서 활용 가능성이 높다. 한국을 포함한 여러 국가가 SMR 개발에 적극적으로 나서고 있으며, 이를 통해 글로벌 에너지 시장에서 새로운 패러다임을 제시할 것으로 보인다. SMR은 단순히 기존 원전을 대체하는 것을 넘어 안전하고 지속 가능한 에너지 시스템 구축에 기여할 핵심 기술로 자리 잡고 있다.

① SMR은 방사성 폐기물이 발생하지 않는다.
② SMR은 기존의 원전보다 다양한 환경에서 건설이 가능하다.
③ SMR은 원전 부지에서 모듈을 생산하여 조립하는 방식으로 건설된다.
④ 선진국에서는 기존 원전 대부분이 SMR로 전환되어 탄소 중립을 실천하고 있다.

22 다음 중 비언어적 요소인 쉼을 사용하는 경우로 적절하지 않은 것은?

① 양해나 동조를 구할 경우
② 상대방에게 반문을 할 경우
③ 이야기의 흐름을 바꿀 경우
④ 연단공포증을 극복하려는 경우
⑤ 이야기를 생략하거나 암시할 경우

23 다음 밑줄 친 부분에 해당하는 키슬러의 대인관계 의사소통 유형은?

> 의사소통 시 이 유형의 사람은 따뜻하고 인정이 많고 자기희생적이나 타인의 요구를 거절하지 못하므로 타인과의 정서적인 거리를 유지하는 노력이 필요하다.

① 지배형   ② 사교형
③ 친화형   ④ 고립형
⑤ 순박형

24 다음 글을 통해 알 수 있는 철도사고 발생 시 행동요령으로 적절하지 않은 것은?

> 철도사고는 지하철, 고속철도 등 철도에서 발생하는 사고를 뜻한다. 많은 사람이 한꺼번에 이용하며 무거운 전동차가 고속으로 움직이는 특성상 철도사고가 발생할 경우 인명과 재산에 큰 피해가 발생한다.
>
> 철도사고는 다양한 원인에 의해 발생하며 사고 유형 또한 다양하게 나타나는데, 대표적으로는 충돌사고, 탈선사고, 열차화재사고가 있다. 이 사고들은 철도안전법에서 철도교통사고로 규정되어 있으며, 많은 인명피해를 야기하므로 철도사업자는 반드시 이를 예방하기 위한 조치를 취해야 한다. 또한 승객들은 위험으로부터 빠르게 벗어나기 위해 사고 시 대피요령을 파악하고 있어야 한다.
>
> 국토교통부는 철도사고 발생 시 인명과 재산을 보호하기 위한 국민행동요령을 제시하고 있다. 이 행동요령에 따르면 지하철에서 사고가 발생할 경우 가장 먼저 객실 양 끝에 있는 인터폰으로 승무원에게 사고를 알려야 한다. 만약 화재가 발생했다면 곧바로 119에 신고하고, 여유가 있다면 객실 양 끝에 비치된 소화기로 불을 꺼야 한다. 반면 화재의 진화가 어려울 경우 입과 코를 젖은 천으로 막고 화재가 발생하지 않은 다른 객실로 이동해야 한다. 전동차에서 대피할 때는 안내방송과 승무원의 안내에 따라 질서 있게 대피해야 하며 이때 부상자, 노약자, 임산부가 먼저 대피할 수 있도록 배려하고 도와주어야 한다. 만약 전동차의 문이 열리지 않으면 반드시 열차가 멈춘 후에 안내방송에 따라 비상핸들이나 비상콕크를 돌려 문을 열고 탈출해야 한다. 전동차가 플랫폼에 멈췄을 경우 스크린도어를 열고 탈출해야 하는데, 손잡이를 양쪽으로 밀거나 빨간색 비상바를 밀고 탈출해야 한다. 반대로 역이 아닌 곳에서 멈췄을 경우 감전의 위험이 있으므로 반드시 승무원의 안내에 따라 반대편 선로의 열차 진입에 유의하며 대피 유도등을 따라 침착하게 비상구로 대피해야 한다.
>
> 이와 같이 승객들은 철도사고 발생 시 신고, 질서 유지, 빠른 대피를 중점적으로 유념하여 행동해야 한다. 철도사고는 사고 자체가 일어나지 않도록 철저한 안전관리와 예방이 필요하지만, 다양한 원인으로 예상치 못하게 발생한다. 따라서 철도교통을 이용하는 승객 또한 평소에 안전 수칙을 준수하고 비상 상황에서 침착하게 대처하는 훈련이 필요하다.

① 침착함을 잃지 않고 승무원의 안내에 따라 대피해야 한다.
② 화재사고 발생 시 규모가 크지 않다면 빠르게 진화 작업을 해야 한다.
③ 선로에서 대피할 경우 승무원의 안내와 대피 유도등을 따라 대피해야 한다.
④ 열차에서 대피할 때는 탈출이 어려운 사람부터 대피할 수 있도록 도와야 한다.
⑤ 열차사고 발생 시 탈출을 위해 우선 비상핸들을 돌려 열차의 문을 개방해야 한다.

25 다음 글을 읽고 알 수 있는 하향식 읽기 모형의 사례로 적절하지 않은 것은?

> 글을 읽는 것은 단순히 책에 쓰인 문자를 해독하는 것이 아니라 그 안에 담긴 의미를 파악하는 과정이다. 그렇다면 사람들은 어떤 방식으로 글의 의미를 파악할까? 세상의 모든 어휘를 알고 있는 사람은 없을 것이다. 그러나 대부분의 사람들, 특히 고등교육을 받은 성인들은 자신이 잘 모르는 어휘가 있더라도 글의 전체적인 맥락과 의미를 파악할 수 있다. 이를 설명해 주는 것이 바로 하향식 읽기 모형이다.
> 하향식 읽기 모형은 독자가 이미 알고 있는 배경지식과 경험을 바탕으로 글의 전체적인 맥락을 먼저 파악하는 방식이다. 하향식 읽기 모형은 독자의 능동적인 참여를 활용하는 읽기로, 여기서 독자는 단순히 글을 받아들이는 수동적인 존재가 아니라 자신의 지식과 경험을 활용하여 글의 의미를 구성해 나가는 주체적인 역할을 한다. 이때 독자는 글의 내용을 예측하고 추론하며, 심지어 자신의 생각을 더하여 글에 대한 이해를 넓혀갈 수 있다.
> 하향식 읽기 모형의 장점은 빠르고 효율적인 독서가 가능하다는 것이다. 글의 전체적인 맥락을 먼저 파악하기 때문에 글의 핵심 내용을 빠르게 알 수 있고, 배경지식을 활용하여 깊이 있는 이해를 얻을 수 있다. 또한 예측과 추론을 통한 능동적인 독서는 독서에 대한 흥미를 높여 주는 효과도 있다.
> 그러나 하향식 읽기 모형은 독자의 배경지식에 의존하여 읽는 방법이므로 배경지식이 부족한 경우 글의 의미를 정확하게 파악하기 어려울 수 있으며, 배경지식에 의존하여 오해를 할 가능성도 크다. 또한 글의 내용이 복잡하다면 많은 배경지식을 가지고 있더라도 글의 맥락을 적극적으로 가정하거나 추측하기 어려운 것 또한 하향식 읽기 모형의 단점이 된다.
> 하향식 읽기 모형은 글의 내용을 빠르게 이해하고 독자 스스로 내면화할 수 있으므로 독서 능력 향상에 유용한 방법이다. 그러나 모든 글에 동일하게 적용할 수 있는 읽기 모형은 아니므로 글의 종류와 독자의 배경지식에 따라 적절한 읽기 전략을 사용해야 한다. 따라서 하향식 읽기 모형과 함께 상향식 읽기(문자의 정확한 해독), 주석 달기, 소리 내어 읽기 등 다양한 읽기 전략을 활용하는 것이 바람직하다.

① 기사의 헤드라인을 먼저 읽어 기사의 내용을 유추한 뒤 상세 내용을 읽었다.
② 회의 자료를 읽기 전 회의 주제를 먼저 파악하여 회의 안건을 예상하였다.
③ 제품 설명서를 읽어 제품의 기능과 각 버튼의 용도를 파악하고 기계를 작동시켰다.
④ 요리법의 전체적인 조리 과정을 파악하고 단계별로 필요한 재료와 순서를 확인하였다.
⑤ 서문이나 목차를 통해 책의 전체적인 흐름을 파악하고 관심 있는 부분을 집중적으로 읽었다.

26 다음 빈칸에 들어갈 단어로 가장 적절한 것은?

> 감사원의 조사 결과 J공사는 공공사업을 위해 투입된 세금을 본래의 목적에 사용하지 않고 무단으로 _____ 했음이 밝혀졌다.

① 전용(轉用)
② 남용(濫用)
③ 적용(適用)
④ 활용(活用)
⑤ 준용(遵用)

27 다음 제시된 단어와 가장 비슷한 단어는?

> 비상구

① 진입로
② 출입구
③ 돌파구
④ 여울목
⑤ 탈출구

※ 다음 글의 주제로 가장 적절한 것을 고르시오. [28~29]

| 한국전력공사(2024년)

28

사람들에게 의학을 대표하는 인물을 물어본다면 대부분 히포크라테스(Hippocrates)를 떠올릴 것이다. 히포크라테스는 당시 신의 징벌이나 초자연적인 힘으로 생각되었던 질병을 관찰을 통해 자연적 현상으로 이해하였고, 당시 마술이나 철학으로 여겨졌던 의학을 분리하였다. 이에 따라 의사라는 직업이 과학적인 기반 위에 만들어지게 되었다. 현재에는 의학의 아버지로 불리며 히포크라테스 선서라고 불리는 의사의 윤리적 기준을 저술한 것으로 알려져 있다. 이처럼 히포크라테스는 서양의학의 상징으로 받아들여지지만, 서양의학에 절대적인 영향을 준 사람은 클라우디오스 갈레노스(Claudius Galenus)이다.

갈레노스는 로마 시대 검투사 담당의에서 황제 마르쿠스 아우렐리우스의 주치의로 활동한 의사로, 해부학, 생리학, 병리학에 걸친 방대한 의학체계를 집대성하여 이후 1,000년 이상 서양의학의 토대를 닦았다. 당시에는 인체의 해부가 금지되어 있었기 때문에 갈레노스는 원숭이, 돼지 등을 사용하여 해부학적 지식을 쌓았으며, 임상 실험을 병행하여 의학적 지식을 확립하였다. 이러한 해부 및 실험을 통해 갈레노스는 여러 장기의 기능을 밝히고, 근육과 뼈를 구분하였으며, 심장의 판막이나 정맥과 동맥의 차이점 등을 밝혀내거나, 혈액이 혈관을 통해 신체 말단까지 퍼져나가며 신진대사를 조절하는 물질을 운반한다고 밝혀냈다. 물론 갈레노스도 히포크라테스가 주장한 4원소에 따른 4체액설(혈액, 담즙, 황담즙, 흑담즙)을 믿거나 피를 뽑아 치료하는 사혈법을 주장하는 등 현대 의학과는 거리가 있지만, 당시에 의학 이론을 해부와 실험을 통해 증명하고 방대한 저술을 남겼다는 놀라운 업적을 가지고 있으며, 이것이 가장 오랫동안 서양의학을 실제로 지배하는 토대가 되었다.

① 갈레노스의 생애와 의학의 발전
② 고대에서 현대까지 해부학의 발전 과정
③ 히포크라테스 선서에 의한 전문직의 도덕적 기준
④ 히포크라테스와 갈레노스가 서양의학에 미친 영향과 중요성
⑤ 히포크라테스와 갈레노스의 4체액설이 현대 의학에 미친 영향

29

| 한국전력공사(2024년)

> 정부는 그동안 단일요금 체계로 전기 가격이 책정된 탓에 발전원은 경북과 강원 등지에 집중되어 있지만 실제 전력 소비는 수도권에서 집중되어 있어 지역 간 전력 불균형이 발생했다며, 이를 해결할 방안으로 지역별 전기요금을 상이하게 책정하는 '차등 요금제'를 제시하였다.
> 실제로 한국전력공사의 통계에 따르면, 부산의 전력 자체 공급율은 216.7%로 실제 지역에서 사용하는 전기량의 2배 이상을 만들어내지만, 이에 반해 서울과 대전은 각각 8.9%, 2.9%로 10%에도 채 미치지 못하게 생산한다.
> 이 때문에 실제로 전기 가격 차등 요금제가 시행된다면 발전원이 설비된 지역 내 주민들의 전기요금은 낮아지지만, 반대로 생산보다는 소비에 집중되어 있는 수도권 지역의 주민들의 전기요금은 높아질 것으로 보인다.

① 지역 불균형 해소와 균등한 발전을 위한 차등 요금제
② 사용량이 높을수록 전기요금도 높아지는 차등 요금제
③ 수도권 지역의 전력 자급률을 높이는 방안인 차등 요금제
④ 전력 자급률이 높을수록 전기요금이 저렴해지는 차등 요금제
⑤ 지역별 전기요금 가격 차등화가 불러일으킨 전기요금 상승세

30 다음 중 비행을 하기 위한 시조새의 신체 조건으로 가장 적절한 것은?

> 시조새(Archaeopteryx)는 약 1억 5천만 년 전 중생대 쥐라기 시대에 살았던 고대 생물로, 조류와 공룡의 중간 단계에 위치한 생물이다. 1861년 독일 바이에른 지방에 있는 졸른호펜 채석장에서 화석이 발견된 이후, 시조새는 조류의 기원과 공룡에서 새로의 진화 과정을 밝히는 데 중요한 단서를 제공해 왔다. '시조(始祖)'라는 이름에서 알 수 있듯이 시조새는 현대 조류의 조상으로 여겨지며 고생물학계에서 매우 중요한 연구 대상으로 취급된다.
> 시조새는 오늘날의 새와는 여러 가지 차이점이 있다. 이빨이 있는 부리, 긴 척추뼈로 이루어진 꼬리, 그리고 날개에 있는 세 개의 갈고리 발톱은 공룡의 특징을 잘 보여준다. 비록 현대 조류처럼 가슴뼈가 비행에 최적화된 형태로 발달되지는 않았지만, 갈비뼈와 팔에 강한 근육이 붙어있어 짧은 거리를 활강하거나 나뭇가지 사이를 오르내리며 이동할 수 있었던 것으로 추정된다.
> 한편, 시조새는 비대칭형 깃털을 가진 최초의 동물 중 하나로, 이는 비행을 하기에 적합한 형태이다. 시조새의 깃털은 현대의 날 수 있는 조류처럼 바람을 맞는 곳의 깃털은 짧고, 뒤쪽은 긴 형태인데, 이러한 비대칭형 깃털은 양력을 제공해 짧은 거리의 활강을 가능하게 했으며, 새의 조상으로서 비행의 초기 형태를 보여준다. 이로 인해 시조새는 공룡에서 새로 이어지는 진화 과정을 이해하는 데 있어 중요한 생물학적 증거로 여겨지고 있다.
> 시조새의 화석 연구는 당시의 생태계에 대한 정보도 제공하고 있다. 시조새는 열대 우림이나 활엽수림 근처에서 생활하며 나뭇가지를 오르내렸을 가능성이 큰 것으로 추정된다. 시조새의 이동 방식에 대해서는 여러 가설이 존재하지만, 짧은 거리의 활강을 통해 먹이를 찾고 이동했을 것이라는 주장이 유력하다.
> 결론적으로 시조새는 공룡과 새의 특성을 모두 가진 중간 단계의 생물로, 진화의 과정을 이해하는 데 핵심적인 역할을 한다. 시조새의 다양한 신체적 특징들은 공룡에서 새로 이어지는 진화의 연결고리를 보여주며, 조류 비행의 기원을 이해하는 중요한 증거로 평가된다.

① 날개 사이에 근육질의 익막이 있다.
② 날개에는 세 개의 갈고리 발톱이 있다.
③ 날개의 깃털이 비대칭 구조로 형성되어 있다.
④ 척추뼈가 꼬리까지 이어지는 유선형 구조이다.
⑤ 현대 조류처럼 가슴뼈가 비행에 최적화된 구조이다.

31 다음 글에 대한 설명으로 적절하지 않은 것은?

> 우리나라에서 1년 중 가장 전력 사용량이 많은 시기는 여름철이다. 특히 2023년 8월의 경우 전력 거래량이 5.1만 GWh에 달해 역대 최고치를 기록하였다. 이처럼 집중된 전력 사용량에 의해 부과되는 전기요금은 큰 부담이 되므로 한국전력공사는 에너지 사용 증가로 인한 국민의 에너지비용 증가 부담 완화를 위해 전기요금에 대하여 하절기 및 동절기에 한시적으로 분할납부제도를 시행하고 있다.
>
> 전기요금 분할납부제도는 전기 사용량이 많아지는 시기에 높아진 전기요금을 분납하는 제도로, 분납방법은 신청 월에 전기요금 50%를 납부하고 나머지는 고객이 요금수준, 계절별 사용패턴 등을 고려하여 2∼6개월 범위 내에서 선택하여 납부하는 것이다. 다만, 아파트처럼 집합건물 내 개별세대 및 개별상가는 관리사무소의 업무부담 증가를 고려하여 6개월로 고정된다.
>
> 기존의 전기요금 분할납부제도는 일부 주택용 고객만 신청 가능하였으나 주거용, 주택용 고객을 포함한 소상공인 및 뿌리기업 고객(일반용·산업용·비주거용 주택용)까지 신청 가능대상이 확대되었으며, 한국전력공사와 직접적인 계약관계 없이 전기요금을 관리비 등에 포함하여 납부하는 집합건물(아파트 등 포함) 내 개별세대까지 모두 참여가 가능해졌다.
>
> 한국전력공사와 직접 전기 사용계약을 체결한 고객은 한전:ON(한국전력공사 서비스 플랫폼)을 통해 분할납부를 직접 신청 할 수 있으며, 전기요금을 관리비에 포함하여 납부하는 아파트 개별세대와 집합건물 내 개별고객은 관리사무소를 통해 신청할 수 있다. 다만, 신청 시점에 미납요금이 없어야 하고 일부 행정처리기간(납기일 전·후 3영업일) 내에는 신청이 제한될 수 있으며 월별 분납적용을 위해서는 매월 신청해야 한다. 또한, 계약전력이 20kW를 초과(집합상가의 경우, 관리비에 포함하여 납부하는 전기요금이 35만 원을 초과)하는 소상공인 및 뿌리기업은 자격 여부 확인을 위해 관련 기관으로부터 확인서를 발급받아 한국전력공사에 제출해야 한다.

① 25일 금요일이 납부일이라면 22∼30일까지는 신청이 제한될 수 있다.
② 분할납부제도를 관리사무소를 통해 신청한 경우 분할납부 기간은 6개월로 고정된다.
③ 아파트에서 살고 있는 사람은 한전:ON을 통해 직접적으로 분할납부를 신청할 수 없다.
④ 한국전력공사와 직접 전기 사용계약을 체결한 고객은 한전:ON을 통해 언제든지 분할납부를 신청할 수 있다.
⑤ 한 달 전기요금이 50만 원인 집합상가의 경우 전기요금을 분할납부하려면 관련 기관으로부터 확인서를 발급받아야 한다.

한국전력공사(2024년)

32 다음 글에 대한 추론으로 적절하지 않은 것은?

> 매년 심해지는 폭염 등 기후변화는 우리가 피부로 체감할 만큼 빠르게 진행되고 있으며, 세계 각지에서는 지구온난화와 관련된 문제를 해결하기 위하여 다양한 방법을 모색하고 있다. 에너지 분야에서도 마찬가지로 온실가스를 많이 배출하는 화석연료의 사용을 자제하고, 환경에 미치는 부담을 최소화하면서 안정적인 에너지 공급원으로서 신재생에너지에 대한 투자와 연구를 지속하고 있다.
>
> 신재생에너지는 신에너지와 재생에너지를 총칭하는 단어이다. 2022년 시행된 신에너지 및 재생에너지 개발·이용·보급 촉진법(신재생에너지법)에 따르면 신에너지는 기존의 화석연료를 변환시켜 이용하거나 수소·산소 등의 화학 반응을 통하여 전기 또는 열을 이용하는 에너지로서 수소에너지, 연료전지, 석탄을 액화·가스화한 에너지 등이 있고, 재생에너지는 햇빛, 물, 지열, 강수, 생물유기체 등을 포함하는 재생 가능한 에너지를 변환시켜 이용하는 에너지로서 태양, 풍력, 수력, 해양, 지열, 바이오, 폐기물에너지 등이 있다.
>
> 전기를 생산하는 발전사업자의 경우 신재생에너지법상 총발전량의 일정 비율을 신재생에너지로 공급해야 하며, 2030년까지 전체 발전량의 30% 이상을 신재생에너지로 전환하는 목표를 세우고 이를 실현하기 위한 신재생에너지 발전플랜트 건축, 신재생에너지 공급인증서(REC; Renewable Energy Certificate) 거래 등 다양한 제도를 실시하고 있다.
>
> 그러나 최근 조사에 따르면 2023년 전 세계의 전체 발전량 대비 재생에너지 발전량 비율이 처음으로 30%를 넘어섰음에도 불구하고, 우리나라의 재생에너지 발전량은 9%에 불과해 세계 평균에 크게 미치지 못한 것으로 파악되었으며, 2030년까지 신재생에너지 발전 비율을 21.6%로 하향조정하였다. 반면 에너지 관련 전문가들은 시간이 지날수록 신재생에너지의 중요성은 더욱 증가할 것으로 예상하고 있다. 화석연료의 고갈, 자원의 전략적 무기화 등을 고려할 때 에너지 공급방식의 다양화가 필요하며, 기후변화협약 등 환경규제에 대응하기 위해 청정에너지 비중 확대의 중요성은 증대되고 있다. 특히 신재생에너지 산업은 정보통신기술(IT), 생명공학기술(BT), 나노기술(NT)과 더불어 차세대 산업으로 시장 규모가 급격히 팽창하고 있는 미래 산업인 만큼 발전 사업에 있어 신재생에너지에 대한 연구와 투자가 반드시 필요하다.

① 재생에너지는 비고갈성에너지로 볼 수 있다.
② 미래에는 신재생에너지에 대한 수요가 높아질 것이다.
③ 우리나라의 신재생에너지 발전은 세계적 흐름에 역행하고 있다.
④ 시간이 지날수록 신재생에너지의 중요성은 화석에너지에 비해 증대될 것이다.
⑤ 신재생에너지는 석탄 등 화석연료를 원료로 전혀 사용하지 않는 청정에너지이다.

33 다음 글에 대한 설명으로 가장 적절한 것은?

> 지구온난화로 인한 기상이변으로 해가 지날수록 더 빨리 무더위가 찾아오고 있으며, 특히 2023년은 30℃를 웃도는 더위가 10일이 넘게 지속되었다.
> 해가 갈수록 가속화되는 더위 탓에 전기요금에 대한 부담감도 커지고 있어, 정부는 하루 전기 소비량을 1kW 줄여 월 전기요금 7,800원을 줄일 수 있는 '사용하지 않는 전기 플러그 뽑기', '사용하지 않는 전등 끄기', '에어컨 설정온도 높이기'의 3가지 방법을 소개했다.
> 특히 에어컨과 같은 냉방 가전은 효율적 사용만으로도 전기요금을 크게 줄일 수 있다. 먼저 에어컨의 경우 단시간에 실내 온도를 낮추는 것이 효율적이다. 왜냐하면 에어컨은 희망 온도에 도달한 이후에는 전기 소비량이 현저히 감소하기 때문이다. 따라서 바람을 세게 틀어 빠르게 희망 온도에 도달시킨 후 서서히 바람을 줄여야 하며, 실외와의 온도 차가 크면 그만큼 에어컨 가동량이 커지기 때문에 온도 차를 고려하여 24~26℃에 희망 온도를 맞추는 것이 좋다. 여기서 주의할 점은 전기요금을 줄이자고 에어컨을 켰다 껐다를 반복하면 오히려 전기요금을 높이는 역효과가 발생할 수도 있다는 점이다.
> 이 밖에도 에어컨의 제습과 냉방 기능은 사실상 별 차이가 없지만, 장마철과 같이 습도가 높은 때에는 오히려 제습 모드일 때 전력 소비량이 높아 냉방 모드일 때보다 과한 전기요금이 부과될 수 있어 주의하여야 한다. 이와 더불어 에어컨 가동 시 에어컨 대비 전력 소비량이 현저히 적은 선풍기를 함께 사용할 경우 빠른 공기 순환이 가능해 에어컨의 전력 소비량이 줄어 전기요금 역시 감소할 수 있을 것이다.

① 하루 전기 소비량을 1kW 줄이면 연간 약 20만 원 상당의 전기요금을 줄일 수 있다.
② 난방 가전보다 냉방 가전의 효율적 사용이 전기요금 감소에 큰 영향을 준다.
③ 실외 온도가 높을 경우 에어컨 희망 온도도 같이 높이는 것이 전기요금 감소에 유리하다.
④ 습도가 낮을 때는 에어컨의 제습 모드 보다 냉방 모드일 때 더 높은 전기요금이 부과된다.
⑤ 선풍기 단독 사용보다 선풍기와 에어컨을 함께 사용하는 것이 전기요금 감소에 유리하다.

※ 다음 글의 주제로 가장 적절한 것을 고르시오. [34~35]

| 국민건강보험공단(2024년)

34

상병수당이란 업무 외에 발생한 질병이나 부상으로 인한 소득상실 위험을 보호하는 사회보장 제도이다. 이를 통해 근로자들은 빈곤 예방이나 건강, 사회보장 등 인권을 보호받을 수 있다.

사실 상병수당은 새로운 제도가 아니라 국민건강보험법에서 이전부터 명시하고 있던 제도였다. 하지만 관련 하위법령이 없어 실질적으로 그 제도가 이루어지지 않고 있었을 뿐이다. 이로 인해 상병으로 장기요양 중인 근로자는 의료비 부담은 물론 소득상실까지 더해져 빈곤층으로의 전락은 당연한 귀결이 되었다.

이에 보건복지부는 2022년부터 시범사업 시행 및 사회적 논의를 거쳐 현 국내 상황에 맞도록 제도 도입을 추진하고 있다. 근로자들은 소득보장은 물론 무리하게 근로를 하지 않고 충분히 휴식을 취할 수 있어 건강권을 증진할 수 있을 뿐만 아니라 미래에 발생할 수도 있었을 잠재적인 생산성 손실도 예방할 수 있게 되었다.

현재는 시범사업 지역에 거주하는 근로자들을 대상으로 진행하고 있으며, 이들 중 공무원, 질병목적 외 휴직자, 자동차보험 적용자, 고용보험·산재보험·생계급여·긴급복지 등 타 제도를 통해 보장받고 있는 자와 해외출국자는 제외되었다. 이들은 근로활동 불가기간을 기준으로 최저임금의 60%를 지원받을 수 있다.

① 업무 중 상병은 산재보상, 업무 외 상병은 상병수당
② 질병이 빈곤으로 이어지지 않도록 예방하는 상병수당
③ 상병 중인 근로자들의 소득보장을 위한 상병수당 제도 시행
④ 근로자들의 빈곤 예방과 인권 보호를 위한 상병수당 제도 신설

35

한국인의 주요 사망 원인 중 하나인 뇌경색은 뇌혈관이 갑자기 폐쇄됨으로써 뇌가 손상되어 신경학적 이상이 발생하는 질병이다.

뇌경색의 발생 원인은 크게 2가지로 분류할 수 있는데, 그중 첫 번째는 동맥경화증이다. 동맥경화증은 혈관의 중간층에 퇴행성 변화가 일어나서 섬유화가 진행되고 혈관의 탄성이 줄어드는 노화현상의 일종으로, 뇌로 혈류를 공급하는 큰 혈관이 폐쇄되거나 뇌 안의 작은 혈관이 폐쇄되어 발생하는 것이다. 두 번째는 심인성 색전으로, 심장에서 형성된 혈전이 혈관을 타고 흐르다 갑자기 뇌혈관을 폐쇄시켜 발생하는 것이다.

뇌경색이 발생하여 환자가 응급실에 내원한 경우, 폐쇄된 뇌혈관을 확인하기 위한 뇌혈관 조영 CT를 촬영하거나 손상된 뇌경색 부위를 좀 더 정확하게 확인해야 하는 경우에는 뇌 자기공명 영상(Brain MRI) 검사를 한다. 이렇게 시행한 검사에서 큰 혈관의 폐쇄가 확인되면 정맥 내에 혈전용해제를 투여하거나 동맥 내부의 혈전제거술을 시행하게 된다. 시술이 필요하지 않은 경우라면, 뇌경색의 악화를 방지하기 위하여 뇌경색 기전에 따라 항혈소판제나 항응고제 약물 치료를 하게 된다.

뇌경색의 원인 중 동맥경화증의 경우 여러 가지 위험 요인에 의하여 장시간 동안 서서히 진행된다. 고혈압, 당뇨, 이상지질혈증, 흡연, 과도한 음주, 비만 등이 위험 요인이며, 평소 이러한 원인이 있는 사람은 약물 치료 및 생활 습관 개선으로 위험 요인을 줄여야 한다. 특히 뇌경색이 한번 발병했던 사람은 재발 방지를 위한 약물을 지속적으로 복용하는 것이 필요하다.

① 뇌경색의 주요 증상
② 뇌경색 환자의 약물치료 방법
③ 뇌경색의 발병 원인과 치료 방법
④ 뇌경색이 발생했을 때의 조치사항

36 다음 글의 내용으로 적절하지 않은 것은?

> K공단은 의사와 약사가 협력하여 지역주민의 안전한 약물 사용을 돕는 의·약사 협업 다제약물 관리사업을 6월 26일부터 서울 도봉구에서 시작했다고 밝혔다.
>
> 지난 2018년부터 K공단이 진행 중인 다제약물 관리사업은 10종 이상의 약을 복용하는 만성질환자를 대상으로 약물의 중복 복용과 부작용 등을 예방하기 위해 의약전문가가 약물관리 서비스를 제공하는 사업이다. 지역사회에서는 K공단에서 위촉한 자문 약사가 가정을 방문하여 대상자가 먹고 있는 일반 약을 포함한 전체 약을 대상으로 약물의 복용상태, 부작용, 중복 등을 종합적으로 검토하고 그 결과를 바탕으로 상담, 교육 및 처방조정 안내를 실시함으로써 약물관리가 이루어진다. 병원에서는 입원 및 외래환자를 대상으로 의사, 약사 등으로 구성된 다학제팀(전인적인 돌봄을 위해 의사, 간호사, 약사, 사회복지사 등 다양한 전문가들로 이루어진 팀)이 약물관리 서비스를 제공한다.
>
> 다제약물 관리사업 효과를 평가한 결과 약물관리를 받은 사람의 복약순응도가 56.3% 개선되었고, 효능이 유사한 약물을 중복해서 복용하는 환자가 40.2% 감소되었다. 또한, 병원에서 제공된 다제약물 관리사업으로 응급실 방문 위험이 47%, 재입원 위험이 18% 감소되는 등의 효과를 확인하였다.
>
> 다만, 지역사회에서는 약사의 약물 상담결과가 의사의 처방조정까지 반영되는 다학제 협업 시스템이 미흡하다는 의견이 제기되었다. 이러한 문제점의 개선을 위해 K공단은 도봉구 의사회와 약사회, 전문가로 구성된 지역협의체를 구성하고, 지난 4월부터 3회에 걸친 논의를 통해 의·약사 협업 모형을 개발하였으며, 사업 참여 의·약사 선정, 서비스 제공 대상자 모집 및 정보공유 방법 등의 현장 적용방안을 마련했다. 의사나 K공단이 선정한 약물관리 대상자는 자문 약사의 약물점검(필요시 의사 동행)을 받게 되며, 그 결과가 K공단의 정보 시스템을 통해 대상자의 단골 병원 의사에게 전달되어 처방 시 반영될 수 있도록 하는 것이 주요 골자이다. 지역 의·약사 협업 모형은 2023년 12월까지 도봉구지역의 일차의료 만성질환관리 시범사업에 참여하는 의원과 자문약사를 중심으로 우선 실시한다. 이후 사업의 효과성을 평가하고 부족한 점은 보완하여 다른 지역에도 확대 적용할 예정이다.

① K공단에서 위촉한 자문 약사는 환자가 먹는 약물을 조사하여 직접 처방할 수 있다.
② 다제약물 관리사업으로 인해 환자는 복용하는 약물의 수를 줄일 수 있다.
③ 다제약물 관리사업의 주요 대상자는 10종 이상의 약을 복용하는 만성질환자이다.
④ 다제약물 관리사업은 지역사회보다 병원에서 더욱 활발히 이루어지고 있다.

37 다음 글에 이어질 문단을 논리적 순서대로 바르게 나열한 것은?

> 아토피 피부염은 만성적으로 재발하는 양상을 보이며 심한 가려움증을 동반하는 염증성 피부 질환으로, 연령에 따라 특징적인 병변의 분포와 양상을 보인다.
>
> (가) 이와 같이 아토피 피부염은 원인을 정확히 파악할 수 없기 때문에 아토피 피부염의 진단을 위한 특이한 검사소견은 없으며, 임상 증상을 종합하여 진단한다. 기존에 몇 가지 국외의 진단기준이 있었으며, 2005년 대한아토피피부염학회에서는 한국인 아토피 피부염에서 특징적으로 관찰되는 세 가지 주진단 기준과 14가지 보조진단 기준으로 구성된 한국인 아토피 피부염 진단기준을 정하였다.
>
> (나) 아토피 피부염 환자는 정상 피부에 비해 민감한 피부를 가지고 있으며 다양한 자극원에 의해 악화될 수 있으므로 앞의 약물치료와 더불어 일상생활에서도 이를 피할 수 있도록 노력해야 한다. 비누와 세제, 화학약품, 모직과 나일론 의류, 비정상적인 기온이나 습도에 대한 노출 등이 대표적인 피부 자극 요인들이다. 면제품 속옷을 입도록 하고, 세탁 후 세제가 남지 않도록 물로 여러 번 헹구도록 한다. 또한 평소 실내 온도, 습도를 쾌적하게 유지하는 것도 중요하다. 땀이나 자극성 물질을 제거하는 목적으로 미지근한 물에 샤워를 하는 것이 좋으며, 샤워 후에는 3분 이내에 보습제를 바르는 것이 좋다.
>
> (다) 아토피 피부염을 진단받아 치료하기 위해서는 보습이 가장 중요하고, 피부 증상을 악화시킬 수 있는 자극원, 알레르겐 등을 피하는 것이 필요하다. 국소 치료제로는 국소 스테로이드제가 가장 기본적인 치료제이다. 국소 칼시뉴린 억제제도 효과적으로 사용되는 약제이며, 국소 스테로이드제 사용으로 발생 가능한 피부 위축 등의 부작용이 없다. 아직 국내에 들어오지는 않았으나 국소 포스포디에스테라제 억제제도 있다. 이 외에는 전신치료로 가려움증 완화를 위해 사용할 수 있는 항히스타민제가 있고, 필요시 경구 스테로이드제를 사용할 수 있다. 심한 아토피 피부염 환자에서는 면역 억제제가 사용된다. 광선치료(자외선치료)도 아토피 피부염 치료로 이용된다. 최근에는 아토피 피부염을 유발하는 특정한 사이토카인 신호 전달을 차단할 수 있는 생물학적제제인 두필루맙(Dupilumab)이 만성 중증 아토피 피부염 환자를 대상으로 사용되고 있으며, 치료 효과가 뛰어나다고 알려져 있다.
>
> (라) 많은 연구에도 불구하고 아토피 피부염의 정확한 원인은 아직 밝혀지지 않았다. 현재까지는 피부 보호막 역할을 하는 피부장벽 기능의 이상, 면역체계의 이상, 유전적 및 환경적 요인 등이 복합적으로 상호작용한 결과 발생하는 것으로 보고 있다.

① (다) - (가) - (라) - (나) ② (다) - (나) - (라) - (가)
③ (라) - (가) - (나) - (다) ④ (라) - (가) - (다) - (나)

국민건강보험공단(2024년)

38 다음 글의 빈칸에 들어갈 내용으로 가장 적절한 것은?

> 국민건강보험공단과 N사의 업무협약을 시작으로 우리 생활에서 AI의 일상화가 본격적으로 시작되고 있다. 이 협약을 통해 공단은 보유하고 있던 데이터를 N사의 생성형 AI '하이퍼클로바X'에 결합해 공공분야에 실질적인 서비스를 구축함은 물론 공단 내부의 업무 생산성 향상을 도모하기로 하였다.
>
> AI 안부 콜 서비스인 '클로바 케어콜'을 이용한 공공서비스의 확대도 협의 중이다. 기존에는 일부 지자체에서 1인 가구 중 돌봄이 필요한 경우에 한해 주 1~2회 안부를 확인하는 방식으로 이루어졌으며, 통화가 연결되지 않거나 이상자로 분류되면 공무원이 이를 재확인하는 절차로 진행되었다. 공단과 N사는 이를 만성질환자 자가건강관리 지원으로까지 확대할 클로바 케어콜 서비스 방안을 모색하고 있다.
>
> 또한 N사는 국민들이 공단이 제공하는 정보에 더 쉽게 접근할 수 있도록 그 방안도 논의 중이다. 예를 들어 N사 검색창에 '질병정보'를 검색한다면 이에 대한 공단의 '건강통계 분석정보'도 함께 보여주거나, N사 애플리케이션의 '건강판'을 통해 공단의 '생활 속 자가건강관리' 가이드라인 등 공단이 제공하는 건강 관련 콘텐츠를 함께 보여주는 방식으로 논의할 예정이다.
>
> 이처럼 _____ 국민이 실질적으로 체감할 수 있는 대국민 서비스의 품질이 계속하여 향상될 것으로 기대되고 있다.

① 공공기관과 공기업이 국내 초거대 AI 기업의 기술력을 인수하면서
② 공공기관과 공기업이 국내 초거대 AI 기업의 합병이 이루어지면서
③ 공공기관과 공기업이 보유한 데이터와 국내 기업의 AI 기술력이 합해지면서
④ 공공기관과 공기업이 보유한 데이터에 대해 국내 기업의 접근이 용이해지면서

건강보험심사평가원(2024년)

39 다음 중 밑줄 친 단어가 맞춤법상 옳지 않은 것은?

① 지난 분기 매출을 조사하여 증가량을 <u>백분율</u>로 표기하였다.
② 젊은 세대를 중심으로 빠른 이직 트렌드가 형성되어 <u>이직률</u>이 높아지고 있다.
③ 이번 학기 <u>출석율</u>이 이전보다 크게 향상되어 학생들의 참여도가 높아지고 있다.
④ 이번 시험의 <u>합격률</u>이 역대 최고치를 기록하며 수험생들에게 희망을 안겨주었다.

40 다음 글의 빈칸에 들어갈 내용으로 가장 적절한 것은?

> 주의력 결핍 과잉행동장애(ADHD)는 학령기 아동에게 흔히 나타나는 질환으로, 주의력 결핍, 과잉행동, 충동성의 증상을 보인다. 이는 아동의 학교 및 가정생활에 큰 영향을 미치며, 적절한 치료와 관리가 필요하다. ADHD의 원인은 신경화학적 요인과 유전적 요인이 복합적으로 작용하는 것으로 여겨진다. 도파민과 노르에피네프린 같은 신경전달물질의 불균형이 주요 원인으로 지목되며, 가족력이 있는 경우 ADHD 발병 확률이 높아진다. 연구에 따르면, ADHD는 상당한 유전적 연관성을 보이며, 부모나 형제 중에 ADHD를 가진 사람이 있을 경우 발병 확률이 증가한다.
>
> 환경적 요인도 ADHD 발병에 영향을 줄 수 있다. 임신 중 음주, 흡연, 약물 사용 등이 발병 확률을 높일 수 있으며, 조산이나 저체중 출산도 연관성이 있다. 이러한 환경적 요인들은 태아의 뇌 발달에 영향을 주며 ADHD 발병 가능성을 증가시킬 수 있다. 그러나 이러한 요인들이 단독으로 ADHD를 유발하는 것은 아니며, 다양한 요인이 복합적으로 작용하여 증상이 나타난다.
>
> ADHD 치료는 약물요법과 비약물요법으로 나뉜다. 약물요법에서는 메틸페니데이트 같은 중추신경자극제가 널리 사용된다. 이 약물은 도파민과 노르에피네프린의 재흡수를 억제해 증상을 완화한다. 이러한 약물은 주의력 향상과 충동성 감소에 효과적이며, 많은 연구에서 그 효능이 입증되었다. 비약물요법으로는 행동개입 요법과 심리사회적 프로그램이 있다. 이는 구조화된 환경에서 집중을 방해하는 요소를 최소화하고, 연령에 맞는 개입방법을 적용한다. 예를 들어, 학령기 아동에게는 그룹 부모훈련과 교실 내 행동개입 프로그램이 추천된다.
>
> 가정에서는 부모가 아이가 해야 할 일을 목록으로 작성하도록 돕고, 한 번에 한 가지씩 처리하도록 지도해야 한다. 특히 아이의 바람직한 행동은 칭찬하고, 잘못된 행동에는 책임을 지도록 하는 것이 중요하다. 이러한 방법은 아이의 자존감을 높이고 긍정적인 행동을 강화하는 데 도움이 된다. 학교에서는 과제를 짧게 나누고, 수업이 지루하지 않도록 하며, 규칙과 보상을 일관되게 유지해야 한다. 교사는 ADHD 아동이 주의가 산만해질 수 있는 환경적 요소를 제거하고, 많은 격려와 칭찬을 통해 학습 동기를 유발해야 한다.
>
> ADHD는 완치가 어려운 만성 질환이지만 적절한 치료와 관리를 통해 증상을 개선할 수 있다. 약물 치료와 비약물 치료를 병행하고 가정과 학교에서 적절한 지원이 이루어지면 ADHD 아동도 건강하고 행복한 삶을 영위할 수 있다. 결론적으로, ADHD는 _____ 따라서 다양한 원인에 부합하는 맞춤형 치료와 환경 조성을 통해 아동의 잠재력을 최대한 발휘할 수 있도록 지원해야 한다. 이는 아동이 자신의 능력을 충분히 발휘하고 성공적인 삶을 살아가는 데 중요한 역할을 한다.

① 완벽한 치료가 불가능한 불치병이다.
② 약물 치료를 통해 쉽게 치료가 가능하다.
③ 다양한 원인이 복합적으로 작용하는 질환이다.
④ 아동에게 적극적으로 개입해 충동성을 감소시켜야 하는 질환이다.

41 다음은 탄소배출을 줄이기 위한 철도 연구 논문의 목차이다. 이를 참고할 때, 〈보기〉의 (가) ~ (마) 문단을 논리적 순서대로 바르게 나열한 것은?

〈목차〉

1. 서론
    (1) 연구배경
    (2) 연구목표

2. 수송시스템
    (1) 도로와 철도의 수송시스템 구성
    (2) 수송부문 온실가스 저감전략
    (3) 수송시스템 온실가스 배출경향

3. Modal Shift(전환교통)
    (1) Modal Shift의 정의 및 활성화 방안

4. 사례연구
    (1) 분석방법 및 분석대상
    (2) 단계별 분석
    (3) 전 과정 통합 분석

5. 결론 및 향후 연구방향

> 보기

(가) 도로와 철도의 수송시스템은 크게 차량, 노선, 정류장, 운영, 연료사용으로 구분되며, 수송부분의 환경영향을 저감시키는 방법으로는 전체 수송요구량을 줄이는 '회피', 전체수송량은 유지하되 저탄소 수송모드로 수송수단을 전환시키는 '전환', 수송수단과 시스템의 환경성을 개선하는 '개선'으로 나눌 수 있다.

(나) 2022년 OECD 통계에 따르면 우리나라의 온실가스 배출량은 13위이다. 특히 우리나라의 수송부문의 이산화탄소 배출량은 도로부문에서 51%, 철도부문에서 5%, 수상 및 항공 부문에서 22%를 차지하고 있어 도로부문에서의 온실가스 저감노력이 필요할 것으로 판단된다. 이에 본 연구에서는 도로에서 철도로의 교통수요 전환에 따른 온실가스 저감효과를 수송시스템의 제작부터 폐기까지 모든 단계를 고려하여 예측하고자 한다.

(다) 이에 본 연구에서는 Modal Shift의 효과를 예측하기 위해 단계별로 나누어 연구를 진행하였으며, 특히 운행단계에서 온실가스 저감량을 분석해 본 결과 철도로의 승객이 증가하자 온실가스 저감효과가 나타나는 것이 확인되었고, 제작 단계, 건설 단계, 폐기 단계의 각 과정에서도 모두 온실가스 저감효과가 확인되었다.

(라) 이때, 각 수송시스템의 단계별 온실가스 배출 기여도를 살펴보면 두 시스템 모두 초기건설 단계에서 가장 높았으며, 운영 및 유지보수 단계, 해체폐기 단계 순으로 높았다. 또한 실제 배출량은 여객수송(1인/km)에서는 도로가 $105.6gCO_2e$로 철도의 배출량인 $29.8gCO_2e$보다 약 3.5배 높았고, 화물수송(톤/km)에서는 도로가 $299.6gCO_2e$로 철도의 $35.9gCO_2e$보다 약 8배 높았다.

(마) 이에 여객 또는 화물의 장거리 운송에 있어 도로에서 철도로의 수송모드 전환인 Modal Shift가 환경적인 측면에서 부각되고 있다. 하지만 낮은 접근성과 이동성 등 비효율적인 요소가 많아 쉽지 않은 상황이다. 따라서 교통시설을 체계적으로 구축하고 신규노선 및 신규차량을 도입하는 등의 전략적 추진방안이 필요할 것으로 보인다.

① (가) - (나) - (다) - (라) - (마)
② (가) - (나) - (라) - (마) - (다)
③ (나) - (가) - (다) - (라) - (마)
④ (나) - (가) - (라) - (마) - (다)
⑤ (나) - (다) - (가) - (라) - (마)

42 다음 글을 읽고 알 수 있는 내용으로 적절하지 않은 것은?

> 전 세계적인 과제로 탄소중립이 대두되자 친환경적 운송수단인 철도가 주목받고 있다. 특히 국제에너지기구는 철도를 에너지 효율이 가장 높은 운송 수단으로 꼽으며, 철도 수송을 확대하면 세계 수송부문에서 온실가스 배출량이 그렇지 않을 때보다 약 6억 톤이 줄어들 수 있다고 하였다.
> 게다가 철도의 에너지 소비량은 도로의 22분의 1이고 온실가스 배출량은 9분의 1에 불과해, 탄소배출이 높은 도로 운행의 수요를 친환경 수단인 철도로 전환한다면 수송부문 총배출량이 획기적으로 감소될 것이라 전망하고 있다.
> 이와 같은 전망에 발맞춰 우리나라의 S철도공단도 '녹색교통'인 철도 중심 교통체계를 구축하기 위해 박차를 가하고 있으며, 정부 역시 '2050 탄소중립 실현' 목표에 발맞춰 저탄소 철도 인프라 건설·관리로 탄소를 지속적으로 감축하고자 노력하고 있다.
> S철도공단은 철도 인프라 생애주기 관점에서 탄소를 감축하기 위해 먼저 철도 건설 단계에서부터 친환경·저탄소 자재를 적용해 탄소 배출을 줄이고 있다. 실제로 중앙선 안동~영천 간 궤도 설계 당시 철근 대신에 저탄소 자재인 유리섬유 보강근을 콘크리트 궤도에 적용했으며, 이를 통한 탄소 감축효과는 약 6,000톤으로 추정된다. 이 밖에도 저탄소 철도 건축물 구축을 위해 2025년부터 모든 철도건축물을 에너지 자립률 60% 이상(3등급)으로 설계하기로 결정했으며, 도심의 철도 용지는 지자체와 협업을 통해 도심 속 철길 숲 등 탄소 흡수원이자 지역민의 휴식처로 철도부지 특성에 맞게 조성되고 있다.
> S철도공단은 이와 같은 철도로의 수송 전환으로 약 20%의 탄소 감축 목표를 내세웠으며, 이를 위해서는 정부의 노력도 필요하다고 강조하였다. 특히 수송 수단 간 공정한 가격 경쟁이 이루어질 수 있도록 도로 차량에 집중된 보조금 제도를 화물차의 탄소배출을 줄이기 위한 철도 전환교통 보조금으로 확대하는 등 실질적인 방안의 필요성을 제기하고 있다.

① 녹색교통으로 철도 수송이 대두된 배경
② 철도 수송 확대를 통해 기대할 수 있는 효과
③ 국내의 탄소 감축 방안이 적용된 건축물 사례
④ 정부의 철도 중심 교통체계 구축을 위해 시행된 조치
⑤ S철도공단의 철도 중심 교통체계 구축을 위한 방안

43 다음 글을 이해한 내용으로 가장 적절한 것은?

> 도심항공교통, UAM은 Urban Air Mobility의 약자로, 전기 수직 이착륙기(eVTOL)를 활용해 지상에서 450m 정도 상공인 저고도 공중에서 사람이나 물건 등을 운송하는 항공 교통 수단 시스템을 지칭하는 용어이다. 기체 개발부터 운항, 인프라 구축, 플랫폼 서비스 그리고 유지보수에 이르기까지 이와 관련된 모든 사업을 통틀어 일컫는 말이기도 하다.
>
> 도심항공교통은 전 세계적인 인구 증가와 대도시 인구 과밀화로 인해 도심의 지상교통수단이 교통체증 한계에 맞닥뜨리면서 이를 해결하고자 등장한 대안책이다. 특히 이 교통수단은 활주로가 필요한 비행기와 달리 로켓처럼 동체를 세운 상태로 이착륙이 가능한 수직이착륙 기술, 또 배터리와 모터로 운행되는 친환경적인 방식과 저소음 기술로 인해 탄소중립 시대에 새로운 교통수단으로 주목받고 있다.
>
> 이 때문에 많은 국가와 기업에서 도심항공교통 상용화 추진에 박차를 가하고 있으며 우리나라 역시 예외는 아니다. 현대자동차 등 국내기업들은 상용화를 목표로 기체 개발 중에 있으며, 핵심 인프라 중 하나인 플라잉카 공항 에어원을 건설 중이다. 다수의 공기업 역시 미래모빌리티 토탈솔루션 구축 등의 UAM 생태계 조성 및 활성화를 추진 중에 있다.
>
> 실제로 강릉시는 강릉역 '미래형 복합환승센터'에 기차, 버스, 철도, 자율주행차뿐만 아니라 도심항공교통 UAM까지 한곳에서 승하차가 가능하도록 개발사업 기본 계획을 수립해 사업 추진에 나섰으며, 경기 고양시 역시 항공교통 상용화를 위한 UAM 이착륙장을 내년 완공을 목표로 진행 중에 있다.
>
> 이와 같은 여러 단체와 시의 노력으로 도심항공교통이 상용화된다면 많은 기대효과를 가져올 수 있을 것이라 전망되는데, 특히 친환경적인 기술로 탄소배출 절감에 큰 역할을 할 것으로 판단된다. 이뿐만 아니라 도시권역 간 이동시간을 단축해 출퇴근 교통체증을 해소할 수 있고, 또 획기적인 운송 서비스의 제공으로 사회적 비용을 감소시킬 수 있을 것으로 보인다.

① 도심항공교통은 상공을 통해 사람이나 물품 등의 이동이 가능하게 하는 모든 항공교통수단 시스템을 지칭한다.
② 도심항공교통은 지상교통수단의 이용이 불가능해짐에 따라 대체 방안으로 등장한 기술이다.
③ 도심항공교통은 수직이착륙 기술을 가지고 있어 별도의 활주로와 공항이 없이도 어디서든 운행이 가능하다.
④ 국내 공기업과 사기업, 그리고 정부와 각 시는 도심항공교통의 상용화를 위해 역할을 분담하여 추진 중에 있다.
⑤ 도심항공교통이 상용화된다면 도심지상교통이 이전보다 원활하게 운행이 가능해질 것으로 예측된다.

44 다음 글의 주제로 가장 적절한 것은?

> 지난 5월 아이슬란드에 각종 파이프와 열교환기, 화학물질 저장탱크, 압축기로 이루어져 있는 '조지 올라 재생가능 메탄올 공장'이 등장했다. 이곳은 이산화탄소로 메탄올을 만드는 첨단 시설로, 과거 2011년 아이슬란드 기업 '카본리사이클링인터내셔널(CRI)'이 탄소 포집·활용(CCU) 기술의 실험을 위해서 지은 곳이다.
> 이곳에서는 인근 지열발전소에서 발생하는 적은 양의 이산화탄소(CO_2)를 포집한 뒤 물을 분해해 조달한 수소(H)와 결합시켜 재생 메탄올(CH_3OH)을 제조하였으며, 이때 필요한 열과 냉각수 역시 지역발전소의 부산물을 이용했다. 이렇게 만들어진 메탄올은 자동차, 선박, 항공 연료는 물론 플라스틱 제조 원료로 활용되는 등 여러 곳에서 활용이 되었다.
> 하지만 이렇게 메탄올을 만드는 것이 미래 원료 문제의 근본적인 해결책이 될 수는 없었다. 왜냐하면 메탄올이 만드는 에너지보다 메탄올을 만드는 데 들어가는 에너지가 더 필요하다는 문제점에 더하여 액화천연가스 LNG를 메탄올로 변환할 경우 이전보다 오히려 탄소배출량이 증가하고, 탄소배출량을 감소시키기 위해서는 태양광과 에너지 저장장치를 활용해 메탄올 제조에 필요한 에너지를 모두 조달해야만 하기 때문이다.
> 또한 탄소를 포집해 지하에 영구 저장하는 탄소포집 저장방식과 달리, 탄소를 포집해 만든 연료나 제품은 사용 중에 탄소를 다시 배출할 가능성이 있어 이에 대한 논의가 분분한 상황이다.

① 탄소 재활용의 득과 실
② 재생 에너지 메탄올의 다양한 활용
③ 지열발전소에서 탄생한 재활용 원료
④ 탄소 재활용을 통한 미래 원료의 개발
⑤ 미래의 에너지 원료로 주목받는 재활용 원료, 메탄올

45 다음 글과 같이 한자어 및 외래어를 순화한 내용으로 적절하지 않은 것은?

> 열차를 타다 보면 한 번쯤은 다음과 같은 안내방송을 들어 봤을 것이다.
> "○○역 인근 '공중사상사고' 발생으로 KTX 열차가 지연되고 있습니다."
> 이때 들리는 안내방송 중 한자어인 '공중사상사고'를 한 번에 알아듣기란 일반적으로 쉽지 않다. 실제로 코레일 관계자는 승객들로부터 안내방송 문구가 적절하지 않다는 지적을 받아 왔다고 밝혔으며, 이에 코레일은 국토교통부와 협의를 거쳐 보다 이해하기 쉬운 안내방송을 전달하기 위해 문구를 바꾸는 작업에 착수하기로 결정하였다고 전했다.
> 가장 먼저 수정하기로 한 것은 한자어 및 외래어로 표기된 철도 용어이다. 그중 대표적인 것이 '공중사상사고'이다. 코레일 관계자는 '일반인의 사상사고'나 '열차 운행 중 인명사고' 등과 같이 이해하기 쉬운 말로 바꿀 예정이라고 밝혔다. 이 외에도 열차 지연 예상 시간, 사고복구 현황 등 열차 내 안내 방송을 승객에게 좀 더 알기 쉽고 상세하게 전달할 것이라고 전했다.

① 열차시격 → 배차간격
② 전차선 단전 → 선로 전기 공급 중단
③ 우회수송 → 우측 선로로의 변경
④ 핸드레일(Handrail) → 안전손잡이
⑤ 키스 앤 라이드(Kiss and Ride) → 환승정차구역

PART 1
모듈형

CHAPTER 01 모듈이론
CHAPTER 02 유형점검

CHAPTER 01 모듈이론

의사소통능력

I 의사소통능력

| 01 | 의사소통능력의 의의

(1) 의사소통이란?
두 사람 또는 그 이상의 사람들 사이에서 일어나는 의사의 전달과 상호교류를 의미하며, 어떤 개인 또는 집단이 개인 또는 집단에 대해서 정보, 감정, 사상, 의견 등을 전달하고 그것들을 받아들이는 과정을 말한다.

(2) 의사소통의 중요성
① 대인관계의 기본이며, 직업생활에서 필수적이다.
② 인간관계는 의사소통을 통해서 이루어지는 상호과정이다.
③ 의사소통은 상호 간의 일반적 이해와 동의를 얻기 위한 유일한 수단이다.
④ 서로에 대한 지각의 차이를 좁혀주며, 선입견을 줄이거나 제거해 줄 수 있는 수단이다.

(3) 성공적인 의사소통의 조건

내가 가진 정보를 상대방이 이해하기 쉽게 표현

+

상대방이 어떻게 받아들일 것인가에 대한 고려

=

일방적인 말하기가 아닌 의사소통의 정확한 목적을 알고, 의견을 나누는 자세

| 02 | 의사소통능력의 종류

(1) 문서적인 의사소통능력

문서이해능력	업무와 관련된 다양한 문서를 읽고 핵심을 이해, 정보를 획득하고, 수집·종합하는 능력
문서작성능력	목적과 상황에 적합하도록 정보를 전달할 수 있는 문서를 작성하는 능력

(2) 언어적인 의사소통능력

경청능력	원활한 의사소통을 위해 상대의 이야기를 집중하여 듣는 능력
의사표현력	자신의 의사를 목적과 상황에 맞게 설득력을 가지고 표현하는 능력

(3) 특징

구분	문서적인 의사소통능력	언어적인 의사소통능력
장점	권위감, 정확성, 전달성, 보존성 높음	유동성 높음
단점	의미의 곡해	정확성 낮음

(4) 기초외국어능력

외국어로 된 간단한 자료를 이해하거나, 외국인과의 전화응대와 간단한 대화 등 외국인의 의사표현을 이해하고, 자신의 의사를 기초외국어로서 표현할 수 있는 능력을 말한다.

| 03 | 의사소통의 저해요인

(1) 의사소통 기법의 미숙, 표현 능력의 부족, 이해 능력의 부족

'일방적으로 말하고', '일방적으로 듣는' 무책임한 태도

(2) 복잡한 메시지, 경쟁적인 메시지

너무 복잡한 표현, 모순되는 메시지 등 잘못된 정보 전달

(3) 의사소통에 대한 잘못된 선입견

'말하지 않아도 아는 문화'에 안주하는 태도

(4) 기타 요인

정보의 과다, 메시지의 복잡성, 메시지의 경쟁, 상이한 직위와 과업지향성, 신뢰의 부족, 의사소통을 위한 구조상의 권한, 잘못된 의사소통 매체의 선택, 폐쇄적인 의사소통 분위기

| 04 | 키슬러의 대인관계 의사소통 유형

유형	특징	제안
지배형	자신감이 있고 지도력이 있으나, 논쟁적이고 독단이 강하여 대인 갈등을 겪을 수 있음	타인의 의견을 경청하고 수용하는 자세 필요
실리형	이해관계에 예민하고 성취지향적으로 경쟁적이며 자기중심적임	타인의 입장을 배려하고 관심을 갖는 자세 필요
냉담형	이성적인 의지력이 강하고 타인의 감정에 무관심하며 피상적인 대인관계를 유지함	타인의 감정상태에 관심을 가지고 긍정적 감정을 표현하는 것이 필요
고립형	혼자 있는 것을 선호하고 사회적 상황을 회피하며 지나치게 자신의 감정을 억제함	대인관계의 중요성을 인식하고 타인에 대한 비현실적인 두려움의 근원을 성찰하는 것이 필요
복종형	수동적이고 의존적이며 자신감이 없음	적극적인 자기표현과 주장이 필요
순박형	단순하고 솔직하며 자기주관이 부족함	자기주장을 적극적으로 표현하는 것이 필요
친화형	따뜻하고 인정이 많아 자기희생적이나 타인의 요구를 거절하지 못함	타인과의 정서적인 거리를 유지하는 노력이 필요
사교형	외향적이고 인정하는 욕구가 강하며 타인에 대한 관심이 많고 쉽게 흥분함	심리적으로 안정을 취할 필요가 있으며 지나친 인정욕구에 대한 성찰 필요

| 05 | 의사소통능력의 개발

(1) 사후검토와 피드백의 활용
직접 말로 물어보거나 표정, 기타 표시 등을 통해 정확한 반응을 살핀다.

(2) 언어의 단순화
명확하고 쉽게 이해 가능한 단어를 선택하여 이해도를 높인다.

(3) 적극적인 경청
감정을 이입하여 능동적으로 집중하며 경청한다.

(4) 감정의 억제
감정에 치우쳐 메시지를 곡해하지 않도록 침착하게 의사소통한다.

| 06 | 입장에 따른 의사소통전략

화자의 입장	• 의사소통에 앞서 생각을 명확히 할 것 • 문서를 작성할 때는 주된 생각을 앞에 쓸 것 • 평범한 단어를 쓸 것 • 편견 없는 언어를 사용할 것 • 사실 밑에 깔린 감정을 의사소통할 것 • 어조, 표정 등 비언어적인 행동이 미치는 결과를 이해할 것 • 행동을 하면서 말로 표현할 것 • 피드백을 받을 것
청자의 입장	• 세세한 어휘를 모두 들으려고 노력하기보다는 요점, 즉 의미의 파악에 집중할 것 • 말하고 있는 바에 관한 생각과 사전 정보를 동원하여 말하는 바에 몰입할 것 • 모든 이야기를 듣기 전에 결론에 이르지 말고 전체 생각을 청취할 것 • 말하는 사람의 관점에서 진술을 반복하여 피드백할 것 • 들은 내용을 요약할 것

Ⅱ 문서이해능력

| 01 | 문서이해능력의 의의

(1) 문서이해능력이란?

다양한 종류의 문서에서 전달하고자 하는 핵심 내용을 요약·정리하여 이해하고, 문서에서 전달하는 정보의 출처를 파악하고 옳고 그름을 판단하는 능력을 말한다.

(2) 문서이해의 목적

문서이해능력이 부족하면 직업생활에서 본인의 업무를 이해하고 수행하는 데 막대한 지장을 끼친다. 따라서 본인의 업무를 제대로 수행하기 위해 문서이해능력은 필수적이다.

| 02 | 문서의 종류

(1) 공문서

> - 정부 행정기관에서 대내적·대외적 공무를 집행하기 위해 작성하는 문서
> - 정부 기관이 일반회사, 단체로부터 접수하는 문서 및 일반회사에서 정부 기관을 상대로 사업을 진행할 때 작성하는 문서 포함
> - 엄격한 규격과 양식에 따라 정당한 권리를 가진 사람이 작성
> - 최종 결재권자의 결재가 있어야 문서로서의 기능 성립

(2) 보고서

특정 업무에 대한 현황이나 진행 상황 또는 연구·검토 결과 등을 보고할 때 작성하는 문서

종류	내용
영업보고서	영업상황을 문장 형식으로 기재해 보고하는 문서
결산보고서	진행됐던 사안의 수입과 지출결과를 보고하는 문서
일일업무보고서	매일의 업무를 보고하는 문서
주간업무보고서	한 주간에 진행된 업무를 보고하는 문서
출장보고서	출장을 다녀와 외부 업무나 그 결과를 보고하는 문서
회의보고서	회의 결과를 정리해 보고하는 문서

(3) 설명서

상품의 특성이나 사물의 성질과 가치, 작동 방법이나 과정을 소비자에게 설명하는 것을 목적으로 작성한 문서

종류	내용
상품소개서	• 일반인들이 친근하게 읽고 내용을 쉽게 이해하도록 하는 문서 • 소비자에게 상품의 특징을 잘 전달해 상품을 구입하도록 유도
제품설명서	• 제품의 특징과 활용도에 대해 세부적으로 언급하는 문서 • 제품의 사용법에 대해 알려주는 것이 주목적

(4) 비즈니스 메모

업무상 필요한 중요한 일이나 앞으로 체크해야 할 일이 있을 때 필요한 내용을 메모형식으로 작성하여 전달하는 글

종류	내용
전화 메모	• 업무적인 내용부터 개인적인 전화의 전달사항들을 간단히 작성하여 당사자에게 전달하는 메모 • 스마트폰의 발달로 현저히 줄어듦
회의 메모	• 회의에 참석하지 못한 구성원에게 회의 내용을 간략하게 적어 전달하거나 참고자료로 남기기 위해 작성한 메모 • 업무 상황 파악 및 업무 추진에 대한 궁금증이 있을 때 핵심적인 역할을 하는 자료
업무 메모	• 개인이 추진하는 업무나 상대의 업무 추진 상황을 메모로 적는 형태

(5) 비즈니스 레터(E-mail)

- 사업상의 이유로 고객이나 단체에 편지를 쓰는 것
- 직장 업무나 개인 간의 연락, 직접 방문하기 어려운 고객관리 등을 위해 사용되는 비공식적 문서
- 제안서나 보고서 등 공식적인 문서를 전달하는 데에도 사용

(6) 기획서

하나의 프로젝트를 문서형태로 만들어, 상대방에게 기획의 내용을 전달하여 해당 기획안을 시행하도록 설득하는 문서

(7) 기안서

회사의 업무에 대한 협조를 구하거나 의견을 전달할 때 작성하며 흔히 사내 공문서로 불림

(8) 보도자료

정부 기관이나 기업체, 각종 단체 등이 언론을 상대로 하여 자신들의 정보가 기사로 보도되도록 하기 위해 보내는 자료

(9) 자기소개서

개인의 가정환경과 성장과정, 입사 동기와 근무자세 등을 구체적으로 기술하여 자신을 소개하는 문서

03 문서의 이해

(1) 문서이해의 절차

문서의 목적을 이해하기

이러한 문서가 작성되게 된 배경과 주제를 파악하기

문서에 쓰인 정보를 밝혀내고, 문서가 제시하고 있는 현안을 파악하기

문서를 통해 상대방의 욕구와 의도 및 내게 요구되는 행동에 관한 내용을 분석하기

문서에서 이해한 목적 달성을 위해 취해야 할 행동을 생각하고 결정하기

상대방의 의도를 도표나 그림 등으로 메모하여 요약·정리해보기

(2) 내용종합능력의 배양

① 주어진 모든 문서를 이해했다 하더라도 그 내용을 모두 기억하기란 불가능하므로 문서내용을 요약하는 문서이해능력에 더해 내용종합능력의 배양이 필요하다.
② 이를 위해서는 다양한 종류의 문서를 읽고, 구체적인 절차에 따라 이해하고, 정리하는 습관을 들여야 한다.

Ⅲ 문서작성능력

| 01 | 문서작성능력의 의의

(1) 문서작성능력이란?
　① 문서의 의미
　　제안서・보고서・기획서・편지・메모・공지사항 등 문자로 구성된 것을 지칭하며 일상생활뿐만 아니라 직업생활에서도 다양한 문서를 자주 사용한다.
　② 문서작성의 목적
　　치열한 경쟁상황에서 상대를 설득하거나 조직의 의견을 전달하고자 한다.

(2) 문서작성 시 고려사항

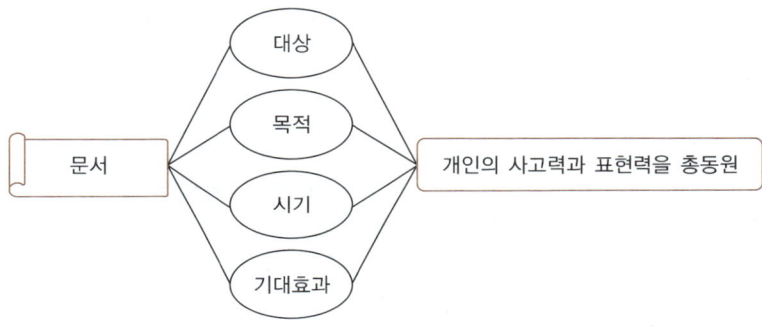

02 | 문서작성의 실제

(1) 상황에 따른 문서의 작성

상황	내용
요청이나 확인을 위한 경우	• 공문서 형식 • 일정한 양식과 격식을 갖추어 작성
정보제공을 위한 경우	• 홍보물, 보도자료, 설명서, 안내서 • 시각적인 정보의 활용 • 신속한 정보 제공
명령이나 지시가 필요한 경우	• 업무 지시서 • 명확한 지시사항이 필수적
제안이나 기획을 할 경우	• 제안서, 기획서 • 종합적인 판단과 예견적인 지식이 필요
약속이나 추천을 위한 경우	• 제품의 이용에 대한 정보 • 입사지원, 이직 시 상사가 작성

(2) 문서의 종류에 따른 작성법

① 공문서

- '누가, 언제, 어디서, 무엇을, 어떻게(왜)'가 드러나도록 작성해야 함
- 날짜는 연도와 월일을 반드시 함께 기입해야 함
- 날짜 다음에 괄호를 사용할 때는 마침표를 찍지 않음
- 내용이 복잡할 경우 '-다음-', '-아래-'와 같은 항목을 만들어 구분함
- 한 장에 담아내는 것이 원칙임
- 마지막엔 반드시 '끝' 자로 마무리함
- 대외문서이고 장기간 보관되는 문서이므로 정확하게 기술해야 함

② 설명서

- 간결하게 작성함
- 전문용어의 사용은 가급적 삼갈 것
- 복잡한 내용은 도표화
- 명령문보다 평서형으로, 동일한 표현보다는 다양한 표현으로 작성함
- 글의 성격에 맞춰 정확하게 기술해야 함

③ 기획서

- 무엇을 위한 기획서인지 핵심 메시지가 정확히 도출되었는지 확인
- 상대가 요구하는 것이 무엇인지 고려하여 작성
- 글의 내용이 한눈에 파악되도록 목차를 구성할 것
- 분량이 많으므로 핵심 내용의 표현에 유념할 것
- 효과적인 내용전달을 위해 표나 그래프를 활용
- 제출하기 전에 충분히 검토할 것
- 인용한 자료의 출처가 정확한지 확인할 것

④ 보고서

- 핵심내용을 구체적으로 제시할 것
- 간결하고 핵심적인 내용의 도출이 우선이므로 내용의 중복을 피할 것
- 독자가 궁금한 점을 질문할 것에 대비할 것
- 산뜻하고 간결하게 작성할 것
- 도표나 그림을 적절히 활용할 것
- 참고자료는 정확하게 제시할 것
- 개인의 능력을 평가하는 기본 자료이므로 제출하기 전 최종점검을 할 것

| 03 | 문서작성의 원칙

(1) 문장 구성 시 주의사항

- 간단한 표제를 붙일 것
- 결론을 먼저 작성
- 상대방이 이해하기 쉽게
- 중요하지 않은 경우 한자의 사용은 자제
- 문장은 짧고, 간결하게
- 문장은 긍정문의 형식으로

(2) 문서작성 시 주의사항

- 문서의 작성 시기를 기입
- 제출 전 반드시 최종점검
- 반드시 필요한 자료만 첨부
- 금액, 수량, 일자는 정확하게 기재

04 문서표현의 시각화

(1) 시각화의 구성요소

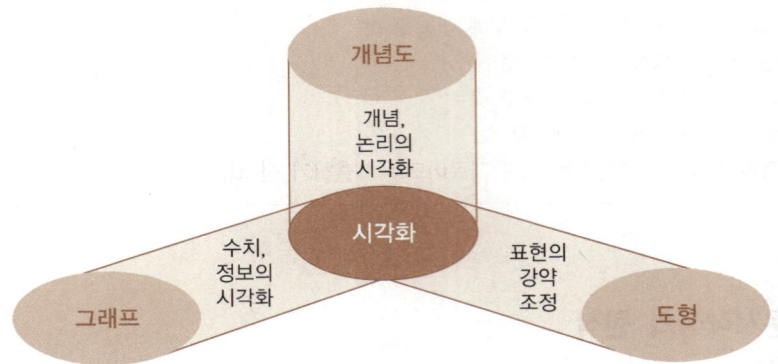

문서의 내용을 시각화하기 위해서는 전하고자 하는 내용의 개념이 명확해야 하고, 수치 등의 정보는 그래프 등을 사용하여 시각화하며, 특히 강조하여 표현하고 싶은 내용은 도형을 이용할 수 있다.

(2) 시각화 방법
  ① 차트 시각화 : 데이터 정보를 쉽게 이해할 수 있도록 시각적으로 표현하며, 주로 통계 수치 등을 도표나 차트를 통해 명확하고 효과적으로 전달한다.
  ② 다이어그램 시각화 : 개념이나 주제 등 중요한 정보를 도형, 선, 화살표 등 여러 상징을 사용하여 시각적으로 표현한다.
  ③ 이미지 시각화 : 전달하고자 하는 내용을 관련 그림이나 사진 등으로 표현한다.

Ⅳ 경청능력

01 경청능력의 의의

(1) 경청능력이란?
  ① 경청의 의미
    상대방이 보내는 메시지에 주의를 기울이고 이해를 위해 노력하는 행동으로, 대화의 과정에서 신뢰를 쌓을 수 있는 최고의 방법이다.
  ② 경청의 효과
    대화의 상대방이 본능적으로 안도감을 느끼게 되어 무의식적인 믿음을 갖게 되며, 이 효과로 인해 말과 메시지, 감정이 효과적으로 상대방에게 전달된다.

(2) 경청의 중요성

| 경청을 통해 | + | 대화의 상대방을(의) | ⇨ | • 한 개인으로 존중하게 된다.
• 성실한 마음으로 대하게 된다.
• 입장에 공감하며 이해하게 된다. |

| 02 | 효과적인 경청방법

(1) 적극적 경청과 소극적 경청
  ① 적극적 경청
     상대의 말에 집중하고 있음을 행동을 통해 표현하며 듣는 것으로 질문, 확인, 공감 등으로 표현된다.
  ② 소극적 경청
     상대의 말에 특별한 반응 없이 수동적으로 듣는 것을 말한다.

(2) 적극적 경청을 위한 태도

- 비판적·충고적인 태도를 버린다.
- 상대방이 말하고자 하는 의미를 이해한다.
- 단어 이외에 보여지는 표현에 신경쓴다.
- 경청하고 있다는 것을 표현한다.
- 흥분하지 않는다.

(3) 경청의 올바른 자세

- 상대를 정면으로 마주하여 의논할 준비가 되었음을 알린다.
- 손이나 다리를 꼬지 않는 개방적 자세를 취한다.
- 상대를 향해 상체를 기울여 경청하고 있다는 사실을 강조한다.
- 우호적인 눈빛 교환을 한다.
- 편안한 자세를 취한다.

(4) 효과적인 경청을 위한 트레이닝

종류	내용
준비	미리 나누어준 계획서 등을 읽어 강연 등에 등장하는 용어에 친숙해질 필요가 있음
집중	말하는 사람의 속도와 말을 이해하는 속도 사이에 발생하는 간격을 메우는 방법을 학습해야 함
예측	대화를 하는 동안 시간 간격이 있으면, 다음에 무엇을 말할 것인가를 추측하려고 노력해야 함
연관	상대방이 전달하려는 메시지가 무엇인가를 생각해보고 자신의 삶, 목적, 경험과 관련지어 보는 습관이 필요함
질문	질문에 대한 답이 즉각적으로 이루어질 수 없다고 하더라도 질문을 하려고 하면 경청하는 데 적극적이 되고 집중력이 높아지게 됨
요약	대화 도중에 주기적으로 대화의 내용을 요약하면 상대방이 전달하려는 메시지를 이해하고, 사상과 정보를 예측하는 데 도움이 됨
반응	상대방에 대한 자신의 지각이 옳았는지 확인할 수 있으며, 상대방에게 자신이 정확하게 의사소통을 하였는가에 대한 정보를 제공함

03 경청의 방해요인

요인	내용
짐작하기	상대방의 말을 듣고 받아들이기보다 자신의 생각에 들어 맞는 단서들을 찾아 자신의 생각을 확인하는 것
대답할 말 준비하기	자신이 다음에 할 말을 생각하기에 바빠서 상대방이 말하는 것을 잘 듣지 않는 것
걸러내기	상대의 말을 듣기는 하지만 상대방의 메시지를 온전하게 듣지 않는 것
판단하기	상대방에 대한 부정적인 판단 때문에, 또는 상대방을 비판하기 위해 상대방의 말을 듣지 않는 것
다른 생각하기	상대방이 말을 할 때 다른 생각을 하는 것으로 현실이 불만스럽지만 이러한 상황을 회피하고 있다는 신호임
조언하기	본인이 다른 사람의 문제를 지나치게 해결해 주고자 하는 것을 말하며, 말끝마다 조언하려고 끼어들면 상대방은 제대로 말을 끝맺을 수 없음
언쟁하기	단지 반대하고 논쟁하기 위해서만 상대방의 말에 귀를 기울이는 것
자존심 세우기	자존심이 강한 사람에게서 나타나는 태도로 자신의 부족한 점에 대한 상대방의 말을 듣지 않으려 함
슬쩍 넘어가기	문제를 회피하려 하거나 상대방의 부정적 감정을 회피하기 위해서 유머 등을 사용하는 것으로 이로 인해 상대방의 진정한 고민을 놓치게 됨
비위 맞추기	상대방을 위로하기 위해서 너무 빨리 동의하는 것을 말하며, 상대방에게 자신의 생각이나 감정을 충분히 표현할 시간을 주지 못하게 됨

| 04 | 경청훈련

(1) 대화법을 통한 경청훈련
  ① 주의 기울이기
   바라보기, 듣기, 따라하기가 이에 해당하며, 산만한 행동은 중단하고 비언어적인 것, 즉 상대방의 얼굴과 몸의 움직임뿐만 아니라 호흡하는 자세까지도 주의하여 관찰해야 한다.
  ② 상대방의 경험을 인정하고 더 많은 정보 요청하기
   화자가 인도하는 방향으로 따라가고 있다는 것을 언어적·비언어적인 표현을 통하여 상대방에게 알려주는 것은 상대방이 더 많은 것을 말할 수 있는 수단이 된다.
  ③ 정확성을 위해 요약하기
   상대방에 대한 이해의 정확성을 확인할 수 있게 하며, 자신과 상대방의 메시지를 공유할 수 있도록 한다.
  ④ 개방적인 질문하기
   단답형의 대답이나 반응보다 상대방의 다양한 생각을 이해하고, 상대방으로부터 보다 많은 정보를 얻기 위한 방법이다.
  ⑤ '왜?'라는 질문 피하기
   '왜?'라는 질문은 보통 진술을 가장한 부정적·추궁적·강압적인 표현이므로 사용하지 않는 것이 좋다.

(2) 경청능력을 높이는 공감하는 태도
  ① 공감적 태도
   성숙된 인간관계를 유지하기 위해서는 서로의 의견을 공감하고 존중하며 의견 조율이 필요하다. 이를 위해 깊이 있는 대화가 필요하며 이때 필요한 것이 공감적 태도이다. 즉, 공감이란 상대방이 하는 말을 상대방의 관점에서 이해하고 느끼는 것이다.
  ② 공감적 반응
   ㉠ 상대방의 이야기를 자신의 관점이 아닌 그의 관점에서 이해한다.
   ㉡ 상대방의 말 속에 담겨 있는 감정과 생각에 민감하게 반응한다.

Ⅴ 의사표현능력

| 01 | 의사표현능력의 의의

(1) 의사표현능력이란?

① 의사표현의 의미
말하는 이가 자신의 생각과 감정을 듣는 이에게 음성언어나 신체언어로 표현하는 행위로서 말하는 이의 목적을 달성하는 데 효과가 있다고 생각하는 말하기를 말한다.

② 의사표현의 종류

종류	내용
공식적 말하기	• 사전에 준비된 내용을 대중을 상대로 하여 말하는 것 • 연설, 토의, 토론 등
의례적 말하기	• 정치적·문화적 행사에서와 같이 의례 절차에 따라 말하는 것 • 식사, 주례, 회의 등
친교적 말하기	• 매우 친근한 사람들 사이에서 이루어지는 것으로 자연스러운 상황에서 떠오르는 대로 주고받는 말하기

(2) 의사표현의 중요성
언어에 의해 그려지는 이미지로 인해 자신의 이미지가 형상화될 수 있다. 즉, 자신이 자주 하는 말로써 자신의 이미지가 결정된다는 것이다.

| 02 | 의사표현에 영향을 미치는 비언어적 요소

(1) 연단공포증
청중 앞에서 이야기를 해야 하는 상황일 때 정도의 차이는 있지만 누구나 가슴이 두근거리는 등의 현상을 느끼게 된다. 이러한 연단공포증은 소수가 경험하는 심리상태가 아니라, 90% 이상의 사람들이 호소하는 불안이므로 이를 걱정할 필요는 없으며, 오히려 이러한 심리현상을 잘 통제하면서 표현한다면 청자는 그것을 더 인간다운 것으로 생각하게 된다.

(2) 말

① 장단
표기가 같은 말이라도 소리가 길고 짧음에 따라 전혀 다른 뜻이 되는 단어의 경우 긴 소리와 짧은 소리를 구분하여 정확하게 발음해야 한다.

② 발음
발음이 분명하지 못하면 듣는 이에게 정확하게 의사를 전달하기 어렵다. 천천히 복식호흡을 하며 깊은 소리로 침착하게 이야기하는 습관을 가져야 한다.

③ 속도

발표할 때의 속도는 10분에 200자 원고지 15장 정도가 적당하다. 이보다 빠르면 청중이 내용에 대해 생각할 시간이 부족하고 놓친 메시지가 있다고 느끼며, 말하는 사람이 바쁘고 성의 없는 느낌을 주게 된다. 반대로 느리게 말하면, 분위기가 처지게 되어 청중이 내용에 집중을 하지 못한다. 발표에 능숙하게 되면 청중의 반응을 감지하면서 분위기가 처질 경우 좀 더 빠르게, 내용상 중요한 부분을 짚고 넘어가고자 할 경우는 조금 여유 있게 말하는 등의 조절을 할 수 있다.

④ 쉼

의도적으로 쉼을 잘 활용함으로써 논리성, 감정제고, 동질감 등을 확보할 수 있다.

(3) 몸짓

① 몸의 방향

몸의 방향을 통해 대화 상대를 향하는가, 피하는가가 판단된다. 예를 들어 대화 도중에 끼어든 제3자가 있다고 상상했을 때, 말하는 이가 제3자를 불편하게 생각하는 경우 살짝 몸을 돌릴 수 있다. 몸의 방향은 의도적일 수도 있고, 비의도적일 수도 있으나 말하는 이가 그 사람을 '피하고' 있음을 표현하는 방식이 된다.

② 자세

특정 자세를 보고 그 사람의 분노, 슬픔, 행복과 같은 일부 감정들을 맞히는 것은 90% 이상 일치한다는 연구 결과가 있다. 자신뿐 아니라 지금 대화를 나누고 있는 상대방의 자세에 주의를 기울임으로써 우리는 언어적 요소와는 다른 중요한 정보를 얻을 수 있다.

③ 몸짓

몸짓의 가장 흔한 유형은 몸동작으로 화자가 말을 하면서 자연스럽게 동반하는 움직임이다. 누군가 우리에게 길을 물어볼 때 자연스럽게 말과 함께 손가락과 몸짓을 통해 길을 알려준다. 몸동작은 말로 설명하기는 어려운 것들을 설명하는 데 자주 사용되며, 몸동작이 완전히 배제된 의사표현은 때로 어색함을 줄 수 있다. 또 "최고다."라는 긍정적 신호를 보내기 위해 엄지를 들어 올리는 등의 상징적 동작은 말을 동반하지 않아도 의사표현이 가능하게 한다. 상징적 동작은 문화권에 따라 다를 수 있으므로, 다른 문화권의 사람들과 의사소통을 해야 할 경우에는 문화적 차이를 고려해야 한다.

(4) 유머

유머는 의사표현을 더욱 풍요롭게 도와준다. 하지만 하루아침에 유머를 포함한 의사표현을 할 수 있는 것은 아니며, 평소 일상생활 속에서 부단히 유머 감각을 훈련하여야만 자연스럽게 상황에 맞는 유머를 즉흥적으로 구사할 수 있다.

03 효과적인 의사표현법

상황	내용
지적	• 충고나 질책의 형태로 나타난다. • '칭찬 – 질책 – 격려'의 샌드위치 화법을 사용한다. • 충고는 최후의 수단으로 은유적으로 접근한다.
칭찬	• 대화 서두의 분위기 전환용으로 사용한다. • 상대에 어울리는 중요한 내용을 포함한다.
요구	• 부탁 : 상대의 상황을 확인한 후 응하기 쉽도록 구체적으로 부탁하며, 거절을 당해도 싫은 내색을 하지 않는다. • 업무상 지시, 명령 : 강압적 표현보다는 청유식 표현이 효과적이다.
거절	• 거절에 대한 사과와 함께 응할 수 없는 이유를 설명한다. • 요구를 들어주는 것이 불가능할 경우 단호하게 거절하지만, 정색하는 태도는 지양한다.
설득	• 강요는 금물이다. • 문 안에 한 발 들여놓기 기법 • 얼굴 부딪히기 기법

VI 기초외국어능력

01 기초외국어능력의 의의

(1) **기초외국어능력이란?**
    일 경험에 있어 우리만의 언어가 아닌 세계의 언어로 의사소통을 가능하게 하는 능력을 말하며, 일 경험 중에 필요한 문서이해나 문서작성, 의사표현, 경청 등 기초적인 의사소통을 기초적인 외국어로 가능하게 하는 능력을 말한다.

(2) **기초외국어능력의 중요성**
    외국인들과의 업무가 잦은 특정 직무뿐만 아니라 컴퓨터 활용 및 공장의 기계사용, 외국산 제품의 사용법을 확인하는 경우 등 기초외국어를 모르면 불편한 경우가 많다.

| 02 | 외국인과의 비언어적 의사소통

(1) 표정으로 알아채기

외국인과 마주하여 대화할 때 그들의 감정이나, 생각을 가장 쉽게 알 수 있는 것이 표정이다. 웃는 표정은 행복과 만족, 친절을 표현하는 데 비해, 눈살을 찌푸리는 표정은 불만족과 불쾌를 나타낸다. 또한 눈을 마주 쳐다보는 것은 흥미와 관심이 있음을, 그리고 그렇게 하지 않음은 무관심을 말해준다.

(2) 음성으로 알아채기

어조가 높으면 적대감이나 대립감을 나타내고, 낮으면 만족이나 안심을 나타낸다. 또한 목소리가 커졌으면 내용을 강조하는 것이거나 흥분, 불만족 등의 감정 상태를 표현하는 것이다. 또한 말의 속도와 리듬이 매우 빠르거나 짧게 얘기하면 공포나 노여움을 나타내는 것이며, 너무 자주 말을 멈추면 결정적인 의견이 없음을 의미하거나 긴장 또는 저항을 의미한다.

(3) 외국인과의 의사소통에서 피해야 할 행동

- 상대를 볼 때 흘겨보거나, 아예 보지 않는 것
- 팔이나 다리를 꼬는 것
- 표정이 없는 것
- 다리를 흔들거나 펜을 돌리는 것
- 맞장구를 치지 않거나, 고개를 끄덕이지 않는 것
- 생각 없이 메모하는 것
- 자료만 들여다보는 것
- 바르지 못한 자세로 앉는 것
- 한숨, 하품, 신음을 내는 것
- 다른 일을 하며 듣는 것
- 상대방에게 이름이나 호칭을 어떻게 부를지 묻지 않고 마음대로 부르는 것

CHAPTER 02 모듈형 유형점검

01 다음 중 조직 내 의사소통이 중요시되는 이유로 옳지 않은 것은?
① 의사소통을 통해 상호 간 이해와 동의를 얻을 수 있기 때문이다.
② 인간관계는 의사소통을 통해 이루어지는 상호과정이기 때문이다.
③ 의사소통을 통한 무조건적인 정보의 전달이 이루어지기 때문이다.
④ 의사소통이 제각기 다른 사람들의 서로에 대한 지각의 차이를 좁혀주기 때문이다.
⑤ 의사소통은 서로에 대한 선입견을 줄이거나 제거해 줄 수 있는 수단이기 때문이다.

02 다음은 인상적 의사소통에 대한 설명이다. 이에 해당하는 사례가 아닌 것은?

> 인상적인 의사소통이란 상대방에게 같은 내용을 전달하더라도 내가 전달할 때 더 내용이 인상적으로 전달할 수 있도록 하는 것으로, 이야기를 새롭게 부각시켜 상대방으로 하여금 '과연'이라며 감탄할 수 있도록 만드는 것이다.

① 자신의 의견을 전달할 때 표정·몸짓 등의 신체를 같이 사용하는 A
② 자신의 의견에 다양한 표현법을 덧붙여 표현하는 B
③ 자신의 의견을 전달할 때 사상이나 감정에 관하여 말하는 C
④ 일반적으로 사용하는 표현법을 다른 새로운 표현법으로 바꾸어 전달하는 D
⑤ 고객을 만날 때마다 항상 새로운 표현법을 사용하는 E

03 다음은 K사원의 고민을 듣고 동료 사원인 A~E가 보인 반응이다. 사원 A~E의 경청의 문제점으로 적절하지 않은 것은?

> K사원 : O부장님이 새로 오시고부터 일하기가 너무 힘들어. 내가 하는 일 하나하나 지적하시고, 매일매일 체크하셔. 마치 내가 초등학생 때 담임선생님께 숙제를 검사받는 것 같은 기분이야. 일을 맡기셨으면 믿고 기다려주셨음 좋겠어.

> 사원 A : 매일매일 체크하신다는 건 네가 일을 못한 부분이 많아서 아닐까 생각이 들어. 너의 행동도 뒤돌아보는 게 좋을 것 같아.
> 사원 B : 내가 생각하기엔 네가 평소에도 예민한 편이라 O부장님의 행동을 너무 예민하게 받아들이는 것 같아. 부정적이게만 보지 말고 좋게 생각해봐.
> 사원 C : 너의 말을 들으니 O부장님이 너를 너무 못 믿는 것 같네. 대면해서 이 문제에 대해 따져보는 게 좋을 것 같아. 계속 듣고만 있을 수는 없잖아.
> 사원 D : 기분 풀고 우리 맛있는 거나 먹으러 가자. 회사 근처에 새로 생긴 파스타 집 가봤어? 정말 맛있더라. 먹으면 기분이 풀릴 거야.
> 사원 E : (K사원의 말을 끊으며) O부장님 왜 그러신다니, 마음 넓은 네가 참아.

① 사원 A – 짐작하기
② 사원 B – 판단하기
③ 사원 C – 언쟁하기
④ 사원 D – 슬쩍 넘어가기
⑤ 사원 E – 비위 맞추기

04 공감적 이해의 단계를 인습적 수준, 기본적 수준, 심층적 수준 세 가지로 나누어 볼 때, 다음 사례에 나타난 A~C는 각각 어느 수준에 해당하는가?

> A~C는 같은 초등학교에 다니고 있는 아이들의 학부모로, 서로 나이도 비슷하고 취미도 비슷하여 친하게 지내고 있다. 그러나 이 셋은 아이들과 대화할 때 대화 방식에서 큰 차이를 보인다.
> 초등학생인 아이가 "학교 숙제는 제가 알아서 할게요. 자꾸 집에 오면 숙제부터 먼저 하라고 하시는데 제가 작성한 하루 일과표에 따라 순서대로 할게요."라고 하였을 때, A~C는 다음과 같이 이야기하였다.
> A : 지난번에도 알아서 하겠다고 해놓고, 결국엔 잊어버려서 학교에 가서 혼나지 않았니? 엄마, 아빠 말 들어서 나쁠 거 하나 없어.
> B : 이제 스스로 더 잘 할 수 있다는 이야기구나. 하루 일과표를 지키겠다는 책임감도 갖게 된 것 같구나.
> C : 엄마, 아빠가 너무 학교 숙제에 대해서만 이야기해서 기분이 상했구나.

	A	B	C
①	인습적	기본적	심층적
②	인습적	심층적	기본적
③	기본적	인습적	심층적
④	기본적	심층적	인습적
⑤	심층적	인습적	기본적

05 다음에서 설명하는 의사소통을 저해하는 요인은?

> 일상생활에서는 물론 사회생활에서 우리는 종종 말하고 싶은 대로 말하고, 듣고 싶은 대로 듣는 경우들이 있다. 이로 인해 같은 내용이라도 말 하는 자와 듣는 자가 서로 다른 내용으로 기억하곤 한다. 이는 말하는 사람은 그가 전달하고자 하는 내용이 듣는 사람에게 잘 전달되었는지를, 듣는 사람은 내가 들은 내용이 말하고자 하는 내용을 바르게 이해한 것인지를 서로 확인하지 않기 때문에 발생하는 일이다.

① 의사소통 과정에서의 상호작용 부족
② 엇갈린 정보에 대한 책임 회피
③ 말하고자 하는 내용에 지나치게 많은 정보를 담는 복잡한 메시지
④ 서로 모순되는 내용을 가진 경쟁적인 메시지
⑤ 의사소통에 대한 잘못된 선입견

06 L사원은 사람들 앞에 나설 생각만 하면 불안감이 엄습하면서 땀이 난다. 심지어 지난번 프레젠테이션에서는 너무 떨린 나머지 자신이 말해야 하는 것을 잊어버리기도 하였다. 주요 기획안 프레젠테이션을 앞둔 L사원은 같은 실수를 반복하지 않기 위해 상사인 K대리에게 조언을 구하기로 하였다. 다음 중 K대리가 L사원에게 해 줄 조언으로 적절하지 않은 것은?

① 발표할 내용을 미리 준비해 보는 것이 좋습니다.
② 완벽하게 준비하려 하기보다는 자신의 순발력으로 대처할 수 있을 정도로 준비하는 것이 좋습니다.
③ 듣는 사람들을 자신과 똑같은 위치의 사람이라고 생각하면서 발표하는 것도 좋은 방법입니다.
④ 듣는 사람의 눈을 보기 어렵다면 그 사람의 코를 보면서 발표하는 것도 좋은 방법입니다.
⑤ 듣는 사람들의 관심사는 무엇인지, 어떤 입장을 가지고 있는지 등 그들을 철저하게 분석하는 것이 좋습니다.

07 다음 중 상황에 따른 의사표현 방법으로 적절하지 않은 것은?

① 상대방의 잘못을 지적할 때는 '○○ 씨, 오늘 지각했어요.'와 같이 상대방이 알 수 있도록 확실하게 지적한다.
② 상대방에게 부탁할 때는 '이렇게 해주셔야 하는데 괜찮습니까?'와 같이 상대의 사정을 우선시하는 태도를 보인다.
③ 상대방의 요구를 거절할 때는 정색하면서 '안 된다.'라고 단호하게 거절해야 한다.
④ 설득할 때는 '나도 이렇게 할 테니까 너도 이렇게 하자.'와 같이 나도 양보하겠다는 의지를 보여준다.
⑤ 충고할 때는 '예를 들어 ○○에 비유하면…….'과 같이 예화나 비유법을 드는 것이 바람직하다.

08 다음 기사에 나타난 직장생활에서의 원만한 의사소통을 저해하는 요인으로 가장 적절한 것은?

> 한 취업 포털에서 20~30대 남녀 직장인 350명에게 설문 조사를 진행하였다. 어떤 상사와 대화할 때 가장 답답함을 느끼는지에 대한 질문에 직장 내에서 막내에 해당하는 사원급 직장인들은 '주야장천 자기 할 말만 하는 상사(27.3%)'와 대화하기 가장 어렵다고 호소했다. 또 직장 내에서 부하 직원과 상사 간, 그리고 직원들 간에 대화가 잘 이뤄지지 않는 이유에 대해 '일방적으로 상사만 말을 하는 대화방식 및 문화(34.3%)'가 가장 큰 원인이라고 답했다.
> 직장 내 상사와 부하 직원 간의 대화가 원활해지려면 지시나 명령하는 말투가 아닌 의견을 묻는 대화법 사용하기(34.9%), 서로를 존대하는 말투와 호칭 사용하기(31.4%) 등의 기본 대화 예절을 지켜야 한다고 답했다.

① 평가적이며 판단적인 태도   ② 선입견과 고정관념
③ 잠재적 의도   ④ 의사소통 기법의 미숙
⑤ 과거의 경험

09 다음에 나타난 의사소통능력 개발 과정에서의 피드백에 대한 설명으로 적절하지 않은 것은?

> 피드백(Feedback)이란 상대방에게 그의 행동의 결과가 어떠한지에 대하여 정보를 제공해 주는 것을 말한다. 즉, 그의 행동이 나의 행동에 어떤 영향을 미치고 있는가에 대하여 상대방에게 솔직하게 알려 주는 것이다. 말하는 사람 또는 전달자는 피드백을 이용하여 메시지의 내용이 실제로 어떻게 해석되고 있는가를 조사할 수 있다.

① 대인관계에 있어서의 행동을 개선할 수 있는 기회를 제공해 줄 수 있다.
② 의사소통의 왜곡에서 오는 오해와 부정확성을 줄일 수 있다.
③ 상대방의 긍정적인 면뿐만 아니라 부정적인 면도 솔직하게 전달해야 한다.
④ 말뿐만 아니라 얼굴 표정 등으로 정확한 반응을 얻을 수 있다.
⑤ 효과적인 개선을 위해서는 긍정적인 면보다 부정적인 면을 강조하여 전달해야 한다.

10 A물류회사에 입사한 신입사원 B는 첫 팀 회의를 앞두고 있다. 다음 중 팀 회의에서의 원활한 의사표현을 위한 방법으로 가장 적절한 것은?

① 상대방이 말하는 동안 어떤 답을 할지 미리 생각해놔야 한다.
② 공감을 보여주는 가장 쉬운 방법은 상대편의 말을 그대로 받아서 맞장구를 치는 것이다.
③ 핵심은 중요하므로 구체적으로 길게 표현해야 한다.
④ 이견이 있거나 논쟁이 붙었을 때는 앞뒤 말의 '논리적 개연성'만 따져보아야 한다.
⑤ 상대의 인정을 얻기 위해 자신의 단점이나 실패 경험보다 장점을 부각해야 한다.

11 다음 대화 과정에서 B사원의 문제점으로 가장 적절한 것은?

> A사원 : 배송 지연으로 인한 고객의 클레임을 해결하기 위해서는 일단 입고된 상품을 먼저 배송하고, 추가 배송료를 부담하더라도 나머지 상품은 입고되는 대로 다시 배송하는 방법이 나을 것 같습니다.
> B사원 : 글쎄요. A사원의 그간 업무 스타일로 보았을 때, 방금 제시한 그 처리 방법이 효율적일지 의문이 듭니다.

① 짐작하기
② 판단하기
③ 조언하기
④ 비위 맞추기
⑤ 대답할 말 준비하기

12 다음은 새로 부임한 김과장에 대한 직원들의 대화내용이다. 키슬러의 대인관계 의사소통에 따를 때, 김과장에게 해줄 조언으로 가장 적절한 것은?

> 직원 A : 최과장님이 본사로 발령나시면서, 홍보팀에 과장님이 새로 부임하셨다며, 어떠셔? 계속 지방에 출장 중이어서 이번에 처음 뵙는데 궁금하네.
> 직원 B : 김과장님? 음. 되게 능력이 있으시다고 들었어. 회사에서 상당한 연봉을 제시해 직접 스카웃하셨다고 들었거든. 근데, 좀 직원들에게 관심이 너무 많으셔.
> 직원 C : 맞아. 최과장님은 업무를 지시하시고 나서는 우리가 보고할 때까지 아무 간섭 안 하시고 보고 후에 피드백을 주셔서 일하는 중에는 부담이 덜했잖아. 근데, 새로 온 김과장님은 업무 중간 중간에 어디까지 했냐? 어떻게 처리되었냐? 이렇게 해야 한다. 저렇게 해야 한다. 계속 말씀하셔서 너무 눈치 보여. 물론 바로바로 피드백을 받을 수 있어 수정이 수월하긴 하지만 말이야.
> 직원 B : 맞아. 그것도 그거지만 나는 회식 때마다 이전 회사에서 했던 프로젝트에 대해 계속 자랑하셔서 이젠 그 대사도 외울 지경이야. 물론 김과장님의 능력이 출중하다는 건 우리도 알기는 하지만….

① 독단적으로 결정하시면 대인 갈등을 겪으실 수도 있으니 직원들과의 상의가 필요합니다.
② 자신만 생각하지 마시고, 타인에게 관심을 갖고 배려해 주세요.
③ 직원들과 어울리지 않으시고 혼자 있는 것만 선호하시면 대인관계를 유지하기 어려워요.
④ 인정이 많으신 것은 좋으나 직원들의 요구를 적절하게 거절할 필요성이 있어요.
⑤ 타인에 대한 높은 관심과 인정받고자 하는 욕구는 낮출 필요성이 있어요.

13 직장 내에서의 의사소통은 반드시 필요하지만, 적절한 의사소통을 형성한다는 것은 쉽지 않다. 다음과 같은 갈등 상황을 유발하는 원인으로 가장 적절한 것은?

> 기획팀의 K대리는 팀원 3명과 함께 프로젝트를 수행하고 있다. K대리는 이번 프로젝트를 조금 여유 있게 진행할 것을 팀원들에게 요청하였다. 팀원들은 프로젝트 진행을 위해 회의를 진행하였는데, L사원과 P사원의 의견이 서로 대립하는 바람에 결론을 내리지 못한 채 회의를 마치게 되었다. K대리가 회의 내용을 살펴본 결과 L사원은 프로젝트 기획 단계에서 좀 더 꼼꼼하고 상세한 자료를 모으자는 의견이었고, 반대로 P사원은 여유 있는 시간을 프로젝트 수정·보완 단계에서 사용하자는 의견이었다.

① L사원과 P사원이 K대리의 의견을 서로 다르게 받아들였기 때문이다.
② L사원은 K대리의 고정적 메시지를 잘못 이해하고 있기 때문이다.
③ L사원과 P사원이 자신의 정보를 상대방이 이해하기 어렵게 표현하고 있기 때문이다.
④ L사원과 P사원이 서로 잘못된 정보를 전달하고 있기 때문이다.
⑤ L사원과 P사원이 서로에 대한 선입견을 갖고 있기 때문이다.

14 다음 중 의사소통능력의 하위능력과 이에 대한 설명의 연결이 적절하지 않은 것은?

① 문서이해능력 – 부서 전체 회의에서 발표자의 이야기를 듣고 들은 내용을 종합한다.
② 문서작성능력 – 상사의 지시나 전화 메시지 같은 간단한 문서를 읽기 쉽게 작성한다.
③ 경청능력 – 상사의 지시를 들으며, 업무 진행 방향에 대해 이해한다.
④ 의사표현능력 – 업무 성과를 발표하는 상황에서 논리적으로 의사를 표현한다.
⑤ 기초외국어능력 – 외국어로 된 메일을 직접 읽고 의미를 이해한다.

15 다음은 문서의 기능에 대한 설명이다. 빈칸에 들어갈 말이 바르게 연결된 것은?

- 문서는 사람의 의사를 구체적으로 표현하는 기능을 갖는다. 사람이 가지고 있는 주관적인 의사는 문자·숫자·기호 등을 활용하여 종이나 다른 매체에 표시하여 문서화함으로써 그 내용이 ___㉠___ 된다.
- 문서는 자신의 의사를 타인에게 ___㉡___ 하는 기능을 갖는다. 문서에 의한 의사 ___㉡___ 은 전화나 구두로 ___㉡___ 하는 것보다 좀 더 정확하고 변함없는 내용을 ___㉡___ 할 수 있다.
- 문서는 의사를 오랫동안 ___㉢___ 하는 기능을 갖는다. 문서로써 ___㉡___ 된 의사는 지속적으로 ___㉢___ 할 수 있고 역사자료로서 가치를 갖기도 한다.

	㉠	㉡	㉢
①	상징화	교환	정리
②	상징화	전달	정리
③	구체화	전달	정리
④	구체화	전달	보존
⑤	구체화	교환	보존

16 다음 사례에 나타난 의사소통 활동 중 성격이 다른 하나는?

제약회사에 근무 중인 P팀장은 오늘 오전 내로 ㉠ 구매 견적서를 작성하여 병원으로 발송해야 한다. 출근하자마자 급하게 업무를 처리하던 중 어제 퇴근 전에 처리한 일에 문제가 생겨 ㉡ 병원으로부터 문의 전화가 걸려왔고, 이를 처리하느라 오전 시간을 정신없이 보내야 했다. 회의에 참석 중인 K대리의 책상에 오늘 ㉢ 회의 관련 자료를 정리해줄 것을 부탁한 메모를 올려두었는데, 점심을 먹고 메일함을 확인하니 K대리의 메일이 벌써 도착해 있었다. P팀장은 K대리에게 ㉣ 답변 메일을 작성한 후 오후 회의에 참석했고, 회의가 끝난 후 ㉤ 회의 내용을 종합한 회의록을 작성하여 N부장에게 제출하였다.

① ㉠
② ㉡
③ ㉢
④ ㉣
⑤ ㉤

17 다음 중 일반적으로 문서를 작성해야 하는 상황이 아닌 것은?

① 타 부서의 확인이나 요청이 필요한 상황
② 팀원 간 자유롭게 브레인스토밍을 통해 제시된 모든 의견
③ 동료나 상사의 업무상 과오를 공식화해야 하는 경우
④ 새로운 일이 생겼을 때 가장 적합한 사람을 사내에서 추천하고자 하는 경우
⑤ 곧 개최될 회사 창립기념일 행사와 관련된 정보를 제공해야 할 경우

18 다음은 직장에서 문서를 작성할 경우 지켜야 하는 문서작성 원칙이다. 문서작성 원칙에 대해 잘못 이해하고 있는 사람은?

〈문서작성의 원칙〉
1. 문장은 짧고, 간결하게 작성하도록 한다.
2. 상대방이 이해하기 쉽게 쓴다.
3. 중요하지 않은 경우 한자의 사용을 자제해야 한다.
4. 간결체로 작성한다.
5. 문장은 긍정문의 형식으로 써야 한다.
6. 간단한 표제를 붙인다.
7. 문서의 주요한 내용을 먼저 쓰도록 한다.

① A : 문장에서 끊을 수 있는 부분은 가능한 한 끊어서 짧은 문장으로 작성하되, 실질적인 내용을 담아 작성해야 해.
② B : 상대방이 이해하기 어려운 글은 좋은 글이 아니야. 우회적인 표현이나 현혹적인 문구는 되도록 삭제하는 것이 좋겠어.
③ C : 문장은 되도록 자세하게 작성하여 빠른 이해를 돕도록 하고, 문장마다 행을 바꿔 문서가 깔끔하게 보이도록 해야겠군.
④ D : 표제는 문서의 내용을 일목요연하게 파악할 수 있게 도와줘. 간단한 표제를 붙인다면 상대방이 내용을 쉽게 이해할 수 있을 거야.
⑤ E : 일반적인 글과 달리 직장에서 작성하는 문서에서는 결론을 먼저 쓰는 것이 좋겠군.

19 다음 상황에서 C팀장이 D부장에게 제출한 문서의 종류로 옳은 것은?

> B사업의 시행을 담당하고 있는 A사원은 업무 진행 과정에서 B사업과 관련된 특이 사항을 발견하였다. 사안의 중대성을 깨닫고 혼자서 해결하기 어렵다고 생각한 A사원은 C팀장에게 이를 보고하였다. C팀장은 문제를 해결하기 위한 방안을 문서로 작성하여 결재권자인 D부장에게 제출하였다.

① 결의서　　　　　　　　② 품의서
③ 기안서　　　　　　　　④ 기획서
⑤ 보고서

20 얼마 전 H회사의 프로젝트 진행 과정에 문제가 있다는 뉴스가 보도되었다. H회사의 홍보팀에 근무 중인 A대리는 담당 부서의 설명 자료를 건네받아 뉴스 보도에 반박하는 글을 작성하려고 한다. 이때 A대리가 작성해야 할 문서로 옳은 것은?

① 보도자료　　　　　　　② 제품설명서
③ 업무지시서　　　　　　④ 제안서
⑤ 추천서

21 다음 중 공문서의 특성에 대한 설명으로 옳은 것은?

① 회사 내부로 전달되는 글이므로 누가, 언제, 어디서, 무엇을, 어떻게(혹은 왜)가 드러나지 않아도 된다.
② 날짜 다음에 괄호를 사용할 경우 반드시 마침표를 찍어야 한다.
③ 복잡한 내용은 도표를 통해 시각화하여 이해도를 높인다.
④ 여러 장에 담아내는 것이 원칙이다.
⑤ 반드시 일정한 양식과 격식을 갖추어 작성하여야 한다.

22 다음 〈보기〉는 문서의 형식에 대한 내용을 정리한 것이다. 각 설명에 해당하는 문서를 바르게 짝지은 것은?

> **보기**
> ㄱ. 엄격한 규격과 양식이 정해져 있으며, 작성할 수 있는 사람 역시 일정한 권리를 가진 사람으로 한정되어 있다.
> ㄴ. 상품에 대해 소비자들이 이해하기 쉽게 설명하고 있으나, 본 목적은 소비자들로 하여금 구입을 하도록 유도하는 것이다.
> ㄷ. 언론이 보도하는 기사의 정보의 원천에 해당하는 것으로 보도가 되어 알려지는 것이 목적이다.
> ㄹ. 개인적인 상황에 대해 구체적으로 기술한 것으로 자신에 대해 글로 표현하는 것이 목적인 문서이다.
> ㅁ. 전화내용, 회의내용 등의 업무상 필요한 일에 대해 간단하게 메모하는 것으로 업무 시 핵심적인 자료 역할을 하기도 한다.

① ㄱ – 자기소개서
② ㄴ – 기획서
③ ㄷ – 보도자료
④ ㄹ – 비즈니스 메모
⑤ ㅁ – 공문서

23 다음 상황에서 A씨는 문서이해의 절차 중 어느 단계를 수행하고 있는가?

> 영업 지원팀의 A씨는 매일 협력업체들이 보내는 수십 건의 주문서를 처리하고, 상사의 지시에 따라 보고서나 기획서 등을 작성한다. 얼마 전 A씨는 급하게 처리해야 할 주문서를 찾아야 했는데, 책상에 가득 쌓인 주문서와 상사의 요청서, 보고서 등으로 곤욕을 치러야 했다. A씨는 문서를 종류별로 체계적으로 정리하기로 결심하였고, 고객의 주문서 중 핵심내용만 정리하여 요구사항별로 그룹화하였으며, 상사의 요청서에서 중요한 내용만 간추려 메모하기 시작하였다.

① 문서의 목적 이해하기
② 문서 작성의 배경과 주제 파악하기
③ 상대방의 의도를 메모하여 요약, 정리하기
④ 문서가 제시하는 현안 파악하기
⑤ 문서에서 이해한 목적 달성을 위해 취해야 할 행동 생각하기

24 L씨가 다음 기사를 읽고 가족들과 함께하는 시간을 갖기 위해 '가족의 밤'을 진행하기로 결심했을 때, L씨는 문서이해 과정 중 어느 단계를 수행하고 있는가?

> **6남매를 성공적으로 키운 K씨**
>
> K씨 부부는 처음부터 집안에 책상 18개를 구해 놓고 애들이 보든 말든 거기서 책을 읽었다. K씨는 공부습관을 들이는 데는 '규칙적 학습'이 열쇠라는 평범한 경험담을 강조했다. K씨는 아이들의 나이와 성향에 맞춰 공부 시간과 양을 함께 정했다. 계획에 무리가 없도록 했고, 아이들은 자신이 정한 양을 해낼 수 있었다. 또 K씨 가족은 무슨 일이 있어도 아침 식사를 같이 했다. 매주 금요일 밤은 '가족의 밤'으로 TV를 함께 보며 의견을 나누었고, 토요일 아침 식사 후에도 반드시 가족회의를 열었다.

① 문서의 목적 이해하기
② 문서 작성의 배경·주제 파악하기
③ 문서에 쓰인 정보와 제시된 현안 파악하기
④ 자신에게 요구되는 행동에 관한 내용 분석하기
⑤ 문서에서 이해한 목적 달성을 위해 취해야 할 행동 결정하기

25 공문서는 결재권자가 해당 문서에 결재함으로써 성립하고, 성립한 문서는 입법주의에 따라 문서의 종류마다 효력이 다르게 발생한다. 다음 〈보기〉가 문서의 효력 발생에 대한 입법주의를 각각 설명한 것일 때, 바르게 연결된 것은?

> **보기**
> (가) 성립한 문서가 상대방에게 발신된 때 효력이 발생한다는 견해로, 신속한 거래에 적합하며 다수에게 동일한 통지를 해야 할 경우 획일적으로 효력을 발생하게 할 수 있다는 장점이 있다.
> (나) 상대방이 문서의 내용을 알게 되었을 때에 효력이 발생한다는 견해로, 상대방의 부주의나 고의 등으로 인해 내용을 알 수 없을 경우 발신자가 불이익을 감수해야 하는 폐단이 발생할 수 있다.
> (다) 문서가 상대방에게 도달해야 효력이 발생한다는 견해로, 이때 도달은 문서가 상대방의 지배범위 내에 들어가 사회 통념상 그 문서의 내용을 알 수 있는 상태가 되었다고 인정되는 것을 의미한다.
> (라) 문서가 성립한 때, 즉 결재로써 문서의 작성이 끝났을 때에 효력이 발생한다는 견해로, 문서 발신 지연 등 발신자의 귀책사유로 인한 불이익을 상대방이 감수해야 하는 부당함이 발생하기도 한다.

	(가)	(나)	(다)	(라)
①	표백주의	도달주의	요지주의	발신주의
②	도달주의	요지주의	발신주의	표백주의
③	도달주의	표백주의	발신주의	요지주의
④	발신주의	표백주의	도달주의	요지주의
⑤	발신주의	요지주의	도달주의	표백주의

PART 2
문서이해능력

CHAPTER 01 문장삽입
CHAPTER 02 빈칸추론
CHAPTER 03 내용일치
CHAPTER 04 나열하기
CHAPTER 05 주제·제목 찾기
CHAPTER 06 비판·반박
CHAPTER 07 추론

CHAPTER 01

문장삽입 | 대표유형 1

문장삽입 ①

다음 글에서 〈보기〉가 들어갈 위치로 가장 적절한 곳은?

(가) 자연계는 무기적인 환경과 생물적인 환경이 상호 연관되어 있으며 그것은 생태계로 불리는 한 시스템을 이루고 있음이 밝혀지고, 이 이론은 자연을 이해하기 위한 가장 기본이 되는 것으로 받아들여지고 있다. (나) 그동안 인류는 더 윤택한 삶을 누리기 위하여 산업을 일으키고 도시를 건설하며 문명을 이룩해왔다. (다) 이로써 우리의 삶은 매우 윤택해졌으나 우리의 생활환경은 오히려 훼손되고 있으며 환경오염으로 인한 공해가 누적되었고, 우리 생활에서 없어서는 안 될 각종 자원도 바닥이 날 위기에 놓여 있다. (라) 따라서 우리는 낭비되는 자원, 날로 황폐해져 가는 자연에 대하여 시급한 임무가 무엇인지를 깨닫고, 이를 실천하기 위해 우리 모두의 지혜와 노력을 모아야만 한다. (마)

보기

만약 우리가 이 위기를 슬기롭게 극복해내지 못한다면 인류는 머지않아 파멸에 이르게 될 것이다.

① (가)   ② (나)
③ (다)   ④ (라)
⑤ (마)

정답 해설

제시문 속 (라)의 앞부분에서는 위기 상황을 제시하고, 뒷부분에서는 인류의 각성을 촉구하는 내용을 다루고 있다. 각성의 당위성을 이끌어내는 내용인 보기의 문장이 (라)에 들어가면 앞뒤의 내용을 논리적으로 연결할 수 있다.

정답 ④

CHAPTER 01 문장삽입 ②

문장삽입 | 대표유형 2

다음 글에서 〈보기〉의 문장 ㉠, ㉡이 들어갈 위치로 가장 적절한 곳은?

> 현대 사회가 다원화되고 복잡해지면서 중앙 정부는 물론 지방 자치 단체 또한 정책 결정 과정에서 능률성과 효과성을 우선시하는 경향이 커져 왔다. 이로 인해 전문적인 행정 담당자를 중심으로 한 정책 결정이 빈번해지고 있다. 그러나 지방 자치 단체의 정책 결정은 지역 주민의 의사와 무관하거나 배치되어서는 안 된다는 점에서 이러한 정책 결정은 지역 주민의 의사에 더욱 부합하는 방향으로 보완될 필요가 있다. (가) 행정 담당자 주도로 이루어지는 정책 결정의 문제점을 극복하기 위해 그동안 지방 자치 단체 자체의 개선 노력이 없었던 것은 아니다. (나) 행정 담당자 주도의 정책 결정을 보완하기 위해 시장 경제의 원리를 부분적으로 받아들였다는 점에서는 공통되지만, 운영 방식에는 차이가 있다. 민간화는 지방 자치 단체가 담당하는 특정 업무의 운영권을 민간 기업에 위탁하는 것으로, 기업 선정을 위한 공청회에 주민들이 참여하는 등의 방식으로 주민들의 요구를 반영하는 것이다. (다) 하지만 민간화를 통해 수용되는 주민들의 요구는 제한적이므로 전체 주민의 이익이 반영되지 못하는 경우가 많고, 민간 기업의 특성상 공익의 추구보다는 기업의 이익을 우선한다는 한계가 있다. 경영화는 민간화와는 달리, 지방 자치 단체가 자체적으로 민간 기업의 운영 방식을 도입하는 것을 말한다. 주민들을 고객으로 대하며 주민들의 요구를 충족하고자 하는 것이다. (라) 이러한 한계를 해소하고 지방 자치 단체의 정책 결정 과정에서 지역 주민 전체의 의견을 더욱 적극적으로 반영하기 위해서는 주민 참여 제도의 활성화가 요구된다. (마) 현재 우리나라의 지방 자치 단체가 채택하고 있는 간담회, 설명회 등의 주민 참여 제도는 주민들의 의사를 간접적으로 수렴하여 정책에 반영하는 방식이다. 주민들의 의사를 더욱 직접적으로 반영하기 위해서는 주민 투표, 주민 소환, 주민 발안 등의 직접 민주주의 제도를 활성화하는 방향으로 주민 참여 제도가 전환될 필요가 있다.

보기

㉠ 지역 주민의 요구를 수용하기 위해 도입한 '민간화'와 '경영화'가 대표적인 사례이다.
㉡ 그러나 주민 감시나 주민자치위원회 등을 통한 외부의 적극적인 견제가 없으면 행정 담당자들이 기존의 관행에 따라 업무를 처리하는 경향이 나타나기도 한다.

	㉠	㉡		㉠	㉡
①	(가)	(다)	②	(나)	(라)
③	(다)	(라)	④	(라)	(마)
⑤	(마)	(가)			

정답 해설

㉠ : ㉠에서 '민간화, 경영화'의 두 가지 방법으로 지역 주민의 요구를 수용하려는 이유는 첫 번째 문단의 내용처럼 전문적인 행정 담당자 중심의 정책 결정으로 인해 정책이 지역 주민의 의사와 무관하거나 배치되는 문제를 개선하기 위한 것이다. 또한 (나)의 바로 뒤에 있는 문장의 '이 둘'은 '민간화, 경영화'를 가리킨다. 따라서 ㉠의 위치는 (나)가 가장 적절하다.

㉡ : 마지막 문단 첫 문장의 '이러한 한계'는 ㉡에서 말하는 '행정 담당자들이 기존의 관행에 따라 업무를 처리하는 경향'을 가리키므로 ㉡은 마지막 문단의 바로 앞에 있어야 한다. 따라서 ㉡의 위치는 (라)가 가장 적절하다.

정답 ②

CHAPTER 01

문장삽입

유형점검

STEP 1 기본문제

※ 다음 글에서 〈보기〉가 들어갈 위치로 가장 적절한 곳을 고르시오. [1~5]

01

한국의 전통문화는 근대화의 과정에서 보존되어야 하는가, 아니면 급격한 사회 변동에 따라 해체되어야 하는가? 한국 사회 변동 과정에서 외래문화는 전통문화에 흡수되어 토착화되는가, 아니면 전통문화 자체를 전혀 다른 것으로 변질시키는가? 이러한 질문에 대해서 오늘 한국 사회는 진보주의와 보수주의로 나뉘어 뜨거운 논란을 빚고 있다. (가) 그러나 전통의 유지와 변화에 대한 견해 차이는 단순하게 진보주의와 보수주의로 나뉠 성질의 것이 아니다. 한국 사회는 한 세기 이상의 근대화 과정을 거쳐 왔으며 앞으로도 광범하고 심대한 사회 구조의 변동을 가져올 것이다. (나) 이런 변동 때문에 보수주의적 성향을 가진 사람들도 전통문화의 변질을 어느 정도 수긍하지 않을 수 없고, 진보주의 성향을 가진 사람 또한 문화적 전통의 가치를 인정하지 않을 수 없다. (다) 근대화는 전통문화의 계승과 끊임없는 변화를 다 같이 필요로 하며 외래문화의 수용과 토착화를 동시에 요구하기 때문이다. (라) 근대화에 따르는 사회 구조적 변동이 문화를 결정짓기 때문에 전통문화의 변화 문제는 특수성이나 양자택일이라는 기준으로 다룰 것이 아니라 끊임없는 사회 구조의 변화라는 시각에서 바라보고 분석하는 것이 중요하다. (마)

보기

또한 이 논란은 단순히 외래문화나 전통문화 중 양자택일을 해야 하는 문제도 아니다.

① (가) ② (나)
③ (다) ④ (라)
⑤ (마)

02

스마트 시티란 정보·통신 기술(ICT)을 기반으로 주거·교통·편의 인프라를 완벽히 갖추고, 그 안에 사는 모두가 편리하고 쾌적한 삶을 누릴 수 있는 똑똑한 도시를 말한다. (가) 최근 세계 각국에서는 각종 도시 문제를 해결하고, 삶의 질을 개선할 수 있는 지속 가능한 도시 발전 모델로 스마트 시티를 주목하고 있다. (나) 특히 사물인터넷(IoT), 클라우드, 빅데이터, 인공지능(AI) 등 4차 산업 혁명 기술을 활용한 스마트 시티 추진에 전방위적인 노력을 기울이고 있다. (다) L공사는 행정중심복합도시 전체를 스마트 시티로 조성하고자 다양한 시민 체감형 서비스를 도입하고 있으며, 특히 S시 일원 2.7제곱킬로미터 면적으로 스마트 시티 국가 시범 도시를 조성하고 있다. (라) 각종 첨단 기술을 집약한 미래형 스마트 시티 선도 모델인 S시 국가 시범 도시는 스마트 모빌리티 등 7대 혁신 요소를 도입하여 도시 공간을 조성하고 혁신적인 스마트 인프라 및 서비스를 제공할 계획이다. (마)

보기

이에 발맞춰 L공사 역시 해외 사업 지속 확대, 남북 협력 사업 수행 등과 함께 스마트 시티를 주요 미래 사업 분야로 정했다.

① (가) ② (나)
③ (다) ④ (라)
⑤ (마)

03

(가) 우리는 보통 공간을 배경으로 사물을 본다. 그리고 시간이나 사유를 비롯한 여러 개념을 공간적 용어로 표현한다. 이처럼 공간에 대한 용어가 중의적으로 쓰이는 과정에서, 일상적으로 쓰는 용법과 달라 혼란을 겪기도 한다. (나) 공간에 대한 용어인 '차원' 역시 다양하게 쓰인다. 차원의 수는 공간 내에 정확하게 점을 찍기 위해 알아야 하는 수의 개수이다. (다) 특정 차원의 공간은 한 점을 표시하기 위해 특정한 수가 필요한 공간을 의미한다. (라) 따라서 다차원 공간은 집을 살 때 고려해야 하는 사항들의 공간처럼 추상적일 수도 있고, 실제의 물리 공간처럼 구체적일 수도 있다. 이러한 맥락에서 어떤 사람을 1차원적 인간이라고 표현했다면 그것은 그 사람의 관심사가 하나밖에 없다는 것을 의미한다. (마)

보기

집에 틀어박혀 스포츠만 관람하는 인간은 오로지 스포츠라는 하나의 정보로 기술될 수 있고, 그 정보를 직선 위에 점을 찍은 1차원 그래프로 표시할 수 있는 것이다.

① (가) ② (나)
③ (다) ④ (라)
⑤ (마)

04

사물인터넷(IOT; Internet of Things)은 각종 사물에 센서와 통신 기능을 내장하여 인터넷에 연결하는 기술, 즉 무선 통신을 통해 각종 사물을 연결하는 기술을 의미한다. (가) 우리들은 이 같은 사물인터넷의 발전을 상상할 때 더 똑똑해진 가전제품들을 구비한 가정집, 혹은 더 똑똑해진 자동차들을 타고 도시로 향하는 모습 등, 유선형의 인공미 넘치는 근미래 도시를 떠올리곤 한다. 하지만 발달한 과학의 혜택은 인간의 근본적인 삶의 조건인 의식주 또한 풍요롭고 아름답게 만든다. 아쿠아포닉스(Aquaponics)는 이러한 첨단기술이 1차 산업에 적용된 대표적인 사례이다. (나)

아쿠아포닉스는 물고기양식(Aquaculture)과 수경재배(Hydro-ponics)가 결합된 합성어로 양어장에 물고기를 키우며 발생한 유기물을 이용하여 식물을 수경 재배하는 순환형 친환경 농법이다. (다) 물고기를 키우는 양어조, 물고기 배설물로 오염된 물을 정화시켜 주는 여과시스템, 정화된 물로 채소를 키워 생산할 수 있는 수경재배 시스템으로 구성되어 있으며, 농약이나 화학비료 없이 물고기와 채소를 동시에 키울 수 있어 환경과 실용 모두를 아우르는 농법으로 주목받고 있다. (라)

이러한 수고로움을 덜어주는 것이 바로 사물인터넷이다. 사물인터넷은 적절한 시기에 물고기 배설물을 미생물로 분해하여 농작물의 영양분으로 활용하고, 최적의 온도를 알아서 맞추는 등 실수 없이 매일매일 세심한 관리가 가능하다. 전기로 가동하여 별도의 환경오염 또한 발생하지 않으므로 가히 농업과 찰떡궁합이라고 할 수 있을 것이다. (마)

보기

물론 단점도 있다. 물고기와 식물이 사는 최적의 조건을 만족시켜야 하며 실수나 사고로 시스템에 큰 문제가 발생할 수도 있다. 물이 지나치게 오염되지 않도록 매일매일 철저한 관리는 필수이다. 아쿠아포닉스는 그만큼 신경 써야 할 부분이 많고 사람의 손이 많이 가기에 자칫 배보다 배꼽이 더 큰 상황이 발생할 수도 있다.

① (가) 　　　② (나)
③ (다) 　　　④ (라)
⑤ (마)

05

(가) 나는 하나의 생각하는 것이다. 즉, 의심하고, 긍정하고, 부정하고, 약간의 것을 알고 많은 것을 모르며, 바라고 바라지 않으며, 또 상상하고, 감각하는 어떤 것이다. 왜냐하면 앞서 내가 깨달은 바와 같이 설사 내가 감각하고 상상하는 것들이 내 밖에서는 아마도 무(無)라고 할지라도 내가 감각 및 상상이라고 부르는 이 사고방식만큼은, 그것이 하나의 사고방식인 한, 확실히 내 속에 있음을 내가 확신하기 때문이다. 그리고 이 몇 마디 말로써 나는 내가 참으로 알고 있는 것을 혹은 지금까지 알고 있다고 생각한 모든 것을 요약했다고 믿는다.
(나) 하지만 전에 내가 매우 확실하고 명백하다고 인정한 것으로서 그 후 의심스러운 것이라고 알게 된 것이 많다. 무엇이 이런 것들이었는가? 그것은 땅, 하늘, 별들, 이밖에 내가 감각을 통하여 알게 된 모든 것이었다. (다) 그러면 나는 이것들에 대해서 무엇을 명석하게 지각하고 있었는가? 물론 이것들의 관념 자체, 즉 이것들에 대한 생각이 내 정신에 나타났다고 하는 것이다. 그리고 이러한 관념들이 내 속에 있다는 것에 대해서는 나는 지금도 부정하지 않는다.
(라) 그러나 한편 나는, 내가 아주 명석하게 지각하는 것들을 바라볼 때마다 다음과 같이 외치지 않을 수 없다. 누구든지 나를 속일 수 있거든 속여 보라. 그러나 내가 나를 어떤 무엇이라고 생각하고 있는 동안은 결코 나를 무(無)이게끔 할 수는 없을 것이다. 혹은 내가 있다고 하는 것이 참이라고 할진대 내가 현존한 적이 없었다고 하는 것이 언젠가 참된 것이 될 수는 없을 것이다. 또 혹은 2에 3을 더할 때 5보다 크게 되거나 작게 될 수 없으며, 이 밖에 이와 비슷한 일, 즉 거기서 내가 명백한 모순을 볼 수 있는 일이 생길 수는 없을 것이라고. (마) 그리고 확실히 나에게는 어떤 하느님이 기만자라고 보아야 할 아무 이유도 없고, 또 도대체 한 하느님이 있는지 없는지도 아직 충분히 알려져 있지 않으므로 그저 저러한 선입견에 기초를 둔 의심의 이유는 매우 박약하다.

보기

그러나 산술이나 기하학에 관하여 아주 단순하고 쉬운 것, 가령 2에 3을 더하면 5가 된다고 하는 것 및 이와 비슷한 것을 내가 고찰하고 있었을 때, 나는 적어도 이것들을 참되다고 긍정할 만큼 명료하게 직관하고 있었던 것은 아닐까? 확실히 나는 나중에 이것들에 관해서도 의심할 수 있다고 판단하기는 했으나 이것은 하느님과 같은 어떤 전능자라면, 다시없이 명백하다고 여겨지는 것들에 관해서도 속을 수 있는 본성을 나에게 줄 수 있었다고 하는 생각이 내 마음에 떠올랐기 때문일 따름이었다.

① (가)
② (나)
③ (다)
④ (라)
⑤ (마)

STEP 2 응용문제

※ 다음 글에서 〈보기〉가 들어갈 위치로 가장 적절한 곳을 고르시오. [1~5]

01

루트비히 판 베토벤(Ludwig van Beethoven)의 『교향곡 9번 D단조』 Op. 125는 그의 청력이 완전히 상실된 상태에서 작곡한 교향곡으로 유명하다. (가) 1824년에 완성된 이 작품은 4악장에 합창 및 독창이 포함된 것이 특징이다. 당시 시대적 배경을 볼 때, 이는 처음으로 성악을 기악곡에 도입한 획기적인 작품이었다. (나) 이 작품은 베토벤의 다른 작품들을 포함해 서양음악 전체에서 가장 뛰어난 작품 가운데 하나로 손꼽히며, (다) 현재 유네스코의 세계기록유산으로 지정되어 있다. (라) 또한, 4악장의 전주 부분은 유럽 연합의 공식 상징가로 사용되며, 자필 원본 악보는 2003년 런던 소더비 경매에서 210만 파운드에 낙찰되기도 했다. (마)

보기
이 작품에 '합창교향곡'이라는 명칭이 붙은 것도 바로 4악장에 나오는 합창 때문이다.

① (가)   ② (나)
③ (다)   ④ (라)
⑤ (마)

02

우리나라의 4대강에서 녹조 현상이 두드러지게 나타나고 있다. 지난 여름 낙동강에서 심한 녹조 현상이 나타남에 따라 '녹조라테'라는 말이 등장했다. 녹조라테란 녹조 현상을 녹차라테에 빗대어, 녹색으로 변한 강을 비꼬아 이르는 말이다.
(가) 녹조는 부영양화된 호수나 유속이 느린 하천이나 정체된 바다에서 부유성의 조류가 대량 증식하여 물색을 녹색으로 변화시키는 현상을 말한다. (나) 부영양화는 물에 탄소, 질소 및 인과 같은 플랑크톤의 번식에 양분이 되는 물질들이 쌓여 일어난다. 이런 물질들은 주로 공장폐수나 가정하수 등에 많이 들어 있고, 연못처럼 고여 있는 물에서 빠른 속도로 부영양화가 진행된다. (다) 대량으로 증식된 조류는 물속의 산소량을 줄여 수중생물들의 생명을 위협하고, 독성물질을 생성하면서 악취를 풍긴다.
(라) 사실 조류는 물속에 있어서 꼭 필요한 존재이다. 조류는 먹이사슬의 1차 생산자로 수생태계 유지에 중요한 역할을 담당하기 때문이다. 단지 인간에 의해 과도한 조류로 발생한 녹조가 문제일 뿐, 적당한 녹조는 생태계에 꼭 필요한 존재이다. (마)

보기
물론 녹조라고 해서 무조건 나쁜 것은 아니다.

① (가)   ② (나)
③ (다)   ④ (라)
⑤ (마)

03

오늘날 인류가 왼손보다 오른손을 선호하는 경향은 어디서 비롯되었을까? 오른손을 귀하게 여기고 왼손을 천대하는 현상은 어쩌면 산업화 이전 사회에서 배변 후 사용할 휴지가 없었다는 사실과 관련이 있을 법하다. (가)
맨손으로 배변 뒤처리를 하는 것은 불쾌할 뿐더러 병균을 옮길 위험을 수반하는 일이었다. 이런 위험의 가능성을 낮추는 간단한 방법은 음식을 먹거나 인사할 때 다른 손을 사용하는 것이었다. 기술 발달 이전의 사회는 대개 왼손을 배변 뒤처리에, 오른손을 먹고 인사하는 일에 사용했다. (나)
나는 이런 배경이 인간 사회에 널리 나타나는 '오른쪽'에 대한 긍정과 '왼쪽'에 대한 반감을 어느 정도 설명해 줄 수 있으리라고 생각한다. 그러나 이 설명은 왜 애초에 오른손이 먹는 일에, 그리고 왼손이 배변 처리에 사용되었는지 설명해주지 못한다. 동서양을 막론하고, 왼손잡이 사회는 확인된 바 없다. (다)
한쪽 손을 주로 쓰는 경향은 뇌의 좌우반구의 기능 분화와 관련되어 있는 것으로 보인다. 보고된 증거에 따르면, 왼손잡이는 읽기와 쓰기, 개념적·논리적 사고 같은 좌반구 기능에서 오른손잡이보다 상대적으로 미약한 대신 상상력, 패턴 인식, 창의력 등 전형적인 우반구 기능에서는 상대적으로 기민한 경우가 많다. (라)
나는 이성 대 직관의 힘겨루기, 뇌의 두 반구 사이의 힘겨루기가 오른손과 왼손의 힘겨루기로 표면화된 것이 아닐까 생각한다. 즉, 오른손이 원래 왼손보다 더 능숙했기 때문이 아니라 뇌의 좌반구가 인간의 행동을 지배하는 권력을 갖게 되었기 때문에 오른손 선호에 이르렀다는 생각이다. (마)

보기

따라서 근본적인 설명은 다른 곳에서 찾아야 할 것 같다.

① (가) ② (나)
③ (다) ④ (라)
⑤ (마)

04

1895년에 발견된 X선은 진단 의학의 혁명을 일으켰다. 이후 X선 사진 기술은 단면 촬영을 통해 입체 영상 구성이 가능한 CT(컴퓨터 단층 촬영 장치)로 진화하면서 해부를 하지 않고 인체 내부를 정확하게 진단하는 기술로 발전하였다. (가)
X선 사진은 X선을 인체에 조사하고, 투과된 X선을 필름에 감광시켜 얻어낸 것이다. 조사된 X선의 일부는 조직에서 흡수·산란되고 나머지는 조직을 투과하여 반대편으로 나오게 된다. X선이 투과되는 정도를 나타내는 투과율은 공기가 가장 높으며 지방, 물, 뼈의 순서로 낮아진다. 또한 투과된 X선의 세기는 통과한 조직의 투과율이 낮을수록, 두께가 두꺼울수록 약해진다. 이런 X선의 세기에 따라 X선 필름의 감광 정도가 달라져 조직의 흑백 영상을 얻을 수 있다. (나) 이러한 X선 사진의 한계를 극복한 것이 CT이다.
CT는 인체에 투과된 X선의 분포를 통해 인체의 횡단면을 영상으로 재구성한다. CT 촬영기 한쪽 편에는 X선 발생기가 있고 반대편에는 여러 개의 X선 검출기가 배치되어 있다. (다) CT 촬영기 중심에, 사람이 누운 침대가 들어가면 X선 발생기에서 나온 X선이 인체를 투과한 후 맞은편 X선 검출기에서 검출된다.
X선 검출기로 인체를 투과한 X선의 세기를 검출하는데, 이때 공기를 통과하며 감쇄된 양을 빼고, 인체 조직만을 통과하면서 감쇄된 X선의 총량을 구해야 한다. 이것은 공기만을 통과한 X선 세기와 조직을 투과한 X선 세기의 차이를 계산하면 얻을 수 있고, 이를 환산값이라고 한다. 즉, 환산값은 특정 방향에서 X선이 인체 조직을 통과하면서 산란되거나 흡수되어 감쇄된 총량을 의미한다. 이 값을 여러 방향에서 구하기 위해 CT 촬영기를 회전시킨다. (라) 그러면 동일 단면에 대한 각 방향에서의 환산값을 구할 수 있고, 이를 활용하여 컴퓨터가 단면 영상을 재구성한다.
CT에서 영상을 재구성하는 데에는 역투사(Back Projection) 방법이 이용된다. 역투사는 어떤 방향에서 X선이 진행했던 경로를 거슬러 진행하면서 경로상에 환산값을 고르게 분배하는 방법이다. (마) CT 촬영기를 회전시키며 얻은 여러 방향의 환산값을 경로별로 역투사하여 더해 나가는데, 이처럼 여러 방향의 환산값들이 더해진 결과가 역투사 결괏값이다. 역투사를 하게 되면 뼈와 같이 감쇄를 많이 시키는 조직에서는 여러 방향의 값들이 더해지게 되고, 그 결과 다른 조직에서보다 더 큰 결괏값이 나오게 된다.

보기

그렇지만 X선 사진에서는 투과율이 비슷한 조직들 간의 구별이 어려워서, X선 사진은 다른 조직과의 투과율 차이가 큰 뼈나 이상 조직의 검사에 주로 사용된다.

① (가)
② (나)
③ (다)
④ (라)
⑤ (마)

05

일반적으로 법률에서는 일정한 법률 효과와 함께 그것을 일으키는 요건을 규율한다. 이를테면, 민법 제750조에서는 불법 행위에 따른 손해 배상 책임을 규정하는데, 그 배상 책임의 성립 요건을 다음과 같이 정한다. '고의나 과실'로 말미암은 '위법 행위'가 있어야 하고, '손해가 발생'하여야 하며, 바로 그 위법 행위 때문에 손해가 생겼다는, 이른바 '인과 관계'가 있어야 한다. 이 요건들이 모두 충족되어야, 법률 효과로서 가해자는 피해자에게 손해를 배상할 책임이 생기는 것이다.

소송에서는 이런 요건들을 입증해야 한다. (가) 어떤 사실의 존재 여부에 대해 법관이 확신을 갖지 못하면, 다시 말해 입증되지 않으면 원고와 피고 가운데 누군가는 패소의 불이익을 당하게 된다. 이런 불이익을 받게 될 당사자는 입증의 부담을 안을 수밖에 없고, 이를 입증 책임이라 부른다. (나) 대체로 어떤 사실이 존재함을 증명하는 것이 존재하지 않음을 증명하는 것보다 쉽다. 이 둘 가운데 어느 한 쪽에 부담을 지워야 한다면, 쉬운 쪽에 지우는 것이 공평할 것이다. 이런 형평성을 고려하여 특정한 사실의 발생을 주장하는 이에게 그 사실의 존재에 대한 입증 책임을 지도록 하였다. (다) 그리하여 상대방에게 불법 행위의 책임이 있다고 주장하는 피해자는 소송에서 원고가 되어, 앞의 민법 조문에서 규정하는 요건들이 이루어졌다고 입증해야 한다. (라)

그런데 이들 요건 가운데 인과 관계는 그 입증의 어려움 때문에 공해 사건 등에서 문제가 된다. 공해에 관하여는 현재의 과학 수준으로도 해명되지 않는 일이 많다. (마) 그런데도 피해자에게 공해와 손해 발생 사이의 인과 관계를 하나하나의 연결 고리까지 자연 과학적으로 증명하도록 요구한다면, 사실상 사법적 구제를 거부하는 일이 될 수 있다. 더구나 관련 기업은 월등한 지식과 기술을 가지고 훨씬 더 쉽게 원인 조사를 할 수 있는 상황이기에, 피해자인 상대방에게만 엄격한 부담을 지우는 데 대한 형평성 문제도 제기된다.

보기

소송에서 입증은 주장하는 사실을 법관이 의심 없이 확신하도록 만드는 일이다.

① (가) ② (나)
③ (다) ④ (라)
⑤ (마)

STEP 3 적중문제

※ 다음 글에서 〈보기〉가 들어갈 위치로 가장 적절한 곳을 고르시오. [1~8]

01

컴퓨터는 0 또는 1로 표시되는 비트를 최소 단위로 삼아 내부적으로 데이터를 표시한다. 컴퓨터가 한 번에 처리하는 비트 수는 정해져 있는데, 이를 워드라고 한다. 예를 들어 64비트의 컴퓨터는 64개의 비트를 1워드로 처리한다. (가) 4비트를 1워드로 처리하는 컴퓨터에서 양의 정수를 표현하는 경우, 4비트 중 가장 왼쪽 자리인 최상위 비트는 0으로 표시하여 양수를 나타내고 나머지 3개의 비트로 정수의 절댓값을 나타낸다. (나)
0111의 경우 가장 왼쪽 자리인 '0'은 양수를 표시하고 나머지 '111'은 정수의 절댓값 7을 이진수로 나타낸 것으로, +7을 표현하게 된다. 이때 최상위 비트를 제외한 나머지 비트를 데이터 비트라고 한다. (다)
그런데 음의 정수를 표현하는 경우에는 최상위 비트를 1로 표시한다. −3을 표현한다면 −3의 절댓값 3을 이진수로 나타낸 011에 최상위 비트 1을 덧붙이면 된다. (라) 이러한 음수 표현 방식을 '부호화 절댓값'이라고 한다. 그러나 부호화 절댓값은 연산이 부정확하다. 예를 들어 7−3을 계산한다면 7+(−3)인 0111+1011로 표현된다. 컴퓨터에서는 0과 1만 사용하기 때문에 1에 1을 더하면 바로 윗자리 숫자가 올라가 10으로 표현된다. 따라서 0111에 1011을 더하면 10010이 된다. (마) 하지만 부호화 절댓값에서는 오버플로를 처리하는 별도의 규칙이 없기 때문에 계산 값이 부정확하다. 또한 0000 또는 1000이 0을 나타내어 표현의 일관성과 저장 공간의 효율성이 떨어진다.

> **보기**
> 10010은 4비트 컴퓨터가 처리하는 1워드를 초과하게 된 것으로, 이러한 현상을 오버플로라 한다.

① (가) ② (나)
③ (다) ④ (라)
⑤ (마)

02

카셰어링이란 차를 빌려 쓰는 방법의 하나로 기존의 방식과는 다르게 시간 또는 분 단위로 필요한 만큼만 자동차를 빌려 사용할 수 있다. (가) 이러한 카셰어링은 비용 절감 효과와 더불어 환경적·사회적 측면에서 현재 세계적으로 주목받고 있는 사업 모델이다.

호주 멜버른시의 조사 자료에 따르면, 카셰어링 차 한 대당 도로상의 개인 소유 차량 9대를 줄이는 효과가 있으며, 실제 카셰어링을 이용하는 사람은 해당 서비스 가입 이후 자동차 사용을 50%까지 줄였다고 한다. 또한 자동차 이용량이 줄어들면 주차 문제를 해결할 수 있으며, 카셰어링 업체에서 제공하는 친환경 차량을 통해 온실가스의 배출을 감소시키는 효과도 기대할 수 있다. (나) 호주 카셰어링 업체 차량의 60% 정도는 경차 또는 하이브리드 차량인 것으로 조사되었다.

호주의 카셰어링 시장규모는 8,360만 호주 달러로 지난 5년간 연평균 21.7%의 급격한 성장률을 보이고 있다. (다) 전문가들은 호주 카셰어링 시장이 앞으로도 가파르게 성장해 5년 후에는 현재보다 약 2.5배 증가한 2억 1,920만 호주 달러에 이를 것이며, 이용자 수도 10년 안에 150만 명까지 폭발적으로 늘어날 것이라고 예측한다. (라) 호주에서 차량을 소유할 경우 주유비, 서비스비, 보험료, 주차비 등의 부담이 크기 때문이다. 발표 자료에 의하면 차량 2대를 소유한 가족이 구매 금액을 비롯하여 차량 유지비에만 쓰는 비용은 연간 12,000 ~ 18,000 호주 달러에 이른다고 한다.

호주 자동차 산업에서 경제적·환경적·사회적인 변화에 따라 호주 카셰어링 시장이 폭발적인 성장세를 보이는 것에 주목할 필요가 있다. (마) 전문가들은 카셰어링으로 인해 자동차 산업에 나타나는 변화의 정도를 '위험한 속도'로까지 비유하기도 한다. 카셰어링 차량의 주차공간을 마련하기 위해서 정부의 역할이 매우 중요한 만큼 호주는 정부 차원에서도 카셰어링 서비스를 지원하는 데 적극적으로 움직이고 있다. 호주는 카셰어링 서비스가 발달한 미국, 캐나다, 유럽 대도시에 비하면 아직 뒤처져 있지만, 성장 가능성이 높아 국내기업에서도 차별화된 서비스와 플랫폼을 개발한다면 진출을 시도해 볼 수 있다.

보기

이처럼 호주에서 카셰어링 서비스가 많은 회원을 확보하며 급격한 성장세를 나타내는 데는 비용 측면의 이유가 가장 크다고 볼 수 있다.

① (가)
② (나)
③ (다)
④ (라)
⑤ (마)

03

자본주의 경제 체제는 이익을 추구하려는 인간의 욕구를 최대한 보장해 주고 있다. 기업 또한 이익 추구라는 목적에서 탄생하여, 생산의 주체로서 자본주의 체제의 핵심적 역할을 수행하고 있다. 곧, 이익은 기업가로 하여금 사업을 시작하게 하는 동기가 된다. (가) 이익에는 단기적으로 실현되는 이익과 장기간에 걸쳐 지속적으로 실현되는 이익이 있다. 기업이 장기적으로 존속, 성장하기 위해서는 단기 이익보다 장기 이익을 추구하는 것이 더 중요하다. 실제로 기업은 단기 이익의 극대화가 장기 이익의 극대화와 상충할 때에는 단기 이익을 과감히 포기하기도 한다. (나) 자본주의 초기에는 기업이 단기 이익과 장기 이익을 구별하여 추구할 필요가 없었다. 소자본끼리의 자유 경쟁 상태에서는 단기든 장기든 이익을 포기하는 순간에 경쟁에서 탈락하기 때문이다. 그에 따라 기업은 치열한 경쟁에서 살아남기 위해 주어진 자원을 최대한 효율적으로 활용하여 가장 저렴한 가격으로 좋은 품질의 상품을 소비자에게 공급하게 되었다. (다) 이 단계에서는 기업의 소유자가 곧 경영자였기 때문에, 기업의 목적은 자본가의 이익을 추구하는 것으로 집중되었다.

그러나 기업의 규모가 점차 커지고 경영 활동이 복잡해지면서 전문적인 경영 능력을 갖춘 경영자가 필요하게 되었다. (라) 이에 따라 소유와 경영이 분리되어 경영의 효율성이 높아졌지만, 동시에 기업이 단기 이익과 장기 이익 사이에서 갈등을 겪게 되는 일도 발생하였다. 주주의 대리인으로 경영을 위임받은 전문 경영인은 기업의 장기적 전망보다 단기 이익에 치중하여 경영 능력을 과시하려는 경향이 있기 때문이다. 주주는 경영자의 이러한 비효율적 경영 활동을 감시함으로써 자신의 이익은 물론 기업의 장기 이익을 극대화하고자 하였다. (마)

> **보기**
> 이는 기업의 이익 추구가 결과적으로 사회 전체의 이익도 증진시켰다는 의미이다.

① (가) ② (나)
③ (다) ④ (라)
⑤ (마)

04

1950년대 프랑스의 영화 비평계에는 작가주의라는 비평 이론이 새롭게 등장했다. 작가주의란 감독을 단순한 연출자가 아닌 '작가'로 간주하고, 작품과 감독을 동일시하는 관점을 말한다. 이 이론이 대두될 당시, 프랑스에는 유명한 문학 작품을 별다른 손질 없이 영화화하거나 화려한 의상과 세트, 인기 연극배우에 의존하는 제작 관행이 팽배해 있었다. 작가주의는 이렇듯 프랑스 영화에 만연했던 문학적·연극적 색채에 대한 반발로 주창되었다. (가)

작가주의는 상투적인 영화가 아닌 감독 개인의 영화적 세계와 독창적인 스타일을 일관되게 투영하는 작품들을 옹호한다. (나) 감독의 창의성과 개성은 작품 세계를 관통하는 감독의 세계관 혹은 주제 의식, 그것을 표출하는 나름의 이야기 방식, 고집스럽게 되풀이되는 특정한 상황이나 배경 혹은 표현 기법 같은 일관된 문체상의 특징으로 나타난다는 것이다.

한편, 작가주의적 비평은 영화 비평계에 중요한 영향을 끼쳤는데, 그중에서도 주목할 점은 할리우드 영화를 재발견한 것이다. 할리우드에서는 일찍이 미국의 대량 생산 기술을 상징하는 포드 시스템과 흡사하게 제작 인력들의 능률을 높일 수 있는 표준화·분업화한 방식으로 영화를 제작했다. (다) 이는 계량화가 불가능한 창작자의 재능, 관객의 변덕스런 기호 등의 변수로 야기될 수 있는 흥행의 불안정성을 최소화하면서 일정한 품질의 영화를 생산하기 위함이었다.

그러나 작가주의적 비평가들은 할리우드라는 가장 산업화된 조건에서 생산된 상업적인 영화에서도 감독 고유의 표지를 찾아낼 수 있다고 보았다. (라) 작가주의적 비평가들은 제한적인 제작 여건이 오히려 감독의 도전 의식과 창의성을 끌어낸 사례들에 주목한 것이다. 그에 따라 B급 영화(적은 예산으로 단시일에 제작되어 완성도가 낮은 상업적인 영화)와 그 감독들마저 수혜자가 되기도 했다. (마) 이처럼 할리우드 영화의 재평가에 큰 영향을 끼쳤던 작가주의의 영향력은 오늘날까지도 이어지고 있다. 예컨대 작가주의로 인해 '좋은' 영화 혹은 '위대한' 감독들이 선정되었고, 이들은 지금도 영화 교육 현장에서 활용되고 있다.

보기

이에 따라 재정과 행정의 총괄자인 제작자가 감독의 작업 과정에도 관여하게 되었고, 감독은 제작자의 생각을 화면에 구현하는 역할에 머물렀다.

① (가) ② (나)
③ (다) ④ (라)
⑤ (마)

05 그럼 이제부터 제형에 따른 특징과 복용 시 주의점을 알아보겠습니다. 먼저 산제나 액제는 복용해야 하는 용량에 맞게 미세하게 조절이 가능합니다. 그리고 정제나 캡슐제에 비해 노인이나 소아가 약을 삼키기 쉽고 약효도 빠르게 나타납니다. (가) 캡슐제는 캡슐로 약물을 감싸서 자극이 강한 약물을 복용할 때 생기는 불편을 줄일 수 있고, 정제로 만들면 약효가 떨어질 수 있는 경우에 사용되어 약효를 유지할 수 있습니다. (나) 하지만 캡슐제는 캡슐이 목구멍이나 식도에 달라붙을 수 있기 때문에 충분한 양의 물과 함께 복용해야 합니다. (다)
그리고 정제는 일정한 형태로 압축되어 있어 산제나 액제에 비해 보관이 간편하고 정량을 복용하기 쉽습니다. 이러한 정제는 약물의 성분이 빠르게 방출되는 속방정과 서서히 지속적으로 방출되는 서방정으로 구분할 수 있습니다. (라) 서방정은 오랜 시간 일정하게 약의 효과를 유지할 수 있어 복용 횟수를 줄일 수 있습니다. 그런데 서방정은 함부로 쪼개거나 씹어서 먹으면 안 됩니다. 왜냐하면 약물의 방출 속도가 달라져 부작용의 위험이 커질 수 있기 때문입니다.
오늘 강연 내용은 유익하셨나요? 이번 강연이 약에 대한 이해를 높일 수 있는 계기가 되었으면 합니다. 또한 약과 관련해 더 궁금한 내용이 있다면 '온라인 의약 도서관'을 통해 찾아보실 수 있습니다. (마) 마지막으로 상세한 복약 정보는 꼭 의사나 약사에게 확인하시기 바랍니다. 경청해 주셔서 감사합니다.

보기

하지만 이 둘은 정제에 비해 변질되기 쉬우므로 특히 보관에 주의해야 하고 복용 전 변질 여부를 잘 확인해야 합니다.

① (가)   ② (나)
③ (다)   ④ (라)
⑤ (마)

06 '원시인'이라는 말은 아프리카·남태평양·아메리카 및 아시아 등지의 지역에 사는 원주민을 일컫는 일반적인 명칭이다. 원주민들이 유럽인들에 의해 발견된 것은 주로 15세기에서 19세기 사이였으며, 어떤 경우에는 20세기까지 포함되기도 한다. 현대에 발견되는 원시인은 대부분 선사 시대인이나 현대 유럽인과 신체적으로 다르지만, 그들을 원시인이라고 판단하는 기준은 그들의 신체적 특징이 아닌 문화적 발달단계에 의한 것이다. (가) 원시인의 문화적 발달단계는 혹자가 '야만적'이라고 표현하는 단계부터 비교적 고도로 발달된 단계까지 다양하다. 그래서 원시인이라는 단어는 그 자체의 의미상 규정이 명확하지 않다.
(나) 우리들 자신의 문명을 표준으로 삼는 일조차 그 문명의 어떤 측면이나 특징을 결정적인 것으로 생각하는가 하는 문제가 발생한다. 보통 규범 체계, 과학 지식, 기술적 성과와 같은 요소를 생각할 수 있다. 이러한 측면에서 원시 문화를 살펴보면, 현대의 문화와 동일한 종류는 아니지만, 같은 기준선상에서의 평가가 가능하다. 대부분의 원시 부족은 고도로 발달된 규범 체계를 갖고 있었다. 헌법으로 규정된 국가조직과 관습으로 규정된 부족조직 사이에는 본질적인 차이가 없으며, 원시인들 또한 국가를 형성하기도 했다. 또한 원시인들의 법은 단순한 체계를 가지고 있었지만 정교한 현대의 법체계와 마찬가지로 효과적인 강제력을 지니고 있었다. (다) 과학이나 기술 수준 역시 마찬가지다. 폴리네시아의 선원들은 천문학 지식이 매우 풍부하였는데 그것은 상당한 정도의 과학적 관찰을 필요로 하는 일이었다. 에스키모인은 황폐한 국토에 내장되어 있는 빈곤한 자원을 최대한 활용할 수 있는 기술을 발전시켰다. 현대의 유럽인이 같은 조건 하에서 생활한다면, 북극지방의 생활에 적응하기 위하여 그들보다 더 좋은 도구를 만들어 내지 못할 것이며, 에스키모인의 생활양식을 응용해야 한다.
(라) 원시인을 말 그대로 원시인이라고 느낄 수 있는 부분은 그나마 종교적인 면에서일 뿐이다. 우리의 관점에서 보면 다양한 형태의 원시종교는 비논리적이지는 않더라도 매우 불합리하다. 원시종교에서는 주술이 중요한 역할을 담당하지만, 문명사회에서는 주술이나 주술사의 힘을 믿는 경우는 거의 찾아볼 수 없다. (마)

보기

'문명인'과 구분하여 '원시인'에 대해 적당한 정의를 내리는 일은 불가능하지 않지만 어려운 일이다.

① (가)
② (나)
③ (다)
④ (라)
⑤ (마)

07

정보란 무엇인가? 이 점은 정보화 사회를 맞이하면서 우리가 가장 깊이 생각해 보아야 할 문제이다. 정보는 그냥 객관적으로 주어진 대상인가? 그래서 그것은 관련된 당사자들에게 항상 가치중립적이고 공정한 지식이 되는가? 결코 그렇지 않다. 똑같은 현상에 대해 정보를 만들어 내는 방식은 매우 다양할 수 있다. 정보라는 것은 인간에 의해 가공되는 것이고 그 배경에는 언제나 나름대로의 입장과 가치관이 깔려 있게 마련이다. (가)

정보화 사회가 되어 정보가 넘쳐나는 듯하지만 사실 우리 대부분은 그 소비자로 머물러 있을 뿐 적극적인 생산의 주체로 나서지 못하고 있다. 이런 상황에서는 우리의 생활을 질적으로 풍요롭게 해 주는 정보를 확보하기가 대단히 어렵다. 사실 우리가 일상적으로 구매하고 소비하는 정보란 대부분이 일회적인 심심풀이용이 많다. (나)

또한 정보가 많을수록 좋은 것만은 아니다. 오히려 정보의 과잉은 무기력과 무관심을 낳는다. 네트워크와 각종 미디어와 통신 기기의 회로들 속에서 정보가 기하급수적인 속도의 규모로 증식하고 있는 데 비해, 그것을 수용하고 처리할 수 있는 우리 두뇌의 용량은 진화하지 못하고 있다. 이 불균형은 일상의 스트레스 또는 사회적인 교란으로 표출된다. 정보 그 자체에 집착하는 태도에서 벗어나 무엇이 필요한지를 분별할 수 있는 능력이 배양되어야 한다. (다)

정보는 얼마든지 새롭게 창조될 수 있다. 컴퓨터의 기계적인 언어로 입력되기 전까지의 과정은 인간의 몫이다. 기계가 그것을 대신하기는 불가능하다. 따라서 정보화 시대의 중요한 관건은 컴퓨터에 대한 지식이나 컴퓨터를 다루는 방법이 아니라, 무엇을 담을 것인가에 대한 인간의 창조적 상상력이다. 그것은 마치 전자레인지가 아무리 좋아도 그 자체로 훌륭한 요리를 보장하지는 못하는 것과 마찬가지이다. (라)

정보와 지식 그 자체로는 딱딱하게 굳어 있는 물건처럼 존재하는 듯 보인다. 그러나 그것은 커뮤니케이션 속에서 살아 움직이며 진화한다. 끊임없이 새로운 의미가 발생하고 또한 더 고급으로 갱신되어 간다. 따라서 한 사회의 정보화 수준은 그러한 소통의 능력과 직결된다. 정보의 순환 속에서 끊임없이 새로운 정보로 거듭나는 역동성이 없이는 아무리 방대한 데이터베이스라 해도 그 기능에 한계가 있기 때문이다. (마)

보기

한 가지 예를 들어 보자. 어떤 나라에서 발행하는 관광 안내 책자는 정보가 섬세하고 정확하다. 그러나 그 책을 구입해 관광을 간 소비자들은 종종 그 내용의 오류를 발견한다. 그리고 많은 이들이 그것을 그냥 넘기지 않고 수정 사항을 엽서에 적어서 출판사에 보내준다. 출판사는 일일이 현지에 직원을 파견하지 않고도 책자를 개정할 수 있다.

① (가) ② (나)
③ (다) ④ (라)
⑤ (마)

08

'아무리 퍼내도 쌀이 자꾸자꾸 차오르는 항아리가 있다면 얼마나 좋을까…….' 가난한 사람들에게는 이런 소망이 있을 것이다. 신화의 세계에는 그런 쌀독이 얼마든지 있다. 세계 어느 나라 신화를 들추어 보아도 이런 항아리가 등장하지 않는 신화는 없다. (가) 신화에는 사람들의 원망(願望)이 투사(投射)되어 있다.

신화란 신(神)이나 신 같은 존재에 대한 신비롭고 환상적인 이야기, 우주나 민족의 시작에 대한 초인적(超人的)인 내용, 그리고 많은 사람이 믿는, 창작되거나 전해지는 이야기를 의미한다. 다시 말해 모든 신화는 상상력에 바탕을 둔 우주와 자연에 대한 이해이다. (나) 이처럼 신화는 상상력을 발휘하여 얻은 것이지만 그 결과는 우리 인류에게 유익한 생산력으로 나타나고 있다.

그런데 신화는 단순한 상상력으로 이루어지는 것이 아니라 창조적 상상력으로 이루어지는 것이며, 이 상상력은 또 생산적 창조력으로 이어졌다. 오늘날 우리 인류의 삶을 풍족하게 만든 모든 문명의 이기(利器)들은, 그것의 근본을 규명해 보면 신화적 상상력의 결과임을 알 수 있다. (다) 결국, 그것들은 인류가 부단한 노력을 통해 신화를 현실화한 것이다. 또한, 신화는 고대인들의 우주 만물에 대한 이해로 끝나지 않고 현재까지도 끊임없이 창조되고 있고, 나아가 신화 자체가 문학적 상상력의 재료로 사용되는 경우도 있다.

신화적 사유의 근간은 환상성(幻想性)이지만, 이것을 잘못 이해하면 현실성을 무시한 황당무계한 것으로 오해하기 쉽다. (라) 그러나 이 환상성은 곧 상상력이고 이것이 바로 창조력이라는 점을 우리는 이해하지 않으면 안 된다. 그래서 인류 역사에서 풍부한 신화적 유산을 계승한 민족이 찬란한 문화를 이룬 예를 서양에서는 그리스, 동양에서는 중국에서 찾아볼 수 있다. 우리나라에도 규모는 작지만 단군·주몽·박혁거세 신화 등이 있었기에 우리 민족 역시 오늘날 이 작은 한반도에서 나름대로 민족 국가를 형성하여 사는 것이다. 왜냐하면 민족이나 국가에 대한 이야기, 곧 신화가 그 민족과 국가의 정체성을 확보해 주기 때문이다.

신화는 물론 인류의 보편적 속성에 기반을 두어 형성되고 발전되어 왔지만 그 구체적인 내용은 민족마다 다르게 나타난다. 즉, 나라마다 각각 다른 지리·기후·풍습 등의 특성이 반영되어 각 민족 특유의 신화가 만들어지는 것이다. (마) 그래서 고대 그리스의 신화와 중국의 신화는 신화적 발상과 사유에 있어서는 비슷하지만 내용은 전혀 다르게 전개되고 있다. 예를 들어 그리스 신화에서 태양은 침범 불가능한 아폴론 신의 영역이지만 중국 신화에서는 후예가 태양을 쏜 신화에서 볼 수 있듯이 떨어뜨려야 할 대상으로 나타나기도 하는 것이다.

보기

오늘날 인류 최고의 교통수단이 되고 있는 비행기도 우주와 창공을 마음껏 날아보려는 신화적 사유의 소산이며, 바다를 마음대로 항해해 보고자 했던 인간의 신화적 사유가 만들어낸 것이 여객선이다. 이러한 것들은 바로 『장자(莊子)』에 나오는, 물길을 차고 높이 날아올라 순식간에 먼 거리를 이동한 곤붕(鯤鵬)의 신화가 오늘의 모습으로 나타난 것이라고 볼 수 있다.

① (가) ② (나)
③ (다) ④ (라)
⑤ (마)

※ 다음 글에서 〈보기〉의 문장 ㉠, ㉡이 들어갈 위치로 가장 적절한 곳을 고르시오. [9~10]

09

(가) 다시 말해서 현상학적 측면에서 볼 때 철학도 지식의 내용이 존재하는 어떤 것이라는 점에서는 과학적 지식의 구조와 다를 바가 없다. 존재하는 것과 그 존재하는 무엇으로 의식되는 것과의 사이에는 근본적인 구별이 선다. 백두산의 금덩어리는 누가 그것을 의식하든 말든 그대로 있고, 화성에서 일어나는 여러 가지 물리적 현상도 누가 의식하든 말든 그대로 존재한다. 존재와 의식과의 위와 같은 관계를 우리는 존재 차원과 의미 차원이란 말로 구별할 수 있을 것이다. 여기서 차원이란 말을 붙인 까닭은 의식 이전의 백두산과 의식 이후의 백두산은 순전히 관점의 문제, 즉 백두산을 생각할 수 있는 차원의 문제이기 때문이다. 현상학적 사고를 존재 차원에서 이루어지는 것이라고 말할 수 있다면 분석철학에서 주장하는 사고는 의미 차원에서 이루어진다. 바꿔 말하자면 현상학적 측면에서 볼 때, 철학은 아무래도 어떤 존재를 인식하는 데 그 근본적인 기능이 있다고 보아야 하는 데 반해서, 분석철학의 측면에서 볼 때, 철학은 존재와는 아무런 직접적인 관계가 없이 존재에 대한 이야기, 서술을 대상으로 한다. 구체적으로 말해서 철학은 그것이 서술할 존재의 대상을 갖고 있지 않고, 오직 어떤 존재를 서술한 언어만을 갖고 있다. 그러나 철학이 언어를 사고의 대상으로 삼는다고 말은 하지만, 사실상 철학은 언어학과 다르다. (나) 그래서 언어학은 한 언어의 기원이라든지, 한 언어가 왜 그러한 특정한 기호, 발음 혹은 문법을 갖게 되었는가, 또는 그것들이 각기 어떻게 체계화되는가 등을 알려고 한다. (다) 이에 반해서 분석철학은 언어를 대상으로 하되, 그 언어의 구체적인 면에는 근본적인 관심을 두지 않고 그와 같은 구체적인 언어가 가진 의미를 밝히고자 한다. 여기서 철학의 기능은 한 언어가 가진 개념을 해명하고 이해하는 데 있다. 바꿔 말해서, 철학의 기능은 언어가 서술하는 어떤 존재를 인식하는 데 있지 않고, 그와는 관계없이 한 언어가 무엇인가를 서술하는 경우, 무엇인가의 느낌을 표현하는 경우 또는 그 밖의 경우에 그 언어가 정확히 어떻게 의미가 있는가를 이해하는 데 있다. (라) 개념은 어떤 존재하는 대상을 표상(表象)하는 경우도 많으므로 존재와 그것을 의미하는 개념과는 언뜻 보아서 어떤 인과적 관계가 있는 듯하다. (마)

보기

ㄱ. 과학에서 말하는 현상과 현상학에서 말하는 현상은 다른 내용을 가지고 있지만, 그것들은 다 같이 어떤 존재, 즉 우주 안에서 일어나는 사건을 가리킨다.
ㄴ. 언어학은 과학의 한 분야로서 그 연구의 대상을 하나의 구체적 사물로 취급한다.

	ㄱ	ㄴ		ㄱ	ㄴ
①	(가)	(나)	②	(가)	(다)
③	(나)	(다)	④	(나)	(라)
⑤	(다)	(마)			

10 문화가 발전하려면 저작자의 권리 보호와 저작물의 공정 이용이 균형을 이루어야 한다. 저작물의 공정 이용이란 저작권자의 권리를 일부 제한하여 저작권자의 허락이 없어도 저작물을 자유롭게 이용하는 것을 말한다. 비영리적인 사적 복제를 허용하는 것이 그 예이다. (가) 우리나라의 저작권법에서는 오래전부터 공정 이용으로 볼 수 있는 저작권 제한 규정을 두었다.

그런데 디지털 환경에서 저작물의 공정 이용은 여러 장애에 부딪혔다. 디지털 환경에서는 저작물을 원본과 동일하게 복제할 수 있고 용이하게 개작할 수 있다. (나) 그 결과 디지털화된 저작물의 이용 행위가 공정 이용의 범주에 드는 것인지 가늠하기가 더 어려워졌고 그에 따른 처벌 위험도 커졌다. (다)

이러한 문제를 해소하기 위한 시도의 하나로 포괄적으로 적용할 수 있는 '저작물의 공정한 이용' 규정이 저작권법에 별도로 신설되었다. 그리하여 저작권자의 동의가 없어도 저작물을 공정하게 이용할 수 있는 영역이 확장되었다. 그러나 공정 이용 여부에 대한 시비가 자율적으로 해소되지 않으면 예나 지금이나 법적인 절차를 밟아 갈등을 해소해야 한다. (라) 저작물 이용의 영리성과 비영리성, 목적과 종류, 비중, 시장 가치 등이 법적인 판단의 기준이 된다.

저작물 이용자들이 처벌에 대한 불안감을 여전히 느낀다는 점에서 저작물의 자유 이용 허락 제도와 같은 '저작물의 공유' 캠페인이 주목을 받고 있다. 이 캠페인은 저작권자들이 자신의 저작물에 일정한 이용 허락 조건을 표시해서 이용자들에게 무료로 개방하는 것을 말한다. 누구의 저작물이든 개별적인 저작권을 인정하지 않고 모두가 공동으로 소유하자고 주장하는 사람들과 달리, 이 캠페인을 펼치는 사람들은 기본적으로 자신과 타인의 저작권을 존중한다. 캠페인 참여자들은 저작권자와 이용자들의 자발적인 참여를 통해 자유롭게 활용할 수 있는 저작물의 양과 범위를 확대하려고 노력한다. (마) 그러나 캠페인에 참여한 저작물을 이용할 때 허용된 범위를 벗어난 경우 법적 책임을 질 수 있다.

보기

ㄱ. 따라서 저작물이 개작되더라도 그것이 원래 창작물인지 이차적 저작물인지 알기 어렵다.
ㄴ. 이들은 저작물의 공유가 확산되면 디지털 저작물의 이용이 활성화되고 그 결과 인터넷이 더욱 창의적이고 풍성한 정보 교류의 장(場)이 될 것이라고 본다.

	ㄱ	ㄴ		ㄱ	ㄴ
①	(가)	(나)	②	(가)	(마)
③	(나)	(다)	④	(나)	(라)
⑤	(나)	(마)			

CHAPTER 02

빈칸추론 | 대표유형 1

빈칸추론 ①

다음 글의 빈칸에 들어갈 내용으로 가장 적절한 것은?

> 1979년 경찰관 출신이자 샌프란시스코 시의원이었던 화이트 씨는 시장과 시의원을 살해했다는 이유로 1급 살인죄로 기소되었다. 화이트의 변호인은 피고인이 스낵을 비롯해 컵케이크, 캔디 등을 과다 섭취해서 당분 과다로 뇌의 화학적 균형이 무너져 정신에 장애가 왔다고 주장하면서 책임 경감을 요구하였다. 재판부는 변호인의 주장을 인정하여 계획 살인죄보다 약한 일반 살인죄를 적용하여 7년 8개월의 금고형을 선고했다. 이 항변은 당시 미국에서 인기 있던 스낵의 이름을 따 '트윙키 항변'이라 불렸고 사건의 사회성이나 의외의 소송 전개 때문에 큰 화제가 되었다.
>
> 이를 계기로 1982년 슈엔달러는 교정시설에 수용된 소년범 276명을 대상으로 섭식과 반사회 행동의 상관관계에 대해 실험을 하였다. 기존의 식단에서 각설탕을 꿀로 바꾸어 보고, 설탕이 들어간 음료수에서 천연 과일 주스를 주는 등으로 변화를 주었다. 이처럼 정제한 당의 섭취를 원천적으로 차단한 결과 시설 내 폭행, 절도, 규율 위반, 패싸움 등이 실험 전에 비해 무려 45%나 감소했다는 것을 알게 되었다. 따라서 이 실험을 통해 _____

① 과다한 영양 섭취가 범죄 발생에 영향을 미친다는 것을 알 수 있다.
② 과다한 정제당 섭취는 반사회적 행동을 유발할 수 있다는 것을 알 수 있다.
③ 가공 식품의 섭취가 일반적으로 폭력 행위를 증가시킨다는 것을 알 수 있다.
④ 정제당 첨가물로 인한 범죄 행위는 그 책임이 경감되어야 한다는 것을 알 수 있다.
⑤ 범죄 예방을 위해 교정시설 내에 정제당을 제공하지 말아야 한다는 것을 알 수 있다.

정답 해설

제시문에서 '당분 과다로 뇌의 화학적 균형이 무너져 정신에 장애가 왔다고 주장'한 것과, '정제한 당의 섭취를 원천적으로 차단'한 실험 결과를 토대로 추론하면 '과다한 정제당 섭취가 반사회적 행동을 유발할 수 있다.'로 정리할 수 있다.

정답 ②

CHAPTER 02 빈칸추론 ②

빈칸추론 | 대표유형 2

다음 글의 빈칸에 들어갈 말을 〈보기〉에서 골라 바르게 연결한 것은?

> 소리를 내는 것, 즉 음원의 위치를 판단하는 일은 복잡한 과정을 거친다. 사람의 청각은 '청자의 머리와 두 귀가 소리와 상호작용하는 방식'을 단서로 음원의 위치를 파악한다.
> 음원의 위치가 정중앙이 아니라 어느 한쪽으로 치우쳐 있으면, 소리가 두 귀 중에서 어느 한쪽에 먼저 도달한다. _____(가)_____ 따라서 소리가 두 귀에 도달하는 데 걸리는 시간차를 이용하면 소리가 오는 방향을 알아낼 수 있다. 소리가 두 귀에 도달하는 시간의 차이는 음원이 정중앙에서 한쪽으로 치우칠수록 커진다.
> 양 귀를 이용해 음원의 위치를 알 수 있는 또 다른 단서는 두 귀에 도달하는 소리의 크기 차이다. 왼쪽에서 나는 소리는 왼쪽 귀에 더 크게 들리고, 오른쪽에서 나는 소리는 오른쪽 귀에 더 크게 들린다. 이런 차이는 머리가 소리 전달을 막는 장애물로 작용하기 때문이다. _____(나)_____ 따라서 소리가 저주파로만 구성되어 있는 경우 소리의 크기 차이를 이용한 위치 추적은 효과적이지 않다.
> 또 다른 단서는 음색의 차이이다. 고막에 도달하기 전에 소리는 머리와 귓바퀴를 지나는데 이때 머리와 귓바퀴의 굴곡은 소리를 변형시키는 필터 역할을 한다. _____(다)_____ 이러한 차이를 통해 음원의 위치를 파악할 수 있다.

보기

ㄱ. 이 때문에 두 고막에 도달하는 소리의 음색 차이가 생겨난다.
ㄴ. 하지만 이런 차이는 소리에 섞여 있는 여러 음파들 중 고주파에서만 일어나고 저주파에서는 일어나지 않는다.
ㄷ. 왼쪽에서 나는 소리는 왼쪽 귀가 먼저 듣고, 오른쪽에서 나는 소리는 오른쪽 귀가 먼저 듣는다.

	(가)	(나)	(다)		(가)	(나)	(다)
①	ㄱ	ㄴ	ㄷ	②	ㄱ	ㄷ	ㄴ
③	ㄴ	ㄱ	ㄷ	④	ㄷ	ㄱ	ㄴ
⑤	ㄷ	ㄴ	ㄱ				

정답 해설

- (가) : ㄷ은 빈칸 앞 문장의 '음원의 위치가 정중앙이 아니라 어느 한쪽으로 치우쳐 있으면, 소리가 두 귀 중에서 어느 한쪽에 먼저 도달한다.'는 내용을 보충 설명한다. 따라서 빈칸에는 ㄷ이 적절하다.
- (나) : 빈칸 앞의 내용에서는 '소리의 크기를 통해 음원의 위치를 알 수 있다.'고 하였는데, 빈칸 뒤에서는 '소리가 저주파로만 구성되어 있는 경우 소리의 크기 차이를 이용한 위치 추적은 효과적이지 않다.'고 하였다. 따라서 빈칸에는 저주파에서는 소리의 크기 차이가 일어나지 않는다는 내용의 ㄴ이 적절하다.
- (다) : 빈칸 앞의 내용에서 '머리와 귓바퀴의 굴곡'이 '고막에 도달하기 전'의 소리를 변형시키는 필터 역할을 한다고 하였으므로 빈칸에는 이러한 굴곡으로 인해 두 고막에 도달하는 소리의 음색 차이가 생긴다는 내용의 ㄱ이 적절하다.

정답 ⑤

CHAPTER 02 빈칸추론 유형점검

정답 및 해설 p.023

STEP 1 기본문제

※ 다음 글의 빈칸에 들어갈 내용으로 가장 적절한 것을 고르시오. [1~4]

01

"너는 냉면 먹어라, 나는 냉면 먹을게."와 같은 문장이 어딘가 이상한 문장이라는 사실과 어떻게 고쳐야 바른 문장이 된다는 사실을 특별히 심각하게 따져 보지 않고도 거의 순간적으로 파악해 낼 수 있다. 그러나 막상 이 문장이 틀린 이유가 무엇인지 설명하라고 하면, _____ _____ 이를 논리적으로 설명해 내기 위해서는 국어의 문법 현상에 관한 상당한 수준의 전문적 식견이 필요하기 때문이다.

① 일반인으로서는 매우 곤혹스러움을 느끼게 된다.
② 전문가들은 설명이 불가능하다고 말한다.
③ 이 역시 특별한 문제없이 설명할 수 있다.
④ 대부분의 사람들은 틀린 이유를 명확하게 찾아낼 수 있다.
⑤ 국어를 모국어로 하는 사람들만이 설명할 수 있다.

02

글을 쓰다 보면 어휘력이 부족하여 적당한 단어를 찾지 못하고 고민을 하는 경우가 많이 있다. 특히 사용 빈도가 낮은 단어들은 일상적인 회화 상황에서 자연스럽게 익힐 기회가 적다. 대개 글에서는 일상적인 회화에서 사용하는 것보다 훨씬 고급 수준의 단어를 많이 사용하게 되므로 이런 어휘력 습득은 광범위한 독서를 통해서 가능하다. 따라서 _____

① 사용 빈도가 낮은 단어들은 사용하지 않는 것이 좋다.
② 독서보다는 자기 학습을 통해 어휘력을 습득해야 한다.
③ 평소에 수준 높은 좋은 책들을 많이 읽는 것이 필요하다.
④ 평소 국어사전을 활용하여 어휘력을 습득하는 습관이 필요하다.
⑤ 고급 수준의 단어들을 사용하는 것보다는 평범한 단어를 사용하는 것이 의미 전달을 분명히 한다.

03

_____ 20세기 대량생산체제의 생산성 경쟁은 21세기에는 걸맞지 않은 주제이다. 국경의 의미가 사라지는 글로벌 시대에는 남의 제품을 모방하여 많이 만드는 것으로는 살아남지 못한다. 누가 더 차별화된 제품을 소비자의 다양한 입맛에 맞게 만들어 내느냐가 성장의 관건이다. 이를 위해서는 창의성이 무엇보다 중요하다.

① 최근 기업의 과제는 구성원의 창의성을 최대한으로 이끌어내는 것이다.
② 21세기 기업은 전보다 더욱 품질 향상에 주력해야 한다.
③ 기업이 글로벌 시대에 살아남기 위해서는 생산성을 극대화해야 한다.
④ 21세기의 기업 환경은 20세기에 비해 한결 나아지고 있다.
⑤ 때로는 모방이 창의성보다 효과를 발휘할 수 있다.

04

민주주의의 목적은 다수가 소수의 폭군이나 자의적인 권력 행사를 통제하는 데 있다. 민주주의의 이상은 모든 자의적인 권력을 억제하는 것으로 이해되었는데 이것이 오늘날에는 자의적 권력을 정당화하기 위한 장치로 변화되었다. 이렇게 변화된 민주주의는 민주주의 그 자체를 목적으로 만들려는 이념이다. 이것은 법의 원천과 국가권력의 원천이 주권자 다수의 의지에 있기 때문에, 국민의 참여와 표결 절차를 통하여 다수가 결정한 법과 정부의 활동이라면 그 자체로 정당성을 갖는다는 것이다. 즉, 유권자 다수가 원하는 것이면 무엇이든 실현할 수 있다는 말이다.
이런 민주주의는 '무제한적 민주주의'이다. 어떤 제약도 없는 민주주의라는 의미이다. 이런 민주주의는 자유주의와 부합할 수가 없다. 그것은 다수의 독재이고 이런 점에서 전체주의와 유사하다. 폭군의 권력이든, 다수의 권력이든, 군주의 권력이든, 위험한 것은 권력 행사의 무제한성이다. 중요한 것은 이러한 권력을 제한하는 일이다.
민주주의 그 자체를 수단이 아니라 목적으로 여기고 다수의 의지를 중시한다면, 그것은 다수의 독재를 초래할 뿐만 아니라 전체주의만큼이나 위험하다. 민주주의 존재 그 자체가 언제나 개인의 자유에 대한 전망을 밝게 해준다는 보장은 없다. 개인의 자유와 권리를 보장하지 못하는 민주주의는 본래의 민주주의가 아니다. 본래의 민주주의는 _____

① 다수의 의견을 수렴하여 이를 그대로 정책에 반영해야 한다.
② 서로 다른 목적의 충돌로 인한 사회적 불안을 해소할 수 있어야 한다.
③ 민주적 절차 준수에 그치지 않고 과도한 권력을 실질적으로 견제할 수 있어야 한다.
④ 무제한적 민주주의를 과도기적으로 거치며 개인의 자유와 권리 보장에 기여해야 한다.
⑤ 모든 것에 자유를 부여한다는 의미와 일맥상통한다.

05 다음 글의 빈칸에 들어갈 말을 〈보기〉에서 골라 바르게 연결한 것은?

『정의론』을 통해 현대 영미 윤리학계에 정의에 대한 화두를 던진 사회철학자 '롤즈'는 전형적인 절차주의적 정의론자이다. 그는 정의로운 사회 체제에 대한 논의를 주도해온 공리주의가 소수자 및 개인의 권리를 고려하지 못한다는 점에 주목하여 사회계약론적 토대 하에 대안적 정의론을 정립하고자 하였다.
롤즈는 개인이 정의로운 제도하에서 자유롭게 자신들의 욕구를 추구하기 위해서는 ＿＿(가)＿＿ 등이 필요하며 이는 사회의 기본 구조를 통해서 최대한 공정하게 분배되어야 한다고 생각했다. 그리고 이를 실현할 수 있는 사회 체제에 대한 논의가, 자유롭고 평등하며 합리적인 개인들이 모두 동의할 수 있는 원리들을 탐구하는 데에서 출발해야 한다고 보고 '원초적 상황'의 개념을 제시하였다. '원초적 상황'은 정의로운 사회 체제의 기본 원칙들을 선택하는 합의 당사자들로 구성된 가설적 상황으로, 이들은 향후 헌법과 하위 규범들이 따라야 하는 가장 근본적인 원리들을 합의한다. '원초적 상황'에서 합의 당사자들은 ＿＿(나)＿＿ 등에 대한 정보를 모르는 상태에 놓이게 되는데 이를 '무지의 베일'이라고 한다. 단, 합의 당사자들은 ＿＿(다)＿＿ 와/과 같은 사회에 대한 일반적 지식을 알고 있으며, 공적으로 합의된 규칙을 준수하고, 합리적인 욕구를 추구할 수 있는 존재로 간주된다. 롤즈는 이러한 '무지의 베일' 상태에서 사회 체제의 기본 원칙들에 만장일치로 합의하는 것이 보장된다고 생각하였다. 또한 무지의 베일을 벗은 후에 겪을지 모를 피해를 우려하여 합의 당사자들이 자신의 피해를 최소화할 수 있는 내용을 계약에 포함시킬 것으로 보았다.
위와 같은 원초적 상황을 전제로 합의 당사자들은 정의의 원칙들을 선택하게 된다. 제1원칙은 모든 사람이 다른 개인들의 자유와 양립 가능한 한도 내에서 '기본적 자유'에 대한 평등한 권리를 갖는다는 것인데, 이를 '자유의 원칙'이라고 한다. 여기서 롤즈가 말하는 '기본적 자유'는 양심과 사고 표현의 자유, 정치적 자유 등을 포함한다.

> **보기**
> ㄱ. 자신들의 사회적 계층, 성, 인종, 타고난 재능, 취향
> ㄴ. 자유와 권리, 임금과 재산, 권한과 기회
> ㄷ. 인간의 본성, 제도의 영향력

	(가)	(나)	(다)
①	ㄱ	ㄴ	ㄷ
②	ㄱ	ㄷ	ㄴ
③	ㄴ	ㄱ	ㄷ
④	ㄷ	ㄱ	ㄴ
⑤	ㄷ	ㄴ	ㄱ

STEP 2 응용문제

※ 다음 글의 빈칸에 들어갈 내용으로 가장 적절한 것을 고르시오. [1~4]

01
> _____ 최근 몇 년 동안 서울을 비롯한 수도권을 중심으로 자전거 도로가 많이 늘어난 덕분이다. 자전거 도로는 강을 따라 뻗어 나갔다. 한강시민공원을 따라 서쪽 행주대교에서, 동쪽 강동구 암사동까지 37km가 이어져 있다. 북쪽은 중랑천변 자전거 도로가 의정부 끝까지 달린다.

① 자전거 도로의 확충이 필요하다.
② 자전거 시대가 열리고 있다.
③ 자전거 시대를 열어야 한다.
④ 자동차 시대가 도래한다.
⑤ 자전거는 자동차보다 효율적이다.

02
> 질병(疾病)이란 유기체의 신체적, 정신적 기능이 비정상적으로 된 상태를 일컫는다. 인간에게 있어 질병이란 넓은 의미에서는 극도의 고통을 비롯하여 스트레스, 사회적인 문제, 신체기관의 기능 장애와 죽음까지를 포괄하며, 넓게는 개인에서 벗어나 사회적으로 큰 맥락에서 이해되기도 한다.
> 하지만 다분히 진화 생물학적 관점에서, 질병은 인간의 몸 안에서 일어나는 정교하고도 합리적인 자기조절 과정이다. 질병은 정상적인 기능을 할 수 없는 상태임과 동시에, 진화의 역사 속에서 획득한 자기 치료 과정이 _____ 이기도 하다. 가령, 기침을 하고, 열이 나고, 통증을 느끼고, 염증이 생기는 것 따위는 자기 조절과 방어 시스템이 작동하는 과정인 것이다.

① 문제를 일으킨 상태
② 비일상적인 특이 상태
③ 정상적으로 가동하고 있는 상태
④ 인구의 개체 변이를 도모하는 상태
⑤ 보다 새로운 정보를 습득하려는 상태

03

어느 시대든 사람들은 원인이 무엇인지 알고 있다고 믿었다. 사람들은 그런 앎을 어디서 얻는가? 원인을 안다고 믿는 사람들의 믿음은 어디서 생기는 것일까?

새로운 것, 체험되지 않은 것, 낯선 것은 원인이 될 수 없다. 알려지지 않은 것에서는 위험, 불안정, 걱정, 공포감이 뒤따르기 때문이다. 우리 마음의 불안한 상태를 없애고자 한다면, 우리는 알려지지 않은 것을 알려진 것으로 환원해야 한다. 이러한 환원은 우리 마음을 편하게 해주고 안심시키며 만족을 느끼게 한다. 이 때문에 우리는 이미 알려진 것, 체험된 것, 기억에 각인된 것을 원인으로 설정하게 된다. '왜?'라는 물음의 답으로 나온 것은 그것이 진짜 원인이기 때문에 우리에게 떠오른 것이 아니다. 그것이 우리에게 떠오른 것은 그것이 우리를 안정시켜주고 성가신 것을 없애주며 무겁고 불편한 마음을 가볍게 해주기 때문이다. 따라서 원인을 찾으려는 우리의 본능은 위험, 불안정, 걱정, 공포감 등에 의해 촉발되고 자극받는다.

우리는 '설명이 없는 것보다 설명이 있는 것이 언제나 더 낫다.'고 믿는다. 우리는 특별한 유형의 원인만을 써서 설명을 만들어 낸다. _____ 그래서 특정 유형의 설명만이 점점 더 우세해지고, 그러한 설명들이 하나의 체계로 모아져 결국 그런 설명이 우리의 사고방식을 지배하게 된다.

① 이것은 우리의 호기심과 모험심을 자극한다.
② 이것은 인과관계에 대한 우리의 지식을 확장시킨다.
③ 이것은 우리가 왜 불안한 심리 상태에 있는지를 설명해 준다.
④ 이것은 낯설고 체험하지 않았다는 느낌을 가장 빠르고 가장 쉽게 제거해 버린다.
⑤ 이것은 새롭고 낯선 것에서 원인을 발견하려는 우리의 본래 태도를 점차 약화시키고 오히려 그 반대의 태도를 우리의 습관으로 굳어지게 한다.

04

모두가 서로를 알고 지내는 작은 규모의 사회에서는 거짓이나 사기가 번성할 수 없다. 반면 그렇지 않은 사회에서는 누군가를 기만하여 이득을 보는 경우가 많이 발생한다. 이런 현상이 발생하는 이유를 확인하는 연구가 이루어졌다. A교수는 그가 마키아벨리아니즘이라고 칭한 성격 특성을 지닌 사람을 판별하는 검사를 고안해냈다. 이 성격 특성은 다른 사람을 교묘하게 이용하고 기만하는 능력을 포함한다. 그의 연구는 사람들 중 일부는 다른 사람들을 교묘하게 이용하거나 기만하여 자기 이익을 챙긴다는 사실을 보여 준다. 수백 명의 학생을 대상으로 한 조사에서, 마키아벨리아니즘을 갖는 것으로 분류된 학생들은 대체로 대도시 출신임이 밝혀졌다.

위 연구들이 보여 주는 바를 대도시 사람들의 상호작용을 이해하기 위해 확장시켜 보자. 일반적으로 낯선 사람들이 모여 사는 대도시에서는 자기 이익을 위해 다른 사람을 이용하는 성향을 지닌 사람이 많다고 생각하기 쉽다. 대도시 사람들은 모두가 사기꾼처럼 보인다는 주장이 일리 있게 들리기도 한다. 그러나 다른 사람들의 협조 성향을 이용하여 도움을 받으면서도 다른 사람에게 도움을 주지 않는 사람이 존재하기 위해서는 일정한 틈새가 만들어져 있어야 한다. _____ 때문에 이 틈새가 존재할 수 있는 것이다. 이는 기생 식물이 양분을 빨아먹기 위해서는 건강한 나무가 있어야 하는 것과 같다. 나무가 건강을 잃게 되면 기생 식물 또한 기생할 터전을 잃게 된다. 그렇다면 어떤 의미에서는 모든 사람들이 사기꾼이라는 냉소적인 견해는 낯선 사람과의 상호작용을 잘못 이해한 것이다. 모든 사람들이 사기꾼이라면 사기를 칠 가능성도 사라지게 된다고 이해하는 것이 맞다.

① 대도시라는 환경적 특성
② 인간은 사회를 필요로 하기
③ 많은 사람들이 진정으로 협조하기
④ 많은 사람들이 이기적 동기에 따라 행동하기
⑤ 누가 마키아벨리아니즘을 갖고 있는지 판별하기 어렵기

05 다음 중 빈칸 ㉠과 ㉡에 들어갈 말을 바르게 연결한 것은?

이동통신이 유선통신에 비하여 어려운 점은 다중 경로에 의해 통신채널이 계속적으로 변화하여 통신 품질이 저하된다는 것이다. 다중 경로는 송신기에서 발생한 신호가 수신기에 어떠한 장애물을 거치지 않고 직접적으로 도달하기도 하고 장애물을 통과하거나 반사하여 간접적으로 도달하기도 하기 때문에 발생한다. 이 다중 경로 때문에 송신기에서 발생한 신호가 안테나에 도달할 때 신호들마다 시간 차이가 발생한다. 이렇게 하나의 송신 신호가 시시각각 수신기에 다르게 도달하기 때문에 이동통신 채널은 일반적으로 유선통신 채널에 비해 빈번히 변화한다. 일반적으로 거쳐 오는 경로가 길수록 수신되는 진폭은 작아지고 지연시간도 길어지게 된다. 다중 경로를 통해 전파가 전송되어 오면 각 경로의 거리 및 전송 특성 등의 차이에 의해 수신기에 도달하는 시간과 신호 세기의 차이가 발생한다.

시간에 따라 변화하는 이동통신의 품질을 극복하기 위해 개발된 것이 A기술이다. 이 기술을 사용하면 하나의 송신기로부터 전송된 하나의 신호가 다중 경로를 통해 안테나에 수신된다. 이때 안테나에 수신된 신호들 중 일부 경로를 통해 수신된 신호의 크기가 작더라도 나머지 다른 경로를 통해 수신된 신호의 크기가 크면 수신된 신호들 중 가장 큰 것을 선택하여 안정적인 송수신을 이루려는 것이 A기술이다. A기술은 마치 한 종류의 액체를 여러 배수관에 동시에 흘려보내 가장 빨리 나오는 배수관의 액체를 선택하는 것에 비유할 수 있다. 여기서 액체는 ㉠ 에 해당하고, 배수관은 ㉡ 에 해당한다.

	㉠	㉡
①	송신기	안테나
②	신호	경로
③	신호	안테나
④	안테나	경로
⑤	안테나	신호

STEP 3 적중문제

※ 다음 글의 빈칸에 들어갈 내용으로 가장 적절한 것을 고르시오. [1~7]

01

어떤 기업체에서 사원을 선발하는 방법으로 끈으로 묶은 꾸러미를 내놨는데 한 사람은 주머니칼을 꺼내어 끈을 잘라 버렸고, 다른 한 사람은 끈을 풀었다는 것이다. 채용된 쪽은 칼을 사용한 사람이었다고 한다.
기업주는 물자보다 시간을 아꼈던 것이다. _____
소비자는 낭비된 물자의 대가를 고스란히 떠맡는다. 자원의 임자인 지구나 그 혜택을 받는 뭇 생명들 차원에서 본다면 에너지와 자원의 손실을 떠맡아야 한다. 아주 미세한 얘기지 모르겠다. 그러나 도처에서 지속적으로 행해온 그 후유증을 우리는 현재 겪고 있는 것이다. 그것은 보이지 않는 유령이며 그것들로 인하여 지구는 병들어가고 있다. 많은 종(種)들이 하나둘 사라져갔으며 이 활기 넘쳐 보이는 현실은 실상 자원 고갈을 향해 행진을 멈추지 않고 있는 것이다.

① 왜냐하면 시간을 아껴 써야 기업이 성공할 수 있기 때문이다.
② 물론 기업주는 물자와 시간 가운데 더 중요한 것을 선택했다.
③ 그러나 이러한 선택으로 아껴지는 것은 기업주의 시간일 뿐이다.
④ 이러한 행동은 경제성만을 추구한 데서 비롯된 당연한 결과이다.
⑤ 그런데 이러한 판단으로 생긴 피해를 소비자들은 기꺼이 떠맡았다.

02

키는 유전적인 요소가 크다. 그러나 이러한 한계를 극복할 수 있는 강력한 수단이 있다. 바로 영양이다. 키 작은 유전자를 갖고 태어나도 잘 먹으면 키가 커질 수 있다는 것이다. 핵심은 단백질과 칼슘이다. 이를 가장 손쉽게 섭취할 수 있는 것은 우유다. 가격도 생수보다 저렴하다. 물론 우유의 효과에 대한 부정적 견해도 존재한다. 아토피 피부염과 빈혈·골다공증 등 각종 질병이 생길 수 있다는 주장이다. 그러나 이는 일부 학계의 의견이 침소봉대(針小棒大)되었다고 본다. 당뇨가 생기니 밥을 먹지 말고, 바다가 오염됐다고 생선을 먹지 않을 순 없지 않은가. _____

① 아이들의 건강을 위해 우유 소비를 줄여야 한다.
② 키에 관한 유전적 요소를 극복하는 방법으로는 수술밖에 없다.
③ 키는 물론 건강까지 생각한다면 자녀들에게 우유를 먹여야 한다.
④ 우유는 아이들의 혀를 담백하게 길들이는 데 중요한 역할을 한다.
⑤ 아이들의 건강 상태에 따라 우유를 먹여야 할지 말아야 할지 결정해야 한다.

03 _____는 슬로건이 대두되는 이유는 우리가 작품의 맥락과 내용에 대한 지식에 의존하여 작품을 감상하는 일이 자주 있기 때문이다. 맥락에 있어서건 내용에 있어서건 지식이 작품의 가치 평가에서 하는 역할이란 작품의 미적인 측면과는 관련이 없는 것처럼 보인다. 단토는 일찍이 '어떤 것을 예술로 보는 것은 눈이 알아보지 못하는 무엇[예술 이론의 분위기와 예술사에 대한 지식, 즉 예술계(Artworld)]을 요구한다.'고 주장했다. 그가 드는 고전적인 예는 앤디 워홀이 복제한 브릴로 상자들인데, 이 상자들은 1960년대의 평범한 슈퍼마켓에 깔끔하게 쌓아올려진 채 진열되어 있었던 그런 종류의 물건이었다. 어떤 의도와 목적을 가지고 보든지 워홀의 브릴로 상자들은 그것이 모사하는 일상의 대상인 실제 브릴로 상자들과 조금도 달라 보이지 않지만, 그래도 우리는 워홀의 상자는 예술로 대하고 가게에 있는 상자들은 그렇게 대하지 않는다. 그 차이는 워홀이 만든 대상이 지닌 아름다움으로는 설명될 수 없다. 왜냐하면 이 측면에서라면 두 종류의 상자가 지닌 특질은 동일하다고 볼 수 있기 때문이다. 그렇다면 우리는 워홀의 브릴로 상자가 지닌 아름다움에 대해 그것은 그 작품의 예술로서의 본성과 의미와 관련하여 외적이라고 말할 수 있을 것이다.

① 의미가 중요하다
② 대중성이 중요하다
③ 실천이 중요하다
④ 지식이 중요하다
⑤ 아름다운 것의 예술적 변용이 중요하다

04

대안적 분쟁해결절차(ADR)는 재판보다 분쟁을 신속하게 해결한다고 알려져 있다. 그러나 재판이 서면 심리를 중심으로 진행되는 반면, ADR은 당사자 의견도 충분히 청취하기 때문에 재판보다 더 많은 시간이 소요된다. 그럼에도 불구하고 ADR이 재판보다 신속하다고 알려진 이유는 법원에 지나치게 많은 사건이 밀려 있어 재판이 더디게 이루어지기 때문이다.

법원행정처는 재판이 너무 더디다는 비난에 대응하기 위해 일선 법원에서도 사법형 ADR인 조정제도를 적극적으로 활용할 것을 독려하고 있다. 그러나 이는 법관이 신속한 조정안 도출을 위해 사건 당사자에게 화해를 압박하는 부작용을 낳을 수 있다. 사법형 ADR 활성화 정책은 법관의 증원 없이 과도한 사건 부담 문제를 해결하려는 미봉책일 뿐이다. 결국, 사법형 ADR 활성화 정책은 사법 불신으로 이어져 재판 정당성에 대한 국민의 인식을 더욱 떨어뜨리게 한다.

또한, 사법형 ADR 활성화 정책은 민간형 ADR이 활성화되는 것을 저해한다. 분쟁 당사자들이 민간형 ADR의 조정안을 따르도록 하려면, 재판에서도 거의 같은 결과가 나온다는 확신이 들게 해야 한다. 그러기 위해서는 법원이 확고한 판례를 제시하여야 한다. 그런데 사법형 ADR 활성화 정책은 새롭고 복잡한 사건을 재판보다는 ADR로 유도하게 된다. 이렇게 되면 새롭고 복잡한 사건에 대한 판례가 만들어지지 않고, 민간형 ADR에서 분쟁을 해결할 기준도 마련되지 않게 된다. 결국 판례가 없는 수많은 사건들이 끊임없이 법원으로 밀려들게 된다.

따라서 _____ 먼저 법원은 본연의 임무인 재판을 통해 당사자의 응어리를 풀어 주겠다는 의식으로 접근해야 할 것이다. 그것이 현재 법원의 실정으로 어렵다고 판단되면, 국민의 동의를 구해 예산과 인력을 확충하는 방향으로 나아가는 것이 옳은 방법이다. 법원의 인프라를 확충하고 판례를 충실히 쌓아가면, 민간형 ADR도 활성화될 것이다.

① 분쟁 해결에 대한 사회적 관심을 높이도록 유도해야 한다.
② 재판이 추구하는 목표와 ADR이 추구하는 목표는 서로 다르지 않다.
③ 법원으로 폭주하는 사건 수를 줄이기 위해 시민들의 준법의식을 강화하여야 한다.
④ 법원은 재판에 주력하여야 하며 그것이 결과적으로 민간형 ADR의 활성화에도 도움이 된다.
⑤ 민간형 ADR 기관의 전문성을 제고하여 분쟁 당사자들이 굳이 법원에 가지 않더라도 신속하게 분쟁을 해결할 수 있게 만들어야 한다.

05

고대 희랍의 누드 조각, 르네상스의 누드화, 인상파, 로댕, 피카소 등에 이르기까지 서양의 에로티시즘은 생명을 새롭게 파악하여 현실의 여러 의미를 보여 준다. 발가벗은 인체를 예술의 소재로 삼는다는 것은 우리 인간의 생명의 비밀을 직시하려는 태도의 표명이며, 삶의 근원을 찾아내려는 모색의 과정이다. 또한 에로티시즘의 조형화(造型化)는 삶의 단순한 향유가 아니라 현실의 재확인이다. 그러므로 대중들이 즐기고 욕망하는 현실 감정이 가장 쉽게 그리고 직접적으로 누드에 반영된다. 우리의 미술사에서도 어느 정도 이러한 점을 확인할 수 있다. 성(性)을 경원시하고 남녀유별(男女有別)에 철저했던, 유교적 도덕으로 무장한 조선의 풍토에서 혜원 신윤복의 존재는 무엇을 말해주는가? 왜 혜원의 『춘의도(春意圖)』가 그 시대 산수도보다 대중들에게 잘 수용되었던가? 그것은 그가 당대의 사회적 풍토로 인해 억압되어 있었던 _____을 잘 드러냈기 때문이다.

그런데 근래의 우리 누드 화가들은 어떠한가? 누드를 통해 어떤 현실을 인식시키고 어떤 진실을 표현하려 하였던가? 가령 김승인의 『나부(裸婦)』를 놓고 보자. 이국적인 용모를 지닌 풍요한 여체가 옆면으로 등을 보이면서 소파 위에 앉아 있다. 주위의 실내 배경은 서구 스타일의 장식으로 간략히 정돈된 고전풍이다. 그에 따라 나부가 효과적으로 중심을 드러낸다. 기법은 인상주의 이전의 사실주의 수법으로 객관미를 표출하고 있다. 그럼에도 그의 누드는 우리에게 위화감을 불러일으킨다. 무엇 때문인가?

우리는 그의 누드 속의 인물, 즉 이국적 호사 취미에 알맞은 장식적 인물에서 그 단서를 발견할 수 있다. 우리가 보아온 누드 어디에 그 같은 취향이 있었던가? 이 누드의 풍요성과 같은 안정된 현실을 어느 시대에서 향유할 수 있었단 말인가? 결국 그의 누드에 담긴 장식적 현실은 부르주아적 모방 취미가 아닐 수 없다. 그런 누드화는 부유층의 수요에 의하여 생산되는 사치품에 불과하다. 이처럼 근래의 우리 누드화는 민중의 현실 속으로 파고들지 못했다.

① 도덕적 불감증　　　　　　　② 전통적인 가치관
③ 지배층의 물질적 욕망　　　　④ 보편적인 감정의 진실
⑤ 불편한 진실

06

동물들은 홍채에 있는 근육의 수축과 이완을 통해 눈동자를 크게 혹은 작게 만들어 눈으로 들어오는 빛의 양을 조절하므로, 눈동자 모양이 원형인 것이 가장 무난하다. 그런데 고양이와 늑대와 같은 육식동물은 세로로, 양이나 염소와 같은 초식동물은 가로로 눈동자 모양이 길쭉하다. 특별한 이유가 있는 것일까?

육상동물 중 모든 육식동물의 눈동자가 세로로 길쭉한 것은 아니다. 주로 매복형 육식동물의 눈동자가 세로로 길쭉하다. 이는 숨어서 기습을 하는 사냥 방식과 밀접한 관련이 있는데, 세로로 길쭉한 눈동자가 _____ 일반적으로 매복형 육식동물은 양쪽 눈으로 초점을 맞춰 대상을 보는 양안시로, 각 눈으로부터 얻는 영상의 차이인 양안시차를 하나의 입체 영상으로 재구성하면서 물체와의 거리를 파악한다. 그런데 이러한 양안시차뿐만 아니라 거리지각에 대한 정보를 주는 요소로 심도 역시 중요하다. 심도란 초점이 맞는 공간의 범위를 말하며, 심도는 눈동자의 크기에 따라 결정된다. 즉 눈동자의 크기가 커져 빛이 많이 들어오게 되면, 커지기 전보다 초점이 맞는 범위가 좁아진다. 이렇게 초점의 범위가 좁아진 경우를 '심도가 얕다.'고 하며, 반대인 경우를 '심도가 깊다.'고 한다.

① 사냥감의 주변 동태를 정확히 파악하는 데 효과적이기 때문이다.
② 사냥감의 움직임을 정확히 파악하는 데 효과적이기 때문이다.
③ 사냥감의 위치를 정확히 파악하는 데 효과적이기 때문이다.
④ 사냥감과의 거리를 정확히 파악하는 데 효과적이기 때문이다.
⑤ 사냥감과의 경로를 정확히 파악하는 데 효과적이기 때문이다.

07

죄가 언론 보도의 주요 소재가 되고 있다. 그 이유는 언론이 범죄를 취잿감으로 찾아내기가 쉽고 편의에 따라 기사화할 수 있을 뿐만 아니라, 범죄 보도를 통하여 시청자의 관심을 끌 수 있기 때문이다. 이러한 보도는 범죄에 대한 국민의 알 권리를 충족시키는 공적 기능을 수행하기 때문에 사회적으로 용인되는 경향이 있다. 그러나 지나친 범죄 보도는 범죄자나 범죄 피의자의 초상권을 침해하여 법적·윤리적 문제를 일으키기도 한다.

일반적으로 초상권은 얼굴 및 기타 사회 통념상 특정인임을 식별할 수 있는 신체적 특징을 타인이 함부로 촬영하여 공표할 수 없다는 인격권과 이를 광고 등에 영리적으로 이용할 수 없다는 재산권을 포괄한다. 언론에 의한 초상권 침해의 유형으로는 본인의 동의를 구하지 않은 무단 촬영·보도, 승낙의 범위를 벗어난 촬영·보도, 몰래 카메라를 동원한 촬영·보도 등을 들 수 있다.

법원의 판결로 이어진 대표적인 사례로는 교내에서 불법으로 개인 지도를 하던 대학 교수를 현행범으로 체포하려는 현장을 방송 기자가 경찰과 동행하여 취재하던 중 초상권을 침해한 경우를 들 수 있다. 법원은 '원고의 동의를 구하지 않고, 연습실을 무단으로 출입하여 취재한 것은 원고의 사생활과 초상권을 침해하는 행위'라고 판시했다. 더불어 취재의 자유를 포함하는 언론의 자유는 다른 법익을 침해하지 않는 범위 내에서 인정되며, 비록 취재 당시 원고가 현행범으로 체포되는 상황이라 하더라도, 원고의 연습실과 같은 사적인 장소는 수사 관계자의 동의 없이는 출입이 금지되고, 이를 무시한 취재는 원칙적으로 불법이라고 판결했다.

이 사례는 법원이 언론의 자유와 초상권 침해의 갈등을 어떤 기준으로 판단하는지 보여 주고 있다. 또한 이 판결은 사적 공간에서의 취재 활동이 어디까지 허용되는가에 대한 법적 근거를 제시하고 있다. 언론 보도에 노출된 범죄 피의자는 경제적·직업적·가정적 불이익을 당할 뿐만 아니라, 인격이 심하게 훼손되거나 심지어는 생명을 버리기까지도 한다. 따라서 사회적 공기(公器)인 언론은 개인의 초상권을 존중하고 언론 윤리에 부합하는 범죄 보도가 될 수 있도록 신중을 기해야 한다. 범죄 보도가 초래하는 법적·윤리적 논란은 언론계 전체의 신뢰도에 치명적인 손상을 가져올 수도 있다. 이는 범죄가 언론에는 매혹적인 보도 소재이지만, 자칫 _____이 될 수도 있음을 의미한다.

① 시금석 ② 아킬레스건
③ 부메랑 ④ 악어의 눈물
⑤ 야누스의 얼굴

08 N공단 홍보실에 근무하고 있는 K주임은 이번에 공단에 견학을 온 A대학교 학생들을 안내하는 업무를 맡았다. 이에 K주임은 학생들의 교육을 준비하면서 사회보장의 개념에 대한 글을 작성했다. 빈칸에 들어갈 내용으로 적절하지 않은 것은?

> '사회보장'이라는 용어가 처음으로 사용된 시기에 대해서는 대체적으로 의견이 일치하고 있으며 해당 용어가 전 세계적으로 파급되어 사용하고 있음에도 불구하고, '사회보장'의 개념에 대해서는 개인적·국가적·시대적·학문적 관점에 따라 매우 다양하게 인식되고 있다.
> 국제노동기구는『사회보장의 길』에서 '사회보장'은 사회 구성원들에게 발생하는 일정한 위험에 대해서 사회가 적절하게 부여하는 보장이라고 정의하면서, 그 구성 요소로 _____ 을/를 말했다.
> 우리나라는 사회보장기본법 제3조 제1호에 의하여 '사회보장'이란 출산, 양육, 실업, 노령, 장애, 질병, 빈곤 및 사망 등의 사회적 위험으로부터 모든 국민을 보호하고 국민의 삶의 질을 향상시키는 데 필요한 소득·서비스를 보장하는 사회보험, 공공부조, 사회서비스라고 정의하고 있다.

① 전체 국민의 대상화
② 최저생활의 보장
③ 모든 위험과 사고로부터 보호
④ 공공의 기관을 통한 보호와 보장
⑤ 보호가 필요하다고 판단되는 빈곤 계층에 한한 지원

09 다음 (가) ~ (다)에 들어갈 내용을 〈보기〉에서 골라 바르게 연결한 것은?

비어즐리는 '제도론적 예술가'와 '낭만주의적 예술가'의 개념을 대비시킨다. 낭만주의적 예술가는 사회의 모든 행정과 교육의 제도로부터 독립하여 작업하는 사람이다. 그는 자기만의 상아탑에 칩거하며, 혼자 캔버스 위에서 일하고, 자신의 돌을 깎고, 자신의 소중한 서정시의 운율을 다듬는다. 그러나 사회와 동떨어져 혼자 작업하더라도 예술가는 작품을 만드는 동안 예술 제도로부터 단절될 수 없다. _____(가)_____ 즉 예술가는 특정 예술 제도 속에서 예술의 사례들을 경험하고, 예술적 기술의 훈련이나 교육을 받음으로써 예술에 대한 배경지식을 얻게 된다. 그리고 이와 같은 배경지식이 예술가의 작품 활동에 반영된다.

낭만주의적 예술가 개념은 예술 창조의 주도권이 완전히 개인에게 있으며 예술가가 문화의 진공 상태 안에서 작품을 창조할 수 있다고 가정한다. 하지만 그런 낭만주의적 예술가는 사실상 존재하기 어렵다. 심지어 어린 아이들의 그림이나 놀이조차도 문화의 진공 상태에서 이루어지지 않는다. _____(나)_____

어떤 사람이 예술작품을 전혀 본 적 없는 상태에서 진흙으로 어떤 형상을 만들어냈다고 가정해 보자. 이것이 지금까지 본 적이 없던 새로운 형상이라 하더라도, 그 사람은 예술작품을 창조한 것이라 볼 수 없다. _____(다)_____ 비어즐리의 주장과는 달리 예술가는 아무 맥락 없는 진공 상태에서 창작하지 않는다. 예술은 어떤 사람이 문화적 역할을 수행한 산물이며, 언제나 문화적 주형(鑄型) 안에 존재한다.

보기

ㄱ. 왜냐하면 어떤 사람이 예술작품을 창조하였다고 하기 위해서는 그는 예술작품이 무엇인가에 대한 개념을 가지고 있어야 하기 때문이다.

ㄴ. 왜냐하면 사람은 두세 살만 되어도 인지구조가 형성되고, 이 과정에서 문화의 영향을 받을 수밖에 없기 때문이다.

ㄷ. 왜냐하면 예술가들은 예술작품을 만들 때 의식적이든 무의식적이든 예술교육을 받으면서 수용한 가치 등을 고려하는데, 그러한 교육은 예술 제도 안에서 이루어지기 때문이다.

	(가)	(나)	(다)
①	ㄱ	ㄴ	ㄷ
②	ㄴ	ㄱ	ㄷ
③	ㄴ	ㄷ	ㄱ
④	ㄷ	ㄱ	ㄴ
⑤	ㄷ	ㄴ	ㄱ

10 다음 글의 ㉠~㉢에 들어갈 일반 원칙을 바르게 나열한 것은?

> 우리가 하는 주장 가운데 어떤 것은 도덕적 주장이고 어떤 것은 도덕과 무관한 주장이다. 가령 아래의 (1)은 도덕적 주장인 반면, (2)는 도덕과 무관한 주장이라는 데 모두 동의할 것이다.
>
> > (1) 갑은 선한 사람이다.
> > (2) 을은 병을 싫어한다.
>
> 이런 종류의 주장과 관련한 일반 원칙으로 우리가 다음 세 가지를 받아들인다고 하자.
>
> > A : 어떤 주장이 도덕적 주장이라면, 그 주장의 부정도 도덕적 주장이다.
> > B : 어떤 주장이 도덕과 무관한 주장이라면, 그 주장의 부정도 도덕과 무관한 주장이다.
> > C : 도덕과 무관한 주장으로부터 도출된 것은 모두 도덕과 무관한 주장이다.
>
> 나아가 어떠한 주장이든지 그것은 도덕적 주장이거나 도덕과 무관한 주장이라고 해보자. 이때 우리는 다음의 (3)이 도덕적 주장이라는 것을 증명할 수 있다.
>
> > (3) 갑은 선한 사람이거나 을은 병을 싫어한다.
>
> 이를 위해 먼저 (3)이 도덕과 무관한 주장이라고 가정해보자. 우리는 이런 가정이 모순을 초래한다는 사실을 보일 것이다. (3)이 도덕과 무관한 주장이므로 일반 원칙 ___㉠___ 에 따라 우리는 다음의 (4)도 도덕과 무관한 주장이라고 해야 한다.
>
> > (4) 갑은 선한 사람이 아니고 을은 병을 싫어하지 않는다.
>
> (4)가 도덕과 무관한 주장이므로 일반 원칙 ___㉡___ 에 따라 우리는 (4)로부터 도출되는 다음의 (5)도 도덕과 무관한 주장이라고 해야 한다.
>
> > (5) 갑은 선한 사람이 아니다.
>
> 하지만 우리는 애초에 (1)이 도덕적 주장이라는 점을 받아들였다. 그러므로 일반 원칙 ___㉢___ 에 따라 우리는 (1)을 부정한 것인 (5)가 도덕적 주장이라고 해야 한다. 마침내 우리는 (5)가 도덕과 무관한 주장이면서 또한 도덕적 주장이라는 모순된 결과에 다다르게 되었다. (3)이 도덕과 무관한 주장이라는 가정은 이처럼 모순을 초래하므로, 결국 우리는 (3)이 도덕적 주장이라고 결론 내려야 한다.

	㉠	㉡	㉢
①	A	B	C
②	A	C	B
③	B	A	C
④	B	C	A
⑤	C	B	A

CHAPTER 03

내용일치 | 대표유형 1
내용일치 ①

다음 글을 읽고 이해한 내용으로 가장 적절한 것은?

> 우리 속담에도 '울다가도 웃을 일이다.'라는 말이 있듯이 슬픔의 아름다움과 해학의 아름다움이 함께 존재한다면 이것은 우리네의 곡절 많은 역사 속에서 밴 미덕의 하나라고 할 만하다. 울다가도 웃을 일이라는 말은 물론 어처구니가 없을 때 하는 말이기도 하지만 애수가 아름다울 수 있고 또 익살이 세련되어 아름다울 수 있다면 그 사회의 서정과 조형미에 나타나는 표현에도 의당 이러한 것이 반영되어 있어야 한다.
> 이러한 고요의 아름다움과 슬픔의 아름다움이 조형 작품 위에 옮겨질 수 있다면 이것은 바로 예술에서 말하는 적조미의 세계이며 익살의 아름다움이 조형 위에 구현된다면 물론 이것은 해학미의 세계일 것이다.

① 익살은 우리 민족만이 지닌 특성이다.
② 익살은 풍속화에서 가장 잘 표현된다.
③ 익살이 조형 위에 구현된다면 적조미다.
④ 익살은 우리 민족의 삶의 정서를 반영한다.
⑤ 익살은 예술 작품을 통해서만 표현될 수 있다.

정답 해설

제시문에서 슬픔의 아름다움과 해학의 아름다움이 함께 존재하는 것은 곡절 많은 우리의 역사가 가진 미덕 중 하나임을 설명하고 있다. 따라서 익살은 우리 민족의 삶의 정서를 반영한다는 것을 알 수 있다.

정답 ④

CHAPTER 03 내용일치 ②

내용일치 | 대표유형 2

다음 글을 읽고 이해한 내용으로 적절하지 않은 것은?

> 데미스 하사비스(Demis Hassabis)는 영국의 인공지능 과학자이자 구글 딥마인드의 대표이다. 이세돌 9단과 바둑대결로 유명해진 알파고를 개발한 개발자로, 그는 어릴 때부터 남달랐다. 10대 초반 체스 최고 등급인 체스마스터가 됐을 뿐만 아니라 세계랭킹 2위까지 올랐고, 게임 개발사에 들어가 게임 프로그래머로 명성을 얻었으며 이후 케임브리지대 컴퓨터과학과에 진학했다. 그리고 대학원에서 인지신경과학 박사학위를 받은 이듬해인 2010년 딥마인드를 세웠다. 창업한지 4년 만에 구글에서 4억 유로를 주고 딥마인드를 인수했으며 그때부터 '구글 딥마인드(Google DeepMind)'가 된다. 그가 밝힌 현재 진행 중인 딥마인드의 임무는 학습 알고리즘을 통해 사람처럼 여러 가지 문제를 해결하는 범용 인공지능을 개발하는 것이다. 범용 인공지능이란 백지상태에서 출발하여 학습을 통해 다양한 분야에서 문제 해결 능력을 갖춘 인공지능이다. 결국 그의 최종 목표는 인간의 뇌와 비슷하게 작동하는 프로그램을 만들어 내는 것이다.

① 알파고의 다음 상대는 체스가 되겠네.
② 알파고는 사람처럼 스스로 학습할 수 있게 설계되었군.
③ 데미스 하사비스가 알파고를 만든 배경에는 컴퓨터과학과 인지신경과학이 모두 작용했겠어.
④ 구글이 딥마인드를 인수하기 위해 큰 비용을 들였군.
⑤ 데미스 하사비스는 게임 프로그래머이기도 했구나.

정답 해설

제시문을 통해 알파고의 다음 상대가 누구인지는 알 수 없다.

정답 ①

CHAPTER 03 내용일치 유형점검

STEP 1 기본문제

※ 다음 글을 읽고 이해한 내용으로 가장 적절한 것을 고르시오. [1~3]

01

> 뉴턴은 빛이 눈에 보이지 않는 작은 입자라고 주장하였고, 이것은 그의 권위에 의지하여 오랫동안 정설로 여겨졌다. 그러나 19세기 초에 토마스 영의 겹실틈 실험은 빛의 파동성을 증명하였다. 이 실험의 방법은 먼저 한 개의 실틈을 거쳐 생긴 빛이 다음에 설치된 두 개의 겹실틈을 지나가게 하여 스크린에 나타나는 무늬를 관찰하는 것이다. 이때 빛이 파동이냐 입자이냐에 따라 결과가 달라진다. 즉, 빛이 입자라면 일자 형태의 띠가 두 개 나타나야 하는데, 실험 결과 스크린에는 예상과 다른 무늬가 나타났다. 마치 두 개의 파도가 만나면 골과 마루가 상쇄와 간섭을 일으키듯이, 보강 간섭이 일어난 곳은 밝아지고 상쇄 간섭이 일어난 곳은 어두워지는 간섭무늬가 연속적으로 나타난 것이다. 그러나 19세기 말부터 빛의 파동성으로는 설명할 수 없는 몇 가지 실험적 사실이 나타났다. 1905년에 아인슈타인은 빛은 광량자라고 하는 작은 입자로 이루어졌다는 광량자설을 주장하였다. 빛의 파동성은 명백한 사실이었으므로 이것은 빛이 파동이면서 동시에 입자인 이중적인 본질을 가지고 있다는 것을 의미하는 것이었다.

① 뉴턴의 가설은 그의 권위에 의해 현재까지도 정설로 여겨진다.
② 겹실틈 실험은 한 개의 실틈을 거쳐 생긴 빛이 다음 설치된 두 개의 겹실틈을 지나가게 해서 그 틈을 관찰하는 것이다.
③ 겹실틈 실험 결과, 일자 형태의 띠가 두 개 나타났으므로, 빛은 입자이다.
④ 토머스 영의 겹실틈 실험은 빛의 파동성을 증명하였지만, 이는 아인슈타인에 의해서 거짓으로 판명 났다.
⑤ 아인슈타인의 광량자설은 뉴턴과 토머스 영의 가설을 모두 포함한다.

02

우리는 선인들이 남긴 훌륭한 문화유산이나 정신 자산을 언어(특히 문자 언어)를 통해 얻는다. 언어가 시대를 넘어 문명을 전수하는 역할을 하는 것이다. 언어를 통해 전해진 선인들의 훌륭한 문화유산이나 정신 자산은 당대의 문화나 정신을 살찌우는 밑거름이 된다. 만약 언어가 없다면 선인들과 대화하는 일은 불가능할 것이다. 그렇게 되면 인류사회는 앞선 시대와 단절되어 더 이상의 발전을 기대할 수 없게 된다. 인류가 지금과 같은 고도의 문명사회를 이룩할 수 있었던 것도 언어를 통해 선인들과 끊임없이 대화하며 그들에게서 지혜를 얻고 그들의 훌륭한 정신을 이어받았기 때문이다.

① 언어는 인간의 유일한 의사소통의 도구이다.
② 과거의 문화유산은 빠짐없이 계승되어야 한다.
③ 문자 언어는 음성 언어보다 우월한 가치를 가진다.
④ 문명의 발달은 언어와 더불어 이루어져 왔다.
⑤ 언어는 시간에 구애받지 않고 정보를 전달할 수 있다.

03

사회 진화론은 다윈의 생물 진화론을 개인과 집단에 적용시킨 사회 이론이다. 사회 진화론의 중심 개념은 19세기에 등장한 '생존경쟁'과 '적자생존'인데, 이 두 개념의 적용 범위가 개인인가 집단인가에 따라 자유방임주의와 결합하기도 하고 민족주의나 제국주의와 결합하기도 하였다. 1860년대 대표적인 사회 진화론자인 스펜서는 인간 사회의 생활은 개인 간의 '생존경쟁'이며, 그 경쟁은 '적자생존'에 의해 지배된다고 주장하였다. 19세기 말 키드, 피어슨 등은 인종이나 민족, 국가 등의 집단 단위로 '생존경쟁'과 '적자생존'을 적용하여 우월한 집단이 열등한 집단을 지배하는 것은 자연법칙이라고 주장함으로써 인종 차별이나 제국주의를 정당화하였다. 일본에서는 19세기 말 문명개화론자들이 사회 진화론을 수용하였다.
이들은 '생존경쟁'과 '적자생존'을 국가와 민족 단위에 적용하여 '약육강식'·'우승열패'의 논리를 바탕으로 서구식 근대 문명국가 건설과 군국주의를 역설하였다.

① 사회 진화론은 생물 진화론을 바탕으로 개인에게만 적용시킨 사회 이론이다.
② 사회 진화론은 19세기 이전에는 존재하지 않았다.
③ '생존경쟁'과 '적자생존'의 개념이 개인의 범위에 적용되면 민족주의와 결합한다.
④ 키드, 피어슨 등의 주장은 사회 진화론의 개념을 집단 단위에 적용한 결과이다.
⑤ 문명개화론자들은 생물 진화론을 수용하였다.

※ 다음 글을 읽고 이해한 내용으로 적절하지 않은 것을 고르시오. [4~5]

04

> 대폭발 우주론에서는 우주가 약 137억 년 전 밀도와 온도가 매우 높은 상태의 대폭발로부터 시작하였다고 본다. 대폭발 초기 3분 동안 광자, 전자, 양성자(수소 원자핵) 및 헬륨 원자핵이 만들어졌다. 양(+)의 전하를 가지고 있는 양성자 및 헬륨 원자핵은 음(-)의 전하를 가지고 있는 전자와 결합하여 수소 원자와 헬륨 원자를 만들려고 하지만 온도가 높은 상태에서는 전자가 매우 빠른 속도로 움직이기 때문에 원자핵에 쉽게 붙들리지 않는다. 따라서 우주 탄생 초기에는 전자가 양성자에 붙들리지 않은 채 자유롭게 우주 공간을 움직여 다닐 수 있었다. 이후에 우주의 온도가 3,000K 아래로 내려가 자유 전자가 양성자 및 헬륨 원자핵에 붙들려 결합되면서 수소 원자와 헬륨 원자가 만들어졌다. 당시의 온도가 3,000K였던 우주는 팽창과 함께 계속 식어서 현재 2.7K까지 내려갔다.

① 우주가 매우 오래전 밀도와 온도가 높은 상태의 대폭발로부터 시작되었다고 보는 것이 대폭발 우주론이다.
② 양성자와 헬륨 원자핵은 양의 전하를 가지고 있다.
③ 수소 원자와 헬륨 원자는 양성자와 헬륨 원자핵이 결합하여 만들어진다.
④ 온도가 높아질수록 수소 원자와 헬륨 원자는 만들어지지 않는다.
⑤ 자유 전자는 양성자에 붙들리지 않은 채 자유롭게 우주 공간을 움직여 다닐 수 있었다.

05

> '갑'이라는 사람이 있다고 하자. 이때 사회가 갑에게 강제적 힘을 행사하는 것이 정당화되는 근거는 무엇일까? 그것은 갑이 다른 사람에게 미치는 해악을 방지하려는 데 있다. 특정 행위가 갑에게 도움이 될 것이라든가, 이 행위가 갑을 더욱 행복하게 할 것이라든가 또는 이 행위가 현명하다든가 혹은 옳은 것이라든가 하는 이유를 들면서 갑에게 이 행위를 강제하는 것은 정당하지 않다. 이러한 이유는 갑에게 권고하거나 이치를 이해시키거나 무엇인가를 간청하거나 할 때는 충분한 이유가 된다. 그러나 갑에게 강제를 가하는 이유 혹은 어떤 처벌을 가할 이유는 되지 않는다. 이와 같은 사회적 간섭이 정당화되기 위해서는 갑이 행하려는 행위가 다른 어떤 이에게 해악을 끼칠 것이라는 점이 충분히 예측되어야 한다. 한 사람이 행하고자 하는 행위 중에서 그가 사회에 대해서 책임을 져야 할 유일한 부분은 다른 사람에게 관계되는 부분이다.

① 개인에 대한 사회의 간섭은 어떤 조건이 필요하다.
② 행위 수행 혹은 행위 금지의 도덕적 이유와 법적 이유는 구분된다.
③ 한 사람의 행위는 타인에 대한 행위와 자신에 대한 행위로 구분된다.
④ 사회는 개인의 해악에 관해서는 관심이 있지만, 그 해악을 방지할 강제성의 근거는 가지고 있지 않다.
⑤ 타인과 관계되는 행위는 사회적 책임이 따른다.

STEP 2 응용문제

01 다음 글을 읽고 이해한 내용으로 가장 적절한 것은?

> 녹내장은 안구 내 여러 가지 원인에 의하여 시신경이 손상되고, 이에 따른 시야 결손이 발생하는 진행성의 시신경 질환이다. 현재까지 녹내장 발병 원인에 대한 많은 연구가 진행되었으나, 지금까지 가장 확실한 원인은 안구 내 안압의 상승이다. 상승된 안압이 망막 시신경 섬유층과 시신경을 압박함으로써 시신경이 손상되거나 시신경으로 공급되는 혈류량이 감소됨으로써 시신경 손상이 발생될 수 있다.
>
> 녹내장은 일반적으로 주변 시야부터 좁아지는 것이 주된 증상이며, 그래서 초기에는 환자가 느낄 수 있는 자각 증상이 없는 경우가 대부분이다. 그래서 결국은 중심 시야까지 침범한 말기가 돼서야 병원을 찾는 경우가 많다. 녹내장은 제대로 관리되지 않으면 각막 혼탁, 안구로(眼球癆)*, 실명의 합병증이 동반될 수 있다.
>
> 녹내장을 예방할 수 있는 방법은 아직 알려져 있지 않다. 단지 녹내장은 대부분 장기간에 걸쳐 천천히 진행되는 경우가 많으므로 조기에 발견하는 것이 가장 좋은 예방법이라고 할 수 있다. 정기적인 검진으로 자신의 시신경 상태를 파악하고 그에 맞는 생활 패턴의 변화를 주는 것이 도움이 된다. 녹내장으로 진단이 되면 금연을 해야 하며, 가능하면 안압이 올라가는 상황을 피하는 것이 좋다. 예를 들면 무거운 물건을 든다든지, 목이 졸리게 넥타이를 꽉 맨다든지, 트럼펫과 같은 악기를 부는 경우에는 병의 경과를 악화시킬 가능성이 있으므로 피해야 한다.
>
> * 안구로(眼球癆) : 눈알이 쭈그러지고 작아져서 그 기능이 약해진 상태

① 녹내장은 일반적으로 중심 시야부터 시작하여 주변 시야로 시야 결손이 확대된다.
② 상승된 안압이 시신경으로 공급되는 혈류량을 증폭시켜 시신경 손상이 발생한다.
③ 녹내장 진단 후 안압이 하강할 수 있는 상황은 되도록 피해야 한다.
④ 녹내장의 발병을 예방할 수 있는 방법은 아직 없다.
⑤ 녹내장은 단기간에 빠르게 진행되는 경우가 대부분이다.

※ 다음 글을 읽고 이해한 내용으로 적절하지 않은 것을 고르시오. [2~3]

02

현재 전해지는 조선시대의 목가구는 대부분 조선 후기의 것들로 단단한 소나무, 느티나무, 은행나무 등의 곧은결을 기둥이나 쇠목으로 이용하고, 오동나무, 느티나무, 먹감나무 등의 늘결을 판재로 사용하여 자연스런 나뭇결의 재질을 살렸다. 또한 대나무 혹은 엇갈리거나 소용돌이 무늬를 이룬 뿌리 부근의 목재 등을 활용하여 자연스러운 장식이 되도록 하였다.

조선시대의 목가구는 대부분 한옥의 온돌에서 사용되었기에 온도와 습도 변화에 따른 변형을 최대한 방지할 수 있는 방법이 필요하였다. 그래서 단단하고 가느다란 기둥재로 면을 나누고, 기둥재에 홈을 파서 판재를 끼워 넣는 특수한 짜임과 이음의 방법을 사용하였으며, 꼭 필요한 부위에만 접착제와 대나무 못을 사용하여 목재가 수축·팽창하더라도 뒤틀림과 휘어짐이 최소화될 수 있도록 하였다. 조선시대 목가구의 대표적 특징으로 언급되는 '간결한 선'과 '명확한 면 분할'은 이러한 짜임과 이음의 방법에 기초한 것이다. 짜임과 이음은 조선시대 목가구 제작에 필수적인 방법으로, 겉으로 드러나는 아름다움은 물론 보이지 않는 내부의 구조까지 고려한 격조 높은 기법이었다.

한편 물건을 편리하게 사용할 수 있게 해주며, 목재의 결합부위나 모서리에 힘을 보강하는 금속 장석은 장식의 역할도 했지만 기능상 반드시 필요하거나 나무의 질감을 강조하려는 의도에서 사용되어, 조선 시대 목가구의 절제되고 간결한 특징을 잘 살리고 있다.

① 조선시대 목가구는 온도와 습도 변화에 따른 변형을 방지할 방법이 필요했다.
② 금속 장석은 장식의 역할도 했지만, 기능상 반드시 필요한 의도에서 사용되었다.
③ 나무의 곧은결을 기둥이나 쇠목으로 이용하고, 늘결을 판재로 사용하였다.
④ 접착제와 대나무 못을 사용하면 목재의 수축과 팽창이 발생하지 않게 된다.
⑤ 목재의 결합부위나 모서리에 힘을 보강하기 위해 금속 장석을 사용하였다.

03

고대에는 별이 뜨고 지는 것을 통해 방위를 파악했다. 최근까지 서태평양 캐롤라인 제도의 주민은 현대식 항해 장치 없이도 방위를 파악하여 카누 하나만으로 드넓은 열대 바다를 항해하였다. 인류학자들에 따르면, 그들은 별을 나침반처럼 이용하여 여러 섬을 찾아다녔고 이때의 방위는 북쪽의 북극성, 남쪽의 남십자성, 그 밖에 특별히 선정한 별이 뜨고 지는 것에 따라 정해졌다.

캐롤라인 제도는 적도의 북쪽에 있어서 그 주민들은 북쪽 수평선의 바로 위쪽에서 북극성을 볼 수 있다. 북극성은 천구의 북극점으로부터 매우 가까운 거리에서 작은 원을 그리며 공전한다. 천구의 북극점은 지구 자전축의 북쪽 연장선상에 있기 때문에 천구의 북극점에 있는 별은 공전을 하지 않고 정지된 것처럼 보인다. 이처럼 천구의 북극점에 있는 별을 제외하고 북극성을 포함한 별이 천구의 북극점을 중심으로 공전하는 것처럼 보이는 것은 지구가 자전하기 때문이다.

캐롤라인 제도의 주민이 북쪽을 찾기 위해 이용했던 북극성은 자기(磁氣) 나침반보다 더 정확하게 천구의 북극점을 가리킨다. 이는 나침반의 바늘이 지구의 자전축으로부터 거리가 멀리 떨어져 있는 지구자기의 북극점을 향하기 때문이다. 또한, 천구의 남극점 근처에서 쉽게 관측할 수 있는 고정된 별은 없으므로 캐롤라인 제도의 주민은 남극점 자체를 볼 수 없다. 그러나 남십자성이 천구의 남극점 주위를 돌고 있으므로 남쪽을 파악하는 데는 큰 어려움이 없다.

① 고대에 사용되었던 방위 파악 방법 중에는 최근까지 이용된 것도 있다.
② 캐롤라인 제도의 주민은 밤하늘에 있는 남십자성을 이용하여 남쪽을 알아낼 수 있었다.
③ 지구 자전축의 연장선상에 별이 있다면, 밤하늘을 보았을 때 그 별은 정지된 것처럼 보인다.
④ 자기 나침반을 이용하면 북극성을 이용할 때보다 더 정확히 천구의 북극점을 찾을 수 있다.
⑤ 캐롤라인 제도의 주민이 관찰한 별이 천구의 북극점을 중심으로 공전하는 것처럼 보이는 이유는 지구가 자전하기 때문이다.

04 다음 글의 밑줄 친 '정원'에 대한 설명으로 적절하지 않은 것은?

> 야생의 자연이라는 이상을 고집하는 자연 애호가들은 인류가 자연과 내밀하면서도 창조적인 관계를 맺었던 반(反)야생의 자연, 즉 '정원'을 간과한다. 정원은 울타리를 통해 농경지보다 야생의 자연과 분명한 경계를 긋는다. 집약적인 토지 이용이라는 전통은 정원에서 시작되었다. 정원은 대규모의 농경지 경작이 행해지지 않은 원시적인 문화에서도 발견된다. 만여 종의 경작용 식물들은 모두 대량 생산에 들어가기 전에 정원에서 자라는 단계를 거쳐 온 것으로 보인다.
> 농업경제의 역사에서 정원이 갖는 의미는 시대와 지역에 따라 매우 달랐다. 좁은 공간에서 집약적인 농사를 짓는 지역에서는 농부가 곧 정원사였다. 반면 예전의 독일 농부들은 정원이 곡물 경작에 사용될 퇴비를 앗아가므로 정원을 악으로 여기기도 했다. 하지만 여성들의 입장은 지역적인 편차가 없었다. 아메리카의 푸에블로 인디언부터 근대 독일의 농부 집안까지 정원은 농업 혁신에 주도적인 역할을 해온 여성들에게는 자신들의 제국이자 자존심이었다. 그곳에는 여성들이 경험을 통해 쌓은 지식 전통이 살아 있었다. 환경사에서 여성이 갖는 특별한 역할의 물질적 근간은 대부분 정원에서 발견된다. 지난 세기들의 경우 이는 특히 여성 제후들과 관련되어 있으며 자료가 풍부하다. 작센의 여성 제후인 안나는 식물에 관한 지식을 늘 공유했던 긴밀하고도 광범위한 사회적 네트워크를 가지고 있었는데, 그중에는 식물 경제학에 관심이 깊은 고귀한 신분의 여성들도 많았으며 수도원 소속의 여성들도 있었다.
> 여성들이 정원에서 쌓은 경험의 특징은 무엇일까? 정원에서는 땅을 면밀히 살피고 손으로 흙을 부스러뜨리는 습관이 생겨났을 것이다. 정원에서 즐겨 이용되는 삽도 다양한 토질의 층을 자세히 연구하도록 부추겼을 것이 분명하다. 넓은 경작지보다는 정원에서 땅을 다룰 때 더 아끼고 보호했을 것이다. 정원이라는 매우 제한된 공간에는 옛날에도 충분한 퇴비를 줄 수 있었다. 경작지보다도 다양한 종류의 퇴비로 실험할 수 있었고 새로운 작물을 키우며 경험을 수집할 수 있었다. 정원에서는 좁은 공간에서 다양한 식물이 자라기 때문에 모든 종류의 식물들이 서로 잘 지내지는 않는다는 사실에도 주의를 기울였다. 이는 식물 생태학의 근간을 이루는 통찰이었다.
> 결론적으로 정원은 여성들이 주도가 되어 토양과 식물을 이해하고, 농경지 경작에 유용한 지식과 경험을 배양할 수 있는 좋은 장소였다.

① 울타리를 통해 야생의 자연과 분명한 경계를 긋는다.
② 집약적 토지 이용의 전통이 시작된 곳으로 원시적인 문화에서도 발견된다.
③ 시대와 지역에 따라 정원에 대한 여성들의 입장이 달랐다.
④ 정원에서는 모든 종류의 식물들이 서로 잘 지내지는 않는다.
⑤ 여성이 갖는 특별한 역할의 물질적 근간이 대부분 발견되는 곳이다.

05 다음 글을 근거로 판단할 때, 〈보기〉에서 적절한 것을 모두 고르면?

> 일반적인 내연기관에서는 휘발유와 공기가 엔진 내부의 실린더 속에서 압축된 후 점화 장치에 의하여 점화되어 연소된다. 이때의 연소는 휘발유의 주성분인 탄화수소가 공기 중의 산소와 반응하여 이산화탄소와 물을 생성하는 것이다. 여러 개의 실린더에서 규칙적이고 연속적으로 일어나는 '공기·휘발유' 혼합물의 연소에서 발생하는 힘으로 자동차는 달리게 된다. 그런데 간혹 실린더 내의 과도한 열이나 압력, 혹은 질 낮은 연료의 사용 등으로 인해 '노킹(Knocking)' 현상이 발생하기도 한다. 노킹 현상이란 공기·휘발유 혼합물의 조기 연소 현상을 지칭한다. 공기·휘발유 혼합물이 점화되기도 전에 연소되는 노킹 현상이 지속되면 엔진의 성능은 급격히 저하된다.
> 자동차 연료로 사용되는 휘발유에는 '옥탄가(Octane Number)'라는 값에 따른 등급이 부여된다. 옥탄가는 휘발유의 특성을 나타내는 수치 중 하나로, 이 값이 높을수록 노킹 현상이 발생할 가능성은 줄어든다. 甲국에서는 보통, 중급, 고급으로 분류되는 세 가지 등급의 휘발유가 판매되고 있는데, 이 등급을 구분하는 최소 옥탄가의 기준은 각각 87, 89, 93이다. 하지만 甲국의 고산지대에 위치한 A시에서 판매되는 휘발유는 다른 지역의 휘발유보다 등급을 구분하는 최소 옥탄가의 기준이 등급별로 2씩 낮다. 이는 산소의 밀도가 낮아 노킹 현상이 발생할 가능성이 더 낮은 고산지대의 특징을 반영한 것이다.

보기
ㄱ. A시에서 고급 휘발유로 판매되는 휘발유의 옥탄가는 91 이상이다.
ㄴ. 실린더 내에 과도한 열이 발생하면 노킹 현상이 발생할 수 있다.
ㄷ. 노킹 현상이 일어나지 않는다면, 일반적인 내연기관 내부의 실린더 속에서 공기·휘발유 혼합물은 점화가 된 후에 연소된다.
ㄹ. 내연기관 내에서의 연소는 이산화탄소와 산소가 반응하여 물을 생성하는 것이다.

① ㄱ, ㄴ
② ㄱ, ㄹ
③ ㄷ, ㄹ
④ ㄱ, ㄴ, ㄷ
⑤ ㄴ, ㄷ, ㄹ

STEP 3 적중문제

※ 다음 글을 읽고 이해한 내용으로 가장 적절한 것을 고르시오. [1~6]

01

> 만우절의 탄생과 관련해서 많은 이야기가 있지만, 가장 많이 알려진 것은 16세기 프랑스 기원설이다. 16세기 이전부터 프랑스 사람들은 3월 25일부터 일주일 동안 축제를 벌였고, 축제의 마지막 날인 4월 1일에는 모두 함께 모여 축제를 즐겼다. 그러나 16세기 말 프랑스가 그레고리력을 받아들이면서 달력을 새롭게 개정했고, 이에 따라 이전의 3월 25일을 새해 첫날(New Year's Day)인 1월 1일로 맞추어야 했다. 결국 기존의 축제는 달력이 개정됨에 따라 사라지게 되었다. 그러나 몇몇 사람들은 이 사실을 잘 알지 못하거나 기억하지 못했다. 사람들은 그들을 가짜 파티에 초대하거나, 그들에게 조롱 섞인 선물을 하면서 놀리기 시작했다.
>
> 프랑스에서는 이렇게 놀림감이 된 사람들을 '4월의 물고기'라는 의미의 '푸아송 다브릴(Poisson d'Avril)'이라 불렀다. 갓 태어난 물고기처럼 쉽게 낚였기 때문이다. 18세기에 이르러 프랑스의 관습이 영국으로 전해지면서 영국에서는 이날을 '오래된 바보의 날(All Fool's Day*)'이라고 불렀다.
>
> * 'All'은 'Old'를 뜻하는 'Auld'의 변형 형태(스코틀랜드)이다.

① 만우절은 프랑스에서 기원했다.
② 프랑스는 16세기 이전부터 그레고리력을 사용하였다.
③ 16세기 말 이전 프랑스에서는 3월 25일~4월 1일까지 축제가 열렸다.
④ 프랑스에서는 만우절을 '4월의 물고기'라고 불렀다.
⑤ 영국의 만우절은 18세기 이전 프랑스에서 전해졌다.

02

많은 국가들의 소년사법 제도는 영국의 관습법에서 유래한다. 영국 관습법에 따르면 7세 이하 소년은 범죄 의도를 소유할 능력이 없는 것으로 간주되고, 8세 이상 14세 미만의 소년은 형사책임을 물을 수 없고, 14세 이상의 소년에 대해서는 형사책임을 물을 수 있다.

우리나라의 소년사법 역시 소년의 나이에 따라 세 그룹으로 구분하여 범죄 의도 소유 능력 여부와 형사책임 여부를 결정한다. 다만 그 나이의 기준을 9세 이하, 10세 이상 14세 미만, 그리고 14세 이상 19세 미만으로 구분할 뿐이다. 우리나라 '소년법'은 10세 이상 14세 미만의 소년 중 형벌 법령에 저촉되는 행위를 한 자를 촉법소년으로 규정하여 소년사법의 대상으로 하고 있다. 또한, 10세 이상 19세 미만의 소년 중 이유 없는 가출을 하거나 술을 마시는 행동을 하는 등 그대로 두면 장래에 범법행위를 할 우려가 있는 소년을 우범소년으로 규정하여 소년사법의 대상으로 하고 있다. 일부에서는 단순히 불량성이 있을 뿐 범죄를 저지르지 않았음에도 소년사법의 대상이 되는 우범소년 제도에 의문을 품기도 한다.

소년사법은 범죄를 저지르지 않은 소년까지도 사법의 대상으로 한다는 점에서 자기책임주의를 엄격히 적용하는 성인사법과 구별된다. 소년사법의 이러한 특징은 국가가 궁극적 보호자로서 아동을 양육하고 보호해야 한다는 국친 사상에 근거를 둔다. 과거 봉건 국가 시대에는 친부모가 자녀에 대한 양육·보호를 제대로 하지 못하는 경우 왕이 양육·보호책임을 진다고 믿었다. 이런 취지에서 오늘날에도 비록 죄를 범하지는 않았지만 그대로 둔다면 범행을 할 가능성이 있는 소년까지 소년사법의 대상으로 보는 것이다. 이처럼 소년사법의 철학적 기초에는 국친 사상이 있다.

① 국친 사상은 소년사법의 대상 범위를 축소하는 철학적 기초이다.
② 성인범도 국친 사상의 대상이 되어 범행할 가능성이 있으면 처벌을 받는다.
③ 우리나라 소년법상 촉법소년은 범죄 의도를 소유할 수 없는 것으로 간주된다.
④ 영국의 관습법상 7세의 소년은 범죄 의도는 소유할 수 있지만, 형사책임이 없는 것으로 간주된다.
⑤ 우리나라 소년법상 10세 이상 19세 미만의 소년은 범죄를 저지를 우려가 있으면 범죄를 저지르지 않아도 소년사법의 적용을 받을 수 있다.

03

> 인류가 남긴 수많은 미술 작품을 살펴보다 보면 다양한 동물들이 등장하고 있음을 알 수 있다. 미술 작품 속에 등장하는 동물에는 일상에서 흔히 접할 수 있는 개나 고양이, 꾀꼬리 등도 있지만 해태나 봉황 등 인간의 상상에서 나온 동물도 적지 않음을 알 수 있다.
> 미술 작품에 등장하는 동물은 그 성격에 따라 나누어 보면 종교적·주술적인 동물, 신을 위한 동물, 인간을 위한 동물로 구분할 수 있다. 물론 이 구분은 엄격한 것이 아니므로 서로의 개념을 넘나들기도 하며, 여러 뜻을 동시에 갖기도 한다.
> 종교적·주술적인 성격의 동물은 가장 오랜 연원을 가진 것으로, 사냥 미술가들의 미술에 등장하거나 신앙을 목적으로 형성된 토템 등에서 확인할 수 있다. 여기에 등장하는 동물들은 대개 초자연적인 강대한 힘을 가지고 인간 세계를 지배하거나 수호하는 신적인 존재이다. 인간의 이지가 발달함에 따라 이들의 신적인 기능은 점차 감소하여, 결국 이들은 인간에게 봉사하는 존재로 전락하고 만다. 동물은 절대적인 힘을 가진 신의 위엄을 뒷받침하고 신을 도와 치세(治世)의 일부를 분담하기 위해 이용되기도 한다. 이 동물들 역시 현실 이상의 힘을 가지며 신성시되는 것이 보통이지만, 이는 어디까지나 신의 권위를 강조하기 위한 것에 지나지 않는다. 이들은 신에게 봉사하기 위해서 많은 동물 중에서 특별히 선택된 것이며, 그에따라 그 신분에 알맞은 모습으로 조형화되었다.

① 미술 작품 속에는 일상에서 흔히 접할 수 있는 개나 고양이, 꾀꼬리 등이 주로 등장하고, 해태나 봉황 등은 찾아보기 어렵다.
② 미술 작품에 등장하는 동물은 성격에 따라 종교적·주술적인 동물, 신을 위한 동물, 인간을 위한 동물로 엄격하게 구분한다.
③ 종교적·주술적 성격의 동물은 초자연적인 강대한 힘으로 인간 세계를 지배하거나 수호하는 신적인 존재로 나타난다.
④ 인간의 이지가 발달함에 따라 신적인 기능이 감소한 종교적·주술적 동물은 신에게 봉사하는 존재로 전락한다.
⑤ 신의 위엄을 뒷받침하고 신을 도와 치세의 일부를 분담하기 위해 이용되는 동물은 별다른 힘을 지니지 않는다.

04

불교가 삼국에 전래될 때 대개 불경과 불상 그리고 사리가 들어왔다. 이에 예불을 올리고 불상과 사리를 모실 공간으로 사찰이 건립되었다. 불교가 전래된 초기에는 불상보다는 석가모니의 진신사리를 모시는 탑이 예배의 중심이 되었다.

불교에서 전하기를, 석가모니가 보리수 아래에서 열반에 든 후 화장(火葬)을 하자 여덟 말의 사리가 나왔다고 한다. 이것이 진신사리이며 이를 모시는 공간이 탑이다. 탑은 석가모니의 분신을 모신 곳으로 간주되어 사찰의 중심에 놓였다. 그러나 진신사리는 그 수가 한정되어 있었기 때문에 삼국시대 말기에는 사리를 대신하여 작은 불상이나 불경을 모셨다. 이제 탑은 석가모니의 분신을 모신 곳이 아니라 사찰의 상징적 건축물로 그 의미가 변했고, 예배의 중심은 탑에서 불상을 모신 금당으로 자연스럽게 옮겨갔다.

삼국시대 사찰은 탑을 중심으로 하고 그 주위를 회랑*으로 두른 다음 부속 건물들을 정연한 비례에 의해 좌우대칭으로 배치하는 구성을 보였다. 그리하여 이 시기 사찰에서는 기본적으로 남문·중문·탑·금당·강당·승방 등이 남북으로 일직선상에 놓였다. 그리고 반드시 중문과 강당 사이를 회랑으로 연결하여 탑을 감쌌다. 동서양을 막론하고 모든 고대국가의 신전에는 이러한 회랑이 공통적으로 보이는데, 이는 신전이 성역임을 나타내기 위한 건축적 장치가 회랑이기 때문이다. 특히 삼국시대 사찰은 후대의 산사와 달리 도심 속 평지 사찰이었기 때문에 회랑이 필수적이었다.

* 회랑 : 종교 건축이나 궁궐 등에서 중요 부분을 둘러싸고 있는 지붕 달린 복도

① 삼국시대의 사찰에서 탑은 중문과 강당 사이에 위치한다.
② 진신사리를 모시는 곳은 탑에서 금당의 불상으로 바뀌었다.
③ 삼국시대 말기에는 진신사리가 부족하여 탑 안을 비워 두었다.
④ 삼국시대 이후에는 평지 사찰과 산사를 막론하고 회랑을 세우지 않았다.
⑤ 탑을 사찰의 중심에 세웠던 것은 사찰이 성역임을 나타내기 위해서였다.

05

온갖 사물이 뒤섞여 등장하는 사진들에서 고양이를 틀림없이 알아보는 인공지능이 있다고 해보자. 그러한 식별 능력은 고양이라는 개념을 이해하는 능력과 어떤 관계가 있을까? 고양이를 실수 없이 가려내는 능력이 고양이의 개념을 이해하는 능력의 필요충분조건이라고 할 수 있을까?

먼저, 인공지능이든 사람이든 고양이의 개념에 대해 이해하면서도 영상 속의 짐승이나 사물이 고양이인지 정확히 판단하지 못하는 경우는 있을 수 있다. 예를 들어, 누군가가 전형적인 고양이와 거리가 먼 희귀한 외양의 고양이를 보고 "좀 이상하게 생긴 족제비로군요."라고 말했다고 해보자. 이것은 틀린 판단이지만, 그렇다고 그가 고양이라는 개념을 이해하지 못하고 있다고 평가하는 것은 부적절한 일일 것이다.

이번에는 다른 예로 누군가가 영상자료에서 가을에 해당하는 장면들을 실수 없이 가려낸다고 해보자. 그는 가을 개념을 이해하고 있다고 보아야 할까? 그 장면들을 실수 없이 가려낸다고 해도 그가 가을이 적잖은 사람들을 왠지 쓸쓸하게 하는 계절이라든가, 농경문화의 전통에서 수확의 결실이 있는 계절이라는 것, 혹은 가을이 지구 자전축의 기울기와 유관하다는 것 등을 반드시 알고 있는 것은 아니다. 심지어 가을이 지구의 1년을 넷으로 나눈 시간 중 하나를 가리킨다는 사실을 모르고 있을 수도 있다. 만일 가을이 여름과 겨울 사이에 오는 계절이라는 사실조차 모르는 사람이 있다면, 우리는 그가 가을 개념을 이해하고 있다고 인정할 수 있을까? 그것은 불합리한 일일 것이다.

가을이든 고양이든 인공지능이 그런 개념들을 충분히 이해하는 것은 영원히 불가능하다고 단언할 이유는 없다. 하지만 우리가 여기서 확인한 점은 개념의 사례를 식별하는 능력이 개념을 이해하는 능력을 함축하는 것은 아니고, 그 역도 마찬가지라는 것이다.

① 다양한 형태의 크고 작은 상자들 가운데 정확하게 정사각형의 상자를 찾아낸다면, 정사각형의 개념을 이해한 것이라고 볼 수 있다.
② 인간과 동물의 개념을 명확하게 이해하고 있다면, 동물과 인간을 실수 없이 구별해야 한다.
③ 영상자료에서 가을의 장면을 제대로 가려내지 못한 사람은 가을의 개념을 명확히 이해하지 못한 사람이다.
④ 인공지능이 자동차와 사람의 개념을 제대로 이해했다면, 영상 속의 자동차를 사람으로 착각할 리 없다.
⑤ 날아가는 비둘기를 참새로 오인했다고 해서 비둘기 개념을 이해하지 못하고 있다고 평가할 수는 없다.

06

조선 시대에는 왕실과 관청이 필요로 하는 물품을 '공물'이라는 이름으로 백성들로부터 수취하는 제도가 있었다. 조선 왕조는 각 지역의 특산물이 무엇인지 조사한 후, 그 결과를 바탕으로 백성들이 내야 할 공물의 종류와 양을 지역마다 미리 규정해 두었다. 그런데 시간이 지남에 따라 환경 변화 등으로 그 물품이 생산되지 않는 곳이 많아졌다. 이에 백성들은 부과된 공물을 상인으로 하여금 생산지에서 구매해 대납하게 했는데, 이를 '방납'이라고 부른다.

방납은 16세기 이후 크게 성행했다. 그런데 방납을 의뢰받은 상인들은 대개 시세보다 높은 값을 부르거나 품질이 떨어지는 물품을 대납해 부당 이익을 취했다. 이런 폐단이 날로 심해지자 "공물을 면포나 쌀로 거둔 후, 그것으로 필요한 물품을 관청이 직접 구매하자."라는 주장이 나타났다. 이런 주장은 임진왜란이 끝난 후 거세졌다. 한백겸과 이원익 등은 광해군 즉위 초에 경기도에 한해 '백성들이 소유한 토지의 다과에 따라 쌀을 공물로 거두고, 이렇게 수납한 쌀을 선혜청으로 운반해 국가가 필요로 하는 물품을 구매하는 정책', 즉 '대동법'을 시행하자고 했다. 광해군이 이를 받아들이자 경기도민들은 크게 환영했다. 광해군은 이 정책에 대한 반응이 좋다는 것을 알고 경기도 외에 다른 곳으로 확대 시행할 것을 고려했으나 그렇게 하지는 못했다.

광해군을 몰아내고 왕이 된 인조는 김육의 주장을 받아들여 강원도, 충청도, 전라도까지 대동법을 확대 시행했다. 그런데 그 직후 전국에 흉년이 들어 농민들이 제대로 쌀을 구하지 못할 정도가 되었다. 이에 인조는 충청도와 전라도에 대동법을 시행한다는 결정을 철회했다. 인조의 뒤를 이은 효종은 전라도 일부 지역과 충청도가 흉년에서 벗어났다고 생각해 그 지역들에 대동법을 다시 시행했고, 효종을 이은 현종도 전라도 전역에 대동법을 확대 시행했다. 이처럼 대동법 시행 지역은 조금씩 늘어났다.

① 현종은 방납의 폐단을 없애기 위해 대동법을 전국 모든 지역에 시행하였다.
② 효종은 김육의 요청대로 충청도, 전라도, 경상도에 대동법을 적용하였다.
③ 광해군이 국왕으로 재위할 때 공물을 쌀로 내게 하는 조치가 경기도에 취해졌다.
④ 인조는 이원익 등의 제안대로 방납이라는 방식으로 공물을 납부하는 행위를 전면 금지하였다.
⑤ 한백겸은 상인이 관청의 의뢰를 받아 특산물을 생산지에서 구매해 대납하는 것은 부당하다고 하였다.

※ 다음 글을 읽고 이해한 내용으로 적절하지 않은 것을 고르시오. [7~9]

07

> 브이로그(Vlog)란 비디오(Video)와 블로그(Blog)의 합성어로, 블로그처럼 자신의 일상을 영상으로 기록하는 것을 말한다. 이전까지 글과 사진을 중심으로 남기던 일기를 이제는 한 편의 영상으로 남기는 것이다.
> 1인 미디어 시대는 포털 사이트의 블로그 서비스, 싸이월드가 제공했던 '미니홈피' 서비스 등을 통해 시작되었다. 사람들은 자신만의 공간에서 일상을 기록하거나 특정 주제에 대한 의견을 드러냈다. 그러다 동영상 공유 사이트인 유튜브(YouTube)가 등장하였고, 스마트폰 사용이 보편화됨에 따라 일상생활을 담은 브이로그가 인기를 얻기 시작했다.
> '브이로거'는 이러한 브이로그를 하는 사람으로, 이들은 다른 사람들과 같이 공유하고 싶거나 기억하고 싶은 일상의 순간들을 영상으로 남겨 자신의 SNS에 공유한다. 이를 통해 영상을 시청하는 사람들은 '저들도 나와 다르지 않다.'는 공감을 하고, 자신이 경험하지 못한 일을 간접적으로 경험하면서 대리만족을 느낀다.

① 브이로그란 이전에 문자로 기록한 일상을 영상으로 기록하는 것이다.
② 자신의 일상을 기록한 영상을 다른 사람들과 공유하는 사람을 브이로거라고 한다.
③ 유튜브의 등장과 스마트폰의 보편화가 브이로그의 인기를 높였다.
④ 브이로거는 공감과 대리만족을 느끼기 위해 브이로그를 한다.
⑤ 블로그 서비스 등을 통해 1인 미디어 시대가 시작되었다.

08

로봇은 일반적으로 센서 및 작동기가 중앙처리장치에 연결된 로봇 신경시스템으로 작동되지만, 이 경우 로봇의 형태에 구속받기 때문에 로봇이 유연하게 움직이는 데 제한이 있다. 로봇 공학자들은 여러 개의 유닛이 결합하는 '모듈러 로봇'이라는 개념을 고안해 이런 제약을 극복하려고 노력해왔다. 벨기에 연구진은 로봇이 작업이나 작업 환경에 반응해 스스로 적당한 형태와 크기를 자동으로 선택하여 변경할 수 있는 모듈러 로봇을 개발했다. 이 로봇은 독립적인 로봇 형체를 갖추기 위해 스스로 쪼개지고 병합할 수 있으며, 감각 및 운동능력을 제어하면서도 스스로 분리되고 새 형체로 병합하는 로봇 신경 시스템을 갖췄다.

연구진은 또한 외부 자극에 의한 반응으로 모듈러 로봇이 독립적으로 움직이도록 설계했다. 외부 자극으로는 녹색 LED를 이용하였는데 이를 통해 개별 모듈러 로봇을 자극하면 로봇은 이 자극에 반응해 움직였다. 자극을 주는 녹색 LED가 너무 가깝게 있으면 뒤로 물러서기도 했다. LED 자극에 따라 10개의 모듈러 로봇은 스스로 2개의 로봇으로 합쳐지기도 하고 1개의 로봇으로 결합하기도 했다.

특히 이 모듈러 로봇은 외부 자극에 대한 반응이 제대로 작동되지 않는 부분을 다른 모듈로 교체하거나 제거하는 작업을 스스로 진행하여 치유할 수 있는 것이 특징이다. 연구진은 후속 연구를 통해 이 로봇을 이용해 벽돌과 같은 물체를 감지하고 들어 올리거나 이동시키는 작업을 할 수 있도록 할 계획이다.

이들은 '미래 로봇은 특정 작업에만 국한돼 설계되거나 구축되지 않을 것'이라며 '이번에 개발한 기술과 시스템이 다양한 작업에 유연하게 대응할 수 있는 로봇을 생산하는 데 기여하게 될 것'이라고 말했다.

① 일반적으로 로봇은 중앙처리장치에 연결된 로봇 신경시스템을 통해 작동된다.
② 모듈러 로봇은 작업 환경에 반응하여 스스로 형태와 크기를 선택할 수 있다.
③ 모듈러 로봇의 신경 시스템은 로봇의 감각 및 운동능력을 제어하면서도 로봇 스스로 분리되도록 한다.
④ 모듈러 로봇이 외부 자극에 대해 제대로 반응하지 않을 경우 관리자는 고장난 부분을 다른 모듈로 교체하거나 제거해줘야 한다.
⑤ 모듈러 로봇의 기술을 통해 미래 로봇은 다양한 작업 환경에 대응할 수 있는 방향으로 개발될 것이다.

09

미술작품을 연구함에 있어 문헌사료의 중요성은 선사시대 미술연구의 한계를 통해서 절감할 수 있다. 울산의 천전리 암각화의 연구 성과를 예로 든다면 청동기 시대에 새겨졌다는 공통된 의견만 있을 뿐, 암각화의 제작 배경이나 작품의 내용에 대한 해석은 연구자의 주관적인 의견 제시에 그칠 수밖에 없다. 그러므로 고대 미술작품과 관련된 직·간접적인 기록이 존재하지 않는다면 그 작품은 감상의 범주를 벗어나기 어렵다.

미술사 연구의 시작은 작품의 제작시기를 파악하는 것에서부터 출발한다. 일반적으로 미술사에서는 양식사적 비교 편년에 의해 작품의 제작시기를 판단하는데, 이때 무엇보다도 중요한 것이 양식비교의 기준이 되는 작품이 존재해야 한다는 것이다. 비교 편년의 기준이 되는 작품을 흔히 '기준작'이라고 하는데, 기준작의 전제조건은 제작시기가 작품에 명시되어 있거나, 작품의 제작과 연관된 신뢰할 만한 기록을 보유한 작품이어야 한다는 점에서 기준작의 설정은 기록의 도움을 받을 수밖에 없다. 그러나 기준작의 설정을 전적으로 기록에만 의존하는 것도 곤란하다. 왜냐하면 물질자료와 달리 기록은 상황에 따라 왜곡되거나 윤색될 수도 있고, 후대에 가필되는 경우도 있기 때문이다. 따라서 작품에 명문이 있다 하더라도 기준작으로 삼기 위해서는 그것이 과연 신뢰할 만한 사료인가에 대한 엄정한 사료적 비판이 선행되어야 한다.

예를 들어, 일본 호류지 금당의 금동약사여래좌상 광배의 뒷면에는 스이코 천황과 쇼토쿠 태자가 요메이 천황의 유언에 따라 607년에 조성했다는 명문이 있다. 하지만 일본 학계에서는 이 불상을 7세기 초의 기준작으로 거론하지 않는다. 그 이유는 명문의 서체와 조각양식 및 제작기법 분석을 통해 이 불상이 670년 호류지가 화재로 소실된 이후 재건되면서 새롭게 조성되었다는 견해가 지배적이기 때문이다. 이러한 사례는 기준작의 선정을 위해서 작품과 관련기록에 대한 엄격한 사료의 비판이 전제되어야 한다는 것을 잘 보여준다.

한국 불교미술사에서 석굴암은 8세기 중엽 신라 불교미술의 기준작으로 확고하게 정착되어 있다. 절대연대가 확인되지 않은 통일신라 시대 불교미술품은 석굴암을 기준으로 이전과 이후로 구분하여 제작시기를 파악하고 있으며, 석굴암이 8세기 중엽의 기준작으로 설정된 근본적인 원인은 13세기 말에 편찬된 『삼국유사』 제5권의 '불국사 창건기록'에 근거하고 있다.

① 미술작품을 연구함에 있어 문헌사료의 직·간접적인 기록이 중요하다.
② 미술작품의 기록이 존재하지 않는다면, 연구자의 주관적인 의견에서 벗어나기 어렵다.
③ 전적으로 문헌사료의 기록에 의존해 기준작을 설정하는 것이 중요하다.
④ 석굴암은 8세기 중엽 신라 불교미술의 기준작으로 확고하게 정착되었다.
⑤ 금동약사여래좌상은 작품과 관련기록에 대한 비판이 전제되어야 함을 보여준다.

10 다음은 강릉 지방의 향토 제례 의식인 강릉단오제를 소개하는 글이다. 이를 읽고 이해한 내용으로 적절하지 않은 것은?

> 고려 초에 시작되어 천여 년의 역사를 갖고 있는 강릉단오제는 강릉을 비롯한 영동 지역 공동체의 안녕과 풍요를 위해서 벌이는 축제이다. 2005년 11월 25일에는 유네스코 인류 구전 및 무형 유산 걸작으로 등재되기도 했다. 강릉단오제는 4월 보름 대관령 산정에 있는 국사 성황사에서 신을 모셔 와 음력 5월 5일인 단오를 중심으로 일주일 이상 강릉 시내를 관통하는 남대천 변에 굿마당을 마련하고 각종 의례와 놀이를 벌이는 행사이다. 엄숙한 유교식 제례와 무당굿, 토속적인 탈놀이와 같은 지정문화재 행사와 그네, 씨름, 농악 등 세시 민속놀이가 어우러지며, 주변에 거대한 난장이 서기 때문에 많은 사람들이 단오제를 보기 위해 몰려든다.
> 강릉단오제에서 무당굿은 가장 핵심이 되는 행사로, 고유의 성질을 가진 여러 신을 모시는 의례이다. 먼저 고을을 편안하게 해줄 서낭님을 모시고 모든 집안에 있는 조상을 위하여 조상굿을 한다. 자식들에게 복을 주는 세존굿, 집안의 안녕과 대주를 보호하는 성주굿, 역대 장수를 모시며 군에 간 자손을 보호해 달라 청하는 군웅장수굿, 어부들의 눈을 맑게 해 주고 집집마다 효녀 낳으라고 심청굿도 한다. 아픈 사람이 없기를 바라면서 홍역이나 천연두를 예방하는 손님굿도 하고 사이사이 굿청에 모인 사람들을 위해 축원굿도 한다.
> 제일(祭日) 며칠 전부터 제사에 직접 관여하는 제관·임원·무격(巫覡) 등은 부정(不淨)이 없도록 새벽에 목욕재계하고, 언행을 함부로 하지 않으며, 제사가 끝날 때까지 먼 곳 출입을 삼가고 근신하는 등 몸과 마음을 깨끗이 한다. 마을 사람들도 부정한 일을 저지르지 않고, 부정한 일을 보거나 부정한 음식을 먹는 일을 하지 않는다고 한다. 그리고 제사를 지낼 신당(神堂)과 우물·도가 등에는 황토를 뿌리고 금줄을 쳐서 부정을 막는다. 제물을 다루는 사람은 말을 하지 않기 위해서 입에 밤이나 백지 조각을 문다고 한다. 말을 하면 침이 튀어 음식에 들어갈 수도 있고, 또 부정한 말을 주고받을 수도 있기 때문이다. 이처럼 다양하고 엄격한 금기(禁忌)를 깨면 개인은 벌을 받고, 임원·제관·무격이 금기를 어기면 제사를 지내도 효험이 없으며 오히려 서낭의 노여움을 사서 재앙이 있다고 한다.
> 단오제가 끝나면 대개 비가 내린다고 하는데, 신은 돌아갔지만 이 비를 맞으면서 논의 모는 쑥쑥 자라고 신의 약속으로 든든해진 인간은 지상에 남아 다시 한 해 동안 열심히 살아간다. 이것이 바로 삶의 고단함을 신과 인간이 하나 되는 신명의 놀이로 풀어주는 축제의 힘이다.

① 세존굿은 자식들에게 복을 주는 굿이며, 군웅장수굿은 군에 간 자손을 보호하기 위한 굿이다.
② 강릉단오제는 유네스코 유산으로 등재되기도 했다.
③ 심청굿을 통해 홍역이나 천연두를 예방하고자 했다.
④ 강릉단오제는 신과 인간이 하나 되는 축제로 볼 수 있다.
⑤ 제사에 관여하는 사람들은 제사가 끝날 때까지 먼 곳 출입을 삼가야 한다.

CHAPTER 04

나열하기 | 대표유형 1

나열하기 ①

다음 문단을 논리적 순서대로 바르게 나열한 것은?

> (가) 국어의 단어들은 어근과 어근이 결합해 만들어지기도 하고 어근과 파생 접사가 결합해 만들어지기도 한다. 어근과 파생 접사가 결합한 단어는 파생 접사가 어근의 앞에 결합한 것도 있고, 파생 접사가 어근의 뒤에 결합한 것도 있다. 어근이 용언 어간이나 체언일 때, 그 뒤에 결합한 파생 접사는 어미나 조사와 혼동될 수도 있다.
> (나) 이러한 일반적인 단어 형성과 달리, 용언 어간에 어미가 결합한 형태나, 체언에 조사가 결합한 형태가 시간이 지나면서 새로운 단어가 된 경우도 있다. 먼저 용언의 활용형이 역사적으로 굳어져 새로운 단어가 된 경우가 있다. 부사 '하지만'은 '하다'의 어간에 어미 '-지만'이 결합했던 것이었는데, 시간이 지나면서 굳어져 새로운 단어가 되었다.
> (다) 다음으로 체언에 조사가 결합한 형태가 역사적으로 굳어져 새로운 단어가 된 것도 있다. 명사 '아기'에 호격 조사 '아'가 결합했던 형태인 '아가'가 시간이 지나면서 새로운 단어가 되었다.
> (라) 그러나 파생 접사는 주로 새로운 단어를 만든다는 점에서 차이가 있다. 이에 비해 어미는 용언 어간과 결합해 용언이 문장 성분이 될 수 있도록 해 주고, 조사는 체언과 결합해 체언이 문장 성분임을 나타내 줄 뿐 새로운 단어를 만들지는 않는다. 이 점에서 어미와 조사는 파생 접사와 분명하게 구별된다.

① (가) - (나) - (다) - (라)
② (가) - (나) - (라) - (다)
③ (가) - (다) - (나) - (라)
④ (가) - (다) - (라) - (나)
⑤ (가) - (라) - (나) - (다)

정답 해설

제시문은 단어 형성법에 대한 설명으로, (가) 단어 형성 과정에서의 파생접사와 어미·조사와의 혼동 – (라) 파생접사와 어미·조사의 차이점 – (나) 단어 형성법 중 용언 어간과 어미의 결합 – (다) 체언과 조사와의 결합을 통한 단어 형성의 순으로 나열하는 것이 적절하다.

정답 ⑤

CHAPTER 04

나열하기 | 대표유형 2

나열하기 ②

다음 내용에 이어질 문단을 순서대로 바르게 나열한 것은?

> 오늘날과 달리 과거에는 마을에서 일어난 일들을 '원님'이 조사하고 그에 따라서 자의적으로 판단하여 형벌을 내렸다. 현대에서 법에 의하지 않고 재판행위자의 입장에서 이루어진다고 생각되는 재판을 비판하는 '원님재판'이라는 용어의 원류이다.

(가) 죄형법정주의는 앞서 말한 '원님재판'을 법적으로 일컫는 죄형전단주의와 대립되는데, 범죄와 형벌을 미리 규정하여야 한다는 것으로서, 서구에서 권력자의 가혹하고 자의적인 법 해석에 따른 반발로 등장한 것이다.

(나) 앞서 살펴본 죄형법정주의가 정립되면서 파생원칙 또한 등장하였는데, 관습형법금지의 원칙, 명확성의 원칙, 유추해석금지의 원칙, 소급효금지의 원칙, 적정성의 원칙 등이 있다. 이러한 파생원칙들은 모두 죄와 형벌은 미리 설정된 법에 근거하여 정확하게 내려져야 한다는 죄형법정주의의 원칙과 연관하여 쉽게 이해될 수 있다.

(다) 그러나 현대에서 '원님재판'은 이루어질 수 없다. 형사법의 영역에 논의를 한정하여 보자면, 형사법을 전반적으로 지배하고 있는 대원칙은 형법 제1조에 규정되어있는 소위 '죄형법정주의'이다.

(라) 그 반발은 프랑스 혁명의 결과물인 '인간 및 시민의 권리선언' 제8조에서 '누구든지 범죄 이전에 제정·공포되고 또한 적법하게 적용된 법률에 의하지 아니하고는 처벌되지 아니한다.'라고 하여 실질화되었다.

① (가) - (다) - (나) - (라)
② (가) - (다) - (라) - (나)
③ (다) - (가) - (나) - (라)
④ (다) - (가) - (라) - (나)
⑤ (다) - (라) - (가) - (나)

정답 해설

제시문은 '원님재판'이라 불리는 죄형전단주의의 정의와 한계, 그와 대립되는 죄형법정주의의 정의와 탄생 그리고 파생원칙에 대하여 설명하고 있다. 첫 단락에서는 '원님재판'이라는 용어의 원류에 대해 설명하고 있으므로 이어지는 문단으로는 원님재판의 한계에 대해 설명하고 있는 (다)가 오는 것이 적절하다. 따라서 (다) 원님재판의 한계와 죄형법정주의 - (가) 죄형법정주의의 정의 - (라) 죄형법정주의의 탄생 - (나) 죄형법정주의의 정립에 따른 파생원칙의 등장의 순으로 나열하는 것이 적절하다.

정답 ④

CHAPTER 04 유형점검

나열하기

정답 및 해설 p.030

STEP 1 기본문제

※ 다음 문단을 논리적 순서대로 바르게 나열한 것을 고르시오. [1~4]

01

(가) 역사드라마는 역사적 인물이나 사건 혹은 역사적 시간이나 공간에 대한 작가의 단일한 재해석 또는 상상이 아니라 현재를 살아가는 시청자에 의해 능동적으로 해석되고 상상된다.
(나) 이는 곧 과거의 시공간을 배경으로 한 TV 역사드라마가 현재를 지향하고 있음을 의미한다.
(다) 그래서 역사적 시간과 공간적 배경 속에 놓여 있는 등장인물과 지금 현재를 살아가는 시청자들이 대화를 나누기도 하고, 시청자들이 역사드라마를 주제로 삼아 사회적 담론의 장을 열기도 한다.
(라) 역사드라마는 이처럼 다중적으로 수용된다는 점에서 과거와 현재의 대화라는 역사의 속성을 견지한다.

① (가) – (나) – (다) – (라)
② (가) – (다) – (나) – (라)
③ (가) – (라) – (나) – (다)
④ (라) – (가) – (나) – (다)
⑤ (라) – (다) – (나) – (가)

02

(가) 인간의 도덕적 자각과 사회적 실천을 강조한 개인 윤리로 '충서(忠恕)'가 있다. 충서는 공자의 모든 사상을 꿰뚫고 있는 도리로서, 인간 개인의 자아 확립과 이를 통한 만물일체의 실현을 위한 것이다.
(나) 또한 '서(恕)'란 '여심'이다. '내 마음과 같이 한다.'는 말이다. '공자는 내가 하고자 하지 않는 것을 남에게 베풀지 말라 내가 서고자 하면 남도 서게 하고 내가 이루고자 하면 남도 이루게 하라.'고 하였다.
(다) 이때, '충(忠)'이란 '중심'이다. 주희는 충을 '자기의 마음을 다하는 것'이라고 설명하였다. 이것은 자신의 내면에 대한 충실을 의미한다. 이는 자아의 확립이며 본성에 대한 깨달음이다.
(라) 즉, 역지사지(易地思之)의 마음을 지닌 상태가 '서'의 상태인 것이며 인간의 자연스러운 마음이라는 것이다.

① (가) – (다) – (나) – (라)
② (가) – (다) – (라) – (나)
③ (가) – (라) – (나) – (다)
④ (가) – (라) – (다) – (나)
⑤ (나) – (가) – (다) – (라)

03

(가) 정해진 극본대로 연기를 하는 연극의 서사는 논리적이고 합리적이다. 그러나 연극 밖의 현실은 비합리적이고, 그 비합리성을 개인의 합리에 맞게 해석한다. 연극 밖에서도 각자의 합리성에 맞춰 연극을 하고 있는 것이다.
(나) 사전적 의미로 불합리한 것, 이치에 맞지 않는 것을 의미하는 부조리는 실존주의 철학에서는 현실에서는 전혀 삶의 의미를 발견할 가능성이 없는 절망적인 한계상황을 나타내는 용어이다.
(다) 이것이 비합리적인 세계에 대한 자신의 합목적적인 희망이라는 사실을 깨달았을 때, 삶은 허망해지고 인간은 부조리를 느끼게 된다.
(라) 부조리라는 개념을 처음 도입한 대표적인 철학자인 알베르 카뮈는 연극에 비유하여 부조리에 대해 설명한다.

① (가) – (다) – (나) – (라)
② (가) – (라) – (나) – (다)
③ (나) – (가) – (다) – (라)
④ (나) – (다) – (가) – (라)
⑤ (나) – (라) – (가) – (다)

04

(가) 최초로 입지를 선정하는 업체는 시장의 어디든 입지할 수 있으나, 소비자의 이동 거리를 최소화하기 위하여 시장의 중심에 입지한다.
(나) 최대수요입지론은 산업입지와 상관없이 비용은 고정되어 있다고 가정한다. 이 이론에서는 경쟁 업체와 가격 변동을 고려하여 수요가 극대화되는 입지를 선정한다.
(다) 그다음 입지를 선정해야 하는 경쟁 업체는 가격 변화에 따라 수요가 변하는 정도가 크지 않은 경우, 시장의 중심에서 멀어질수록 시장을 뺏기게 되므로 경쟁 업체가 있더라도 가능한 중심에 가깝게 입지하려고 한다.
(라) 하지만 가격 변화에 따라 수요가 크게 변하는 경우에는 두 경쟁자는 서로 적절히 떨어져 입지하여 보다 낮은 가격으로 제품을 공급하려고 한다.

① (나) – (가) – (다) – (라)
② (나) – (가) – (라) – (다)
③ (나) – (다) – (가) – (라)
④ (나) – (다) – (라) – (가)
⑤ (나) – (라) – (가) – (다)

05 다음 내용 뒤에 이어질 문단을 논리적 순서대로 바르게 나열한 것은?

> 과거에는 종종 언어의 표현과 기능 면에서 은유가 연구되었지만, 사실 은유는 말의 본질적 상태 중 하나이다.

> (가) '토대'와 '상부 구조'는 마르크스주의의 기본 개념들이다. 자크 데리다(Jacques Derrida)가 보여 주었듯이, 심지어 철학에도 은유가 스며들어 있는데 단지 인식하지 못할 뿐이다.
> (나) 어떤 이들은 기술과학 언어에는 은유가 없어야 한다고 역설하지만, 은유적 표현들은 언어 그 자체에 깊이 뿌리박고 있다.
> (다) 언어는 한 종류의 현실에서 또 다른 현실로 이동함으로써 그 효력을 발휘하며, 따라서 본질적으로 은유적이다.
> (라) 예컨대 우리는 조직에 대해 생각할 때 습관적으로 위니 아래니하며 공간적으로 생각하게 된다. 이처럼 우리는 이론을 마치 건물인 양 생각하는 경향이 있어서 토대나 상부 구조 등으로 이론을 설명하기도 한다.

① (가) - (라) - (다) - (나)
② (나) - (가) - (라) - (다)
③ (다) - (나) - (가) - (라)
④ (다) - (나) - (라) - (가)
⑤ (다) - (라) - (나) - (가)

STEP 2 응용문제

※ 다음 문장 또는 문단을 논리적 순서대로 바르게 나열한 것을 고르시오. [1~5]

01

(가) 1970년 이후 적정기술을 기반으로 많은 제품이 개발되어 현지에 보급되어 왔지만, 그 성과에 대해서는 여전히 논란이 있다.
(나) 적정기술은 새로운 기술이 아닌 우리가 알고 있는 여러 기술 중의 하나로, 어떤 지역의 직면한 문제를 해결하는 데 적절하게 사용된 기술이다.
(다) 빈곤 지역의 문제 해결을 위해서는 기술 개발 이외에도 지역 문화에 대한 이해와 현지인의 교육까지도 필요하다.
(라) 이는 기술의 보급만으로는 특정 지역의 빈곤 탈출과 경제적 자립을 이룰 수 없기 때문이다.

① (가) – (나) – (다) – (라)
② (가) – (라) – (나) – (다)
③ (나) – (가) – (라) – (다)
④ (나) – (다) – (라) – (가)
⑤ (다) – (라) – (나) – (가)

02

(가) 재활승마란 뇌성마비 등 신체적·심리적 장애가 있는 사람들이 승마를 통해 치료적 성과를 도모하는 동물을 매개로 한 치료 프로그램이다.
(나) 하지만 재활승마는 미국과 영국, 독일을 비롯한 51개국 228개 단체에서 한 해에 약 5백만 명 이상이 참가하고 있을 정도로 활발하게 운영되고 있어 국내에도 보다 많은 보급이 필요한 상황이다.
(다) 오는 3월, 국내 최초로 재활승마 전용마장이 재활승마 공간, 치료·평가실, 관람실 등으로 구성되어 연간 140명의 뇌성마비 아동 등을 중심으로 무상 운영된다.
(라) 이번에 완공된 재활승마 전용마장은 재활승마에 필요한 실내마장, 마사, 자원봉사자실, 관람실 등으로 마련되어 장애아동과 가족들이 이용하기 편리하도록 꾸며져 있다.

① (가) – (나) – (다) – (라)
② (가) – (라) – (다) – (나)
③ (다) – (가) – (라) – (나)
④ (다) – (나) – (라) – (가)
⑤ (다) – (라) – (가) – (나)

03

(가) 심리학자 와이너는 부정적인 경험을 한 상황을 어떻게 해석하느냐에 따라 이러한 공포증이 생길 수도 있고 그렇지 않을 수도 있다고 주장했다.
(나) 일반적인 사람들도 공포증을 유발하는 대상을 접하면서 부정적인 경험을 할 수 있지만 공포증으로까지 이어지는 경우는 드물다.
(다) 부정적인 경험을 하더라도 상황을 가변적으로 해석하는 사람보다 고정적으로 해석하는 사람은 공포증이 생길 확률이 높다.
(라) '공포증'이란 특정 대상에 대한 과도한 두려움으로 그 대상을 계속해서 피하게 되는 증세를 말한다.

① (가) – (나) – (다) – (라)
② (나) – (라) – (가) – (다)
③ (다) – (가) – (나) – (라)
④ (다) – (나) – (라) – (가)
⑤ (라) – (나) – (가) – (다)

04

(가) 하지만 문제가 되는 것은 지방 자체가 아니라 전이지방이다.
(나) 지방은 여러 질병의 원인으로 인체에 해로운 것으로 인식되었다.
(다) 포화지방의 비율이 높은 전이지방을 섭취하면 심혈관계 질환이나 유방암 등이 발병할 수 있다.
(라) 이러한 전이지방이 지방을 대표하는 것으로 여겨지면서 지방이 여러 질병의 원인으로 지목됐던 것이다.
(마) 전이지방은 특수한 물리·화학적 처리에 따라 생성되는 것으로, 몸에 해로운 포화지방의 비율이 자연 상태의 기름보다 높다.

① (나) – (가) – (마) – (다) – (라)
② (나) – (다) – (가) – (라) – (마)
③ (다) – (라) – (나) – (가) – (마)
④ (다) – (마) – (가) – (나) – (라)
⑤ (마) – (나) – (가) – (다) – (라)

05

(가) 고창 갯벌은 서해안에 발달한 갯벌로서 다양한 해양 생물의 산란·서식지이며, 어업인들의 삶의 터전으로 많은 혜택을 주었다. 그러나 최근 축제식 양식과 육상에서부터 오염원 유입 등으로 인한 환경 변화로 체계적인 이용·관리 방안이 지속적으로 요구됐다.

(나) 정부는 전라북도 고창 갯벌 약 11.8km^2를 '습지보전법'에 의한 '습지보호지역'으로 지정하며 고시한다고 밝혔다. 우리나라에서 일곱 번째로 지정되는 고창 갯벌은 칠면초·나문재와 같은 다양한 식물이 자생하고, 천연기념물인 황조롱이와 멸종 위기종을 포함한 46종의 바닷새가 서식하는, 생물 다양성이 풍부하며 보호 가치가 큰 지역으로 나타났다.

(다) 정부는 이번 습지보호지역으로 지정된 고창 갯벌을 람사르 습지로 등록할 계획이며, 제2차 연안습지 기초 조사를 실시하여 보전 가치가 높은 갯벌뿐만 아니라 훼손된 갯벌에 대한 관리도 강화해 나갈 계획이다.

(라) 습지보호지역으로 지정되면 이 지역에서 공유수면 매립, 골재 채취 등의 갯벌 훼손 행위는 금지되나, 지역 주민이 해오던 어업 활동이나 갯벌 이용 행위에는 특별한 제한이 없다.

① (가) – (나) – (다) – (라)
② (가) – (라) – (나) – (다)
③ (나) – (가) – (라) – (다)
④ (다) – (가) – (나) – (라)
⑤ (라) – (나) – (가) – (다)

STEP 3 적중문제

※ 다음 문단을 논리적 순서대로 바르게 나열한 것을 고르시오. [1~5]

01

(가) 이번에 개소한 은퇴연구소는 연구조사팀, 퇴직연금팀 등 5개 팀 외에 학계 인사와 전문가로 구성된 10명 내외의 외부 자문위원단도 포함된다.
(나) 은퇴연구소를 통해 일반인들의 안정된 노후준비를 돕는 지식 기반으로서, 은퇴 이후의 건강한 삶에 대한 다양한 정보를 제공하는 쌍방향의 소통 채널로 적극 활용할 계획이다.
(다) A회사는 10일, 우리나라의 급격한 고령화 진전 상황에 따라 범사회적으로 바람직한 은퇴준비의 필요성을 부각하고, 선진형 은퇴설계 모델의 개발과 전파를 위한 국내 최대 규모의 '은퇴연구소'를 개소했다.
(라) 마지막으로 은퇴연구소는 은퇴 이후의 생활에 대한 의식과 준비 수준이 아직 선진국에 비해 크게 취약한 우리의 인식 변화를 위해 사회적 관심과 참여를 유도할 계획이다.

① (나) – (가) – (라) – (다)
② (나) – (다) – (가) – (라)
③ (나) – (다) – (라) – (가)
④ (다) – (가) – (나) – (라)
⑤ (다) – (나) – (라) – (가)

02

(가) K공사가 개발하고 있는 차세대 CO_2 분리막 기술은 기존의 이산화탄소 포집 기술과 비교하여 이산화탄소 포집비용 및 부지면적을 최대 절반 이하로 줄일 수 있는 혁신적인 기술로 평가된다.
(나) 또한 구조가 간단하고 규모를 쉽게 키울 수 있고, 화학·유해물질 사용이 없어 친환경적이라는 큰 장점을 갖고 있으며, 가스정제 등 타 분야까지 사업화 추진이 가능한 차세대 기술로 기대되고 있다.
(다) 이번에 구축된 분리막 생산 공장은 K공사가 국내 중소기업인 아스트로마社가 보유한 분리막 원천기술과 연계하여 국내 최초로 기후변화 대응을 위한 저비용·고효율의 막분리 상용기술을 개발하는 것이다.
(라) 신기후체제 출범에 따라 2030년 국가 온실가스 배출량의 예상치 대비 37% 감축 목표를 위해 전력회사들은 이에 대응하기 위한 기술개발에 한창이며, K공사는 아스트로마社와 '차세대 CO_2 분리막 상용화 개발' 협약을 체결하고 총 180억 원의 예산을 투입하여 공동으로 개발하였다.

① (가) – (다) – (라) – (나)
② (가) – (라) – (다) – (나)
③ (라) – (가) – (다) – (나)
④ (라) – (나) – (가) – (다)
⑤ (라) – (다) – (가) – (나)

03

(A) 킬러 T세포는 혈액이나 림프액을 타고 몸속 곳곳을 순찰하는 일을 담당하는 림프 세포의 일종이다. 킬러 T세포는 감염된 세포를 직접 공격하는데, 세포 하나하나를 점검하여 바이러스에 감염된 세포를 찾아낸다. 이 과정에서 바이러스에 감염된 세포가 킬러 T세포에게 발각이 되면 죽게 된다. 그렇다면 킬러 T세포는 어떤 방법으로 바이러스에 감염된 세포를 파괴할까?

(B) 지금도 우리 몸의 이곳저곳에서는 비정상적인 세포분열이나 바이러스 감염이 계속되고 있다. 하지만 우리 몸에 있는 킬러 T세포가 병든 세포를 찾아내 파괴하는 메커니즘이 정상적으로 작동하고 있는 한 건강한 상태를 유지할 수 있다. 이렇듯 면역 시스템은 우리 몸을 지켜주는 수호신이다. 또한 우리 몸이 유기적으로 잘 짜인 구조임을 보여주는 좋은 예라고 할 수 있다.

(C) 그 다음 킬러 T세포가 활동한다. 킬러 T세포는 자기 표면에 있는 TCR(T세포 수용체)을 통해 세포의 밖으로 나온 MHC와 펩티드 조각이 결합해 이루어진 구조를 인식함으로써 바이러스 감염 여부를 판단한다. 만약 MHC와 결합된 펩티드가 바이러스 단백질의 것이라면 T세포는 활성화되면서 세포를 공격하는 단백질을 감염된 세포 속으로 보낸다. 이렇게 T세포의 공격을 받은 세포는 곧 죽게 되며 그 안의 바이러스 역시 죽음을 맞이하게 된다.

(D) 우리 몸은 자연적 치유의 기능을 가지고 있다. 자연적 치유는 우리 몸에 바이러스(항원)가 침투하더라도 외부의 도움 없이 이겨낼 수 있는 면역 시스템을 가지고 있다는 것을 의미한다. 그런데 이러한 면역 시스템에 관여하는 세포 중에서 매우 중요한 역할을 하는 세포가 있다. 그것은 바로 바이러스에 감염된 세포를 직접 찾아내 제거하는 킬러 T세포(Killer T Cells)이다.

(E) 면역 시스템에서 먼저 활동을 시작하는 것은 세포 표면에 있는 MHC(주요 조직 적합성 유전자 복합체)이다. MHC는 꽃게 집게발 모양의 단백질 분자로 세포 안에 있는 단백질 조각을 세포 표면으로 끌고 나오는 역할을 한다. 본래 세포 속에는 자기 단백질이 대부분이지만, 바이러스에 감염되면 원래 없던 바이러스 단백질이 세포 안에 만들어진다. 이렇게 만들어진 자기 단백질과 바이러스 단백질은 단백질 분해효소에 의해 펩티드 조각으로 분해되어 세포 속을 떠돌아다니다가 MHC와 결합해 세포 표면으로 배달되는 것이다.

① (A) – (B) – (E) – (D) – (C) ② (A) – (C) – (B) – (D) – (E)
③ (D) – (A) – (E) – (C) – (B) ④ (D) – (B) – (A) – (C) – (E)
⑤ (D) – (C) – (E) – (A) – (B)

04

(가) 마침내 정부조직법과 물관리기본법, 물기술산업법으로 법률적 토대를 마련한 물관리 일원화는 수량과 수질, 재해 예방이 일관된 체계 내에서 물 관련 의사 결정을 내려 균형 잡힌 물관리, 지속 가능한 물관리를 이끌어낸다. 정부조직법은 국토부의 '수자원의 보전·이용·개발' 기능을 환경부로 이관하고, 하천에 관한 사무는 국토부에 존치한다는 내용을 담고 있다. 물기술산업법은 관련 산업을 진흥하는 계획과 물 기술 종합 정보 시스템 구축, 실증화 시설 및 클러스터 조성과 운영에 대한 내용을 골자로 한다. 물관리기본법에는 물관리의 기본 이념과 원칙을 바로 세우고, 국가와 유역의 물을 관리하는 기본 계획과 종합 계획, 각 위원회의 구성 및 운영에 대한 내용이 담겼다.

(나) 세계적 패러다임이 된 물관리 일원화와 통합물관리는 제도적 한계를 뛰어넘어 물 순환 전반에 걸친 관리 체계를 마련하는 일이다. 특히 전문가와 국민 사이에서 수량과 수질의 관리 부처가 서로 달라 종합적 관점의 물관리가 어려웠던 데에 경각심을 갖고, 수량과 수질, 본류와 지류, 시설과 정보를 총체적으로 아울러야 한다는 목소리가 높아졌다.

(다) 이러한 물관리 일원화를 향한 발걸음은 국민의 환경 의식이 높아짐에 따라 더욱 정밀한 물 관련 정책과 기술을 요구하는 시대적 배경에서 시작했다. 기존 물관리가 수량과 개발에 집중되어 있어 수질이나 생태 등 물 환경을 충분히 고려하지 못한 데다, 댐과 하천 본류를 중심으로 관리하다 보니 지류의 관리나 도시 전체의 물 순환 체계가 취약하다는 점이 지적되어 왔다. 재해나 수질오염에 노출되거나 지역 간 물 갈등이 심해진 것 또한 통합물관리가 필요해진 이유이다.

(라) 지난 50년간 우리나라 물 정책은 수량과 개발 중심의 물관리에 중점을 두고, 국가 경제 발전을 이끄는 데 앞장서왔다. 그러다 보니 국민의 기대치에 미치지 못한 부분도 있었다. 이에 정부는 부처별로 나뉘어 있던 물관리 체계를 하나로 합쳐 물을 종합적으로 관리할 필요성을 인지해왔고 드디어 그 결실을 맺게 되었다.

① (가) – (다) – (라) – (나)
② (나) – (다) – (라) – (가)
③ (다) – (라) – (가) – (나)
④ (라) – (나) – (다) – (가)
⑤ (라) – (다) – (나) – (가)

05

(가) 다만 각자에게 느껴지는 감각질이 뒤집혀 있을 뿐이고 경험을 할 때 겉으로 드러난 행동과 하는 말은 똑같다. 예컨대 그 사람은 신호등이 있는 건널목에서 똑같이 초록불일 때 건너고 빨간불일 때는 멈추며, 초록불을 보고 똑같이 "초록불이네."라고 말한다. 그러나 그는 자신의 감각질이 뒤집혀 있는지 전혀 모른다. 감각질은 순전히 사적이며 다른 사람의 감각질과 같은지를 확인할 수 있는 방법이 없기 때문이다.

(나) 그래서 어떤 입력이 들어올 때 어떤 출력을 내보낸다는 기능적·인과적 역할로써 정신을 정의하는 기능론이 각광을 받게 되었다. 기능론에서는 정신이 물질에 의해 구현되므로 그 둘이 별개의 것은 아니라고 주장한다는 점에서 이원론과 다르면서도, 정신의 인과적 역할이 뇌의 신경 세포에서든 로봇의 실리콘 칩에서든 어떤 물질에서도 구현될 수 있음을 보여 준다는 점에서 동일론의 문제점을 해결할 수 있기 때문이다.

(다) 심신 문제는 정신과 물질의 관계에 대해 묻는 오래된 철학적 문제이다. 정신 상태와 물질 상태는 별개의 것이라고 주장하는 이원론이 오랫동안 널리 받아들여졌으나, 신경 과학이 발달한 현대에는 그 둘은 동일하다는 동일론이 더 많은 지지를 받고 있다. 그러나 똑같은 정신 상태라고 하더라도 사람마다 그 물질 상태가 다를 수 있고, 인간과 정신 상태는 같지만 물질 상태는 다른 로봇이 등장한다면 동일론에서는 그것을 설명할 수 없다는 문제가 생긴다.

(라) 그래도 정신 상태가 물질 상태와 다른 무엇이 있다고 생각하는 이원론에서는 '나'가 어떤 주관적인 경험을 할 때 다른 사람에게 그 경험을 보여줄 수는 없지만 나는 분명히 경험하는 그 느낌에 주목한다. 잘 익은 토마토를 봤을 때의 빨간색의 느낌, 시디신 자두를 먹었을 때의 신 느낌, 꼬집힐 때의 아픈 느낌이 그런 예이다. 이런 질적이고 주관적인 감각 경험, 곧 현상적인 감각 경험을 철학자들은 '감각질'이라고 부른다. 이 감각질이 뒤집혔다고 가정하는 사고 실험을 통해 기능론에 대한 비판이 제기된다. 나에게 빨강으로 보이는 것이 어떤 사람에게는 초록으로 보이고 나에게 초록으로 보이는 것이 그에게는 빨강으로 보인다는 사고 실험이 그것이다.

① (가) – (나) – (다) – (라)
② (나) – (다) – (가) – (라)
③ (다) – (가) – (라) – (나)
④ (다) – (나) – (라) – (가)
⑤ (다) – (라) – (가) – (나)

※ 다음 내용에 이어질 문장 또는 문단을 논리적 순서대로 바르게 나열한 것을 고르시오. [6~10]

06

텔레비전 앞에 앉아 있으면 우리는 침묵한다. 수줍은 소녀가 된다. 텔레비전은 세상의 그 무엇에 대해서도 다 이야기한다.

(가) 하지만 텔레비전은 내 사적인 질문 따위는 거들떠보지도 않는다.
(나) 심지어 텔레비전은 자기 자신에 관해서도 이야기한다.
(다) 남 앞에서 자기에 관해 말하는 것을 몹시 불편해하는 나로서는 존경하고 싶을 지경이다.

① (가) – (나) – (다)
② (가) – (다) – (나)
③ (나) – (다) – (가)
④ (다) – (가) – (나)
⑤ (다) – (나) – (가)

07

맨체스터 유나이티드는 한때 지역의 축구팀에 불과했지만 브랜딩 과정을 통해 글로벌 스포츠 브랜드로 성장했다. 이런 변화는 어떻게 시작되었을까?

(가) 먼저 맨체스터 유나이티드는 최고의 잠재력을 지닌 전 세계 유소년 선수들을 모아 청소년 아카데미를 운영했다. 1986년 맨체스터 유나이티드의 감독 퍼거슨은 베컴을 비롯한 많은 스타선수들을 유소년기부터 훈련시켰다.
(나) 이를 바탕으로 맨체스터 유나이티드는 지역의 작은 축구팀이 아니라 전 세계인이 알고 있는 글로벌 브랜드가 되었고, 단기간의 팀 경기력 하락 등에 의해 쉽게 영향을 받지 않는 튼튼한 소비층을 구축하게 되었다.
(다) 이후 맨체스터 유나이티드는 자사 제품의 품질을 강화시킨 후 경영 전략에 변화를 주었다. 이들은 클럽을 '브랜드'로, 선수를 '자산'으로, 팬을 '소비자'로, 세계를 '시장'으로 불렀다.
(라) 이렇게 만들어진 맨체스터 유나이티드의 브랜드를 팀 테마 레스토랑, 스포츠용품점, TV 등 다양한 경로를 통해 유통하기 시작했다.

① (가) – (나) – (다) – (라)
② (가) – (다) – (라) – (나)
③ (가) – (라) – (다) – (나)
④ (다) – (가) – (나) – (라)
⑤ (다) – (가) – (라) – (나)

08

봄에 TV를 켜면 황사를 조심하라는 뉴스를 볼 수 있다. 많은 사람이 알고 있듯이, 황사는 봄에 중국으로부터 바람에 실려 날아오는 모래바람이다. 그러나 황사를 단순한 모래바람으로 치부할 수는 없다.

(가) 물론 황사도 나름대로 장점은 존재한다. 황사에 실려 오는 물질들이 알칼리성이기 때문에 토양의 산성화를 막을 수 있다. 그러나 이러한 장점만으로 황사를 방지하지 않아도 된다는 것은 아니다.

(나) 그러므로 황사에는 중국에서 발생하는 매연이나 화학물질 모두 함유되어 있다. TV에서 황사를 조심하라는 것은 단순히 모래바람을 조심하라는 것이 아니라 중국 공업지대의 유해 물질을 조심하라는 것과 같은 말이다.

(다) 황사는 중국의 내몽골자치구나 고비 사막 등의 모래들이 바람에 실려 중국 전체를 돌고 나서 한국 방향으로 넘어오게 된다. 중국 전체를 돈다는 것은, 중국 대기의 물질을 모두 흡수한다는 것이다.

(라) 개인적으로는 황사 마스크를 쓰고 외출 후에 손발을 청결히 하는 등 황사 피해에 대응할 수 있겠지만, 국가적으로는 쉽지 않다. 국가적으로는 모래바람이 발생하지 않도록 나무를 많이 심고, 공장지대의 매연을 제한하여야 하기 때문이다.

① (가) – (다) – (나) – (라)
② (나) – (다) – (가) – (라)
③ (다) – (나) – (가) – (라)
④ (다) – (나) – (라) – (가)
⑤ (라) – (가) – (다) – (나)

09

마그네틱 카드는 자기 면에 있는 데이터를 입력장치에 통과시키는 것만으로 데이터를 전산기기에 입력할 수 있다. 마그네틱 카드는 미국 IBM에서 자기 테이프의 원리를 카드에 응용한 것으로 자기 테이프 표면에 있는 자성 물질의 특성을 변화시켜 데이터를 기록하는 방식으로 개발되었다. 개발 이후 신용카드, 신분증 등 여러 방면으로 응용되었고, 현재도 사용되고 있다. 하지만 마그네틱 카드는 자기 테이프를 이용하였기 때문에 자석과 접촉하면 기능이 상실되는 단점을 가지고 있는데, 최근 마그네틱 카드의 단점을 보완한 IC카드가 만들어져 사용되고 있다.

(가) IC카드는 데이터를 여러 번 쓰거나 지울 수 있는 EEPROM이나 플래시메모리를 내장하고 있다. 개발 초기의 IC카드는 8KB 정도의 저장 공간을 가지고 있었으나, 2000년대 이후에는 1MB 이상의 데이터 저장이 가능하다.
(나) IC카드는 내부에 집적회로를 내장하였기 때문에 자석과 접촉해도 데이터가 손상되지 않으며, 마그네틱 카드에 비해 다양한 기능을 추가할 수 있고 보안성 및 내구성도 우수하다.
(다) 메모리 외에도 프로세서를 함께 내장한 것도 있다. 이러한 것들은 스마트카드로 불리며 현재 16비트 및 32비트급의 성능을 가진 카드도 등장했다. 프로세서를 탑재한 카드는 데이터의 저장뿐 아니라 데이터의 암호화나 특정 컴퓨터만이 호환되도록 하는 등의 프로그래밍이 가능해서 보안성이 향상되었다.

① (가) – (나) – (다)
② (가) – (다) – (나)
③ (나) – (가) – (다)
④ (나) – (다) – (가)
⑤ (다) – (가) – (나)

10 서양연극의 전통적이고 대표적인 형식인 비극은 인생을 진지하고 엄숙하게 바라보는 견해에서 생겼다. 근본 원리는 아리스토텔레스의 견해에 의존하지만, 개념과 형식은 시대 배경에 따라 다양하다. 특히 16세기 말 영국의 대표적인 극작가 중 한 명인 셰익스피어의 등장은 비극의 역사에 새로운 장을 열었다. 셰익스피어는 1600년 이후, 이전과는 다른 분위기의 비극을 발표하기 시작하는데, 이 중 대표적인 작품 4개를 '셰익스피어의 4대 비극'이라고 한다. 셰익스피어는 4대 비극을 통해 영국의 사회적·문화적 가치관과 인간의 보편적 정서를 유감없이 보여주는데, 특히 당시 영국 사회 질서의 개념과 관련되어 있다. 보통 사회 질서가 깨어지고 그 붕괴의 양상이 매우 급하고 강렬할수록 사회의 변혁 또한 크게 일어날 가능성이 큰데, 이와 같은 질서의 파괴로 일어나는 격변을 배경으로 하여 쓴 대표적인 작품이 바로 『맥베스』이다.

(가) 이로 인해 『맥베스』는 인물 내면의 갈등이 섬세하게 묘사된 작품이라는 평가는 물론, 다른 작품들에 비해 비교적 짧지만, 사건이 속도감 있고 집약적으로 전개된다는 평가도 받는다.
(나) 특히 셰익스피어는 작품의 전개를 사건 및 정치적 욕망의 경위가 아닌 인간의 양심과 영혼의 붕괴를 집중적으로 다룬다.
(다) 『맥베스』는 셰익스피어의 고전적 특성과 현대성이 가장 잘 드러나 있는 작품으로, 죄책감에 빠진 주인공 맥베스가 왕위 찬탈 과정에서 공포와 절망 속에 갇혀 파멸해가는 과정을 그린 작품이다.
(라) 이는 질서의 파괴 속에서 인간 내면에 자리하고 있는 선과 악에 대한 근본적인 자세에 의문을 가지면서 그로 인한 번민, 새로운 깨달음, 그리고 비극적인 파멸의 과정을 깊이 있게 보여주고자 함이다.

① (가) – (나) – (다) – (라)   ② (가) – (다) – (라) – (나)
③ (나) – (다) – (라) – (가)   ④ (다) – (나) – (가) – (라)
⑤ (다) – (나) – (라) – (가)

CHAPTER 05

주제 · 제목 찾기 | 대표유형 1

주제 찾기

다음 글의 주제로 가장 적절한 것은?

> 싱가포르에서는 1982년부터 자동차에 대한 정기검사 제도가 시행되었는데, 그 체계가 우리나라의 검사제도와 매우 유사하다. 단, 국내와는 다르게 재검사에 대해 수수료를 부과하고 있고 금액은 처음 검사 수수료의 절반이다.
> 자동차검사에서 특이한 점은 2007년 1월 1일부터 디젤 자동차에 대한 배출가스 정밀검사가 시행되고 있다는 점이다. 안전도검사의 검사방법 및 기준은 교통부에서 주관하고 배출가스검사의 검사방법 및 기준은 환경부에서 주관하고 있다.
> 싱가포르는 사실상 자동차 등록 총량제에 의해 관리되고 있다. 우리나라와는 다르게 자동차를 운행할 수 있는 권리증을 자동차 구매와 별도로 구매하여야 하며 그 가격이 매우 높다. 또한 일정 구간(혼잡구역)에 대한 도로세를 우리나라의 하이패스 시스템과 유사한 시스템인 ERP시스템을 통하여 징수하고 있다.
> 강력한 자동차 안전도 규제, 이륜차에 대한 체계적인 검사와 ERP를 이용한 관리를 통해 검사진로 내에서 사진촬영보다 유용한 시스템을 적용한다. 그리고 분기별 기기 정밀도 검사를 시행하여 국민에게 신뢰받을 수 있는 정기검사 제도를 시행하고 국민의 신고에 의한 수시 검사제도를 통하여 불법자동차 근절에 앞장서고 있다.

① 싱가포르의 자동차 관리 시스템
② 싱가포르와 우리나라의 교통규제시스템
③ 싱가포르의 자동차 정기검사 제도
④ 싱가포르의 불법자동차 근절방법
⑤ 국민에게 신뢰받는 싱가포르의 교통법규

정답 해설

제시문은 싱가포르가 어떻게 자동차를 규제하고 관리하는지를 설명하고 있다.

정답 ①

CHAPTER 05 제목 찾기

주제·제목 찾기 | 대표유형 2

다음 글의 제목으로 가장 적절한 것은?

> 맥주의 주원료는 양조용수·보리·홉 등이다. 맥주를 양조하기 위해서는 일반적으로 맥주생산량의 10~20배 정도 되는 물이 필요하며, 이것을 양조용수라고 한다. 양조용수는 맥주의 종류와 품질을 좌우하며, 무색·무취·투명해야 한다. 보리를 싹틔워 맥아로 만든 것을 사용하여 맥주를 제조하는데, 맥주용 보리로는 곡립이 고르고 녹말질이 많으며 단백질이 적은 것, 그리고 곡피(穀皮)가 얇으며 발아력이 왕성한 것이 좋다. 홉은 맥주 특유의 쌉쌀한 향과 쓴맛을 만들어 내는 주요 첨가물이며, 맥주를 맑게 하고 잡균의 번식을 막아주는 역할을 한다.
>
> 맥주의 제조공정을 살펴보면 맥아제조, 담금, 발효, 저장, 여과의 다섯 단계로 나눌 수 있다. 이 중 발효공정은 맥즙이 발효되어 술이 되는 과정을 말하는데, 효모가 발효탱크 속에서 맥즙에 있는 당분을 알코올과 탄산가스로 분해한다. 이 공정은 1주일간 이어지며, 그동안 맥즙 안에 있던 당분은 점점 줄어들고 알코올과 탄산가스가 늘어나 맥주가 되는 것이다. 이때 발효 중 맥즙의 온도 상승을 막기 위해 탱크를 냉각 코일로 감고 그 표면을 하얀 폴리우레탄으로 단열시키는데, 그 모습이 마치 남극의 이글루처럼 보이기도 한다.
>
> 발효의 방법에 따라 하면발효 맥주와 상면발효 맥주로 구분되는데, 이는 어떤 온도에서 발효시키느냐에 달려있다. 세계 맥주 생산량의 70%를 차지하는 하면발효 맥주는 발효 중 밑으로 가라앉는 효모를 사용해 저온에서 발효시킨 맥주를 말한다. 요즘 유행하는 드래프트비어가 바로 여기에 속한다. 반면, 상면발효 맥주는 주로 영국, 미국, 캐나다, 벨기에 등에서 생산되며 발효 중 표면에 떠오르는 효모로 비교적 높은 온도에서 발효시킨 맥주를 말한다. 에일, 스타우트 등이 상면발효 맥주에 포함된다.

① 홉과 발효 방법의 종류에 따른 맥주 구분법
② 주원료에 따른 맥주의 발효 방법 분류
③ 맥주의 주원료와 발효 방법에 따른 맥주의 종류
④ 맥주의 제조공정
⑤ 맥주의 발효 과정

정답 해설

제시문은 맥주의 주원료와 제조공정 그리고 발효에 대해 설명하며 이에 따른 맥주의 종류를 설명하고 있다.

정답 ③

CHAPTER 05

주제 · 제목 찾기
유형점검

정답 및 해설 p.033

> **STEP 1** 기본문제

※ 다음 글의 주제로 가장 적절한 것을 고르시오. [1~3]

01

> 멸균이란 곰팡이, 세균, 박테리아, 바이러스 등 모든 미생물을 사멸시켜 무균 상태로 만드는 것을 의미한다. 멸균 방법에는 물리적, 화학적 방법이 있으며, 멸균 대상의 특성에 따라 적절한 멸균 방법을 선택하여 실시할 수 있다. 먼저 물리적 멸균법에는 열이나 화학약품을 사용하지 않고 여과기를 이용하여 세균을 제거하는 여과법, 병원체를 불에 태워 없애는 소각법, 100℃에서 10~20분간 물품을 끓이는 자비소독법, 미생물을 자외선에 직접 노출시키는 자외선 소독법, 160~170℃의 열에서 1~2시간 동안 건열 멸균기를 사용하는 건열법, 포화된 고압증기 형태의 습열로 미생물을 파괴시키는 고압증기 멸균법 등이 있다. 다음으로 화학적 멸균법은 화학약품이나 가스를 사용하여 미생물을 파괴하거나 성장을 억제하는 방법을 말한다. 여기에는 E.O 가스, 알코올, 염소 등 여러 가지 화학약품이 사용된다.

① 멸균의 중요성
② 뛰어난 멸균 효과
③ 다양한 멸균 방법
④ 멸균 시 발생할 수 있는 부작용
⑤ 멸균 시 사용하는 약품의 종류

02

> 사회 방언은 지역 방언과 함께 2대 방언의 하나를 이룬다. 그러나 사회 방언은 지역 방언만큼 일찍부터 방언 학자의 주목을 받지는 못하였다. 어느 사회에나 사회 방언이 없지는 않았으나, 일반적으로 사회 방언 간의 차이는 지역 방언들 사이의 그것만큼 그렇게 뚜렷하지 않기 때문이었다. 가령 20대와 60대 사이에는 분명히 방언차가 있지만 그 차이가 전라도 방언과 경상도 방언 사이의 그것만큼 현저하지는 않은 것이 일반적이며, 남자와 여자 사이의 방언차 역시 마찬가지다. 사회 계층 간의 방언차는 사회에 따라서는 상당히 현격한 차이를 보여 일찍부터 논의의 대상이 되어 왔다. 인도에서의 카스트에 의해 분화된 방언, 미국에서의 흑인 영어의 특이성, 우리나라 일부 지역에서 발견되는 양반 계층과 일반 계층 사이의 방언차 등이 그 대표적인 예들이다. 이러한 사회 계층 간의 방언 분화는 최근 사회 언어학의 대두에 따라 점차 큰 관심의 대상이 되어 가고 있다.

① 사회 방언의 특징
② 부각되는 계층 간의 방언 분화
③ 사회 언어학의 대두와 사회 방언
④ 2대 방언 – 지역 방언과 사회 방언
⑤ 최근 두드러진 사회 방언에 대한 관심

03

> 표준화된 언어는 의사소통을 효과적으로 하기 위하여 의도적으로 선택해야 할 공용어로서의 가치가 있다. 반면에 방언은 지역이나 계층의 언어와 문화를 보존하고 드러냄으로써 국가 전체의 언어와 문화를 다양하게 발전시키는 토대로서의 가치가 있다. 이러한 의미에서 표준화된 언어와 방언은 상호 보완적인 관계에 있다. 표준화된 언어가 있기에 정확한 의사소통이 가능하며, 방언이 있기에 개인의 언어생활에서나 언어 예술 활동에서 자유롭고 창의적인 표현이 가능하다. 결국 우리는 표준화된 언어와 방언 둘 다의 가치를 인정해야 하며, 발화(發話) 상황을 잘 고려해서 표준화된 언어와 방언을 잘 가려서 사용할 줄 아는 능력을 길러야 한다.

① 창의적인 예술 활동에서는 방언의 기능이 중요하다.
② 표준화된 언어와 방언에는 각각 독자적인 가치와 역할이 있다.
③ 정확한 의사소통을 위해서는 표준화된 언어가 꼭 필요하다.
④ 표준화된 언어와 방언을 구분할 줄 아는 능력을 길러야 한다.
⑤ 표준화된 언어는 방언보다 효용가치가 있다.

※ 다음 글의 제목으로 가장 적절한 것을 고르시오. [4~5]

04

구비문학에서는 기록문학과 같은 의미의 단일한 작품 또는 원본이라는 개념이 성립하기 어렵다. 윤선도의 『어부사시사』와 채만식의 『태평천하』는 엄밀하게 검증된 텍스트를 놓고 이것이 바로 그 작품이라 할 수 있지만, '오누이 장사 힘내기' 전설이라든가 『진주 낭군』 같은 민요는 서로 조금씩 다른 구연물이 다 그 나름의 개별적 작품이면서 동일 작품의 변이형으로 인정되기도 하는 것이다. 이 이야기꾼은 그의 개인적 취향이나 형편에 따라 설화의 어떤 내용을 좀 더 실감 나게 손질하여 구연할 수 있으며, 때로는 그 일부를 생략 혹은 변경할 수 있다. 모내기할 때 부르는 『모노래』는 전승적 가사를 많이 이용하지만, 선창자의 재간과 그때그때의 분위기에 따라 새로운 노래 토막을 끼워 넣거나 일부를 즉흥적으로 개작 또는 창작하는 일도 흔하다.

① 구비문학의 현장성 ② 구비문학의 유동성
③ 구비문학의 전승성 ④ 구비문학의 구연성
⑤ 구비문학의 사실성

05

영양분이 과도하게 많은 물에서는 오히려 물고기의 생존이 어렵다. 농업용 비료나 하수 등에서 배출되는 질소와 인 등으로 영양분이 많아진 하천의 수온이 상승하면 식물성 플랑크톤이 대량으로 증식하게 된다. 녹색을 띠는 플랑크톤이 수면을 뒤덮으면 물속으로 햇빛이 닿지 못하고 결국 물속의 산소가 고갈되어 물고기는 숨을 쉬기 어려워진다. 즉, 물속의 과도한 영양분이 오히려 물고기의 생존을 위협하는 것이다.
이처럼 부영양화된 물에서의 플랑크톤 증식으로 인한 녹조 현상은 경제발전과 각종 오염물질 배출량의 증가로 인해 심각한 사회문제가 되고 있다. 녹조는 냄새를 유발하는 물질과 함께 독소를 생성하여 수돗물의 수질을 저하시킨다. 특히 독성물질을 배출하는 녹조를 유해 녹조로 지정하여 관리하고 있는 현실을 고려하면, 이제 녹조는 생태계뿐만 아니라 먹는 물의 안전까지도 위협한다.
하천의 생태계를 보호하고 우리가 먹는 물을 보호하기 위해서는 녹조의 발생 원인을 사전에 제거해야 한다. 이를 위해서는 무엇보다 생활 속에서의 작은 실천이 중요하다. 질소나 인이 첨가되지 않은 세제를 사용하고, 농가에서는 화학 비료 사용을 최소화하며 하천에 오염된 물이 흘러 들어가지 않도록 철저히 관리하는 노력을 기울여야 한다.

① 물고기의 생존을 위협하는 하천의 수질 오염
② 녹조를 가속화하는 이상 기온 현상
③ 물고기와 인간의 안전을 위협하는 하천의 부영양화
④ 녹조 예방을 위한 정부의 철저한 관리의 필요성
⑤ 수돗물 수질 향상을 위한 기술 개발의 필요성

STEP 2 응용문제

※ 다음 글의 제목으로 가장 적절한 것을 고르시오. [1~2]

01

대부분의 사람이 주식 투자를 하는 목적은 자산을 증식하는 것이지만, 항상 이익을 낼 수는 없으며 이익에 대한 기대에는 언제나 손해에 따른 위험이 동반된다. 이러한 위험을 줄이기 위해서 일반적으로 투자자는 포트폴리오를 구성하는데, 이때 전반적인 시장상황에 상관없이 나타나는 위험인 '비체계적 위험'과 시장 상황에 연관되어 나타나는 위험인 '체계적 위험' 두 가지를 동시에 고려해야 한다. 비체계적 위험이란 종업원의 파업, 경영 실패, 판매의 부진 등 개별 기업의 특수한 상황과 관련이 있는 것으로 '기업 고유 위험'이라고도 한다. 기업의 특수 사정으로 인한 위험은 예측하기 어려운 상황에서 돌발적으로 일어날 수 있는 것들로, 여러 주식에 분산 투자함으로써 제거할 수 있다. 반면에 체계적 위험은 시장의 전반적인 상황과 관련한 것으로, 예를 들면 경기 변동, 인플레이션, 이자율의 변화, 정치 사회적 환경 등 여러 기업들에 공통으로 영향을 주는 요인들에 기인한다. 체계적 위험은 주식 시장 전반에 관한 위험이기 때문에 비체계적 위험에 대응하는 분산투자의 방법으로도 감소시킬 수 없으므로 '분산 불능 위험'이라고도 한다.

그렇다면 체계적 위험에 대응할 방법은 없을까? '베타 계수'를 활용한 포트폴리오 구성으로 투자자는 체계적 위험에 대응할 수 있다. 베타 계수란 주식 시장 전체의 수익률 변동이 발생했을 때 이에 대해 개별 기업의 주가 수익률이 얼마나 민감하게 반응하는가를 측정하는 계수로, 종합주가지수의 수익률이 1% 변할 때 개별 주식의 수익률이 얼마나 변하는가를 나타내며, 수익률의 민감도로 설명할 수 있다. 따라서 투자자는 주식시장이 호황에 진입할 경우 베타 계수가 큰 종목의 투자 비율을 높이지만 불황이 예상되는 경우에는 베타 계수가 작은 종목의 투자 비율을 높여 위험을 최소화할 수 있다.

① 비체계적 위험과 체계적 위험의 사례 분석
② 비체계적 위험을 활용한 경기 변동의 예측 방법
③ 비체계적 위험과 체계적 위험을 고려한 투자 전략
④ 종합주가지수 변동에 민감한 비체계적 위험의 중요성
⑤ 종합주가지수 변동과 비체계적 위험의 연관성

02

감시용으로만 사용되는 CCTV가 최근에 개발된 신기술과 융합되면서 그 용도가 점차 확대되고 있다. 대표적인 것이 인공지능(AI)과의 융합이다. CCTV가 지능을 가지게 되면 단순 행동 감지에서 벗어나 객체를 추적해 행위를 판단할 수 있게 된다. 단순히 사람의 눈을 대신하던 CCTV가 사람의 두뇌를 대신하는 형태로 진화하고 있는 셈이다.

인공지능을 장착한 CCTV는 범죄현장에서 이상 행동을 하는 사람을 선별하고, 범인을 추적하거나 도주 방향을 예측해 통합관제센터로 통보할 수 있다. 또 수상한 사람의 행동 패턴에 따라 지속적인 추적이나 감시를 수행하고, 차량번호 및 사람 얼굴 등을 인식해 관련 정보를 분석해 제공할 수 있다. 한국전자통신연구원(ETRI)에서는 CCTV 등의 영상 데이터를 활용해 특정 인물이 어떤 행동을 할지를 사전에 예측하는 영상분석 기술을 연구 중인 것으로 알려져 있다. 인공지능 CCTV는 범인 추적뿐만 아니라 자연재해를 예측하는 데 사용할 수도 있다. 장마철이나 국지성 집중호우 때 홍수로 범람하는 하천의 수위를 감지하는 것은 물론, 산이나 도로 등의 붕괴 예측 등 다양한 분야에 적용될 수 있기 때문이다.

① AI와 융합한 CCTV의 진화
② 범죄를 예측하는 CCTV
③ 당신을 관찰한다, CCTV의 폐해
④ CCTV와 AI의 현재와 미래
⑤ 인공지능과 사람의 공존

※ 다음 글의 중심 내용으로 가장 적절한 것을 고르시오. [3~5]

03

청소년보호법 유해매체물 심의 기준에 '동성애' 조항이 포함된 것은 동성애자의 평등권 침해라는 항의에 대하여, 위원회 쪽은 아직 판단력이 부족한 청소년들에게 균형 잡힌 정보를 제공해야 하므로 동성애를 상대적으로 우월하거나 바람직한 것으로 인식하게 할 우려가 있는 매체물을 단속하기 위함일 뿐, 결코 동성애를 성적 지향의 하나로 존중하지 않는 건 아니라고 주장했다. 일견 그럴싸하게 들리지만 이것이 정말 평등일까? 동성애를 조장하는 매체물을 단속한다는 명목은 이성애를 조장하는 매체물이란 개념으론 연결되지 않는다. 애초에 이성애주의에 기반을 두어 만들어진 규칙의 적용이 결코 평등일 순 없다.

① 청소년보호법 유해매체물 심의 기준은 동성애자에 대한 차별을 내포하고 있다.
② 청소년보호법은 청소년들의 자유로운 매체물 선택을 제한한다.
③ 청소년은 동성애에 대해 중립적인 시각을 갖기 어려울 것이다.
④ 청소년에게 동성애를 이성애와 차별하지 않도록 교육할 필요가 있다.
⑤ 동성애에 기반을 두어 규칙을 만들면 동성애보다 이성애를 존중하기 때문이다.

04

베블런에 의하면 사치품 사용 금기는 전근대적 계급에 기원을 두고 있다. 즉, 사치품 소비는 상류층의 지위를 드러내는 과시소비이기 때문에 피지배계층이 사치품을 소비하는 것은 상류층의 안락감이나 쾌감을 손상한다는 것이다. 따라서 상류층은 사치품을 사회적 지위 및 위계질서를 나타내는 기호(記號)로 간주하여 피지배계층의 사치품 소비를 금지했다. 또한 베블런은 사치품의 가격 상승에도 그 수요가 줄지 않고 오히려 증가하는 이유가 사치품의 소비를 통하여 사회적 지위를 과시하려는 상류층의 소비행태 때문이라고 보았다.

그러나 소득 수준이 높아지고 대량 생산에 의해 물자가 넘쳐흐르는 풍요로운 현대 대중사회에서 서민들은 과거 왕족들이 쓰던 물건들을 일상생활 속에서 쓰고 있고 유명한 배우가 쓰는 사치품도 쓸 수 있다. 모든 사람들이 명품을 살 수 있는 돈을 갖고 있을 때 명품의 사용은 더 이상 상류층을 표시하는 기호가 될 수 없다. 따라서 새로운 사회의 도래는 베블런의 과시소비이론으로 설명하기 어려운 소비행태를 가져왔다. 이때 상류층이 서민들과 구별될 수 있는 방법은 오히려 아래로 내려가는 것이다. 현대의 상류층에게는 차이가 중요한 것이지 사물 그 자체가 중요한 것이 아니기 때문이다. 월급쟁이 직원이 고급 외제차를 타면 사장은 소형 국산차를 타는 것이 그 예이다.

이와 같이 현대의 상류층은 고급, 화려함, 낭비를 과시하기보다 서민들처럼 소박한 생활을 한다는 것을 과시한다. 이것은 두 가지 효과가 있다. 사치품을 소비하는 서민들과 구별된다는 점이 하나이고, 돈 많은 사람이 소박하고 겸손하기까지 하여 서민들에게 친근감을 준다는 점이 다른 하나이다. 그러나 그것은 극단적인 위세의 형태일 뿐이다. 뽐냄이 아니라 남의 눈에 띄지 않는 겸손한 태도와 검소함으로 자신을 한층 더 드러내는 것이다. 이런 행동들은 결국 한층 더 심한 과시이다. 소비하기를 거부하는 것이 소비 중에서도 최고의 소비가 된다. 다만 그들이 언제나 소형차를 타는 것은 아니다. 차별화해야 할 아래 계층이 없거나 경쟁 상대인 다른 상류층 사이에 있을 때 그들은 마음 놓고 경쟁적으로 고가품을 소비하며 자신을 마음껏 과시한다. 현대사회에서 소비하지 않기는 고도의 교묘한 소비이며, 그것은 상류층의 표시가 되었다. 그런 점에서 상류층을 따라 사치품을 소비하는 서민층은 순진하다고 하지 않을 수 없다.

① 현대의 상류층은 낭비를 지양하고 소박한 생활을 지향함으로써 서민들에게 친근감을 준다.
② 현대의 서민들은 상류층을 따라 겸손한 태도로 자신을 한층 더 드러내는 소비행태를 보인다.
③ 현대의 상류층은 그들이 접하는 계층과는 무관하게 절제를 통해 자신의 사회적 지위를 과시한다.
④ 현대에 들어와 위계질서를 드러내는 명품을 소비하면서 과시적으로 소비하는 새로운 행태가 나타났다.
⑤ 현대의 상류층은 사치품을 소비하는 것뿐만 아니라 소비하지 않기를 통해서도 자신의 사회적 지위를 과시한다.

05

최근에 사이버공동체를 중심으로 한 시민의 자발적 정치 참여 현상이 많은 관심을 끌고 있다. 이러한 현상과 관련하여 A의 연구가 새삼 주목 받고 있다. A의 연구에 따르면 공동체의 구성원이 됨으로써 얻게 되는 '사회적 자본'이 시민사회의 성숙과 민주주의 발전을 가져오는 원동력이다. A의 이론에서는 공동체에 대한 자발적 참여를 통해 사회 구성원 간의 상호 의무감과 신뢰, 구성원들이 공유하는 규칙과 관행, 사회적 유대 관계와 같은 사회적 자본이 늘어나면, 사회 구성원 간의 협조적인 행위가 가능하게 된다고 보았다. 더 나아가 A는 자원봉사자와 같이 공동체 참여도가 높은 사람이 투표할 가능성이 높고 정부 정책에 대한 의견 개진도 활발해지는 등 정치 참여도가 높아진다고 주장하였다.

몇몇 학자들은 A의 이론을 적용하여 면대면 접촉에 따른 인간관계의 산물인 사회적 자본이 사이버공동체에서도 충분히 형성될 수 있다고 보았다. 그리고 사이버공동체에서 사회적 자본의 증가는 곧 정치 참여도 활성화시킬 것으로 기대했다. 하지만 이러한 기대와는 달리 정치 참여가 활성화되지 않았다. 요즘 젊은이들을 보면 각종 사이버공동체에 자발적으로 참여하는 수준은 높지만 투표나 다른 정치 활동에는 무관심하거나 심지어 정치를 혐오하기도 한다. 이런 측면에서 A의 주장은 사이버공동체가 활성화된 오늘날에는 잘 맞지 않는다.

이러한 이유 때문에 오늘날 사이버공동체를 중심으로 한 정치 참여를 더 잘 이해하기 위해서 '정치적 자본' 개념의 도입이 필요하다. 정치적 자본은 사회적 자본의 구성 요소와는 달리 정치 정보의 습득과 이용, 정치적 토론과 대화, 정치적 효능감 등으로 구성된다. 정치적 자본은 사회적 자본과 마찬가지로 공동체 참여를 통해서 획득되지만, 정치 과정에의 관여를 촉진한다는 점에서 사회적 자본과는 구분될 필요가 있다. 사회적 자본만으로 정치 참여를 기대하기 어렵고, 사회적 자본과 정치 참여 사이를 정치적 자본이 매개할 때 비로소 정치 참여가 활성화된다.

① 사이버공동체를 통해 축적된 사회적 자본에 정치적 자본이 더해질 때 정치 참여가 활성화된다.
② 사회적 자본은 정치적 자본을 포함하기 때문에 그 자체로 정치 참여의 활성화를 가져온다.
③ 사회적 자본이 많은 사회는 정치 참여가 활발하기 때문에 민주주의가 실현된다.
④ 사이버공동체의 특수성으로 인해 시민들의 정치 참여가 어렵게 되었다.
⑤ 사이버공동체에의 자발적 참여 증가는 정치 참여를 활성화시킨다.

STEP 3 적중문제

※ 다음 글의 제목으로 가장 적절한 것을 고르시오. [1~2]

01

반대는 필수불가결한 것이다. 지각 있는 대부분의 사람이 그러하듯 훌륭한 정치가는 항상 열렬한 지지자보다는 반대자로부터 더 많은 것을 배운다. 만약 반대자들이 위험이 있는 곳을 지적해 주지 않는다면, 그는 지지자들에 떠밀려 파멸의 길을 걷게 될 수 있기 때문이다. 따라서 현명한 정치가라면 그는 종종 친구들로부터 벗어나기를 기도할 것이다. 친구들이 자신을 파멸시킬 수도 있다는 것을 알기 때문이다. 그리고 비록 고통스럽다 할지라도 결코 반대자 없이 홀로 남겨지는 일이 일어나지 않기를 기도할 것이다. 반대자들이 자신을 이성과 양식의 길에서 멀리 벗어나지 않도록 해준다는 사실을 알기 때문이다. 자유의지를 가진 국민의 범국가적 화합은 정부의 독단과 반대당의 혁명적 비타협성을 무력화시키는 정치권력의 충분한 균형에 의존하고 있다. 그 균형이 어떤 상황 때문에 강제로 타협하게 되지 않는 한, 그리고 모든 시민이 어떤 정책에 영향을 미칠 수는 있으나 누구도 혼자 정책을 지배할 수 없다는 것을 느끼게 되지 않는 한, 그리고 습관과 필요에 의해서 서로 조금씩 양보하지 않는 한, 자유는 유지될 수 없기 때문이다.

① 민주주의와 사회주의
② 반대의 필요성과 민주주의
③ 민주주의와 일방적인 의사소통
④ 권력을 가진 자와 혁명을 꿈꾸는 집단
⑤ 혁명의 정의

02

주어진 개념에 포섭시킬 수 없는 대상(의 표상)을 만난 경우, 상상력은 처음에는 기지의 보편에 포섭시킬 수 있도록 직관의 다양을 종합할 것이다. 말하자면 뉴턴의 절대 공간, 역학의 법칙 등의 개념(보편)과 자신이 가지고 있는 특수(빛의 휘어짐)가 일치하는가, 조화로운가를 비교할 것이다. 하지만 일치되는 것이 없으므로, 상상력은 또 다시 여행을 떠난다. 즉 새로운 형태의 다양한 종합 활동을 수행해 볼 것이다. 이것은 미지의 세계로 향한 여행이다. 그리고 이 여행에는 주어진 목적지가 없기 때문에 자유롭다.
이런 자유로운 여행을 통해 예를 들어 상대 공간, 상대 시간, 공간의 만곡, 상대성 이론이라는 새로운 개념들을 가능하게 하는 새로운 도식들을 산출한다면, 그 여행은 종결될 것이다. 여기서 우리는 왜 칸트가 상상력의 자유로운 유희라는 표현을 사용하는지 이해할 수 있게 된다. '상상력의 자유로운 유희'란 이렇게 정해진 개념이나 목적이 없는 상황에서 상상력이 그 개념이나 목적을 찾는 과정을 의미한다고 볼 수 있다. 이는 게임이다. 그리고 그 게임에 있어서 반드시 성취해야 할 그 어떤 것이 없다면, 순수한 놀이(유희)가 성립할 수 있을 것이다.

① 상상력의 재발견
② 인식능력으로서의 상상력
③ 목적 없는 상상력의 활동
④ 자유로운 유희로써의 상상력의 역할
⑤ 과학적 발견의 원동력으로써의 상상력

※ 다음 글의 주제로 가장 적절한 것을 고르시오. [3~4]

03

칸트는 인간이 이성을 부여받은 것은 욕망에 의해 움직이지 않게 하기 위함이라고 말하면서 자신의 행복을 우선시하기보다는 도덕적인 의무를 먼저 수행해야 한다고 주장했다. 칸트의 시각에서 볼 때 행동의 도덕적 가치를 결정하는 것은 어떠한 상황에서든 모든 사람들이 그 행동을 했을 때에 아무런 모순이 생기지 않아야 한다는 보편주의이다. 내가 타인을 존중하지 않으면서 타인이 나를 존중하고 도와줄 것을 기대한다면, 이는 보편주의를 위배하는 것이다. 그러므로 남이 나에게 해주길 바라는 것을 실천하는 것이 바로 도덕적 행동이라는 것이다. 따라서 도덕적 행동이 나의 이익이나 본성과 일치하지 않더라도 나는 나의 의무를 수행해야 한다고 역설했다.

① 칸트의 도덕관에 대한 비판
② 칸트가 생각하는 도덕적 행동
③ 도덕적 가치에 대한 칸트의 관점
④ 무목적성을 지녀야 하는 도덕적 행위
⑤ 칸트의 도덕적 의무론이 지니는 가치

04

'노블레스 오블리주(Noblesse Oblige)'는 높은 지위에 맞는 도덕적 의무감을 일컫는 말이다. 높든 낮든 사람들은 모두 지위를 가지고 이 사회를 살아가고 있다. 그러나 '노블레스 오블리주'는 '높은 지위'를 강조하고, 그것도 사회를 이끌어 가는 지도층에 속하는 사람들의 지위를 강조한다. 지도층은 '엘리트층'이라고도 하고 '상층'이라고도 한다. 좀 부정적 의미로는 '지배층'이라고도 한다. '노블레스 오블리주'는 지도층의 지위에 맞는 도덕적 양심과 행동을 이르는 말로, 사회의 중요 덕목으로 자주 인용된다.
그렇다면 지도층만 도덕적 의무감이 중요하고 일반 국민의 도덕적 의무감은 중요하지 않다는 말인가? 물론 그럴 리도 없고 그렇지도 않다. 도덕적 의무감은 지위가 높든 낮든 다 중요하다. '사회는 도덕 체계다.'라는 말처럼, 사회가 존속하고 지속되는 것은 기본적으로는 법 때문이 아니라 도덕 때문이다. 한 사회 안에서 수적으로 얼마 안 되는 '지도층'의 도덕성만이 문제될 수는 없다. 화합하는 사회, 인간이 존중되는 사회는 국민 전체의 도덕성이 더 중요하다.
그런데도 왜 '노블레스 오블리주'인가? 왜 지도층만의 도덕적 의무감을 특히 중요시하는가? 이유는 명백하다. 우리식 표현으로는 윗물이 맑아야 아랫물이 맑기 때문이다. 서구식 주장으로는 지도층이 '도덕적 지표(指標)'가 되기 때문이다. 그런데 우리식의 표현이든 서구식의 주장이든 이 두 생각이 사회에서 그대로 적용되는 것은 아니다. 사회에서는 위가 맑아도 아래가 부정한 경우가 비일비재(非一非再)하다. 또한 도덕적 실천에서는 지도층이 꼭 절대적 기준이 되는 것도 아니다. 완벽한 기준은 세상 어디에도 존재하지 않는다. 단지 건전한 사회를 만드는 데 어느 방법이 높은 가능성을 지니느냐, 어느 것이 효과적인 방법만이 있을 뿐이다. 우리식 표현이든 서구식 생각이든 두 생각이 공통적으로 갖는 의미는 지도층의 도덕적 의무감이 일반 국민을 도덕 체계 속으로 끌어들이는 데 가장 효과적이며 효율적인 방법이라는 것에 있다. 그래서 '노블레스 오블리주'이다.

① 노블레스 오블리주의 기원
② 노블레스 오블리주가 필요한 이유
③ 노블레스 오블리주의 적용범위
④ 노블레스 오블리주의 한계
⑤ 노블레스 오블리주의 전제

※ 다음 글의 중심 내용으로 가장 적절한 것을 고르시오. [5~9]

05

동물들의 행동을 잘 살펴보면 동물들도 우리가 사용하는 말 못지않은 의사소통 수단을 가지고 있는 듯이 보인다. 즉, 동물들도 여러 가지 소리를 내거나 몸짓을 함으로써 자신들의 감정과 기분을 나타낼 뿐 아니라, 경우에 따라서는 인간과 다를 바 없이 의사를 교환하고 있는 듯하다. 그러나 그것은 단지 겉모습의 유사성에 지나지 않을 뿐이고 사람의 말과 동물의 소리에는 아주 근본적인 차이가 존재한다는 점을 잊어서는 안 된다. 동물들이 사용하는 소리는 단지 배고픔이나 고통 같은 생물학적인 조건에 대한 반응이거나, 두려움이나 분노 같은 본능적인 감정들을 표현하기 위한 것에 지나지 않는다.

① 모든 동물이 다 말을 하는 것은 아니지만, 원숭이와 같이 지능이 높은 동물은 말을 할 수 있다.
② 동물들은 인간이 알아듣지 못하는 방식으로 대화할 뿐 서로 대화를 나누고 정보를 교환하며 인간과 같이 의사소통을 한다.
③ 사육사의 지속적인 훈련을 받는다면 동물들은 인간의 소리를 똑같은 목소리로 정확하게 따라 할 수 있다.
④ 동물들이 내는 소리가 때때로 의사소통의 수단으로 이용된다고 해서 그것을 대화나 토론이나 회의와 같은 언어활동이라고 할 수는 없다.
⑤ 자라면서 언어를 익히는 인간과 달리 동물들은 태어날 때부터 소리를 내고, 이를 통해 자신들의 의사를 표현한다.

06

이론 P에 따르면 복지란 다른 시민의 기본권을 침해하지 않는 한, 각 시민이 갖고 있는 현재의 선호들만 만족시키는 것이다. 현재 선호만을 만족시켜야 한다고 주장하는 근거는 크게 두 가지이다. 첫째, 지금은 사라진 그 어떤 과거 선호들보다 현재의 선호가 더 강렬하다는 것이다. 둘째, 어떤 사람이 지금 선호하지 않는 것을 그에게 지금 제공하는 것은 그에게 만족의 기쁨을 주지 못한다는 사실이다. 만일 이 근거들이 약점을 갖고 있다면 우리는 이론 P를 받아들일 이유가 없다.
첫째 근거에 대해 이런 반론을 제기할 수 있다. 현재 선호와 과거 선호의 강렬함을 현재 시점에서 비교하는 것은 공정하지 않다. 시간에서 벗어나 둘을 비교한다면 현재의 선호보다 더 강렬했던 과거 선호가 있을 수 있다. 예컨대 10년 전 김 씨가 자신의 고향인 개성에 방문하기를 바랐던 것이 일생에서 가장 강렬한 선호였을 수 있다. 둘째 근거에 대해서는 이런 반론을 제기할 수 있다. 선호하는 시점과 만족하는 시점은 대부분의 경우 시간차가 존재한다. 만일 사람들의 선호가 자주 바뀐다면 그들의 현재 선호가 그것이 만족되는 시점까지 지속하리라는 보장이 없다. 이것이 사실이라면 정부가 시민의 현재 선호를 만족시키려고 노력하는 것은 낭비를 낳는다. 이처럼 현재 선호만을 만족시켜야 한다는 주장을 뒷받침하는 근거들은 허점이 많다.

① 사람들의 선호는 시간이 지남에 따라 변하기 때문에 그의 현재 선호도 만족시킬 수 없다.
② 복지를 시민의 현재 선호를 만족시키는 것으로 보는 이론은 받아들이기 어렵다.
③ 어느 선호가 더 강렬한 선호인지를 결정하는 것은 중요하지 않다.
④ 복지 문제에서 과거 선호를 만족시키는 것도 중요하다.
⑤ 복지가 무엇인지 정의하는 것은 불가능하다.

07

정치 갈등의 중심에는 불평등과 재분배의 문제가 자리하고 있다. 이 문제로 좌파와 우파는 오랫동안 대립해 왔다. 두 진영이 협력하여 공동의 목표를 이루려면 두 진영이 불일치하는 지점을 찾아 이 지점을 올바르고 정확하게 분석해야 한다. 바로 이것이 우리가 논증하고자 하는 바이다.

우파는 시장 원리, 개인 주도성, 효율성이 장기 관점에서 소득 수준과 생활환경을 실제로 개선할 수 있다고 주장한다. 반면 정부 개입을 통한 재분배는 그 규모가 크지 않아야 한다. 이 점에서 이들은 선순환 메커니즘을 되도록 방해하지 않는 원천징수나 근로장려세 같은 조세 제도만을 사용해야 한다고 주장한다.

반면 19세기 사회주의 이론과 노동조합 운동을 이어받은 좌파는 사회 및 정치 투쟁이 극빈자의 불행을 덜어주는 더 좋은 방법이라고 주장한다. 이들은 불평등을 누그러뜨리고 재분배를 이루려면 우파가 주장하는 조세 제도만으로는 부족하고, 생산수단을 공유화하거나 노동자의 급여 수준을 강제하는 등 보다 강력한 정부 개입이 있어야 한다고 주장한다. 정부의 개입이 생산 과정의 중심에까지 영향을 미쳐야 시장 원리의 실패와 이 때문에 생긴 불평등을 해소할 수 있다는 것이다.

좌파와 우파의 대립은 두 진영이 사회정의를 바라보는 시각이 다른 데서 비롯된 것이 아니다. 오히려 불평등이 왜 생겨났으며 그것을 어떻게 해소할 것인가를 다루는 사회경제 이론이 다른 데서 비롯되었다. 사실 좌우 진영은 사회정의의 몇 가지 기본 원칙에 합의했다.

행운으로 얻었거나 가족에게 물려받은 재산의 불평등은 개인이 통제할 수 없다. 개인이 통제할 수 없는 요인 때문에 생겨난 불평등을 그런 재산의 수혜자에게 책임지우는 것은 옳지 않다. 이 점에서 행운과 상속의 혜택을 받은 이들에게 이런 불평등 문제를 해결하라고 요구하는 것은 바람직하지 않다. 혜택 받지 못한 이들, 곧 매우 불리한 형편에 부닥친 이들의 처지를 개선하려고 애써야 할 당사자는 당연히 국가다. 정의로운 국가라면 국가가 사회 구성원 모두 평등권을 되도록 폭넓게 누리도록 보장해야 한다는 정의의 원칙은 좌파와 우파 모두에게 널리 받아들여진 생각이다.

불리한 형편에 놓인 이들의 삶을 덜 나쁘게 하고 불평등을 누그러뜨려야 하는 국가의 목표를 이루는 데 두 진영이 협력하는 첫걸음이 무엇인지는 이제 거의 분명해졌다.

① 좌파와 우파는 자신들의 문제점을 개선하려고 애써야 한다.
② 좌파와 우파는 정치 갈등을 해결하려는 의지가 있어야 한다.
③ 좌파와 우파는 사회정의를 위한 기본 원칙에 먼저 합의해야 한다.
④ 좌파와 우파는 분배 문제 해결에 국가가 앞장서야 한다는 데 동의해야 한다.
⑤ 좌파와 우파는 불평등을 일으키고 이를 완화하는 사회경제 메커니즘을 보다 정확히 분석해야 한다.

08

물리학의 근본 법칙들은 실재 세계의 사실들을 정확하게 기술하는가? 이 질문에 확신을 가지고 그렇다고 대답할 사람은 많지 않을 것이다. 사실 다양한 물리 현상들을 설명하는 데 사용되는 물리학의 근본 법칙들은 모두 이상적인 상황만을 다루고 있는 것 같다. 정말로 물리학의 근본 법칙들이 이상적인 상황만을 다루고 있다면 이 법칙들이 실재 세계의 사실들을 정확히 기술한다는 생각에는 문제가 있는 듯하다.

가령 중력의 법칙을 생각해 보자. 중력의 법칙은 "두 개의 물체가 그들 사이의 거리의 제곱에 반비례하고 그 둘의 질량의 곱에 비례하는 힘으로 서로 당긴다."는 것이다. 이 법칙은 두 물체의 운동을 정확하게 설명할 수 있는가? 그렇지 않다는 것은 분명하다. 만약 어떤 물체가 질량뿐만이 아니라 전하를 가지고 있다면 그 물체들 사이에 작용하는 힘은 중력의 법칙만으로 계산된 것과 다를 것이다. 즉 위의 중력의 법칙은 전하를 가지고 있는 물체의 운동을 설명하지 못한다.

물론 사실을 정확하게 기술하는 형태로 중력의 법칙을 제시할 수 있다. 가령, 중력의 법칙은 "중력 이외의 다른 어떤 힘도 없다면, 두 개의 물체가 그들 사이의 거리의 제곱에 반비례하고 그 둘의 질량의 곱에 비례하는 힘으로 서로 당긴다."로 수정될 수 있다. 여기서 '중력 이외의 다른 어떤 힘도 없다면'이라는 구절이 추가된 것에 주목하자. 일단, 이렇게 바꾼 중력의 법칙이 참된 사실을 표현한다는 것은 분명해 보인다. 그러나 이렇게 바꾸면 한 가지 중요한 문제가 발생한다.

어떤 물리 법칙이 유용한 것은 물체에 작용하는 힘들을 통해 다양하고 복잡한 현상을 설명할 수 있기 때문이다. 물리 법칙은 어떤 특정한 방식으로 단순한 현상만을 설명하는 것을 목표로 하지 않는다. 중력의 법칙 역시 마찬가지다. 그것이 우리가 사는 세계를 지배하는 근본적인 법칙이라면 중력이 작용하는 다양한 현상들을 설명할 수 있어야 한다. 하지만 '중력 이외의 다른 어떤 힘도 없다면'이라는 구절이 삽입되었을 때, 중력의 법칙이 설명할 수 있는 영역은 무척 협소해진다. 즉 그것은 오로지 중력만이 작용하는 아주 특수한 상황만을 설명할 수 있을 뿐이다. 결과적으로 참된 사실들을 진술하기 위해 삽입된 구절은 설명력을 현저히 감소시킨다. 이 문제는 거의 모든 물리학의 근본 법칙들이 가지고 있다.

① 물리학의 근본 법칙은 그 영역을 점점 확대하는 방식으로 발전해 왔다.
② 물리적 자연 현상이 점점 복잡하고 다양해짐에 따라 물리학의 근본 법칙도 점점 복잡해진다.
③ 더 많은 실재 세계의 사실들을 기술하는 물리학의 법칙이 그렇지 않은 법칙보다 뛰어난 설명력을 가진다.
④ 물리학의 근본 법칙들은 이상적인 상황을 다루고 있어 실재 세계의 사실들을 정확하게 기술하는 데 어려움이 없다.
⑤ 참된 사실을 정확하게 기술하려고 물리 법칙에 조건을 추가하면 설명 범위가 줄어 다양한 물리 현상을 설명하기 어려워진다.

09

사피어 – 워프 가설은 어떤 언어를 사용하느냐에 따라 사고의 방식이 정해진다는 이론이다. 이에 따르면 언어는 인간의 사고나 사유를 반영함은 물론이고, 그 언어를 쓰는 사람들의 사고방식에까지 영향을 미친다.

공동체의 언어 습관이 특정한 해석을 선택하도록 하기 때문에 우리는 일반적으로 우리가 행한 대로 보고 듣고 경험한다고 한 사피어의 관점에 영향을 받아, 워프는 언어가 경험을 조직한다고 주장했다. 한 문화의 구성원으로서, 특정한 언어를 사용하는 화자로서, 우리는 언어를 통해 암묵적 분류를 배우고 이 분류가 세계의 정확한 표현이라고 간주한다. 그리고 그 분류는 사회마다 다르므로, 각 문화는 서로 다른 의견을 가질 수 있는 개인들로 구성됨에도 불구하고 독특한 합의를 보여 준다. 가령, 에스키모어에는 눈에 관한 낱말이 많은데 영어로는 한 단어인 '눈(snow)'을 네 가지 다른 단어, 즉 땅 위의 눈(aput), 내리는 눈(quana), 바람에 날리는 눈(piqsirpoq), 바람에 날려 쌓이는 눈(quiumqsuq) 등으로 표현한다는 것이다. 북아프리카 사막의 유목민들은 낙타에 대한 10개 이상의 단어를 가지고 있으며, 우리도 마찬가지다. 영어의 'rice'에 해당하는 우리말은 '모', '벼', '쌀', '밥' 등이 있다.

그렇다면 언어와 사고, 언어와 문화의 관계는 어떻게 볼 수 있을까? 일단 우리는 언어와 정신 활동이 상호 의존성을 갖는다고 말할 수 있을 것이다. 하지만 그들 간의 관계 중 어떤 것이 우월한 것인지를 잘 식별할 수 없는 정도로 인식이 되고 나면, 우리의 생각은 언어 우위 쪽으로 기울기 쉽다. 왜냐하면 언어의 사용에 따라 사고가 달라지는 것이라고 규정하는 것이 사고를 통해 언어가 만들어진다는 것보다 훨씬 더 쉽게 이해되기 때문이다. 이러한 면에서 사피어 – 워프 가설은 언어 우위론적 입장을 보인다고 할 수 있다.

그러나 사피어 – 워프 가설이 언어 우위론의 근거로만 설명되는 것은 아니다. 앞의 에스키모어의 예를 보면, 사람들이 눈을 인지하는 방법이 달라진 것(사고의 변화)으로 인해 언어도 달라지게 되었는지, 반대로 언어 체계가 달라진 것으로 인해 눈을 인지하는 방법이 달라졌는지를 명확하게 설명할 수 없기 때문이다.

① 사피어 – 워프 가설은 언어 우위론으로 입증할 수 있다.
② 사피어 – 워프 가설의 예로 에스키모어가 있다.
③ 사피어 – 워프 가설은 우리의 언어 생활과 밀접한 이론이다.
④ 언어와 사고의 관계에 대한 사피어 – 워프 가설을 증명하기는 쉽지 않다.
⑤ 사피어 – 워프 가설은 학계에서 대체로 인정하는 추세이다.

10 다음 (가) ~ (마) 문단의 주제로 적절하지 않은 것은?

(가) 우리는 최근 '사회가 많이 깨끗해졌다.'라는 말을 많이 듣는다. 실제 우리의 일상생활은 정말 많이 깨끗해졌다. 과거에 비하면 일상생활에서 뇌물이 오가는 경우가 거의 없어진 것이다. 그런데 왜 부패인식지수가 나아지기는커녕 도리어 나빠지고 있을까? 일상생활과 부패인식지수가 전혀 다른 모습을 보이는 이유는 어디에 있을까?

(나) 부패인식지수가 산출되는 과정에서 그 물음의 답을 찾을 수 있다. 부패인식지수는 국제투명성기구에서 매년 조사하여 발표하고 있는 세계적으로 가장 권위 있는 부패 지표로, 지수는 국제적인 조사 및 평가를 실시하고 있는 여러 기관의 조사 결과를 바탕으로 산출된다. 각 기관의 조사 항목과 조사 대상은 서로 다르지만, 주요 항목은 공무원의 직권 남용 억제 기능, 공무원의 공적 권력의 사적 이용, 공공서비스와 관련한 뇌물 등으로 공무원의 뇌물과 부패에 초점이 맞추어져 있다.

(다) 부패인식지수를 이해하는 데에 주목하여야 할 또 하나의 중요한 점은 부패인식지수 계산에 사용된 각 지수의 조사 대상이다. 조사에 따라 약간의 차이가 있기는 하지만 조사는 주로 해당 국가나 해당 국가와 거래하고 있는 고위 기업인과 전문가들을 대상으로 이루어진다. 일반 시민이 아닌 기업 활동에서 공직자들과 깊숙한 관계를 맺고 있어 공직자들의 행태를 누구보다 잘 알고 있을 것으로 추정되는 사람들의 의견을 대상으로 하는 것이다. 결국 부패인식지수는 고위 기업경영인과 전문가들의 공직 사회의 뇌물과 부패에 대한 평가라 할 수 있다.

(라) 그렇다면 부패인식지수를 개선하는 방법은 무엇일까? 그간 정부는 공무원행동강령, 청탁금지법, 부패방지기구 설치 등 많은 제도적인 노력을 기울여왔다. 그러나 이러한 정부의 노력에도 불구하고 정부 반부패정책은 대부분 효과가 없는 것으로 보인다. 정부 노력에 대한 일반 시민들의 시선도 차갑기만 하다. 결국 법과 제도적 장치는 우리 사회에 만연한 연줄 문화 앞에서 힘을 쓰지 못하고 있는 것으로 해석할 수 있다.

(마) 천문학적인 뇌물을 받아도 마스크를 낀 채 휠체어를 타고 교도소를 나오는 기업경영인과 공직자들의 모습을 우리는 자주 봐왔다. 이처럼 솜방망이 처벌이 반복되는 상황에서 부패는 계속될 수밖에 없다. 예상되는 비용에 비해 기대 수익이 큰 상황에서 부패는 끊어질 수 없는 것이다. 이러한 상황이 인간의 욕망을 도리어 자극하여 사람들은 연줄을 찾아 더 많은 부당이득을 노리려 할지 모른다. 연줄로 맺어지든 다른 방식으로 이루어지든 부패로 인하여 지불해야 할 비용이 크다면 부패에 대한 유인이 크게 줄어들 수 있을 것이다.

① (가) : 일상부패에 대한 인식과 부패인식지수의 상반되는 경향에 대한 의문
② (나) : 공공분야에 맞추어진 부패인식지수의 산출과정
③ (다) : 특정 계층으로 집중된 부패인식지수의 조사 대상
④ (라) : 부패인식지수의 효과적인 개선방안
⑤ (마) : 부패가 계속되는 원인과 부패 해결 방향

CHAPTER 06

비판·반박 | 대표유형 1

비판

다음 글이 비판하는 주장으로 가장 적절한 것은?

> '모래언덕'이나 '바람' 같은 개념은 매우 모호해 보인다. 작은 모래 무더기가 모래언덕이라고 불리려면 얼마나 높이 쌓여야 하는가? 바람이 되려면 공기는 얼마나 빨리 움직여야 하는가?
> 그러나 지질학자들이 관심이 있는 대부분의 문제 상황에서 이런 개념들은 아무 문제 없이 작동한다. 더 높은 수준의 세분화가 요구될 만한 맥락에서는 그때마다 '30m에서 40m 사이의 높이를 가진 모래언덕'이나 '시속 20km와 시속 40km 사이의 바람'처럼 수식어구가 달린 표현이 과학적 용어의 객관적인 사용을 뒷받침한다.
> 물리학 같은 정밀과학에서도 사정은 비슷하다. 물리학의 한 연구 분야인 저온물리학은 저온현상, 즉 초전도 현상을 비롯하여 절대온도 0도인 −273.16℃ 부근의 저온에서 나타나는 흥미로운 현상들을 연구한다. 그렇다면 정확히 몇 도부터 저온인가? 물리학자들은 이 문제를 놓고 다투지 않는다. 때로는 이 말이 헬륨의 끓는점(−268.6℃) 같은 극저온 근방을 가리키는가 하면, 질소의 끓는점(−195.8℃)이 기준이 되기도 한다.
> 과학자들은 모호한 것을 싫어한다. 모호성은 과학의 정밀성을 훼손할 뿐만 아니라 궁극적으로 과학의 객관성을 약화하기 때문이다. 그러나 모호성에 대응하는 길은 모든 측정의 오차를 0으로 만드는 데 있는 것이 아니라 대화를 통해 그 상황에 적절한 합의를 하는 데 있다.

① 과학의 정확성은 측정기술의 정확성에 달려 있다.
② 물리학 같은 정밀과학에서도 오차는 발생하기 마련이다.
③ 과학의 발달은 과학적 용어체계의 변화를 유발할 수 있다.
④ 과학적 언어의 객관성은 그 언어가 사용되는 맥락 속에서 확보된다.
⑤ 과학적 언어의 객관성은 용어의 엄밀하고 보편적인 정의에 의해서만 보장된다.

정답 해설

제시문의 화제는 '과학적 용어'이다. 필자는 '모래언덕'의 높이, '바람'의 세기, '저온'의 온도를 사례로 들어 과학자들은 모호한 것은 싫어하지만 '대화를 통해 그 상황에 적절한 합의를 도출'하는 것으로 문제화하지 않는다고 한다. 따라서 제시문은 과학적 용어가 엄밀하고 보편적인 정의에 의해 객관성이 보장된다는 ⑤의 주장에 대한 비판적 논거이다.

정답 ⑤

CHAPTER 06 반박

비판·반박 | 대표유형 2

다음 주장에 대한 반박으로 가장 적절한 것은?

> 고전적 귀납주의는 경험적 증거가 배제하지 않는 가설들 사이에서 선택을 가능하게 해 준다. 고전적 귀납주의는 특정 가설에 부합하는 경험적 증거가 많을수록 그 가설이 더욱 믿을 만하게 된다고 주장한다. 이에 따르면 우리는 관련된 경험적 증거 전체를 고려하여 가설을 선택할 수 있다. 예를 들어, 비슷한 효능이 기대되는 두 신약 중 어느 것을 건강보험 대상 약품으로 지정할 것인지를 결정하는 경우를 생각해 보자. 고전적 귀납주의는 우리가 두 신약에 대한 다양한 임상 시험 결과를 종합적으로 고려해서 긍정적 결과를 더 많이 얻은 신약을 선택해야 한다고 조언한다.

① 가설의 신뢰도가 높아지려면 가설에 부합하는 새로운 증거가 계속 등장해야 한다.
② 경험적 증거가 여러 가설에 부합하는 경우 아무런 도움이 되지 않는다.
③ 가설로부터 도출된 예측과 경험적 관찰이 모순되는 가설은 배제해야 한다.
④ 가설의 신뢰도가 경험적 증거로 인하여 얼마나 높아지는지를 정량적으로 판단할 수 없다.
⑤ 가설 검증을 통해서만 절대적 진리에 도달할 수 있다.

정답 해설

제시문에 따르면 고전적 귀납주의는 여러 가설 사이에서 관련된 경험적 증거 전체를 고려하여 경험적 증거가 많은 가설을 선택할 수 있다. 즉, 가설에 부합하는 경험적 증거가 많을수록 가설의 신뢰도가 더 높아진다고 본 것이다. 따라서 이러한 주장에 대한 반박으로는 경험적 증거로 인해 높아지는 가설의 신뢰도를 정량적으로 판단할 수 없다는 ④가 가장 적절하다.

정답 ④

CHAPTER 06

비판 · 반박

유형점검

정답 및 해설 p.036

STEP 1 기본문제

01 다음 글의 주장에 대한 비판으로 가장 적절한 것은?

> 고대 그리스 시대의 사람들은 신에 의해 우주가 운행된다고 믿는 결정론적 세계관 속에서 신에 대한 두려움이나 신이 야기한다고 생각되는 자연재해나 천체 현상 등에 대한 두려움을 떨치지 못했다. 에피쿠로스는 당대의 사람들이 이러한 잘못된 믿음에서 벗어나도록 하는 것이 중요하다고 보았고, 이를 위해 인간이 행복에 이를 수 있도록 자연학을 바탕으로 자신의 사상을 전개하였다.
> 에피쿠로스는 신의 존재는 인정하나 신의 존재 방식이 인간이 생각하는 것과는 다르다고 보고, 신은 우주들 사이의 중간 세계에 살며 인간사에 개입하지 않는다는 이신론적(理神論的) 관점을 주장한다. 그는 불사의 존재인 신이 최고로 행복한 상태이며, 다른 어떤 것에게도 고통을 주지 않고, 모든 고통은 물론 분노와 호의와 같은 것으로부터 자유롭다고 말한다. 따라서 에피쿠로스는 인간의 세계가 신에 의해 결정되지 않으며, 인간의 행복도 자율적 존재인 인간 자신에 의해 완성된다고 본다.
> 한편 에피쿠로스는 인간의 영혼도 육체와 마찬가지로 미세한 입자로 구성된다고 본다. 영혼은 육체와 함께 생겨나고 육체와 상호작용하며 육체가 상처를 입으면 영혼도 고통을 받는다. 더 나아가 육체가 소멸하면 영혼도 함께 소멸하게 되어 인간은 사후(死後)에 신의 심판을 받지 않으므로, 살아있는 동안 인간은 사후에 심판이 있다고 생각하여 두려워 할 필요가 없게 된다. 이러한 생각은 인간으로 하여금 죽음에 대한 모든 두려움에서 벗어나게 하는 근거가 된다.

① 신은 우리가 생각하는 것처럼 인간 세계에 대해 그다지 관심이 많지 않다.
② 인간은 신을 믿지 않기 때문에 두려움도 느끼지 않는다.
③ 신이 만든 인간의 육체와 영혼은 서로 분리될 수 없으므로 사후세계는 인간의 허상에 불과하다.
④ 신은 인간 세계에 개입하지 않으므로 신의 섭리에 따라 인간의 삶을 이해하려 해서는 안 된다.
⑤ 인간이 아픔 때문에 죽음에 대해 두려움을 느낀다면, 사후에 대한 두려움을 떨쳐버리는 것만으로 두려움은 해소될 수 없다.

02 다음 글이 비판의 대상으로 삼는 주장으로 가장 적절한 것은?

> 경제 문제는 대개 해결이 가능하다. 대부분의 경제 문제에는 몇 개의 해결책이 있다. 그러나 모든 해결책은 누군가가 상당한 손실을 반드시 감수해야 한다는 특징을 갖고 있다. 하지만 누구도 이 손실을 자발적으로 감수하고자 하지 않으며, 우리의 정치제도는 누구에게도 이 짐을 짊어지라고 강요할 수 없다. 우리의 정치적, 경제적 구조로는 실질적으로 제로섬(Zero-sum)적인 요소를 지니는 경제 문제에 전혀 대처할 수 없다.
>
> 대개의 경제적 해결책은 대규모의 제로섬적인 요소를 갖기 때문에 큰 손실을 수반한다. 모든 제로섬 게임에는 승자가 있다면 반드시 패자가 있으며, 패자가 존재해야만 승자가 존재할 수 있다. 경제적 이득이 경제적 손실을 초과할 수도 있지만, 손실의 주체에게 손실의 의미란 상당한 크기의 경제적 이득을 부정할 수 있을 만큼 매우 중요하다. 어떤 해결책으로 인해 평균적으로 사회는 더 잘 살게 될 수도 있지만, 이 평균이 훨씬 더 잘 살게 된 수많은 사람들과 훨씬 더 못 살게 된 수많은 사람들을 감춘다. 만약 당신이 더 못 살게 된 사람 중 하나라면 내 수입이 줄어든 것보다 다른 누군가의 수입이 더 많이 늘었다고 해서 위안을 얻지는 않을 것이다. 결국 우리는 우리 자신의 수입을 보호하기 위해 경제적 변화가 일어나는 것을 막거나 혹은 사회가 우리에게 손해를 입히는 공공정책이 강제로 시행되는 것을 막기 위해 싸울 것이다.

① 빈부격차를 해소하는 것만큼 중요한 정책은 없다.
② 사회의 총생산량이 많아지게 하는 정책이 좋은 정책이다.
③ 경제문제에서 모두가 만족하는 해결책은 존재하지 않는다.
④ 경제적 변화에 대응하는 정치제도의 기능에는 한계가 존재한다.
⑤ 경제정책의 효율성을 높이는 방법은 일관성을 유지하는 것이다.

03 다음 글의 ⓒ의 관점에서 ⓐ의 관점을 비판한 내용으로 가장 적절한 것은?

> 20세기 초에 이르기까지 유럽의 언어학자들은 언어를 진화하고 변화하는 대상으로 보고, 언어학이 역사적이어야 한다고 생각하였다. 이러한 관점은 "언어가 역사적으로 발달해 온 방식을 어느 정도 고찰하지 않고서는 그 언어를 성공적으로 설명할 수 없다."라는 ⓐ <u>파울</u>의 말로 대변된다.
>
> 이러한 경향에 반해 ⓒ <u>소쉬르</u>는 언어가 역사적인 산물이더라도 변화 이전과 변화 이후를 구별해서 보아야 한다고 주장하였다. 언어는 구성 요소의 순간 상태 이외에는 어떤 것에 의해서도 규정될 수 없는 가치 체계이므로, 그 자체로서의 가치 체계와 변화에 따른 가치를 구별하지 않고서는 언어를 정확하게 연구할 수 없다는 것이다. 화자는 하나의 상태 앞에 있을 뿐이며, 화자에게는 시간 속에 위치한 현상의 연속성이 존재하지 않기 때문이다. 그러므로 한 시기의 언어 상태를 기술하기 위해서는 그 상태에 이르기까지의 모든 과정을 무시해야 한다고 하였다.

① 자연 현상과는 달리 과거의 언어와 현재의 언어는 상호 간의 인과 관계에 의해 설명될 수 있다.
② 언어는 끊임없이 변화하므로 변화의 내용보다는 변화의 원리를 밝히는 것이 더 중요하다.
③ 현재의 언어와 과거의 언어는 각각 정적인 상태이지만 전자는 후자를 바탕으로 하고 있다.
④ 화자의 말은 발화 당시의 언어 상태를 반영하므로 언어 연구는 그 당시의 언어를 대상으로 해야 한다.
⑤ 언어에는 역사의 유물과 같은 증거가 없기 때문에 언어학은 과거의 언어와 관련된 사실을 밝힐 수 없다.

※ 다음 글에 대한 반박으로 가장 적절한 것을 고르시오. [4~5]

04

어떤 모델이든지 상품의 특성에 적합한 이미지를 갖는 인물이어야 광고 효과가 제대로 나타날 수 있다. 예를 들어, 자동차, 카메라, 공기 청정기, 치약과 같은 상품의 경우에는 자체의 성능이나 효능이 중요하므로 대체로 전문성과 신뢰성을 갖춘 모델이 적합하다. 이와 달리 상품이 주는 감성적인 느낌이 중요한 보석, 초콜릿, 여행 등과 같은 상품은 매력성과 친근성을 갖춘 모델이 잘 어울린다. 그런데 유명인이 그들의 이미지에 상관없이 여러 유형의 상품 광고에 출연하면 모델의 이미지와 상품의 특성이 어울리지 않는 경우가 많아 광고 효과가 나타나지 않을 수 있다.

유명인의 중복 출연이 소비자가 모델을 상품과 연결시켜 기억하기 어렵게 한다는 점도 광고 효과에 부정적인 영향을 미친다. 유명인의 이미지가 여러 상품으로 분산되면 광고 모델과 상품 간의 결합력이 약해질 것이다. 이는 유명인 광고 모델의 긍정적인 이미지를 광고 상품에 전이하여 얻을 수 있는 광고 효과를 기대하기 어렵게 만든다.

또한 유명인의 중복 출연 광고는 광고 메시지에 대한 신뢰를 얻기 힘들다. 유명인 광고 모델이 여러 광고에 중복하여 출연하면, 그 모델이 경제적인 이익만을 추구한다는 이미지가 소비자에게 강하게 각인된다. 그러면 소비자들은 유명인 광고 모델의 진실성을 의심하게 되어 광고 메시지가 객관성을 결여하고 있다고 생각하게 될 것이다.

유명인 모델의 광고 효과를 높이기 위해서는 유명인이 자신과 잘 어울리는 한 상품의 광고에만 지속적으로 나오는 것이 좋다. 이렇게 할 경우 상품의 인지도가 높아지고, 상품을 기억하기 쉬워지며, 광고 메시지에 대한 신뢰도가 제고된다. 유명인의 유명세가 상품에 전이되고 소비자가 유명인이 진실하다고 믿게 되기 때문이다.

① 광고 효과를 높이기 위해서는 제품의 이미지와 맞는 모델을 골라야 한다.
② 유명인이 한 광고에만 지속적으로 나올 경우 긍정적인 효과를 기대할 수 있다.
③ 사람들은 특정 인물이 광고에 출연한 것만으로 브랜드를 선택하는 경향이 있다.
④ 연예인이 여러 광고의 모델일 경우 소비자들은 광고 브랜드에 대한 신뢰를 잃게 된다.
⑤ 유명 연예인이 많은 광고에 출연하게 되면 소비자들은 모델과 상품 간의 연관성을 찾지 못한다.

05

우리는 우리가 생각한 것을 말로 나타낸다. 또 다른 사람의 말을 듣고, 그 사람이 무슨 생각을 가지고 있는가를 짐작한다. 그러므로 생각과 말은 서로 떨어질 수 없는 깊은 관계를 가지고 있다.
그러면 말과 생각이 얼마만큼 깊은 관계를 가지고 있을까? 이 문제를 놓고 사람들은 오랫동안 여러 가지 생각을 하였다. 그 가운데 가장 두드러진 것이 두 가지 있다. 그 하나는 말과 생각이 서로 꼭 달라붙은 쌍둥이인데 한 놈은 생각이 되어 속에 감추어져 있고 다른 한 놈은 말이 되어 사람 귀에 들리는 것이라는 생각이다. 다른 하나는 생각이 큰 그릇이고 말은 생각 속에 들어가는 작은 그릇이어서 생각에는 말 이외에도 다른 것이 더 있다는 생각이다.
이 두 가지 생각 가운데서 앞의 것은 조금만 깊이 생각해 보면 틀렸다는 것을 즉시 깨달을 수 있다. 우리가 생각한 것은 거의 대부분 말로 나타낼 수 있지만, 누구든지 가슴 속에 응어리진 어떤 생각이 분명히 있기는 한데 그것을 어떻게 말로 표현해야 할지 애태운 경험을 가지고 있을 것이다. 이것 한 가지만 보더라도 말과 생각이 서로 안팎을 이루는 쌍둥이가 아님은 쉽게 판명된다.
인간의 생각이라는 것은 매우 넓고 큰 것이며, 말이란 결국 생각의 일부분을 주워 담는 작은 그릇에 지나지 않는다. 그러나 아무리 인간의 생각이 말보다 범위가 넓고 큰 것이라고 하여도 그것을 가능한 한 말로 바꾸어 놓지 않으면 그 생각의 위대함이나 오묘함이 다른 사람에게 전달되지 않기 때문에 생각이 형님이요, 말이 동생이라고 할지라도 생각은 동생의 신세를 지지 않을 수가 없게 되어 있다.

① 말이 통하지 않아도 생각은 얼마든지 전달될 수 있다.
② 생각을 드러내는 가장 직접적인 수단은 말이다.
③ 말은 생각이 바탕이 되어야 생산될 수 있다.
④ 말과 생각은 서로 영향을 주고받는 긴밀한 관계를 유지한다.
⑤ 사회적·문화적 배경이 우리의 생각에 영향을 끼친다.

STEP 2 응용문제

※ 다음 글에 대한 반박으로 가장 적절한 것을 고르시오. [1~2]

01
> 인간 배아의 유전자를 편집하는 기술을 허용해서는 안 된다. 첫째, 인간 배아의 유전자를 편집하는 기술은 아직까지 안전성이 확인되지 않았다. 따라서 예상치 못한 유전자 변형의 문제가 발생할 수 있을 뿐만 아니라, 그 문제가 미래 세대에게까지 영향을 미칠 위험성이 있다. 둘째, 사회적 불평등이 심화될 수 있다. 왜냐하면 이 기술을 사용하는 데는 많은 비용이 들 것으로 예상되기 때문에 소수의 사람들만이 기술의 혜택을 받게 될 것이다. 셋째, 인간은 그 자체로 존엄한 가치를 인정받고 소중한 생명으로 여겨져야 한다. 그런데 유전자 편집 기술은 유전자 중 결함이 있는 유전자가 있다는 것을 전제하고, 인간을 있는 그대로 인정하지 않는다는 윤리적 문제에서 자유로울 수 없다.

① 인간 배아에 대한 유전자 편집 기술을 사용하기 위해서는 의료계의 동의가 필요하다.
② 유전자 편집 기술을 개발하는 데 필요한 비용은 국가적 차원에서 해결해야 한다.
③ 기술이 발전하여 비용을 낮출 수 있다면 유전자 편집 기술에 대한 혜택이 많은 사람에게 돌아갈 수 있다.
④ 의료계에 대한 경제적 지원을 늘린다면 유전자 편집 기술의 획기적 발전이 이루어질 수 있다.
⑤ 우리 사회에 유전자 편집 기술이 도입되려면 먼저 사회적 인식 변화와 함께 관련된 구체적 제도가 만들어져야 한다.

02
> 대리모는 허용되어서는 안 된다. 최근의 자료에 의하면 대리모는 대부분 금전적인 대가가 지불되는 상업적인 대리모의 형태로 이루어지고 있다고 한다. 아이를 출산해 주는 대가로 대리모에게 금전을 지불하는 것은 아이를 상품화하는 것이다. 칸트가 말했듯이, 인간은 수단이 아니라 목적으로 대하여야 한다. 대리모는 결국 아이를 목적이 아닌 수단으로 취급하고 있다는 점에서 인간의 존엄과 가치를 침해한다.

① 최근 조사에 따르면 우리나라의 불임부부는 약 100만 쌍으로 불임 여성은 지속적으로 증가하고 있다.
② 경제적 취약 계층이 된 여성들은 대리모를 통해 빈곤을 해결할 수 있다.
③ 대리모의 건강에 문제가 생길 경우 대리모를 보호할 제도적 장치가 부족하다.
④ 대리모를 통해 출생하는 아이의 인권은 법적인 제도로써 보호되어야 한다.
⑤ 대리모는 아이가 아닌 임신·출산 서비스를 매매의 대상으로 삼고 있으므로 아이의 존엄과 가치를 떨어뜨리지 않는다.

03 다음 글의 주장에 대한 비판으로 적절하지 않은 것은?

> 동물실험이란 교육, 시험, 연구 및 생물학적 제제의 생산 등 과학적 목적을 위해 동물을 대상으로 실시하는 실험 또는 그 과학적 절차를 말한다. 전 세계적으로 매년 약 6억 마리의 동물들이 실험에 쓰이고 있다고 추정되며, 대부분의 동물들은 실험이 끝난 뒤 안락사를 시킨다.
>
> 동물실험은 대개 인체실험의 전 단계로 이루어지는데, 검증되지 않은 물질을 바로 사람에게 주입하여 발생하는 위험을 줄일 수 있다는 점에서 필수적인 실험이라고 말할 수 있다. 물론 살아있는 생물을 대상으로 하는 실험이기 때문에 대체(Replacement), 감소(Reduction), 개선(Refinement)으로 요약되는 3R 원칙에 입각하여 실험하는 것이 당연하다. 굳이 다른 방법이 있다면 그 방법을 채택할 것이며, 희생이 되는 동물의 수를 최대한 줄이고, 필수적인 실험 조건 외에는 자극을 주지 않아야 한다.
>
> 하지만 그럼에도 보다 안전한 결과를 도출해내기 위한 동물실험은 필요악이며, 이러한 필수적인 의약실험조차 금지하려 한다는 것은 기술 발전 속도를 늦춰 약이 필요한 누군가의 고통을 감수하자는 이기적인 주장과 같다고 할 수 있다.

① 3R 원칙과 같은 윤리적 강령이 법적인 통제력을 지니지 않은 이상 실제로 얼마나 엄격하게 지켜질 것인지는 알 수 없다.
② 화장품 업체들의 동물실험과 같은 사례를 통해, 생명과 큰 연관이 없는 실험은 필요악이라고 주장할 수 없다.
③ 아무리 엄격하게 통제된 실험이라고 해도 동물 입장에서 바라본 실험이 비윤리적이며 생명체의 존엄성을 훼손하는 행위라는 사실을 벗어날 수는 없다.
④ 과거와 달리 현대에서는 인공 조직을 배양하여 실험의 대상으로 삼을 수 있으므로 동물실험 자체를 대체하는 것이 가능하다.
⑤ 동물실험에서 안전성을 검증받은 이후 인체에 피해를 준 약물의 사례가 존재한다.

04 다음 글의 글쓴이의 주장을 비판하기 위한 탐구 활동으로 가장 적절한 것은?

> 기술은 그 내부적인 발전 경로를 이미 가지고 있으며, 따라서 어떤 특정한 기술(혹은 인공물)이 출현하는 것은 '필연적'인 결과라고 생각하는 사람들이 많다. 이러한 통념을 약간 다르게 표현하자면, 기술의 발전 경로는 이전의 인공물보다 '기술적으로 보다 우수한' 인공물들이 차례차례 등장하는, 인공물들의 연쇄로 파악할 수 있다는 것이다. 그리고 기술의 발전 경로가 '단일한' 것으로 보고, 따라서 어떤 특정한 기능을 갖는 인공물을 만들어 내는 데 있어서 '유일하게 가장 좋은' 설계 방식이나 생산 방식이 있을 수 있다고 가정한다. 이와 같은 생각을 종합하면 기술의 발전은 결코 사회적인 힘이 가로막을 수 없는 것일 뿐 아니라 단일한 경로를 따르는 것이므로, 사람들이 할 수 있는 일은 이미 정해져 있는 기술의 발전 경로를 열심히 추적해 가는 것밖에 남지 않게 된다는 결론이 나온다. 그러나 다양한 사례 연구에 의하면 어떤 특정 기술이나 인공물을 만들어 낼 때, 그것이 특정한 형태가 되도록 하는 데 중요한 역할을 하는 것은 그 과정에 참여하고 있는 엔지니어, 자본가, 소비자, 은행, 정부 등의 이해관계나 가치체계임이 밝혀졌다. 이렇게 보면 기술은 사회적으로 형성된 것이며, 이미 그 속에 사회적 가치를 반영하고 있는 셈이 된다. 뿐만 아니라 복수의 기술이 서로 경쟁하여 그중 하나가 사회에서 주도권을 잡는 과정을 분석해 본 결과, 이 과정에서 중요한 역할을 하는 것은 기술적 우수성이나 사회적 유용성이 아닌, 관련된 사회집단들의 정치적·경제적 영향력인 것으로 드러났다고 한다. 결국 현재에 이르는 기술 발전의 궤적은 결코 필연적이고 단일한 것이 아니었으며, '다르게' 될 수도 있었음을 암시하고 있는 것이다.

① 논거가 되는 연구 결과를 반박할 수 있는 다른 연구자료를 조사한다.
② 사회 변화에 따라 가치 체계의 변동이 일어나게 되는 원인을 분석한다.
③ 기술 개발에 관계자들의 이해관계나 가치가 작용한 실제 사례를 조사한다.
④ 글쓴이가 문제 삼고 있는 통념에 변화가 생기게 된 계기를 분석한다.
⑤ 글쓴이가 통념을 종합하여 이끌어낸 결론의 타당성을 검토한다.

05 다음 글을 읽고 라이헨바흐의 논증을 평가·비판한 내용으로 적절하지 않은 것은?

> 귀납은 현대 논리학에서 연역이 아닌 모든 추론, 즉 전제가 결론을 개연적으로 뒷받침하는 모든 추론을 가리킨다. 귀납은 기존의 정보나 관찰 증거 등을 근거로 새로운 사실을 추가하는 지식 확장적 특성을 지닌다. 이 특성으로 인해 귀납은 근대 과학 발전의 방법적 토대가 되었지만, 한편으로 귀납 자체의 논리적 한계를 지적하는 문제들에 부딪히기도 한다.
> 먼저 흄은 과거의 경험을 근거로 미래를 예측하는 귀납이 정당한 추론이 되려면 미래의 세계가 과거에 우리가 경험해 온 세계와 동일하다는 자연의 일양성(一樣性), 곧 한결같음이 가정되어야 한다고 보았다. 그런데 자연의 일양성은 선험적으로 알 수 있는 것이 아니라 경험에 기대어야 알 수 있는 것이다. 즉, "귀납이 정당한 추론이다."라는 주장은 "자연은 일양적이다."라는 다른 지식을 전제로 하는데, 그 지식은 다시 귀납에 의해 정당화되어야 하는 경험적 지식이므로 귀납의 정당화는 순환 논리에 빠져 버린다는 것이다. 이것이 귀납의 정당화 문제이다.
> 귀납의 정당화 문제로부터 과학의 방법인 귀납을 옹호하기 위해 라이헨바흐는 이 문제에 대해 현실적 구제책을 제시한다. 라이헨바흐는 자연이 일양적일 수도 있고 그렇지 않을 수도 있음을 전제한다. 먼저 자연이 일양적일 경우, 그는 지금까지의 우리의 경험에 따라 귀납이 점술이나 예언 등의 다른 방법보다 성공적인 방법이라고 판단한다. 자연이 일양적이지 않다면, 어떤 방법도 체계적으로 미래 예측에 계속해서 성공할 수 없다는 논리적 판단을 통해 귀납은 최소한 다른 방법보다 나쁘지 않은 추론이라고 확언한다. 결국 자연이 일양적인지 그렇지 않은지 알 수 없는 상황에서는 귀납을 사용하는 것이 옳은 선택이라는 라이헨바흐의 논증은 귀납의 정당화 문제를 현실적 차원에서 해소하려는 시도로 볼 수 있다.

① 귀납이 지닌 논리적 허점을 완전히 극복한 것은 아니라는 비판의 여지가 있다.
② 귀납을 과학의 방법으로 사용할 수 있음을 지지하려는 목적에서 시도하였다는 데 의미가 있다.
③ 귀납과 다른 방법을 비교하기 위해 경험적 판단과 논리적 판단을 모두 활용한 것이 특징이다.
④ 귀납과 견주어 미래 예측에 더 성공적인 방법이 없다는 판단을 근거로 귀납의 가치를 보여 주고 있다.
⑤ 귀납이 현실적으로 옳은 추론 방법임을 밝히기 위해 자연의 일양성이 선험적 지식임을 증명한 데 의의가 있다.

STEP 3 적중문제

※ 다음 글에 대한 비판으로 가장 적절한 것을 고르시오. **[1~3]**

01

> 전통적인 경제학에 따른 통화 정책에서는 정책 금리를 활용하여 물가를 안정시키고 경제 안정을 도모하는 것을 목표로 한다. 중앙은행은 경기가 과열되었을 때 정책 금리 인상을 통해 경기를 진정시키고자 한다. 정책 금리 인상으로 시장 금리도 높아지면 가계 및 기업에 대한 대출 감소로 신용 공급이 축소된다. 신용 공급의 축소는 경제 내 수요를 줄여 물가를 안정시키고 경기를 진정시킨다. 반면 경기가 침체되었을 때는 반대의 과정을 통해 경기를 부양시키고자 한다.
> 금융을 통화 정책의 전달 경로로만 보는 전통적인 경제학에서는 금융감독 정책이 개별 금융 회사의 건전성 확보를 통해 금융 안정을 달성하고자 하는 미시 건전성 정책에 집중해야 한다고 보았다. 이러한 관점은 금융이 직접적인 생산 수단이 아니므로 단기적일 때와는 달리 장기적으로는 경제 성장에 영향을 미치지 못한다는 인식과 자산 시장에서는 가격이 본질적 가치를 초과하여 폭등하는 버블이 존재하지 않는다는 효율적 시장 가설에 기인한다. 미시 건전성 정책은 개별 금융 회사의 건전성에 대한 예방적 규제 성격을 가진 정책 수단을 활용하는데, 그 예로는 향후 손실에 대비하여 금융 회사의 자기자본 하한을 설정하는 최저 자기자본 규제를 들 수 있다.

① 중앙은행의 정책이 자산 가격 버블에 따른 금융 불안을 야기하여 경제 안정이 훼손될 수 있다.
② 시장의 물가가 지나치게 상승할 경우 국가는 적극적으로 개입하여 물가를 안정시켜야 한다.
③ 경기가 침체된 상황에서는 처방적 규제보다 예방적 규제에 힘써야 한다.
④ 금융은 단기적일 때와 달리 장기적으로는 경제 성장에 별다른 영향을 미치지 못한다.
⑤ 금융 회사에 대한 최저 자기자본 규제를 통해 금융 회사의 건전성을 확보할 수 있다.

02

저작권은 저자의 권익을 보호함으로써 활발한 저작 활동을 촉진하여 인류의 문화 발전에 기여하기 위한 것이다. 그러나 이렇게 공적 이익을 추구하기 위한 저작권이 현실에서는 일반적으로 지나치게 사적 재산권을 행사하는 도구로 인식되고 있다. 저작물 이용자들의 권리를 보호하기 위해 마련한, 공익적 성격의 법조항도 법적 분쟁에서는 항상 사적 재산권의 논리에 밀려 왔다.

저작권 소유자 중심의 저작권 논리는 실제로 저작권이 담당해야 할 사회적 공유를 통한 문화 발전을 방해한다. '애국가 저작권'에 대한 논란은 이러한 문제를 단적으로 보여준다. 저자 사후 50년 동안 적용되는 국내 저작권법에 따라, 애국가가 포함된 『한국 환상곡』의 저작권이 작곡가 안익태의 유족들에게 2015년까지 주어졌다는 사실이 언론을 통해 알려진 것이다. 누구나 자유롭게 이용할 수 있는 국가(國歌)마저 공공재가 아닌 개인 소유라는 사실에 많은 사람들이 놀랐다.

창작은 백지 상태에서 완전히 새로운 것을 만드는 것이 아니라 저작자와 인류가 쌓은 지식 간의 상호 작용을 통해 이루어진다. "내가 남들보다 조금 더 멀리 보고 있다면, 이는 내가 거인의 어깨 위에 올라서 있는 난쟁이이기 때문"이라는 뉴턴의 겸손은 바로 이를 말한다. 이렇듯 창작자의 저작물은 인류의 지적 자원에서 영감을 얻은 결과이다. 그러한 저작물을 다시 인류에게 되돌려 주는 데 저작권의 의의가 있다. 이러한 생각은 이미 1960년대 프랑스 철학자들에 의해 형성되었다. 예컨대 기호학자인 바르트는 '저자의 죽음'을 거론하면서 저자가 만들어 내는 텍스트는 단지 인용의 조합일 뿐 어디에도 '오리지널'은 존재하지 않는다고 단언한다.

전자 복제 기술의 발전과 디지털 혁명은 정보나 자료의 공유가 지니는 의의를 잘 보여주고 있다. 인터넷과 같은 매체 환경의 변화는 원본을 무한히 복제하고 자유롭게 이용함으로써 누구나 창작의 주체로서 새로운 문화 창조에 기여할 수 있도록 돕는다. 인터넷 환경에서 이용자는 저작물을 자유롭게 교환할 뿐 아니라 수많은 사람들과 생각을 나눔으로써 새로운 창작물을 생산하고 있다. 이러한 상황은 저작권을 사적 재산권의 측면에서보다는 공익적 측면에서 바라볼 필요가 있음을 보여준다.

① 저작권의 사회적 공유에 대해 일관성 없는 주장을 하고 있다.
② 저작물이 개인의 지적·정신적 창조물임을 과소평가하고 있다.
③ 저작권의 사적 보호가 초래한 사회적 문제의 사례가 적절하지 않다.
④ 인터넷이 저작권의 사회적 공유에 미치는 영향을 드러내지 못하고 있다.
⑤ 객관적인 사실을 제시하지 않고 추측에 근거하여 논리를 전개하고 있다.

03

사회 현상을 볼 때는 돋보기로 세밀하게, 그리고 때로는 멀리 떨어져서 전체 속에 어떻게 위치하고 있는가를 동시에 봐야 한다. 숲과 나무는 서로 다르지만 따로 떼어 생각할 수 없기 때문이다. 현대 사회 현상의 최대 쟁점인 과학 기술에 대해 평가할 때도 마찬가지이다. 로봇 탄생의 숲을 보면, 그 로봇 개발에 투자한 사람과 로봇을 개발한 사람들의 의도가 드러난다. 그리고 나무인 로봇을 세밀히 보면, 그 로봇이 생산에 이용되는지 아니면 감옥의 죄수들을 감시하기 위한 것인지 그 용도를 알 수가 있다. 이 광범한 기술의 성격을 객관적이고 물질적이어서 가치관이 없다고 쉽게 생각하면 로봇에 당하기 십상이다.

자동화는 자본주의의 실업을 늘려 실업자에 대해 생계의 위협을 가하는 측면뿐 아니라, 기존 근로자에 대한 감시를 더욱 효율적으로 해내는 역할도 수행한다. 자동화를 적용하는 기업 측에서는 자동화가 인간의 삶을 증대시키는 이미지로 일반 사람들에게 인식되기를 바란다. 그래야 자동화 도입에 대한 노동자의 반발을 무마하고 기업가의 구상을 관철시킬 수 있기 때문이다. 그러나 자동화나 기계화 도입으로 인해 실업을 두려워하고, 업무 내용이 바뀌는 것을 탐탁해 하지 않았던 유럽의 노동자들은 자동화 도입에 대해 극렬히 반대했던 경험들을 갖고 있다.

지금도 자동화·기계화는 좋은 것이라는 고정관념을 가진 사람들이 많고, 현실에서 이러한 고정관념이 가져오는 파급 효과는 의외로 크다. 예를 들어 은행에 현금을 자동으로 세는 기계가 등장하면 은행원들이 현금을 세는 작업량은 줄어든다. 손님들도 기계가 현금을 재빨리 세는 것을 보고 감탄해하면서 행원이 세는 것보다 더 많은 신뢰를 보낸다. 그러나 현금 세는 기계의 도입에는 이익 추구라는 의도가 숨어 있다. 현금 세는 기계는 행원의 수고를 덜어 준다. 그러나 현금 세는 기계를 들여옴으로써 실업자가 생기고 만다. 사람이 잘만 이용하면 잘 써먹을 수 있을 것만 같은 기계가 엄청나게 혹독한 성품을 지닌 프랑켄슈타인으로 돌변하는 것이다.

자동화와 정보화를 추진하는 핵심 조직이 기업이란 것에서도 알 수 있듯이 기업은 이윤 추구에 도움이 되지 않는 행위는 무가치하다고 판단한다. 그러므로 자동화는 그 계획 단계에서부터 기업의 의도가 스며들어가 탄생된다. 또한 그 의도대로 자동화나 정보화가 진행되면, 다른 한편으로 의도하지 않은 결과를 초래한다. 자동화와 같은 과학 기술이 풍요를 생산하는 수단이라고 생각하는 것은 하나의 고정관념에 불과하다.

찰리 채플린이 제작한 영화 『모던 타임즈』에 나타난 것처럼 초기 산업화 시대에는 기계에 종속된 인간의 모습이 가시적으로 드러날 수밖에 없었다. 그래서 이러한 종속에 저항하고자 하는 인간의 노력도 적극적인 모습을 보였다. 그러나 현대의 자동화기기는 그 첨병이 정보 통신기기로 바뀌면서 문제는 질적으로 달라진다. 무인 생산까지 진전된 자동화나 정보 통신화는 인간에게 단순 노동을 반복시키는 그런 모습을 보이지 않는다. 그래서인지는 몰라도 정보 통신은 별 무리 없이 어느 나라에서나 급격하게 개발·보급되고 보편화되어 있다. 그런데 문제는 이 자동화기기가 생산에만 이용되는 것이 아니라, 노동자를 감시하거나 관리하는 데도 이용될 수 있다는 것이다. 오히려 정보 통신의 발달로 이전보다 사람들은 더 많은 감시와 통제를 받게 되었다.

① 기업의 이윤 추구가 사회 복지 증진과 직결될 수 있음을 간과하고 있어.
② 기계화·정보화가 인간의 삶의 질 개선에 기여하고 있음을 경시하고 있어.
③ 기계화를 비판하는 주장만 되풀이할 뿐, 구체적인 근거를 제시하지 않고 있어.
④ 화제의 부분적 측면에 관계된 이론을 소개하여 편향적 시각을 갖게 하고 있어.
⑤ 현대의 기술 문명이 가져다 줄 수 있는 긍정적인 측면을 과장하여 강조하고 있어.

※ 다음 글에 대한 반박으로 가장 적절한 것을 고르시오. [4~5]

04

> 현금 없는 사회로의 이행은 바람직하다. 현금 없는 사회에서는 카드나 휴대전화 등을 이용한 비현금 결제 방식을 통해 모든 거래가 이루어질 것이다. 현금 없는 사회에서 사람들은 불편하게 현금을 들고 다니지 않아도 되고 잔돈을 주고받기 위해 기다릴 필요가 없다. 그리고 언제 어디서든 편리하게 거래를 할 수 있다. 또한 매년 새로운 화폐를 제조하기 위해 1,000억 원 이상의 많은 비용이 소요되는데, 현금 없는 사회에서는 이 비용을 절약할 수 있어 경제적이다. 마지막으로 현금 없는 사회에서는 자금의 흐름을 보다 정확하게 파악할 수 있다. 이를 통해 경제 흐름을 예측하고 실질적인 정책들을 수립할 수 있어 공공의 이익에도 기여할 수 있다.

① 다양한 비현금 결제 방식을 상황에 맞게 선택한다면 거래에 제약은 없을 것이다.
② 비현금 결제 방식에 필요한 시스템을 구축하는 데 필요한 비용은 우리나라에 이미 구축되어 있는 정보통신 기반시설을 활용한다면 상당 부분 절감할 수 있다.
③ 비현금 결제 방식에 필요한 시스템을 구축하는 데 많은 비용이 소요될 수 있으므로 경제적이라고 할 수 없다.
④ 비현금 결제는 빈익빈 부익부 현상을 강화하여 사회 위화감을 조성할 것이다.
⑤ 개인의 선택의 자유가 확대될 수 있으므로 비현금 결제는 공공 이익에 부정적 영향을 미칠 수 있다.

05

1880년 조지 풀맨은 미국 일리노이 주에 풀맨 마을을 건설했다. 이 마을은 그가 경영하는 풀맨 공장 노동자들을 위해 기획한 공동체이다. 이 마을의 소유자이자 경영자인 풀맨은 마을의 교회 수 및 주류 판매 여부 등을 결정했다. 1898년 일리노이 최고법원은 이런 방식의 마을 경영이 민주주의 정신과 제도에 맞지 않는다고 판결하고, 풀맨에게 공장 경영과 직접 관련되지 않은 정치적 권한을 포기할 것을 명령했다. 이 판결이 보여주는 것은 민주주의 사회에서 소유권을 인정하는 것이 자동적으로 정치적 권력에 대한 인정을 함축하지 않는다는 점이다. 즉 풀맨이 자신의 마을에서 모든 집과 가게를 소유하는 것은 적법하지만, 그가 노동자들의 삶을 통제하며 그 마을에서 민주적 자치의 방법을 배제했기 때문에 결과적으로 민주주의 정신을 위배했다는 것이다.

이 결정은 분명히 미국 민주주의 정신에 부합한다. 하지만 문제는 미국이 이와 비슷한 다른 사안에는 동일한 민주주의 정신을 적용하지 않았다는 것이다. 미국은 누군가의 소유물인 마을에서 노동자들이 민주적 결정을 하지 못하게 하는 소유자의 권력을 제한 반면, 누군가의 소유물인 공장에서 노동자들이 민주적 의사결정을 도입하고자 하는 것에는 반대했다. 만약 미국의 민주주의 정신에 따라 마을에서 재산 소유권과 정치적 권력을 분리하라고 명령할 수 있다면, 공장 내에서도 재산 소유권과 정치적 권력은 분리되어야 한다고 명령할 수 있어야 한다. 공장 소유주의 명령이 공장 내에서 절대적 정치권력이 되어서는 안 된다는 것이다. 하지만 미국은 공장 내에서 소유주의 명령이 공장 운영에 대한 노동자의 민주적 결정을 압도하는 것을 묵인한다. 공장에서도 민주적 원리가 적용되어야만 미국의 민주주의가 일관성을 가진다.

① 미국의 경우 마을 운영과 달리 공장 운영에 관한 법적 판단은 주 법원이 아닌 연방 법원에서 다루어야 한다.
② 대부분의 미국 자본가들은 풀맨 마을과 같은 마을을 경영하지 않으므로 미국의 민주적 가치를 훼손하지 않는다.
③ 미국이 내세우는 민주적 가치는 모든 시민이 자신의 거주지 안에서 자유롭게 살 수 있는 권리를 가장 우선시한다.
④ 마을 운영이 정치적 문제에 속하는 것과 달리 공장 운영은 경제적 문제에 속하므로 전적으로 소유주의 권한에 속한다.
⑤ 공장에서 이루어지고 있는 소유와 경영의 분리는 공장뿐 아니라 마을 공동체 등 사회의 다른 영역에도 적용되어야 한다.

06 다음 글의 주장을 반박하는 내용으로 적절하지 않은 것은?

> 프랑크푸르트학파는 대중문화의 정치적 기능을 중요하게 본다. 20세기 들어 서구 자본주의 사회에서 혁명이 불가능하게 된 이유 가운데 하나는 바로 대중문화가 대중들을 사회의 권위에 순응하게 함으로써 사회를 유지하는 기능을 하고 있기 때문이라는 것이다. 이 순응의 기능은 두 방향으로 진행된다. 한편으로 대중문화는 대중들에게 자극적인 오락거리를 제공함으로써 정신적인 도피를 유도하여 정치에 무관심하도록 만든다는 것이다. 유명한 3S(Sex, Screen, Sports)는 바로 현실도피와 마취를 일으키는 대표적인 도구들이다. 다른 한편으로 대중문화는 자본주의적 가치관과 이데올로기를 은연 중에 대중들이 받아들이게 하는 적극적인 세뇌 작용을 한다. 영화나 드라마, 광고나 대중음악의 내용이 규격화되어 현재의 지배적인 가치관을 지속해서 주입함으로써, 대중은 현재의 문제를 인식하고 더 나은 상태로 생각할 수 있는 부정의 능력을 상실한 일차원적 인간으로 살아가게 된다는 것이다. 프랑크푸르트학파의 대표자 가운데 한 사람인 아도르노(Adorno)는 특별히 『대중음악에 대하여』라는 글에서 대중음악이 어떻게 이러한 기능을 수행하는지 분석했다. 그의 분석에 따르면, 대중음악은 우선 규격화되어 누구나 쉽고 익숙하게 들을 수 있는 특징을 가진다. 그리고 이런 익숙함은 어려움 없는 수동적인 청취를 조장하여, 자본주의 안에서의 지루한 노동의 피난처 구실을 한다. 그리고 나아가 대중 음악의 소비자들이 기존 질서에 심리적으로 적응하게 함으로써 사회적 접착제의 역할을 한다.

① 대중문화의 영역은 지배계급이 헤게모니를 얻고자 하는 시도와 이에 대한 반대 움직임이 서로 얽혀 있는 곳으로 보아야 한다.
② 대중문화를 소비하는 대중이 문화 산물을 생산한 사람이 의도하는 그대로 문화 산물을 소비하는 존재에 불과하다는 생각은 현실과 맞지 않는다.
③ 발표되는 음악의 80%가 인기를 얻는 데 실패하고, 80% 이상의 영화가 엄청난 광고에도 불구하고 흥행에 실패한다는 사실은 대중이 단순히 수동적인 존재가 아니라는 것을 단적으로 보여주는 예이다.
④ 대중의 평균적 취향에 맞추어 높은 질을 유지하는 것이 어렵다 하더라도 19세기까지의 대중이 즐겼던 문화에 비하면 현대의 대중문화는 훨씬 수준 높고 진보된 것으로 평가할 수 있다.
⑤ 대중문화는 지배 이데올로기를 강요하는 지배문화로만 구성되는 것도 아니고, 이에 저항하여 자발적으로 발생한 저항문화로만 구성되는 것도 아니다.

07 다음 글의 ⓒ의 입장에서 ⓐ의 생각을 비판한 내용으로 가장 적절한 것은?

> 17세기에 수립된 ⓐ 뉴턴의 역학 체계는 3차원 공간에서 일어나는 물체의 운동을 취급하였는데 공간 좌표인 x, y, z는 모두 시간에 따라 변하는 것으로 간주하였다. 뉴턴에게 시간은 공간과 무관한 독립적이고 절대적인 것이었다. 즉, 시간은 시작도 끝도 없는 영원한 것으로, 우주가 생겨나고 사라지는 것과 아무 관계없이 항상 같은 방향으로 흘러간다. 시간은 빨라지지도 느려지지도 않는 물리량이며, 모든 우주에서 동일한 빠르기로 흐르는 실체인 것이다. 이러한 뉴턴의 절대 시간 개념은 19세기 말까지 물리학자들에게 당연한 것으로 받아들여졌다.
>
> 하지만 20세기에 들어 시간의 절대성 개념은 ⓒ 아인슈타인에 의해 근본적으로 거부되었다. 그는 빛의 속도가 진공에서 항상 일정하다는 사실을 기초로 하여 상대성 이론을 수립하였다. 이 이론에 의하면 시간은 상대적인 개념이 되어, 빠르게 움직이는 물체에서는 시간이 느리게 간다. 광속을 c라 하고 물체의 속도를 v라고 할 때 시간은 $\dfrac{1}{\sqrt{1-(v/c)^2}}$ 배 팽창한다. 즉, 광속의 50%의 속도로 달리는 물체에서는 시간이 약 1.15배 팽창하고, 광속의 99%로 달리는 물체에서는 7.09배 정도 팽창한다. v가 c에 비하여 아주 작을 경우에는 시간 팽창 현상이 거의 감지되지 않지만 v가 c에 접근하면 팽창률은 급격하게 커진다.
>
> 아인슈타인에게 시간과 공간은 더 이상 별개의 물리량이 아니라 서로 긴밀하게 연관되어 함께 변하는 상대적인 양이다. 따라서 운동장을 질주하는 사람과 교실에서 가만히 바깥 풍경을 보고 있는 사람에게 시간의 흐름은 다르다. 속도가 빨라지면 시간 팽창이 일어나 시간이 그만큼 천천히 흐르는 시간 지연이 생긴다.

① 시간은 모든 공간에서 동일하게 흐르는 것이 아니므로 절대적이지 않다.
② 상대 시간 개념으로는 시간에 따라 계속 변하는 물체의 운동을 설명할 수 없다.
③ 시간은 인간이 만들어 낸 개념이므로 우주를 시작도 끝도 없는 영원한 것으로 보아서는 안 된다.
④ 시간과 공간은 긴밀하게 연관되어 있지만 독립적으로 존재할 수 있으므로 이 둘의 관련성에만 주목하면 안 된다.
⑤ 물체의 속도가 광속에 가까워지면 시간이 반대로 흐를 수 있으므로 시간이 항상 같은 방향으로 흐르는 것은 아니다.

08 다음 ㉠의 입장에서 호메로스의 『일리아스』를 비판한 내용으로 적절하지 않은 것은?

> 기원전 5세기, 헤로도토스는 페르시아 전쟁에 대한 책을 쓰면서 『역사(Historiai)』라는 제목을 붙였다. 이 제목의 어원이 되는 'histor'는 원래 '목격자', '증인'이라는 뜻의 법정 용어였다. 이처럼 어원상 '역사'는 본래 '목격자의 증언'을 뜻했지만, 헤로도토스의 『역사』가 나타난 이후 '진실의 탐구' 혹은 '탐구한 결과의 이야기'라는 의미로 바뀌었다.
> 헤로도토스 이전에는 사실과 허구가 뒤섞인 신화와 전설, 혹은 종교를 통해 과거에 대한 지식이 전수되었다. 특히 고대 그리스인들이 주로 과거에 대한 지식의 원천으로 삼은 것은 『일리아스』였다. 『일리아스』는 기원전 9세기의 시인 호메로스가 오래전부터 구전되어 온 트로이 전쟁에 대해 읊은 서사시이다. 이 서사시에서는 전쟁을 통해 신들, 특히 제우스 신의 뜻이 이루어진다고 보았다. 헤로도토스는 바로 이런 신화적 세계관에 입각한 서사시와 구별되는 새로운 이야기 양식을 만들어 내고자 했다. 즉, 헤로도토스는 가까운 과거에 일어난 사건의 중요성을 인식하고, 이를 직접 확인·탐구하여 인과적 형식으로 서술함으로써 역사라는 새로운 분야를 개척한 것이다.
> 『역사』가 등장한 이후, 사람들은 역사 서술의 효용성이 과거를 통해 미래를 예측하게 하여 후세인(後世人)에게 교훈을 주는 데 있다고 인식하게 되었다. 이러한 인식에는 한 번 일어났던 일이 마치 계절처럼 되풀이하여 다시 나타난다는 순환 사관이 바탕에 깔려 있다. 그리하여 오랫동안 역사는 사람을 올바르고 지혜롭게 가르치는 '삶의 학교'로 인식되었다. 이렇게 교훈을 주기 위해서는 과거에 대한 서술이 정확하고 객관적이어야 했다.
> 물론 모든 역사가들이 정확성과 객관성을 역사 서술의 우선적 원칙으로 앞세운 것은 아니다. 오히려 헬레니즘과 로마 시대의 역사가들 중 상당수는 수사학적인 표현으로 독자의 마음을 움직이는 것을 목표로 하는 역사 서술에 몰두하였고, 이런 경향은 중세시대에도 어느 정도 지속되었다. 이들은 이야기를 감동적이고 설득력 있게 쓰는 것이 사실을 객관적으로 기록하는 것보다 더 중요하다고 보았다. 이런 점에서 그들은 역사를 수사학의 테두리 안에 집어넣은 셈이 된다.
> 하지만 이 시기에도 역사의 본령은 과거의 중요한 사건을 가감 없이 전달하는 데 있다고 보는 역사가들이 여전히 존재하여, 그들에 대해 날카로운 비판을 가하기도 했다. 더욱이 15세기 이후부터는 수사학적 역사 서술이 역사 서술의 장에서 퇴출되고, ㉠ <u>과거를 정확히 탐구하려는 의식과 과거 사실에 대한 객관적 서술 태도가 역사의 척도로 다시금 중시되었다.</u>

① 직접 확인하지 않고 구전에만 의거해 서술했으므로 내용이 정확하지 않을 수 있다.
② 신화와 전설 등의 정보를 후대에 전달하면서 객관적 서술 태도를 배제하지 못했다.
③ 트로이 전쟁의 중요성은 인식하였으나 실제 사실을 확인하는 데까지는 이르지 못했다.
④ 신화적 세계관에 따른 서술로 인해 과거에 대한 정확한 정보를 추출해 내기 어렵다.
⑤ 과거의 지식을 습득하는 수단으로 사용되기도 했지만 과거를 정확히 탐구하려는 의식은 찾을 수 없다.

09 다음 글을 읽고 인조를 비판할 수 있는 내용으로 적절하지 않은 것은?

> 1636년(인조 14년) 4월 국세를 확장한 후금의 홍타이지(태종)는 스스로 황제라 칭하고, 국호를 청으로, 수도는 심양으로 정하였다. 심양으로의 천도는 명나라를 완전히 압박하여 중원 장악의 기틀을 마련하기 위함이었다. 후금은 명 정벌에 앞서 그 배후가 될 수 있는 조선을 확실히 장악하기 위해 조선에 군신 관계를 맺을 것도 요구해 왔다. 이러한 청 태종의 요구는 인조와 조선 조정을 격분시켰다.
>
> 결국, 강화 회담의 성립으로 전쟁은 종료되었지만, 정묘호란 이후에도 후금에 대한 강경책의 목소리가 높았다. 1627년 정묘호란을 겪으면서 맺은 형제 관계조차도 무효로 하고자 하는 상황에서, 청 태종을 황제로 섬길 것을 요구하는 무례에 분노했던 것이다. 이제껏 오랑캐라고 무시했던 후금을 명나라와 동등하게 대우하여야 한다는 조처는 인조와 서인 정권의 생리에 절대 맞지 않았다. 특히 후금이 통상적인 조건의 10배가 넘는 무역을 요구해 오자 인조의 분노는 폭발하였다.
>
> 전쟁의 여운이 어느 정도 사라진 1634년 인조는 "이기고 짐은 병가의 상사이다. 금나라 사람이 강하긴 하지만 싸울 때마다 반드시 이기지는 못할 것이며, 아군이 약하지만 싸울 때마다 반드시 패하지도 않을 것이다. 옛말에 '의지가 있는 용사는 목이 떨어질 각오를 한다.'고 하였고, 또 '군사가 교만하면 패한다.'고 하였다. 오늘날 무사들이 만약 자신을 잊고 순국한다면 이 교만한 오랑캐를 무찌르기는 어려운 일이 아니다."는 하교를 내리면서 전쟁을 결코 피하지 않을 것임을 선언하였다. 조선은 또다시 전시 체제에 돌입했다.
>
> 신흥 강국 후금에 대한 현실적인 힘을 무시하고 의리와 명분을 고집한 집권층의 닫힌 의식은 스스로 병란을 자초한 꼴이 되었다. 정묘호란 때 그렇게 당했으면서도 내부의 국방력에 대한 철저한 점검이 없이 맞불 작전으로 후금에 맞서는 최악의 길을 택한 것이다.

① 오랑캐의 나라인 후금을 명나라와 동등하게 대우한다는 것은 있을 수 없습니다.
② 감정 따로 현실 따로인 법, 힘과 국력이 문제입니다. 현실을 직시해야 합니다.
③ 그들의 요구를 물리친다면 승산 없는 전쟁으로 결과는 불 보듯 뻔합니다.
④ 명분만 내세워 준비 없이 수행하는 전쟁은 더 큰 피해를 입게 될 것입니다.
⑤ 후금은 전쟁을 피해야 할 북방의 최고 강자로 성장한 나라입니다.

10 다음 글을 읽고 뒤르켐이 헤겔에게 비판할 수 있는 주장으로 가장 적절한 것은?

> 시민 사회라는 용어는 17세기에 등장했지만 19세기 초에 이를 국가와 구분하여 개념적으로 정교화한 인물이 헤겔이다. 그가 활동하던 시기에 유럽의 후진국인 프러시아에는 절대주의 시대의 잔재가 아직 남아 있었다. 산업 자본주의도 미성숙했던 때여서 산업화를 추진하고 자본가들을 육성하며 심각한 빈부 격차나 계급 갈등 등의 사회문제를 해결해야 하는 시대적 과제가 있었다. 그는 사익의 극대화가 국부를 증대해준다는 점에서 공리주의를 긍정했으나 그것이 시민 사회 내에서 개인들의 무한한 사익 추구가 일으키는 빈부 격차나 계급 갈등을 해결할 수는 없다고 보았다. 그는 시민 사회가 개인들의 사적 욕구를 추구하며 살아가는 생활 영역이자 그 욕구를 사회적 의존 관계 속에서 추구하게 하는 공동체적 윤리성의 영역이어야 한다고 생각했다. 특히 시민 사회 내에서 사익 조정과 공익 실현에 기여하는 직업 단체와 복지 및 치안 문제를 해결하는 복지 행정 조직의 역할을 설정하면서, 이 두 기구가 시민 사회를 이상적인 국가로 이끌 연결 고리가 될 것으로 기대했다. 하지만 빈곤과 계급 갈등은 시민 사회 내에서 근원적으로 해결될 수 없는 것이었다. 따라서 그는 국가를 사회 문제를 해결하고 공적 질서를 확립할 최종 주체로 설정하면서 시민 사회가 국가에 협력해야 한다고 생각했다.
>
> 한편, 1789년 프랑스 혁명 이후 프랑스 사회는 혁명을 이끌었던 계몽주의자들의 기대와는 다른 모습을 보이고 있었다. 사회는 사익을 추구하는 파편화된 개인들의 각축장이 되어 있었고 빈부 격차와 계급 갈등은 격화된 상태였다. 이러한 혼란을 극복하기 위해 노동자 단체와 고용주 단체 모두를 불법으로 규정한 르샤폴리에 법이 1791년부터 약 90년간 시행되었으나, 이 법은 분출되는 사익의 추구를 억제하지도 못하면서 오히려 프랑스 시민 사회를 극도로 위축시켰다.
>
> 뒤르켐은 이러한 상황을 아노미, 곧 무규범 상태로 파악하고 최대 다수의 최대 행복을 표방하는 공리주의가 사실은 개인의 이기심을 전제로 하고 있기에 아노미를 조장할 뿐이라고 생각했다. 그는 사익을 조정하고 공익과 공동체적 연대를 실현할 도덕적 개인주의의 규범에 주목하면서, 이를 수행할 주체로서 직업 단체의 역할을 강조하였다. 뒤르켐은 직업 단체가 정치적 중간 집단으로서 구성원의 이해관계를 국가에 전달하는 한편 국가를 견제해야 한다고 보았던 것이다.

① 직업 단체는 정치적 중간집단의 역할로 빈곤과 계급 갈등을 근원적으로 해결하지 못해요.
② 직업 단체와 복지행정조직이 시민 사회를 이상적인 국가로 이끌어줄 열쇠예요.
③ 국가가 주체이기는 하지만 공동체적 연대의 실현을 수행할 중간 집단으로서의 주체가 필요해요.
④ 국가는 최종 주체로 설정한다면 사익을 조정할 수 있고, 공적 질서를 확립할 수 있어요.
⑤ 공리주의는 개인의 이기심을 전제로 하고 있기 때문에 아노미를 조장할 뿐이에요.

CHAPTER 07

추론 ①
추론 | 대표유형 1

다음 글을 읽고 추론한 내용으로 가장 적절한 것은?

> 세계대전이 끝난 후 미국의 비행기 산업이 급속도로 성장하기 시작하자 영국과 프랑스 정부는 미국을 견제하기 위해 초음속 여객기인 콩코드를 함께 개발하기로 결정했다. 양국의 지원을 받으며 탄생한 콩코드는 일반 비행기보다 2배 빠른 마하 2의 속도로 비행하면서 평균 8시간 걸리는 파리~뉴욕 구간을 3시간대에 주파할 수 있게 되었다. 그러나 콩코드의 낮은 수익성이 문제가 되었다. 콩코드는 일반 비행기에 비해 많은 연료가 필요했고, 몸체가 좁고 길어 좌석 수도 적었다. 일반 비행기에 300명 정도를 태울 수 있었다면 콩코드는 100명 정도만 태울 수 있었다. 연료 소비량은 많은데 태울 수 있는 승객 수는 적으니 당연히 항공권 가격은 비싸질 수밖에 없었다. 좁은 좌석임에도 불구하고 가격은 일반 항공편의 퍼스트클래스보다 3배 이상 비쌌고 이코노미석 가격의 15배에 달했다. 게다가 2000년 7월 파리발 뉴욕행 콩코드가 폭발하여 100명의 승객과 9명의 승무원 전원이 사망하면서 큰 위기가 찾아왔다. 수많은 고위층과 부자들이 한날한시에 유명을 달리함으로써 세계 언론의 관심이 쏠렸고 콩코드의 안정성에 대한 부정적인 시각이 팽창했다. 이후 어렵게 운항을 재개했지만, 승객 수는 좀처럼 늘지 않았다. 결국 유지비를 감당하지 못한 영국과 프랑스의 항공사는 27년 만에 운항을 중단하게 되었다.

① 영국과 프랑스는 전쟁에서 사용하기 위해 초음속 여객기 콩코드를 개발했군.
② 일반 비행기가 파리~뉴욕 구간을 1번 왕복하는 동안 콩코드는 최대 4번 왕복할 수 있겠군.
③ 콩코드의 탑승객 수가 늘어날수록 많은 연료가 필요했겠군.
④ 결국 빠른 비행 속도가 콩코드 폭발의 원인이 되었군.
⑤ 콩코드는 주로 돈이 많은 고위층이나 시간이 부족한 부유층이 이용했겠군.

정답 해설

콩코드는 비싼 항공권 가격에도 불구하고 비행시간이 적게 걸렸기 때문에 주로 시간 단축이 필요한 사람들이 이용했음을 추론할 수 있다. 또한 콩코드 폭발 사건으로 인해 수많은 고위층과 부자들이 피해를 입었다는 점을 통해서도 승객 유형을 추론해 볼 수 있다.

오답분석
① 영국과 프랑스 정부는 세계대전 이후 비행기 산업에서 급성장하는 미국을 견제하기 위해 초음속 여객기 콩코드를 함께 개발하였다.
② 파리~뉴욕 구간의 비행시간은 평균 8시간이지만, 콩코드는 파리~뉴욕 구간을 3시간대에 주파할 수 있다고 하였으므로 4번까지 왕복하기 어려웠을 것으로 추론할 수 있다.
③ 콩코드는 일반 비행기에 비해 많은 연료가 필요하지만, 필요한 연료가 탑승객 수와 관련되는지는 알 수 없다.
④ 2000년 7월 폭발한 콩코드 사건의 원인은 나타나 있지 않으므로 알 수 없다.

정답 ⑤

CHAPTER 07

추론 | 대표유형 2
추론 ②

다음 글을 읽고 추론한 내용으로 적절하지 않은 것은?

> 집단지성이란, 다수의 개체가 서로 협력함으로써 얻게 되는 집단의 지적 능력을 의미한다. 다수의 일반인이 공동의 목표를 이루기 위해 협력하게 되면, 전문가의 능력을 초월하게 된다는 것이다. 주로 공유, 참여, 협업(協業) 등의 방식으로 이루어지는 집단지성은 인지적 능력을 비롯한 두뇌의 모든 활동을 포괄하는 개념이다. 21세기를 전후하여 집단지성은 사회의 다양한 분야에서 주목받고 있는데, 이는 인터넷의 비약적인 발달과 관련이 있다. 인터넷에 의해 지구촌이 하나의 거대한 네트워크를 이루게 되면서, 무수히 많은 사람이 시공간의 제약을 받지 않고 공동 목표를 위해 집단으로 참여하고 협력하는 것이 가능해졌기 때문이다.

① 다수의 개체가 공동의 목표를 위해 협력함으로써 집단지성을 이룰 수 있다.
② 집단지성을 통해 전문가의 지적능력을 초월할 수 있다.
③ 집단지성은 우수한 개인이 많을수록 더 좋은 결과를 얻을 수 있다.
④ 인터넷이 발달하기 전 집단지성은 시공간의 제약을 받았다.
⑤ 인터넷의 발전은 집단지성을 더욱 활성화시켰다.

정답 해설

집단지성은 우수한 개인과는 관련 없이, 다수의 일반인이 공동의 목표를 이루기 위해 협력하여 얻을 수 있으며, 개인의 능력치와는 관련이 없다.

정답 ③

CHAPTER 07 유형점검

추론

STEP 1 기본문제

※ 다음 글을 읽고 추론한 내용으로 가장 적절한 것을 고르시오. [1~2]

01

> 지식의 본성을 다루는 학문인 인식론은 흔히 지식의 유형을 나누는 데에서 이야기를 시작한다. 지식의 유형은 '안다'는 말의 다양한 용례들이 보여주는 의미 차이를 통해서 드러나기도 한다. 예컨대 '그는 자전거를 탈 줄 안다.'와 '그는 이 사과가 둥글다는 것을 안다.'에서 '안다'가 바로 그런 경우이다. 전자의 '안다'는 능력의 소유를 의미하는 것으로 '절차적 지식'이라 부르고, 후자의 '안다'는 정보의 소유를 의미하는 것으로 '표상적 지식'이라고 부른다.
>
> 어떤 사람이 자전거에 대해서 많은 정보를 갖고 있다고 해서 자전거를 탈 수 있게 되는 것은 아니며, 자전거를 탈 줄 알기 위해서 반드시 자전거에 대해서 많은 정보를 갖고 있어야 하는 것도 아니다. 아무 정보 없이 그저 넘어지거나 다치거나 하는 과정을 거쳐 자전거를 탈 줄 알게 될 수도 있다. 자전거 타기와 같은 절차적 지식을 갖기 위해서는 훈련을 통하여 몸과 마음을 특정한 방식으로 조직화해야 한다. 그러나 정보를 마음에 떠올릴 필요는 없다.
>
> 반면, '이 사과는 둥글다.'는 것을 알기 위해서는 둥근 사과의 이미지가 되었건 '이 사과는 둥글다.'는 명제가 되었건 어떤 정보를 마음 속에 떠올려야 한다. '마음속에 떠올린 정보'를 표상이라고 할 수 있으므로, 이러한 지식을 표상적 지식이라고 부른다. 그런데 어떤 표상적 지식을 새로 얻게 됨으로써 이전에 할 수 없었던 어떤 것을 하게 될지는 분명하지 않다. 이런 점에서 표상적 지식은 절차적 지식과 달리 특정한 일을 수행하는 능력과 직접 연결되어 있지 않다.

① 표상적 지식은 특정 능력의 습득에 전혀 도움을 주지 못한다.
② '이 사과는 둥글다.'라는 지식은 이미지 정보에만 해당한다.
③ 절차적 지식은 정보가 없이도 습득할 수 있다.
④ 인식론은 머릿속에서 처리되는 정보의 유형만을 다루는 학문이다.
⑤ 절차적 지식을 통해 표상적 지식을 얻는 것이 가능하다.

02

우리는 도구를 사용하고, 다양한 종류의 음식을 먹는 본능과 소화력을 갖췄다. 어떤 동물은 한 가지 음식만 먹는다. 이렇게 음식 하나에 모든 것을 거는 '단일 식품 식생활'은 도박이다. 그 음식의 공급이 끊기면 그 동물도 끝이기 때문이다.

400만 년 전, 우리 인류의 전 주자였던 오스트랄로피테쿠스는 고기를 먹었다. 한때 오스트랄로피테쿠스가 과일만 먹었을 것이라고 믿은 적도 있었다. 따라서 오스트랄로피테쿠스 속과 사람 속을 가르는 선을 고기를 먹는지의 여부로 정했었다. 그러나 남아프리카공화국의 한 동굴에서 발견된 200만 년 된 유골 4구의 치아에서는 이와 다른 증거가 발견됐다. 인류학자 맷 스폰하이머와 줄리아 리소프는 이 유골의 치아사기질의 탄소 동위 원소 구성 중 13C의 비율이 과일만 먹은 치아보다 열대 목초를 먹은 치아와 훨씬 더 가깝다는 것을 발견했다. 식생활 동위 원소는 체내 조직에 기록되기 때문에 이 발견은 오스트랄로피테쿠스가 상당히 많은 양의 풀을 먹었거나 이 풀을 먹은 동물을 먹었다는 추측을 가능케 한다. 그런데 같은 치아에서 풀을 씹어 먹을 때 생기는 마모는 전혀 보이지 않았기 때문에 오스트랄로피테쿠스 식단에서 풀을 먹는 동물이 큰 부분을 차지했다는 결론을 내릴 수 있다. 오래 전에 멸종되어 260만 년이라는 긴 시간을 땅속에 묻혀 있던 동물의 뼈 옆에서는 석기들이 함께 발견되기도 한다. 이 뼈와 석기가 들려주는 이야기는 곧 우리의 이야기다. 어떤 뼈에는 이로 씹은 흔적 위에 도구로 자른 흔적이 겹쳐있다. 그 반대의 흔적이 남은 뼈들도 있다. 도구로 자른 흔적 다음에 날카로운 이빨 자국이 남은 경우다. 이런 것은 무기를 가진 인간이 먼저 먹고 동물이 이빨로 뜯어 먹은 것이다.

① 오스트랄로피테쿠스는 풀은 전혀 먹지 않았다.
② 육식 여부는 오스트랄로피테쿠스의 진화과정을 보여주는 중요한 기준이다.
③ 단일 식품 섭취의 위험성 때문에 단일 식품을 섭취하는 동물은 없다.
④ 맷 스폰하이머와 줄리아 리소프의 연구는 육식 여부로 오스트랄로피테쿠스와 사람을 구분하던 방법이 잘못되었음을 보여준다.
⑤ 오스트랄로피테쿠스는 날카로운 이빨을 이용하여 초식동물을 사냥하였다.

03 다음 글의 집필 의도로 가장 적절한 것은?

> 한글 맞춤법의 원리는 '한글 맞춤법은 표준어를 소리대로 적되, 어법에 맞도록 함을 원칙으로 한다.'라는 한글 맞춤법 총칙 제1항에 나타나 있다. 이 조항은 한글 맞춤법을 적용하여 표기하는 대상이 표준어임을 분명히 하고 있다. 따라서 표준어가 정해지면 맞춤법은 이를 어떻게 적을지 결정하는 구실을 한다.
> 그런데 표준어를 글자로 적는 방식에는 두 가지가 있을 수 있다. 하나는 '소리 나는 대로' 적는 방식이요, 또 하나는 소리 나는 것과는 다소 멀어지더라도 눈으로 보아 '의미가 잘 드러나도록' 적는 방식이다. '소리대로 적되, 어법에 맞도록'이라는 제1항의 구절은 바로 이 두 방식의 절충을 의미하는 것이다.
> 그렇다면 어법에 맞게 적는다는 것은 무슨 뜻인가? 뜻을 파악하기 쉽도록 적는다는 것이다. 그런데 어떻게 적는 것이 뜻을 파악하기 쉽도록 적는 것인가? 그것은 문장에서 뜻을 담당하는 실사(實辭)를 밝혀 적는 방식일 것이다. 예컨대 '꼬치, 꼬츨, 꼳또'처럼 적기보다는 실사인 '꽃'을 밝혀 '꽃이, 꽃을, 꽃도'처럼 적는 것이다. '꼬치'와 같이 적는 방식은 소리 나는 대로 적어서 글자로 적기에는 편할 수 있다. 그러나 뜻을 담당하는 실사가 드러나지 않아 눈으로 뜻을 파악하기에는 큰 불편이 따른다. 실사를 밝혀 뜻을 파악하기 쉽도록 적는다는 것은 체언과 조사를 구별해서 적고 용언의 어간과 어미를 구별해서 적는다는 것이다. 바로 이러한 내용을 포괄하는 내용을 담고 있는 것이 '어법에 맞게' 적는다는 것이다.
> 정리하면, 제1항의 '소리대로 적되, 어법에 맞도록'이란 구절을 바르게 적용하는 방법은 다음과 같다. 첫째, 어느 쪽으로 적는 것이 뜻을 파악하기 쉬운지 살펴 그에 따라 적고, 둘째, 어느 쪽으로 적든지 뜻을 파악하는 데에 별 차이가 없을 때에는 소리대로 적는다. 예컨대 '붙이다(우표를 ~)'와 '부치다(힘이 ~)'에서 전자는 동사 어간 '붙–'과 의미상의 연관성이 뚜렷하여 '붙이–'처럼 적어 줄 때 그 뜻을 파악하기 쉬운 이점이 있으므로 소리와 달리 '붙이다'로 적고, 후자는 전자와 달리, 굳이 소리와 다르게 적을 필요가 없으므로 '소리대로'의 원칙에 따라 '부치다'로 적는 것이다.

① 한글 맞춤법의 문제점을 구체적으로 비판하고자 한다.
② 한글 맞춤법의 제정 배경을 역사적으로 살펴보고자 한다.
③ 한글 맞춤법 규정에 대한 다양한 평가를 소개하고자 한다.
④ 한글 맞춤법 규정을 바탕으로 맞춤법의 원리를 설명하고자 한다.
⑤ 한글 맞춤법 규정을 해설하면서 우리말의 우수성을 드러내고자 한다.

04 다음 글을 읽고 추론한 내용으로 적절하지 않은 것은?

> 레이저 절단 가공은 고밀도, 고열원의 레이저를 절단하고자 하는 소재로 쏘아 절단 부위를 녹이고 증발시켜 소재를 절단하는 최첨단 기술이다. 레이저 절단 가공은 일반 가공법으로는 작업이 불가능한 절단면 및 복잡하고 정교한 절단 형상을 신속하고 정확하게 절단하여 가공할 수 있고, 절단하고자 하는 소재의 제약도 일반 가공법에 비해 자유롭다. 또한 재료와 직접 접촉하지 않으므로 절단 소재의 물리적 변형이 적어 깨지기 쉬운 소재도 다루기 쉽고, 다른 열 절단 가공에 비해 열변형의 우려가 적다. 이런 장점으로 반도체 소자가 나날이 작아지고 더욱 정교해지면서 레이저 절단 가공은 반도체 산업에서는 이제 없어서는 안 될 필수적인 과정이 되었다.

① 레이저 절단 가공 작업 중에는 기체가 발생한다.
② 과거 반도체 소자의 정교함은 현재 반도체 소자에 미치지 못하였을 것이다.
③ 레이저 절단 가공은 절단 부위를 녹이므로 열변형의 우려가 큰 가공법이다.
④ 현재 기술력으로는 다른 가공법을 사용하여 반도체 소자를 다루기 힘들 것이다.
⑤ 두께가 얇아 깨지기 쉬운 반도체 웨이퍼는 레이저 절단 가공으로 가공해야 한다.

05 다음 중 글쓴이의 입장과 가장 거리가 먼 것은?

> 문화상대주의는 다른 문화를 서로 다른 역사, 환경의 맥락에서 이해해야 한다는 인식론이자 방법론이며 관점이고 원칙이다. 하지만 문화상대주의가 차별을 정당화하거나 빈곤과 인권침해, 저개발상태를 방치하는 윤리의 백치상태를 정당화하는 수단이 될 수는 없다. 만일 문화상대주의가 타문화를 이해하는 방법이 아니라, 윤리적 판단을 회피하거나 보류하는 도덕적 문화상대주의에 빠진다면, 이는 문화상대주의를 남용한 것이다. 문화상대주의는 다른 문화를 강요하거나 똑같이 적용해서는 안 된다는 의견일 뿐이므로 보편윤리와 인권을 부정하는 윤리적 회의주의와 혼동되어서는 안 된다.

① 문화상대주의와 윤리적 회의주의는 구분되어야 한다.
② 문화상대주의가 도덕적 문화상대주의에 빠지는 것을 경계해야 한다.
③ 문화상대주의자는 일반적으로 도덕적 판단에 대해 가치 중립적이어야 한다.
④ 문화상대주의는 타문화에 대한 관용의 도구가 될 수 있다.
⑤ 문화상대주의는 서로 다른 문화를 그 나라의 입장에서 이해하는 것이다.

STEP 2 응용문제

01 다음 글에 대한 반응으로 적절하지 않은 것은?

> 최근 거론되고 있는 건 전자 판옵티콘이다. 각종 전자 감시 기술은 프라이버시에 근본적인 위협으로 대두되고 있다. '감시'는 거대한 성장 산업으로 비약적인 발전을 거듭하고 있다. '노동자 감시 근절을 위한 연대모임'이 조사한 바에 따르면, 한국에서 전체 사업장의 90%가 한 가지 이상의 방법으로 노동자 감시를 하고 있는 것으로 밝혀졌다. "24시간 감시에 숨이 막힌다."는 말까지 나오고 있다.
> 최근 러시아에서는 공무원들의 근무 태만을 감시하기 위해 공무원들에게 감지기를 부착시켜 놓고 인공위성 추적 시스템을 도입하는 방안을 둘러싸고 논란이 벌어지고 있다. 전자 감시 기술은 인간의 신체 속까지 파고 들어갈 만반의 준비를 갖추고 있다.
> 어린아이의 몸에 감시 장치를 내장하면 아이의 안전을 염려할 필요는 없겠지만, 그게 과연 좋기만 한 것인지, 또 그 기술이 다른 좋지 않은 목적에 사용될 위험은 없는 것인지, 따져볼 일이다. 감시를 위한 것이 아니라 하더라도 전자 기술에 의한 정보의 집적은 언제든 개인의 프라이버시를 위협할 수 있다.

① 전자 기술의 발전이 순기능만을 가지는 것은 아니구나.
② 직장은 개인의 생활공간이라기보다 공공장소로 보아야 하므로 프라이버시의 보호를 바라는 것은 지나친 요구인 것 같아.
③ 감시를 당하는 사람은 언제나 감시당하고 있다는 생각 때문에 자기 검열을 강화하게 될 거야.
④ 전자 기술사용의 일상화는 의도하지 않은 프라이버시 침해를 야기할 수도 있어.
⑤ 전자 감시 기술의 좋은 점과 나쁜 점을 따져볼 필요가 있겠어.

02 다음 글에서 추론할 수 있는 것을 〈보기〉에서 모두 고르면?

독재형 어머니는 아이가 실제로 어떠한 욕망을 지니고 있는지에 무관심하며, 자신의 욕망을 아이에게 공격적으로 강요한다. 독재형 어머니는 자신의 규칙과 지시에 아이가 순응하기를 기대하며, 그것을 따르지 않을 경우 폭력을 행사하는 경우가 많다. 독재형 어머니 밑에서 자란 아이들은 공격적 성향과 파괴적 성향을 많이 보이는 것이 특징이다. 또한, 어린 시절 받은 학대로 인해 상상이나 판타지 속에 머무르는 시간이 많고, 이것은 심각한 망상으로 나타나기도 한다.

허용형 어머니는 오로지 아이의 욕망에만 관심을 지니면서, '아이의 욕망을 내가 채워 주고 싶다.'는 식으로 자기 욕망을 형성한다. 허용형 어머니는 자녀가 요구하는 것은 무엇이든 해주기 때문에 이런 어머니 밑에서 양육된 아이들은 자아 통제가 부족하기 쉽다. 따라서 이 아이들은 충동적이고 즉흥적인 성향이 강하며, 도덕적 책임 의식이 결여된 경우가 많다.

한편, 방임형 어머니의 경우 아이와 정서적으로 차단되어 있기 때문에 아이의 욕망에 무관심할 뿐만 아니라, 아이 입장에서도 어머니의 욕망을 전혀 파악할 수 없다. 방치된 아이들은 자신의 욕망도 모르고 어머니의 욕망도 파악하지 못하기 때문에, 어떤 방식으로든 오직 어머니의 관심을 끄는 것만이 아이의 유일한 욕망이 된다. 이 아이들은 "엄마, 제발 나를 봐주세요.", "엄마, 내가 나쁜 짓을 해야 나를 볼 것인가요?", "엄마, 내가 정말 잔인한 짓을 할지도 몰라요."라면서 어머니의 관심을 끊임없이 요구한다.

보기

ㄱ. 허용형 어머니는 방임형 어머니에 비해 아이의 욕망에 높은 관심을 갖는다.
ㄴ. 허용형 어머니의 아이는 독재형 어머니의 아이보다 도덕적 의식이 높은 경우가 많다.
ㄷ. 방임형 어머니의 아이는 독재형 어머니의 아이보다 어머니의 욕망을 더 잘 파악한다.

① ㄱ
② ㄴ
③ ㄱ, ㄷ
④ ㄴ, ㄷ
⑤ ㄱ, ㄴ, ㄷ

03 다음 글을 읽고 추론한 내용으로 적절하지 않은 것은?

미국과 영국은 1921년 워싱턴 강화회의를 기점으로 태평양 및 중국에 대한 일본의 침략을 견제하기 시작하였다. 가중되는 외교적 고립으로 인해 일본은 광물과 곡물을 수입하는 태평양 경로를 상실할 위험에 처하였다. 이에 대처하기 위해 일본은 식민지 조선의 북부 지역에서 광물과 목재 등 군수산업 원료를 약탈하는 데 주력하게 되었다. 콩 또한 확보해야 할 주요 물자 중 하나였는데, 콩은 당시 일본에서 선호하던 식량일 뿐만 아니라 군수산업을 위한 원료이기도 하였다.

일본은 확보된 공업 원료와 식량 자원을 자국으로 수송하는 물류 거점으로 함경도를 주목하였다. 특히 청진·나진·웅기 등 대륙 종단의 시발점이 되는 항구와 조선의 최북단 지역이던 무산·회령·종성·온성을 중시하였다. 또한 조선의 남부 지방에서는 면화, 북부 지방에서는 양모 생산을 장려하였던 조선총독부의 정책에 따라 두만강을 통해 바로 만주로 진출할 수 있는 회령·종성·온성은 양을 목축하는 축산 거점으로 부상하였다. 일본은 만주와 함경도에서 생산된 광물자원과 콩, 두만강변 원시림의 목재를 일본으로 수송하기 위해 함경선, 백무선 등의 철도를 잇따라 부설하였다. 더불어 무산과 회령, 경흥에서는 석탄 및 철광 광산을 본격적으로 개발하였다. 이에 따라 오지의 작은 읍이었던 무산·회령·종성·온성의 개발이 촉진되어 근대적 도시로 발전하였다. 일본의 정책들은 함경도를 만주와 같은 경제권으로 묶음으로써 조선의 다른 지역과 경제적으로 분리시켰다.

철도 부설 및 광산 개발을 위해 일본은 조선 노동자들을 강제 동원하였고, 수많은 조선 노동자들이 강제 노동 끝에 산록과 땅 속 깊은 곳에서 비참한 삶을 마쳤다. 1935년 회령의 유선탄광에서 폭약이 터져 800여 명의 광부가 매몰돼 사망했던 사건은 그 단적인 예이다. 영화 『아리랑』의 감독 겸 주연이었던 나운규는 그의 고향 회령에서 청진까지 부설되었던 철도 공사에 조선인 노동자들이 강제 동원되어 잔혹한 노동에 혹사되는 참상을 목도하였다. 그때 그는 노동자들이 부르던 아리랑의 애달픈 노랫가락을 듣고 영화 『아리랑』의 기본 줄거리를 착상하였다.

① 영화 『아리랑』 감독의 고향에서 탄광 폭발사고가 발생하였다.
② 조선 최북단 지역의 몇몇 작은 읍들은 근대적 도시로 발전하였다.
③ 축산 거점에서 대륙 종단의 시발점이 되는 항구까지 부설된 철도가 있었다.
④ 군수산업 원료를 일본으로 수송하는 것이 함경선 부설의 목적 중 하나였다.
⑤ 일본은 함경도를 포함하여 한반도와 만주를 같은 경제권으로 묶는 정책을 폈다.

04 다음 글을 읽고 추론한 내용으로 가장 적절한 것은?

> 바다 속에 서식했던 척추동물의 조상형 동물들은 체와 같은 구조를 이용하여 물속의 미생물을 걸러 먹었다. 이들은 몸집이 아주 작아서 물속에 녹아 있는 산소가 몸 깊숙한 곳까지 자유로이 넘나들 수 있었기 때문에 별도의 호흡계가 필요하지 않았다. 그런데 몸집이 커지면서 먹이를 거르던 체와 같은 구조가 호흡 기능까지 갖게 되어 마침내 아가미 형태로 변형되었다. 즉, 소화계의 일부가 호흡 기능을 담당하게 된 것이다. 그 후 호흡계의 일부가 변형되어 허파로 발달하고, 그 허파는 위장으로 이어지는 식도 아래쪽으로 뻗어 나갔다. 한편, 공기가 드나드는 통로는 콧구멍에서 입천장을 뚫고 들어가 입과 아가미 사이에 자리 잡게 되었다. 이러한 진화 과정을 보여 주는 것이 폐어(肺魚) 단계의 호흡계 구조이다.
> 이후 진화 과정이 거듭되면서 호흡계와 소화계가 접하는 지점이 콧구멍 바로 아래로부터 목 깊숙한 곳으로 이동하였다. 그 결과 머리와 목구멍의 구조가 변형되지 않는 범위 내에서 호흡계와 소화계가 점차 분리되었다. 즉, 처음에는 길게 이어져 있던 호흡계와 소화계의 겹친 부위가 점차 짧아졌고, 마침내 하나의 교차점으로만 남게 된 것이다. 이것이 인간을 포함한 고등 척추동물에서 볼 수 있는 호흡계의 기본 구조이다. 따라서 음식물로 인한 인간의 질식 현상은 척추동물 조상형 단계를 지나 자리 잡게 된 허파의 위치 ─당시에는 최선의 선택이었을─ 때문에 생겨난 진화의 결과라 할 수 있다.

① 진화는 순간순간에 필요한 대응일 뿐 최상의 결과를 내는 과정이 아니다.
② 조상형 동물은 몸집이 커지면서 호흡기능의 중요성이 줄어드는 대신 소화기능이 중요해졌다.
③ 폐어 단계의 호흡계 구조에서 갖고 있던 아가미는 척추동물의 허파로 진화하였다.
④ 지금의 척추동물과는 달리 조상형 동물들은 산소를 필요로 하지 않았다.
⑤ 척추동물로 진화해오면서 호흡계와 소화계는 완전히 분리되었다.

05 다음은 사회공헌활동에 대한 기사이다. 기업 활동의 사례 중 사회공헌활동으로 참고할 사항이 아닌 것은?

> 사회공헌활동은 기업의 사회적 책임을 일컫는 말로, 미국 조지아대학교의 아치 캐럴 교수는 기업의 사회적 책임을 이윤 창출, 법률준수, 윤리적 책임, 자선적 책임 4가지로 구분하고 있다. 이 중 이윤 창출의 경우 기업은 사회의 기본 경제단위로서 재화와 서비스를 생산할 책임을 지고 있다는 것을 의미하며, 법률준수는 기업이 법을 지키며 경제활동을 하는 것을, 윤리적 책임은 법으로는 규정하지 못하지만, 기업이 사회의 기대치에 맞는 윤리적 행동과 활동을 할 것을, 마지막으로 자선적 책임은 사회적 기부행위, 약물 남용 방지 프로그램, 보육시설 운영, 사회복지시설 운영 등 사회의 공익을 위한 자선활동을 할 책임을 말한다.

① A사는 최저임금법이 개정될 때마다 최저임금을 개선하며 최저임금법을 꾸준히 지켜오고 있다.
② B사는 독거노인, 소년소녀가장, 다문화가정 등을 방문하여 기부금과 생필품을 전달하고 있다.
③ C사는 꾸준한 연구개발로 소비자들에게 질 좋은 서비스를 제공하기 위해 최선을 다하고 있다.
④ D사는 환경보호를 위한 에코경영을 올해의 경영목표로 정했다.
⑤ E사는 타사와의 경쟁에서 승리하기 위해 외국기업의 사례를 벤치마킹하고 있다.

STEP 3 적중문제

01 다음 글을 바탕으로 〈보기〉의 내용으로부터 추론할 수 있는 것은?

> 조선의 음악은 예와 함께 의례의 핵심이었기 때문에 조선의 대표적인 음악기관이었던 장악원의 역할은 아주 중요했다. 각종 왕실 행사, 제례, 연향, 조회, 군사의례 등 왕이 활쏘기를 할 때까지도 음악인들이 동원되었기에 1년 내내 쉴 틈이 없을 정도였다.
> 성종 대에 편찬된 『경국대전』에 의하면, 장악원 소속 음악인의 수는 '아악 악사 2명, 악생 297명, 속악 악사 2명, 악공 518명, 가동 10명'이었고, 후보생을 포함하면 981명에 이르는 대규모 기관이었다. 이런 장악원의 최고 책임자는 제조라고 했는데 전문 음악인이 아닌 행정관리자여서 악공이나 악생의 연주 실력을 구분하기 어려웠고, 후에 『악학궤범』의 주요 저자인 성현이 장악원의 제조로 발탁됐다.
> 『악학궤범』은 성종 24년인 1493년에 제작된 음악책이다. 목판본으로 모두 9권 3책으로 되어있으며, 고려 이후부터 성종 때까지의 음악에 대한 이론과 악기 설명, 음악 형식, 궁중 무용, 연주할 때 입는 옷의 설명 등 음악에 대해 자세히 기록하고 있다. 기존의 음악 관련 문헌이 가사의 내용이 주가 되거나 악곡을 수록한 악보집의 형태였다면 『악학궤범』은 음악이론과 제도 및 법식을 주로 다루어 전통음악의 법전과도 같은 문헌이라고 할 수 있다.

> **보기**
> 좋은 음악도 귀를 스쳐 지나가면 곧 없어지고, 없어지면 흔적이 없는 것이 마치 그림자가 형체가 있으면 모이고 형체가 없어지면 흩어지는 것과 같다. 그러나 악보가 있으면 음의 느리고 바른 것을 알 수 있고, 그림이 있으면 악기의 형상을 분별할 수 있으며, 책이 있으면 시행하는 법을 알 수 있을 것이다.

① 궁중의 제사 음악인 아악, 당나라와 송나라에서 유입된 음악인 당악, 우리나라에서 만들어진 음악인 향악으로 분류할 수 있다.
② 당시 장악원의 의궤와 악보가 오래되어 헐었고, 요행히 남은 것들도 틀려 그것을 바로잡기 위해 책을 편찬했다.
③ 악공 선발을 위한 시험에서 비파는 필수 악기로 사서인은 음악을 배울 때 비파를 중요시하고 있다.
④ 악학궤범에는 용비어천가, 정읍사, 아박무, 무고, 처용무 등의 한글 노랫말도 수록되어 있다.
⑤ 악학궤범에는 그림으로 악기를 자세히 설명하고, 악보를 수록하고 음악이론과 제도 및 법식을 다루고 있다.

02 다음 밑줄 친 부분에서 말하고자 하는 바로 가장 적절한 것은?

> 아무리 남을 도와주려는 의도를 갖고 한 일일지라도 결과적으로는 남에게 도움이 되기는커녕 오히려 큰 고통이나 해를 더 가져오는 경우가 얼마든지 있다. 거꾸로 남을 해롭게 하려는 의도로 한 일이 오히려 남에게 도움이 되는 결과를 낳을 수도 있다. 태도로서의 '선'은 행동이나 결정의 결과를 고려하지 않고 그 행동의 의도, 즉 동기에서만 본 '선'을 의미한다. 내 행동의 결과가 예상 밖으로 남에게 고통을 가져오는 한이 있었다 해도, 내 행동의 동기가 남의 고통을 덜어주고, 남을 도와주는 데 있었다면 나를 선한 사람으로 볼 수 있지 않느냐는 말이다.

① 일과 그 의도는 무관하다.
② 의도와 결과는 동일하지 않다.
③ 의도만 놓고 결과를 판단할 수 있다.
④ 우리가 의도한 대로 일이 이루어지는 경우가 있다.
⑤ 세상에는 의도와 일치하는 일이 빈번하게 일어난다.

03 치악시설반의 선임시설관리장인 H씨는 직원교육을 위해 다음과 같은 자료를 만들었다. 이를 보고 나눈 대화로 적절하지 않은 것은?

> 철도선로는 차량을 주행시키는 궤도, 궤도를 지지하는 노반 그리고 선로 구조물과 전차선로로 이뤄져 있다. 이 중 열차의 하중에 따른 승차감과 관련이 깊은 것이 궤도와 노반이다. 궤도는 도상, 침목, 레일과 체결구 등으로 구성되어 있으며 노반은 가장 밑에서 열차의 하중을 지지하는 기반으로 흙 노반이 기본이며 터널과 고가교에는 콘크리트 노반도 있다. 분니는 보통 노반 흙이나 도상에서 발생하는데 탄성을 저하시켜 열차 승차감을 떨어뜨리고 노반을 연약하게 만들어 궤도 틀림을 야기하기도 한다. 수시로 제거 작업을 해야 하는 이유이다.

① A : 이 글은 분니를 왜 제거해야 하는지 알려주는 글이군요.
② B : 맞아요, 분니는 탄성을 저하시켜 열차의 승차감을 떨어뜨리고 궤도 틀림을 야기하기 때문이죠.
③ C : 아, 그러니까 열차의 하중을 지지하는 노반의 대부분을 콘크리트로 사용하는 이유가 이거였군요.
④ D : 또한, 열차의 하중을 지지하는 것 중 궤도는 도상, 침목, 레일 그리고 체결구 등으로 구성되어 있어요.
⑤ E : 결국 철도선로는 궤도, 노반 그리고 선로 구조물과 전차선로로 이루어진 것이었네요.

04 다음은 기술 보급 실패의 사례 중 하나인 플레이펌프에 대한 글이다. 이에 대한 교훈으로 가장 적절한 것은?

> 플레이펌프는 아이들의 회전놀이 기구이자 물을 끌어 올리는 펌프이다. 아이들이 플레이펌프를 돌리면서 놀기만 하면 그것이 동력이 되어 지하수를 끌어 올려 탱크에 물을 저장하는 것이다. 이 간단한 아이디어 사업에 미국의 정치가와 기부자들이 동참했고, 수천만 불의 기부금을 모아 남아프리카와 모잠비크에 천 오백 대가 넘는 플레이펌프를 공급했다. 아이들은 플레이펌프를 보며 좋아했으며, 이 사업은 성공적으로 보였다. 하지만 결론적으로 이 사업은 실패했고, 아무도 플레이펌프에 대해 더 이상 이야기하려 하지 않는다. 그 원인을 살펴보자면 우선 어린이 한 명당 겨우 2리터의 물을 끌어 올려 기존의 펌프보다 훨씬 효율이 높지 않았다. 또한 물을 끌어올리기가 쉽지 않아 플레이펌프는 아이들에게 더 이상 놀이가 아닌 일이 되어버린 것이다.
>
> 이러한 플레이펌프는 기술 보급 실패의 사례로 볼 수 있다. 저개발국가의 빈곤 문제를 경제적인 지원만으로 접근해서는 성공할 수 없음을 분명히 보여주고 있는 것이다. 적정기술의 정의에 따르면, 기술은 현지인의 문화와 사회에 적합해야 한다. 또 현지인들이 참여하는 방식이 되어야 한다. 기술의 현지 적용 가능성에 대한 테스트도 없이 무리하게 보급된 플레이펌프는 결국 대부분 폐기처리되었다. 현지인들은 말한다. "언제 우리가 이런 것을 갖다 달라고 했나"라고. 이 사례는 적정기술의 개발과 보급에 신중해야 함을 시사한다.

① 실패는 전달되는 중에 항상 축소된다.
② 실패를 비난·추궁할수록 더 큰 실패를 낳는다.
③ 방치해놓은 실패는 성장한다.
④ 성공은 99%의 실패로부터 얻은 교훈과 1%의 영감으로 구성된다.
⑤ 다방면에 대한 고려가 성공으로 이어진다.

05 다음 글의 뒤에 이어질 내용으로 가장 적절한 것은?

> 태초의 자연은 인간과 동등한 위치에서 상호 소통할 수 있는 균형적인 관계였다. 그러나 기술의 획기적인 발달로 인해 자연과 인간사회 사이에 힘의 불균형이 초래되었다. 자연과 인간의 공생은 힘의 균형을 전제로 한다. 균형적 상태에서 자연과 인간은 긴장감을 유지하지만 한쪽에 의한 폭력적 관계가 아니기에 소통이 원활히 발생한다. 또한 일방적인 관계에서는 한쪽의 희생이 필수적이지만 균형적 관계에서는 상호 호혜적인 거래가 발생한다. 이때의 거래란 단순히 경제적인 효율을 의미하는 것이 아니다. 대자연의 환경에서 각 개체와 그 후손들의 생존은 상호 관련성을 지닌다. 이에 따라 자연은 인간에게 먹거리를 제공하고 인간은 자연을 위한 의식을 행함으로써 상호 이해와 화해를 도모하게 된다. 인간에게 자연이란 정복의 대상이 아닌 존중받아야 할 거래 대상인 것이다. 결국 대칭적인 관계로의 회복을 위해서는 힘의 균형이 전제되어야 한다.

① 인간과 자연이 힘의 균형을 회복하기 위한 방법
② 인간과 자연이 거래하는 방법
③ 태초의 자연이 인간을 억압해온 사례
④ 인간 사회에서 소통의 중요성
⑤ 경제적인 효율을 극대화하기 위한 방법

06 다음 글의 ㉠의 사례로 적절하지 않은 것은?

> ㉠ <u>닻내림 효과</u>란 닻을 내린 배가 크게 움직이지 않듯 처음 접한 정보가 기준점이 되어 판단에 영향을 미치는 일종의 편향(왜곡) 현상을 말한다. 즉, 사람들이 어떤 판단을 할 때 초기에 접한 정보에 집착해, 합리적 판단을 내리지 못하는 현상을 일컫는 행동경제학 용어이다. 대부분의 사람은 제시된 기준을 그대로 받아들이지 않고, 기준점을 토대로 약간의 조정과정을 거치기는 하나, 그런 조정과정이 불완전하므로 최초 기준점에 영향을 받는 경우가 많다.

① 연봉 협상 시 본인의 적정 기준보다 더 높은 금액을 제시한다.
② 원래 1만 원이던 상품에 2만 원의 가격표를 붙이고 50% 할인한 가격에 판매한다.
③ 명품업체가 매장에서 최고가 상품들의 가격표를 보이게 진열하여 다른 상품들이 그다지 비싸지 않은 것처럼 느끼게 만든다.
④ 홈쇼핑에서 '이번 시즌 마지막 세일', '오늘 방송만을 위한 한정 구성' '매진 임박' 등의 표현을 사용하여 판매한다.
⑤ '온라인 정기구독 연간 $25'와 '온라인 및 오프라인 정기구독 연간 $125' 사이에 '오프라인 정기구독 연간 $110'의 항목을 넣어 판촉한다.

07 다음 글을 읽고 추론한 내용으로 적절하지 않은 것은?

> 세계적으로 저명한 미국의 신경과학자들은 '의식에 관한 케임브리지 선언'을 통해 동물에게도 의식이 있다고 선언했다. 이들은 포유류와 조류 그리고 문어를 포함한 다른 많은 생물도 인간처럼 의식을 생성하는 신경학적 기질을 갖고 있다고 주장하였다. 즉, 동물도 인간과 같이 의식이 있는 만큼 합당한 대우를 받아야 한다는 이야기이다. 그러나 이들과 달리 아직도 동물에게 의식이 있다는 데 회의적인 과학자가 많다.
>
> 인간의 동물관은 고대부터 두 가지로 나뉘어 왔다. 그리스의 철학자 피타고라스는 윤회설에 입각하여 동물에게 경의를 표해야 한다는 것을 주장했으나, 아리스토텔레스는 '동물에게는 이성이 없으므로 동물은 인간의 이익을 위해서만 존재한다.'고 주장했다. 이러한 동물관의 대립은 근세에도 이어졌다. 17세기 철학자 데카르트는 '동물은 정신을 갖고 있지 않으며, 고통을 느끼지 못하므로 심한 취급을 해도 좋다.'라고 주장한 반면, 18세기 계몽철학자 루소는 『인간불평등 기원론』을 통해 인간과 동물은 동등한 자연의 일부라는 주장을 처음으로 제기했다.
>
> 그러나 인간은 오랫동안 동물의 본성이나 동물답게 살 권리를 무시한 채로 소와 돼지, 닭 등을 사육해왔다. 오로지 더 많은 고기와 달걀을 얻기 위해 '공장식 축산' 방식을 도입한 것이다. 공장식 축산이란 가축 사육 과정이 공장에서 규격화된 제품을 생산하는 것과 같은 방식으로 이루어지는 것을 말하며, 이러한 환경에서는 소와 돼지, 닭 등이 몸조차 자유롭게 움직일 수 없는 좁은 공간에 갇혀 자라게 된다. 가축은 스트레스를 받아 면역력이 떨어지게 되고, 이는 결국 항생제 대량 투입으로 이어질 수밖에 없다. 우리는 그렇게 생산된 고기와 달걀을 맛있다고 먹고 있는 것이다.
>
> 이와 같은 공장식 축산의 문제를 인식하고, 이를 개선하려는 동물 복지 운동은 1960년대 영국을 중심으로 유럽에서 처음 시작되었다. 인간이 가축의 고기 등을 먹더라도 최소한의 배려를 함으로써 항생제 사용을 줄이고, 고품질의 고기와 달걀을 생산하자는 것이다. 한국도 2012년부터 산란계를 시작으로 '동물 복지 축산농장 인증제'를 시행하고 있다. 배고픔 · 영양 불량 · 갈증으로부터의 자유, 두려움 · 고통으로부터의 자유 등의 5대 자유를 보장하는 농장만이 동물 복지 축산농장 인증을 받을 수 있다.
>
> 동물 복지는 가축뿐만이 아니라 인간의 건강을 위한 것이기도 하다. 따라서 정부와 소비자 모두 동물 복지에 좀 더 많은 관심을 가져야 한다.

① 피타고라스는 동물에게도 의식이 있다고 생각했군.
② 아리스토텔레스와 데카르트의 동물관에는 일맥상통하는 점이 있어.
③ 좁은 공간에 갇혀 자란 돼지는 그렇지 않은 돼지에 비해 면역력이 낮겠네.
④ 공장식 축산에서의 항생제 대량 사용은 결국 인간에게 안 좋은 영향을 미치겠군.
⑤ 동물 복지 축산농장 인증제는 1960년대 영국에서 처음 시행되었어.

08 〈보기〉를 참고하여 다음 글을 읽은 학생의 반응으로 가장 적절한 것은?

> 일그러진 달항아리와 휘어진 대들보. 물론 달항아리와 대들보가 언제나 그랬던 것은 아니다. 사실인 즉, 일그러지지 않은 달항아리와 휘어지지 않은 대들보가 더 많았을 것이다. 하지만 주목해야 할 것은 한국인들은 달항아리가 일그러졌다고 해서 깨뜨려 버리거나, 대들보감이 구부러졌다고 해서 고쳐서 쓰거나 하지는 않았다는 것이다. 나아가 그들은 살짝 일그러진 달항아리나 그럴싸하게 휘어진 대들보, 입술이 약간 휘어져 삐뚜름 능청거리는 사발이 오히려 멋있다는 생각을 했던 것 같다. 일그러진 달항아리와 휘어진 대들보에서 '형(形)의 어눌함'과 함께 '상(象)의 세련됨'을 볼 수 있다. 즉, '상의 세련됨'을 머금은 '형의 어눌함'을 발견하게 된다. 대체로 평균치를 넘어서는 우아함을 갖춘 상은 어느 정도 형의 어눌함을 수반한다. 이런 형상을 가리켜 아졸하거나 고졸하다고 하는데, 한국 문화는 이렇게 상의 세련됨과 형의 어눌함이 어우러진 아졸함이나 고졸함의 형상으로 넘쳐난다. 분청이나 철화, 달항아리 같은 도자기 역시 예상과는 달리 균제적이거나 대칭적이지 않은 경우가 많다. 이같은 비균제성이나 비대칭성은 무의식(無意識)의 산물이 아니라 '형의 어눌함을 수반하는 상의 세련됨'을 추구하는 미의식(美意識)의 산물이다. 이러한 미의식은 하늘과 땅과 인간을 하나의 커다란 유기체로 파악하는 우리 민족이 자신의 삶을 통해 천지인의 조화를 이룩하기 위해 의식적으로 노력한 결과이다.

> **보기**
> '상(象)'은 '형(形)'과 대립하는 개념이다. 감각적으로 쉽게 느낄 수 있는 것을 '형'이라 한다면, 자연의 원리를 깨달은 사람만이 인식할 수 있는 것을 '상'이라 한다.

① 예지 : 한옥에서는 '형'의 어눌함을 찾아볼 수 없어.
② 보람 : 삐뚜름한 사발에서 '상'의 세련됨을 찾을 수 있어.
③ 윤희 : 휘어진 대들보에서는 '상'의 세련됨을 발견할 수 없어.
④ 주성 : 비대칭성의 미는 무의식의 산물이야.
⑤ 수빈 : 일그러진 달항아리의 아름다움을 느끼지 못한다면 '형'의 어눌함을 발견하지 못했기 때문이야.

※ 다음 글을 읽고 추론한 내용으로 가장 적절한 것을 고르시오. [9~10]

09

10월 9일은 오늘의 한글을 창제해서 세상에 펴낸 것을 기념하고, 한글의 우수성을 기리기 위한 국경일이다. 한글은 인류가 사용하는 문자 중에서 창제자와 창제연도가 명확히 밝혀진 문자임은 물론, 체계적이고 과학적인 원리로 어린아이도 배우기 쉬운 문자이다. 한글의 우수성은 한자나 영어와 비교해 봐도 쉽게 알 수 있다. 기본적인 생활을 하기 위해서 3,000자에서 5,000자 정도의 수많은 문자의 모양과 의미를 외워야 하는 표의문자 한자와는 달리, 한글은 소리를 나타내는 표음문자이기 때문에 24개의 문자만 익히면 쉽게 조합하여 학습할 수 있다.

한글의 이러한 과학적인 부분은 실제로 세계 학자들 사이에서도 찬탄을 받는다. 한글이 세계 언어학계에 본격적으로 알려진 것은 1960년대이다. 영국의 저명한 언어학자인 샘프슨(G. Sampson) 교수는 '한글은 세계에서 과학적인 원리로 창제된 가장 훌륭한 글자'라고 평가한다. 그는 특히 '발성 기관이 소리를 내는 모습을 따라 체계적으로 창제된 점이 과학적이며 문자 자체가 소리의 특징을 반영했다는 점이 놀랍다.'라고 평가한다. 동아시아 역사가 라이샤워(O. Reichauer)도 '한글은 전적으로 독창적이고 놀라운 음소문자로, 세계의 어떤 나라의 일상 문자에서도 볼 수 없는 가장 과학적인 표기 체계이다.'라고 찬탄하고 있으며, 미국의 다이아몬드(J. Diamond) 교수 역시 '세종이 만든 28자는 세계에서 가장 훌륭한 알파벳이자 가장 과학적인 표기법 체계'라고 평가한다.

이러한 점을 반영하여 유네스코에서는 훈민정음을 기록유산으로 등록함은 물론, 세계적으로 문맹 퇴치에 이바지한 사람에게 '세종대왕'의 이름을 붙인 상을 주고 있다. 이처럼 세계적으로 인정받는 우리의 독창적이고 고유한 글자인 '한글'에 대해 우리는 더욱더 큰 자긍심을 느껴야 할 것이다.

① 영국의 저명한 언어학자인 샘프슨(G. Sampson) 교수는 '세종이 만든 28자는 세계에서 가장 훌륭한 알파벳'이라고 평가했다.
② 한글은 소리를 나타내는 표음문자이기 때문에 한자와 달리 문자를 따로 익힐 필요는 없다.
③ 세계적으로 문맹 퇴치에 이바지한 사람에게 유네스코에서 '세종대왕 상'을 수여하는 이유는 한글 창제에 담긴 세종대왕의 정신을 기리기 위함일 것이다.
④ 한글을 배우기 위해서는 문자의 모양과 의미를 외워야 한다.
⑤ 한글이 세계 언어학계에 본격적으로 알려진 것은 1970년대로 샘프슨(G. Sampson) 교수, 동아시아 역사가 라이샤워(O. Reichauer) 등의 저명한 학자들로부터 찬탄을 받았다.

10 미적인 것이란 내재적이고 선험적인 예술 작품의 특성을 밝히는 데서 더 나아가 삶의 풍부하고 생동적인 양상과 가치, 목표를 예술 형식으로 변환한 것이다. 미(美)는 어떤 맥락으로부터도 자율적이기도 하지만 타율적이다. 미에 대한 자율적 견해를 지닌 칸트도 일견 타당하지만, 미를 도덕이나 목적론과 연관시킨 톨스토이나 마르크스도 타당하다. 우리가 길을 지나다 이름 모를 곡을 듣고서 아름답다고 느끼는 것처럼 순수미의 영역이 없는 것은 아니다. 하지만 그 곡이 독재자를 열렬히 지지하기 위한 선전곡이었음을 안 다음부터 그 곡을 혐오하듯 미(美) 또한 사회 경제적, 문화적 맥락의 영향을 받기도 한다.

① 작품의 구조 자체에 주목하여 문학작품을 감상해야 한다는 절대주의적 관점은 칸트의 견해와 유사하다.
② 칸트는 현실과 동떨어진 작품보다 부조리한 사회 현실을 고발하는 작품의 가치를 더 높게 평가하였을 것이다.
③ 칸트의 견해에 따르면 예술 작품이 독자에게 어떠한 영향을 미치느냐에 따라 작품의 가치가 달라질 수 있다.
④ 톨스토이의 견해에 따라 시를 감상한다면 운율과 이미지, 시상 전개 등을 중심으로 감상해야 한다.
⑤ 톨스토이와 마르크스는 예술 작품이 내재하고 있는 고유한 특성이 감상에 중요하지 않다고 주장했다.

PART 3
문서작성능력

CHAPTER 01 개요수정
CHAPTER 02 내용수정
CHAPTER 03 도식화

CHAPTER 01

개요수정 | 대표유형 1

개요수정 ①

다음은 '도시 광산의 활성화'에 대한 글을 쓰기 위해 작성한 개요이다. 개요의 수정·보완 및 자료 제시 방안으로 적절하지 않은 것은?

Ⅰ. 처음 ·· ㉠
  1. 도시 광산 운영의 어려움
  2. 도시 광산 운영 지침 ·· ㉡
Ⅱ. 중간
  1. 도시 광산의 필요성
    가. 천연 광산보다 높은 효율성 ··· ㉢
    나. 희소금속의 확보 수단
    다. 폐전자제품에서의 금속 추출 기술 개발 ························· ㉣
  2. 도시 광산의 활성화 방안
    가. 폐전자제품 수거에 적극 동참 ······································ ㉤
    나. 폐전자제품 수거 서비스 홍보
Ⅲ. 끝 : 폐전자제품 수거에 대한 관심 촉구

---

① ㉠ : '도시 광산'이 생소한 독자를 위해 '도시 광산의 개념 소개'를 하위 항목으로 추가한다.
② ㉡ : 글의 주제를 고려하여 삭제한다.
③ ㉢ : 천연 광산과의 비교를 통해 도시 광산의 높은 효율성을 강조한다.
④ ㉣ : 상위 항목과 어울리지 않으므로 'Ⅱ-2.'의 하위 항목으로 옮긴다.
⑤ ㉤ : '폐전자제품 수거에 적극적 동참을 위한 캠페인 활동'으로 구체화한다.

정답 해설

'Ⅲ. 끝'을 통해 글의 주제는 도시 광산의 활성화를 위해서는 폐전자제품 수거에 대한 관심이 필요하다는 관점에 있음을 알 수 있다. 따라서 ㉣은 'Ⅱ-2.'의 하위 항목으로 옮기는 것이 아니라 삭제하는 것이 적절하다.

정답 ④

CHAPTER 01 개요수정 ②

개요수정 | 대표유형 2

다음은 '청소년의 소비 태도'에 대한 글을 쓰기 위해 작성한 개요이다. 빈칸에 들어갈 내용으로 가장 적절한 것은?

> Ⅰ. 서론 : 청소년의 소비 태도에 대한 논의의 필요성
> Ⅱ. 본론
>   1. 현황
>   가. 또래 집단이 선호하는 유명 상표의 상품 동조 구매
>   나. 상품 광고의 영향을 받은 충동구매
>   2. 문제 원인 분석
>   가. 상품 가치에 기대어 자신을 인정받으려는 심리
>   나. 또래 집단에서 소외되지 않으려는 심리
>   다. 상품 광고에 대한 무분별한 수용 태도
>   3. 문제 해결 방안
>   가. 내적 가치의 발견을 통한 자아 존중감 확립
>   나. 또래 집단 내의 바람직한 관계 맺기에 대한 인식 제고
>   다. _____
> Ⅲ. 결론 : 청소년의 소비 태도 개선 촉구 및 제언

① 상품의 과대광고에 대한 처벌 강화
② 소비자 보호를 위한 관련 법안 개정
③ 학교 폭력 피해 학생과의 상담 실시
④ 상품 광고에 대한 비판적 수용 능력 함양
⑤ 올바른 소비문화 조장을 위한 캠페인 실시

정답 해설

'Ⅱ-2'에서는 청소년의 그릇된 소비 태도의 문제 원인을, 'Ⅱ-3'에서는 청소년의 소비 태도를 개선하기 위한 방안을 원인에 대한 해결 방안으로 제시하고 있다. 따라서 빈칸에는 글의 논리적 흐름에 따라 'Ⅱ-2-다'와 연결하여, 청소년의 상품 광고에 대한 비판적 수용 능력을 길러야 한다는 내용의 ④가 가장 적절하다.

정답 ④

CHAPTER 01 유형점검

개요수정

STEP 1 기본문제

01 다음은 친환경 자동차에 대한 글을 쓰기 위해 작성한 개요이다. 개요를 수정·보완할 내용으로 적절하지 않은 것은?

> Ⅰ. 서론 ·· ㉠
> Ⅱ. 본론
>   1. 친환경 자동차 보급의 필요성
>   가. 환경 개선 효과
>   나. 자동차 산업 활성화 효과
>   2. 친환경 자동차 보급 실태와 문제점 ·· ㉡
>   가. 친환경 자동차의 비싼 가격
>   나. 기업의 적극적인 투자와 기술 개발
>   3. 친환경 자동차 보급 확대 방안
>   가. 정부의 구매 지원 제도 ··· ㉢
>   나. 관련 기반 시설 구축 미흡 ·· ㉣
>   다. 소비자의 친환경 자동차에 대한 인식 전환
> Ⅲ. 결론 : 소비자들의 친환경 자동차 구매 활성화를 위한 노력 ····················· ㉤

① ㉠ : 독자의 이해를 돕기 위해 '친환경 자동차의 개념 소개'를 하위 항목으로 추가한다.
② ㉡ : 'Ⅱ-3-다'의 내용을 고려하여 '소비자의 친환경 자동차에 대한 부정적 인식'을 하위 항목으로 추가한다.
③ ㉢ : 글의 주제를 고려하여 삭제한다.
④ ㉣ : 상위 항목과의 연관성을 고려하여 'Ⅱ-2-나'와 위치를 바꾼다.
⑤ ㉤ : 'Ⅱ-3'의 내용을 고려하여 '친환경 자동차 보급 확대를 위한 정부, 기업, 소비자의 노력 촉구'로 고친다.

02 '고령화 사회에 대비하자.'라는 주제로 글을 쓰기 위해 개요 (가)를 작성하였다가 (나)로 수정하였다. 다음 개요를 수정한 이유로 가장 적절한 것은?

(가) Ⅰ. 서론 : 고령화 사회로의 진입
　　Ⅱ. 본론
　　　1. 고령화 사회의 실태
　　　　(1) 인구 증가율 마이너스
　　　　(2) 초고속 고령화 사회로의 진입
　　　2. 고령화 사회의 문제점
　　　　(1) 사회 비용 증가
　　　　(2) 인구 감소로 인한 문제 발생
　　　3. 고령화 사회 해결 방안
　　　　(1) 노인에게 일자리 제공
　　　　(2) 국민연금제도의 개편
　　　　(3) 법과 제도의 개선
　　Ⅲ. 결론 : 고령화 사회 대비 강조

(나) Ⅰ. 서론 : 고령화 사회의 심각성
　　Ⅱ. 본론
　　　1. 고령화 사회의 실태
　　　　(1) 인구 증가율 마이너스
　　　　(2) 초고속 고령화 사회로의 진입
　　　2. 고령화 사회의 문제점
　　　　(1) 의료·복지 비용 증가
　　　　(2) 노동력 공급 감소
　　　　(3) 노동 생산성 저하
　　　3. 고령화 사회 해결 방안
　　　　(1) 노인에게 일자리 제공
　　　　(2) 국민연금제도의 개편
　　　　(3) 법과 제도의 개선
　　Ⅲ. 결론 : 고령화 사회 대비 촉구

① 문제 상황을 보는 관점이 다양함을 드러내기 위해
② 문제 상황을 구체화하여 주제의 설득력을 높이기 위해
③ 문제 해결 과정에 발생할 불필요한 논쟁을 피하기 위해
④ 논의 대상의 범위를 보다 구체적으로 한정하기 위해
⑤ 문제 해결책의 범위를 보다 폭넓게 확장하기 위해

03 다음은 의료 서비스 수출의 실태와 대처 방안에 대한 글을 쓰기 위해 작성한 개요이다. 개요의 수정·보완 방안으로 적절하지 않은 것은?

Ⅰ. 서론
   1. 한국을 찾는 외국인 환자 증가 ·· ㉠
   2. 외국인 환자들이 한국을 찾는 이유 ······································ ㉡
Ⅱ. 본론
   1. 실태 분석 및 진단
     (1) 지속적인 유치의 어려움
     (2) 의료 수출국으로의 전환 기회
   2. 외국인 환자 유치 장애의 요인
     (1) 관련 정보의 제공 부족
     (2) 환자 유치, 광고 등에 대한 제도적 규제 ····························· ㉢
     (3) 정부 차원의 지원 부족
   3. 의료 서비스 수출 전략 방안
     (1) 비자 발급 간소화 ·· ㉣
     (2) 해외 환자 유치를 위한 광고 규제 완화
     (3) _____ ㉤
Ⅲ. 결론
   의료 수출에 대비하기 위한 적극적인 노력 촉구

---

① ㉠ : 국내 병원에 입원한 외국인 환자의 연도별 현황 자료를 제시한다.
② ㉡ : 진료비 대비 높은 국내 의료 수준을 선진국과 비교하여 제시한다.
③ ㉢ : 언어 장벽이나 까다로운 국내 병원 이용 절차로 외국인 환자를 유치하지 못한 사례를 활용한다.
④ ㉣ : 'Ⅱ-2-(1)'을 고려하여 '국내 의료기관 종합 사이트 구축 및 운영'으로 수정한다.
⑤ ㉤ : 글의 완결성을 고려하여 '경쟁력 있는 의료기관 선정, 인증제를 통한 지원'이라는 내용을 추가한다.

04 A사원은 매주 월요일마다 진행되는 주간회의에서 최근 수출 실적에 대한 발표를 한다. 발표문을 제출하기 위해 다음과 같이 개요를 작성하였다. 개요를 기초로 하여 글을 쓸 때, 주제문으로 가장 적절한 것은?

> Ⅰ. 서론 : 최근의 수출 실적 부진 현상
> Ⅱ. 본론 : 수출 경쟁력의 실태 분석
>   1. 가격 경쟁력 요인
>   ㄱ. 제조 원가 상승
>   ㄴ. 고금리
>   ㄷ. 환율 불안정
>   2. 비가격 경쟁력 요인
>   ㄱ. 기업의 연구 개발 소홀
>   ㄴ. 품질 개선 부족
>   ㄷ. 판매 후 서비스 부족
>   ㄹ. 납기 지연
> Ⅲ. 결론 : 분석 결과의 요약 및 수출 경쟁력 향상 방안 제시

① 정부가 수출 분야 산업을 적극 지원해야 한다.
② 내수 시장의 기반을 강화하는 데 역량을 모아야 한다.
③ 기업이 연구 개발비 투자를 늘리고 품질 향상에 많은 노력을 기울여야 한다.
④ 수출 경쟁력을 좌우하는 요인을 분석한 후 그에 맞는 방안을 마련해야 한다.
⑤ 납기 지연을 막기 위해 인력충원이 필요하다.

05 다음은 일본 문화 개방에 대한 글을 쓰기 위해 작성한 개요이다. 빈칸에 들어갈 내용으로 가장 적절한 것은?

> 주제 : 일본 문화 개방에 대한 제언
>
> 주제문 : 일본 문화 개방에 대비하여 _____
>
> 서론 : 일본 문화 개방에 대한 신중한 검토의 필요성
>
> 본론
> 가. 최근 일본 문화의 무차별적 유입 실태 분석
>   1. 청소년 사이에 나타나는 일본 문화의 유행
>   2. 문화적 주체성 위협
> 나. 일본 문화의 음성적 유입 원인
>   1. 정부의 적극적 대처 방안 미흡
>   2. 위성 방송 청취 시설의 확산
> 다. 개방의 불가피성
>   1. 통신망의 확대
>   2. 국제화라는 시대 조류
> 라. 일본 문화 개방 대비책
>   1. 대책 위원회의 구성
>   2. 선별적·단계적 수용
>   3. 저질 문화 유입 방지책 수립
>
> 결론 : 본론의 요약 강조 및 향후 전망

① 전통 문화의 창달을 위한 대비책을 조속히 마련해야 한다.
② 전통 문화를 지키기 위한 정부의 적극적인 대책이 수립되어야 한다.
③ 일본 문화의 음성적 유입 원인에 대한 철저한 분석이 선행되어야 한다.
④ 단계적 수용 대책과 저질 문화의 유입 방지책을 수립하여야 한다.
⑤ 일본 문화를 적극적으로 유입하기 위해 규제를 철폐해야 한다.

STEP 2 응용문제

01 다음은 도시재생사업의 전망과 발전 방안에 대한 글을 쓰기 위해 작성한 개요이다. 개요를 수정·보완하는 방안으로 적절하지 않은 것은?

> Ⅰ. 서론
>   1. 연구의 배경 및 목적
>   2. 연구의 수행 방법 ·· ㉠
> Ⅱ. 본론
>   1. 도시재생사업의 현황
>   (1) 도시정책 및 도시재생의 흐름 ························· ㉡
>   (2) 도시재생법·제도의 특성
>   (3) 도시재생 뉴딜정책 ······································· ㉢
>   2. 국외 도시재생 정책과 시사점
>   (1) 일본의 도시재생 정책
>   (2) 미국의 도시재생 정책
>   (3) _____ ············ ㉣
> Ⅲ. 결론
>   1. 도시재생사업의 발전 방안 ································ ㉤
>   2. 도시재생사업의 향후 과제

① ㉠에서는 문헌조사, 전문가 자문회의, 지자체 워크숍 등을 연구방법으로 설정한다.
② ㉡에서 현재의 도시정책에 따른 시민들의 체감 인터뷰 내용을 활용한다.
③ ㉢에서 도시재생뉴딜에 관련한 사업을 지역별로 비교하여 제시한다.
④ ㉣에서는 Ⅱ-2-(1), (2)를 고려하여 우리나라 도시재생 정책을 추가한다.
⑤ ㉤에서는 단기 발전 방안과 중장기 발전 방안으로 나누어 제시한다.

02 나노와 관련된 글을 쓰기 위해 (가)와 같은 개요를 작성했다가 (나)의 자료를 추가로 접하였다. 다음 (가)와 (나)를 종합하여 작성한 개요의 내용으로 적절하지 않은 것은?

> (가) 제목 : 나노 기술의 유용성
>
> Ⅰ. 나노 기술과 나노 물질 소개
>
> Ⅱ. 나노 기술의 다양한 이용 사례
>   1. 주방용품
>   2. 건축재료
>   3. 화장품
>
> Ⅲ. 나노 기술의 무한한 발전 가능성
>
> (나) 나노 물질의 위험성 : 우리 몸의 여과 장치 그대로 통과
>   인간을 비롯한 지구상 동물들의 코 점막이나 폐의 여과 장치 등은 나노 입자보다 천 배나 더 큰 마이크로 입자를 걸러내기에 적당하게 발달해 왔기 때문에, 나노 크기의 물질은 우리 몸의 여과 장치를 그대로 통과하여 건강에 악영향을 끼칠 가능성이 크다는 경고가 나왔다. 쥐를 대상으로 한 실험을 통해 쥐의 폐에 주입된 탄소나노튜브가 폐 조직을 훼손한다는 사실을 확인했을 뿐만 아니라, 다양한 크기의 입자를 쥐에게 흡입시켰을 때 오직 나노 수준의 미세한 입자만이 치명적인 피해를 준다는 사실도 확인했다는 것이다.

> 제목 : 나노 기술의 양면성 ·· ㉠
>
> Ⅰ. 나노 기술과 나노 물질 소개 ·· ㉡
>
> Ⅱ. 나노 기술의 양면성
>   1. 나노 기술의 유용성 ··· ㉢
>   인간생활의 다양한 분야에서 활용
>   2. 나노 기술의 위험성 ··· ㉣
>   인간과 동물의 건강에 악영향
>
> Ⅲ. 요구되는 태도
>   나노 기술의 응용 분야 확대 ·· ㉤

① ㉠
② ㉡
③ ㉢
④ ㉣
⑤ ㉤

03 J공단은 전력수요의 지속적인 증가와 지역간 전력 수급 불균형 문제에 따른 대책으로 대용량 전력 수송설비를 마련하고자 765kV 송변전사업을 추진하고 있다. 그러나 지역 주민들의 반대로 송전탑 및 송전선로 경과 후보지 선정에 난항을 겪고 있다. 이에 따라 J공단은 내부 회의 끝에 몇 가지 해결방안을 기획하였다. 그 첫 단계로 765kV 송변전사업의 홍보영상을 제작해 반대 지역주민들뿐만 아니라 전 국민 대상으로 765kV 송변전사업의 소모적인 논쟁을 해소하려 한다. 다음은 홍보영상물에 포함될 내용이다. 빈칸에 들어갈 내용으로 적절하지 않은 것은?

(가) 765kV 송변전사업의 필요성
  - 전력수요의 지속적인 증가(연평균 수요성장률 7.3%)
  - 345kV급 송전설비로는 대응의 한계에 봉착

(나) 765kV 송변전사업 효과
  - 대규모 전력수송에 용이(345kV의 3.4배)
  - 전력손실 감소(345kV의 20%)
  - 국내 전력분야 기술도약으로 국제경쟁력 향상
  - 전력계통의 안정도 향상

(다) 765kV 송변전사업의 오해
  _____

(라) 환경영향평가제 실시
  - 사계절 현장조사 실시

---

① 송전철탑 전자계에 노출되면 암 발생률이 높아진다.
② 건설에 필요한 소요용지를 최소화한다.
③ 스위스 등 유럽 각국은 주택 인근에 송전철탑 및 변전소가 설치되어 있지 않다.
④ 765kV 송전철탑 아래에서의 자계측정값이 기존의 345kV 송전철탑보다 높다.
⑤ 송전철탑 전자계는 멀리까지 전파되기 때문에 500m 이내로 접근하는 것은 위험하다.

04 다음은 대기전력을 줄이는 습관에 대한 글을 쓰기 위해 작성한 개요이다. 개요의 수정·보완 및 자료 제시 방안으로 적절하지 않은 것은?

> Ⅰ. 처음 : 대기전력에 대한 주의 환기
> Ⅱ. 중간 ·· ㉠
>   1. 대기전력의 발생 원인과 실태 ·· ㉡
>   1) 대기전력의 발생 원인
>   2) 대기전력이 발생하는 가전제품 ································· ㉢
>   2. 대기전력 해결 방안 ·· ㉣
>   1) 가전 기기의 플러그 뽑기
>   2) 절전형 멀티탭 사용하기
>   3) 에너지 절약 마크 제품 구입하기
> Ⅲ. 끝 : 대기전력을 줄이기 위한 개인과 기업의 노력 촉구 ············ ㉤

① ㉠ : 독자의 이해를 돕기 위해 '대기전력의 개념'을 하위 항목으로 추가한다.
② ㉡ : '전력 소비에 대한 잘못된 인식'을 하위 항목으로 추가한다.
③ ㉢ : 주요 가전 기기의 평균 대기전력을 제시하여 가전제품의 전력 낭비 실태를 보여준다.
④ ㉣ : 하위 항목을 고려하여 '대기전력을 줄이는 생활 습관'으로 고친다.
⑤ ㉤ : 개요의 흐름을 고려하여 '대기전력을 줄이는 생활 습관의 실천 촉구'로 고친다.

05 환경부는 환경미화원들의 미세먼지 노출 문제를 해결하기 위해 '야외 근로자 미세먼지 건강보호 시범사업'을 진행하기로 하였다. 이 업무를 담당하게 된 K과장은 시범사업 계획서 제출에 필요한 개요를 작성하였다. 다음 개요의 수정 및 보완 방안으로 적절하지 않은 것은?

```
Ⅰ. 서두
    1. 시범사업의 추진배경
    2. 시범사업의 개요 ·········································· ㉠
Ⅱ. 본문
    1. 추진 계획
        (1) 현황조사
        (2) 미세먼지 방진 마스크 보급 및 지원 ············· ㉡
        (3) 단계별 건강보호 대책 ······························· ㉢
    2. 향후 계획
        (1) 시범사업 추진을 위한 업무 협약 체결 ············ ㉣
        (2) 기관별 시범사업 추진
        (3) 성과분석 및 타 지역 전파
Ⅲ. 결론
    1. 성공적 대응사례 마련
    2. _____ ··············· ㉤
```

① ㉠에는 시범사업의 대상, 추진 기간, 추진 기관 등의 내용을 기재한다.
② ㉡에는 Ⅱ-1-(1)의 내용을 참고하여 방진 마스크 보급 및 지원에 대한 내용을 구체화한다.
③ ㉢에는 평시, 나쁨, 주의보, 경보의 경우로 나누어 각 경우에 맞는 대책을 제시한다.
④ ㉣에는 업무 협약의 긍정적 사례를 제시하고, 업무협약서를 별첨한다.
⑤ ㉤에는 서두와 본문의 내용을 고려하여 '미세먼지로부터의 탈출'이라는 내용을 추가한다.

STEP 3 적중문제

01 다음은 탄소 배출량 줄이기에 대한 글을 쓰기 위해 작성한 개요이다. 개요를 수정·보완할 방안으로 적절하지 않은 것은?

> Ⅰ. 서론 : 쓰레기 종량제 실시의 필요성 ·· ㉠
>
> Ⅱ. 본론
>   1. 문제점 분석
>   가. 탄소 배출량에 대한 개인의 인식 부족
>   나. 탄소 배출 제한 제도 운영상의 문제점 ································ ㉡
>   2. 해결 방안 제시 ·· ㉢
>   가. 탄소 배출 제한 제도의 보완 및 확대 방안
>   나. 국립공원 지정을 통한 산림 보호 ····································· ㉣
>
> Ⅲ. 결론 : _____ ······································ ㉤

① ㉠은 글의 주제를 고려하여 '탄소 배출량 줄이기의 필요성'으로 고친다.
② ㉡은 상위 항목을 고려하여 '탄소 배출 제한 제도에 따른 국가 간 협력 필요'로 고친다.
③ ㉢에는 'Ⅱ-1-가'를 고려하여 '탄소 배출량에 대한 정부와 기업의 적극적 홍보'를 하위 항목으로 추가한다.
④ ㉣은 상위 항목과의 연관성을 고려하여 삭제한다.
⑤ ㉤은 개요의 흐름을 고려하여 '탄소 배출량을 줄이기 위한 개인과 사회의 노력 촉구'의 결론을 작성한다.

02 다음은 과소비의 문제점과 대책이라는 제목으로 글을 쓰기 위해 작성한 개요이다. 빈칸에 들어갈 내용으로 적절하지 않은 것은?

> Ⅰ. 서론 : 현재의 과소비 실태 소개
>   가. 유명 상표 선호 현상
>   나. 고가 외제 물건 구매 현상
> Ⅱ. 본론 : 과소비의 문제점과 억제 방안 제시
>   가. 과소비의 문제점
>   _____
>   나. 과소비의 억제 방안
>   ① 근검절약의 사회 기풍 진작
>   ② 과소비에 대한 무거운 세금 부과
>   ③ 건전한 소비 생활 운동 전개
> Ⅲ. 결론 : 건전한 소비문화의 정착 강조

① 소비재 산업의 기형적 발전
② 개방화에 따른 외국 상품의 범람
③ 충동구매로 인한 가계 부담 가중
④ 외화 낭비 및 계층 간의 위화감 조성
⑤ 총수요의 증가로 인한 물가 상승

03 다음은 어린이 과보호의 문제점에 대해 글을 쓰기 위해 작성한 개요이다. 빈칸에 들어갈 내용으로 가장 적절한 것은?

> Ⅰ. 서론
>   어린이 과보호의 문제점
>
> Ⅱ. 본론
>   (1) 문제의 배경
>   ㉠ 핵가족화 현상으로 인한 가족 우선주의
>   ㉡ 자녀에 대한 소유 의식
>   (2) 문제점의 규명
>   ㉠ 가정 차원의 문제점
>   • 아이의 경우 – 자기중심적이고 비자주적인 태도 형성
>   • 부모의 경우 – 자녀에 대한 기대가 충족되지 않는 것에서 오는 배신감과 소외감
>   ㉡ 사회 차원의 문제점
>   • 공동체 의식의 이완
>   • 시민 의식의 파괴
>
> Ⅲ. 결론
>   _____

① 과보호 규제를 위한 사회적·법적 장치의 필요성 제고
② 과보호 피해를 줄이기 위한 여성 교육의 강화 방안 촉구
③ 과보호에 대한 인식 전환과 건전한 가족 문화 형성의 필요성 제고
④ 과보호 문제의 교육적 해결을 위한 학교·사회의 대응 방안 모색
⑤ 과보호의 원인에 대한 국가적 대응 방안 모색

04 다음은 독서 심리 치료에 대한 글을 쓰기 위해 작성한 개요이다. 이에 대한 내용으로 적절하지 않은 것은?

주제 : _____ ㉠ _____

Ⅰ. 서론 : 독서 심리 치료에 대한 관심 증대

Ⅱ. 본론
    1. 독서 심리 치료의 방법
        가. 독서 심리 치료의 유래
        나. 독서 심리 치료의 개념
    2. 독서 심리 치료의 이론적 기초
        가. 정신분석 이론
        나. 사회학습 이론
    3. 독서 심리 치료의 과정
        가. _____ ㉡ _____
        나. 참여자에게 필요한 정보를 제공
        다. 참여자의 자발적인 해결을 유도
    4. 독서 심리 치료의 효과
        가. 단기적 효과
        나. 장기적 효과

Ⅲ. 결론 : 독서 심리 치료의 활성화

---

① ㉠은 '독서 심리 치료를 바르게 이해하고 활성화하자.'로 한다.
② 'Ⅰ'에서 관련 신문 기사를 인용하여 흥미를 불러일으킨다.
③ 'Ⅱ-1'은 '독서 심리치료의 정의'로 바꾼다.
④ 'Ⅱ-2'의 하위 항목으로 '독서 심리 치료의 성공 사례'를 추가한다.
⑤ ㉡은 '참여자의 심리 상태를 진단'으로 한다.

05 다음은 온라인상에서의 저작권 침해에 대한 글을 쓰기 위해 작성한 개요이다. 개요의 수정·보완 및 자료 제시 방안으로 적절하지 않은 것은?

> Ⅰ. 서론 : 온라인상에서의 저작권 침해 실태 ·· ㉠
> Ⅱ. 본론
>   1. 온라인상에서의 저작권 침해 문제가 발생하는 원인
>   가. 온라인 특성상 정보를 공유해야 한다는 의식 부족 ·················· ㉡
>   나. 해외 서버의 불법 복제를 단속하기 위한 다른 나라와의 협조 체제 미비
>   다. 확인되지 않은 악성 루머 유포 ··· ㉢
>   2. 온라인상에서의 저작권 침해 문제의 해결 방안
>   가. 온라인상에서의 저작권 보호 의식 제고를 위한 교육 실시
>   나. _____ ㉣
> Ⅲ. 결론 : 온라인상에서의 저작권 보호 ·· ㉤

① ㉠ : 온라인상에서의 저작권 침해 사례를 보도한 신문 기사를 제시한다.
② ㉡ : 상위 항목을 고려하여 '온라인 특성상 저작권을 보호해야 한다는 의식 부족'으로 고친다.
③ ㉢ : 글의 주제를 고려하여 삭제한다.
④ ㉣ : 'Ⅱ-1-나'의 내용을 고려하여 '업로드 속도를 향상하기 위한 국내 서버 증설'이라는 내용을 추가한다.
⑤ ㉤ : 내용을 구체화하기 위해 '온라인상에서의 저작권 보호를 위한 개인과 정부의 행동 촉구'로 수정한다.

06 다음은 지역민을 위한 휴식 공간 조성에 대한 글을 쓰기 위해 작성한 개요이다. 개요의 수정·보완 및 자료 제시 방안으로 적절하지 않은 것은?

Ⅰ. 서론 ·· ㉠
Ⅱ. 본론
   1. 휴식 공간 조성의 필요성
      가. 휴식 시간 부족에 대한 직장인의 불만 증대 ··································· ㉡
      나. 여가를 즐길 수 있는 공간에 대한 지역민의 요구 증가
   2. 휴식 공간 조성의 장애 요인
      가. 휴식 공간을 조성할 지역 내 장소 확보 ·· ㉢
      나. 비용 마련의 어려움
   3. 해결 방안 ·· ㉣
      가. 휴식 공간을 조성할 지역 내 장소 부족
      나. 무분별한 개발로 훼손되고 있는 도시 경관 ··································· ㉤
Ⅲ. 결론 : 지역민을 위한 휴식 공간 조성 촉구

---

① ㉠ : 지역 내 휴식 공간의 면적을 조사한 자료를 통해 지역의 휴식 공간 실태를 나타낸다.
② ㉡ : 글의 주제를 고려하여 '휴식 공간의 부족에 대한 지역민의 불만 증대'로 수정한다.
③ ㉢ : 상위 항목과의 연관성을 고려하여 'Ⅱ-3-가'와 위치를 바꾼다.
④ ㉣ : 'Ⅱ-2-나'의 내용을 고려하여 '지역 공동체와의 협력을 통한 비용 마련'을 하위 항목으로 추가한다.
⑤ ㉤ : 상위 항목과 어울리지 않으므로 'Ⅱ-2'의 하위 항목으로 옮긴다.

07 다음은 교내 안전사고 발생에 대한 글을 쓰기 위해 작성한 개요이다. 빈칸에 들어갈 내용으로 가장 적절한 것은?

> Ⅰ. 서론 : 교내 안전사고 발생 현황
> Ⅱ. 본론
>   1. 교내 안전사고의 주요 유형 분석
>   가. 교내 안전사고 형태 분석 – '넘어짐'과 '충돌' 등의 사고가 주로 발생
>   나. 교내 안전사고 상황 분석 – '체육 수업'이나 '정규 수업 외'에 주로 발생
>   2. 안전사고 주요 상황별 안전 수칙
>   가. 체육 수업 – '넘어짐'과 '충돌'을 예방하기 위한 안전 수칙
>   나. 휴식 시간 – '넘어짐'과 '충돌'을 예방하기 위한 안전 수칙
>   다. 방과 후 활동 – '넘어짐'과 '충돌'을 예방하기 위한 안전 수칙
> Ⅲ. 결론 : _____

① 교내 주요 안전사고에 대해 이해하고, 그에 따른 안전 수칙을 지켜야 한다.
② 교내 주요 안전사고 발생 시 발 빠른 대처가 필요하다.
③ 교내 주요 안전사고를 예방하기 위해서는 학교 측의 철저한 시설 관리가 필요하다.
④ 상황에 따라 다른 교내 주요 안전사고의 처리 방법을 이해해야 한다.
⑤ 교내 안전사고가 주로 발생하는 수업 시간에는 특별한 주의가 필요하다.

08 다음은 어린이 먹을거리의 안전성에 대한 글을 쓰기 위해 작성한 개요이다. 빈칸에 들어갈 내용으로 가장 적절한 것은?

> Ⅰ. 서론 : 어린이 먹을거리 안전사고의 실태
>
> Ⅱ. 본론
>   1. 어린이 먹을거리 안전사고의 발생 원인
>   가. 이윤만 추구하는 판매자의 자세
>   나. 행정 기관의 단속 및 처벌 체계 미흡
>   다. 올바른 식습관에 대한 가정교육 부실
>   2. 어린이 먹을거리 안전을 위한 개선 방안
>   가. 판매자들의 인식 변화
>   나. 지속적 단속 및 단호한 처벌 체계 확립
>   다. _____
>
> Ⅲ. 결론 : 어린이 먹을거리 안전을 위한 다방면의 노력 촉구

① 균형 잡힌 식단의 급식 제공
② 농수산물 품질 검증 제도 강화
③ 가정의 상황에 맞는 식습관 형성 교육
④ 유기농 식자재 공급 업체와의 계약을 통한 안전성 확보
⑤ 어린이의 건강한 식습관을 위한 캠페인 활동 실시

09 다음은 기부 문화의 문제점과 활성화 방안에 대한 글을 쓰기 위해 작성한 개요이다. 개요의 수정·보완 및 자료 제시 방안으로 적절하지 않은 것은?

> Ⅰ. 서론
>   현황 및 실태 : 기부 참여 저조와 기부 시기의 편중 ·············· ㉠
> Ⅱ. 본론
>   1. 기부 문화의 문제점 분석
>   가. 기부에 대한 대중의 인식 부족 ·························· ㉡
>   나. 금액 기부 위주의 기부 제도
>   다. 기부 단체에 대한 대중의 낮은 신뢰도
>   2. 기부 문화의 활성화 방안 ································ ㉢
>   가. 기부에 대한 대중의 인식 전환
>   나. 기부 단체의 원활한 운영을 위한 정부의 지원 ············ ㉣
> Ⅲ. 결론 : _____ ········· ㉤

① ㉠ : 일반인의 기부 참여율과 기부 시기를 조사한 설문조사 자료를 제시한다.
② ㉡ : 상위 항목과의 연관성을 고려하여 'Ⅱ-2-가'와 위치를 바꾼다.
③ ㉢ : 상위 항목을 고려하여 '기부 유형과 방식의 다양화'를 하위 항목으로 추가한다.
④ ㉣ : 'Ⅱ-1-다'의 내용을 고려하여 '투명성을 강화하기 위한 기부 단체의 운영 개선'으로 고친다.
⑤ ㉤ : 글의 주제를 고려하여 '기부 문화의 활성화를 위한 일반인의 인식 전환과 기부 단체의 제도 및 운영 방향 개선'을 결론으로 작성한다.

10 다음은 청소년의 언어 사용에 대한 글을 쓰기 위해 작성한 개요이다. 개요의 수정·보완 방안으로 적절하지 않은 것은?

> Ⅰ. 서론 : 청소년 언어 사용의 실태
> Ⅱ. 본론
>   1. 청소년 언어 사용의 문제점
>   가. ㉠ <u>외래어 사용</u>
>   나. 저속한 언어 사용 분위기
>   다. 규범이 파괴된 언어 사용
>   2. 문제 발생의 원인
>   가. 개인적 측면
>   ① 격식을 갖춘 언어 사용에 대한 인식 부족
>   ② ㉡ <u>그릇된 언어를 무비판적으로 수용</u>
>   나. 사회적 측면
>   ① ㉢ <u>지나친 불법 광고의 확산</u>
>   ② 대중매체에 의한 언어 왜곡의 확산
>   ③ 청소년들의 언어 사용에 대한 주변인들의 무관심
>   3. 바른 언어 사용을 위한 방안
>   가. 개인적 측면
>   ① 격식을 갖춘 언어 사용에 대한 인식 제고
>   ② ㉣ <u>바른 언어 사용을 권장하는 사회 분위기 조성</u>
>   ③ 청소년 상호 간 바른 언어 사용을 위한 노력
>   나. 사회적 측면
>   ① 대중매체의 건전한 언어 사용 방안 마련
>   ② 청소년의 바른 언어 사용을 위한 주변인들의 계도
> Ⅲ. 결론
>   ㉤ _____

① ㉠ : 상위 항목에 맞지 않으므로 '비속어 남용'으로 수정한다.
② ㉡ : 원인으로 적절하지 않으므로 '바른 언어 사용에 대한 필요성 홍보'로 교체한다.
③ ㉢ : 글의 흐름을 고려하여 삭제한다.
④ ㉣ : 사회적 측면에 해당하는 내용이므로 'Ⅱ-3-나'의 하위항목으로 이동한다.
⑤ ㉤ : '바른 언어 사용을 위한 청소년들의 인식 전환과 사회적 노력의 촉구'를 삽입한다.

CHAPTER 02 내용수정 ①

내용수정 | 대표유형 1

다음 글에서 ㉠~㉤의 수정 방안으로 적절하지 않은 것은?

> 근대화는 전통 사회의 생활양식에 큰 변화를 가져온다. 특히 급속한 근대화로 인해 전통 사회의 해체 과정이 빨라진 만큼 ㉠ <u>급격한 변화를 일으킨다</u>. 생활양식의 급격한 변화는 전통 사회 문화의 해체 과정이라고 보아도 ㉡ <u>무던할</u> 정도이다.
> 전통문화의 해체는 새롭게 변화하는 사회 구조에 대해서 전통적인 문화가 당면하게 되는 적합성(適合性)의 위기에서 초래되는 것이다. ㉢ <u>이처럼 근대화 과정에서 외래문화와 전통문화가 많은 갈등을 겪었다.</u> ㉣ <u>오랫동안</u> 생활양식으로 유지되었던 전통 사회의 문화가 사회 구조 변화의 속도에 맞먹을 정도로 신속하게 변화할 수는 없다.
> ㉤ <u>그러나</u> 문화적 전통을 확립한다는 것은 과거의 전통문화가 고유성을 유지하면서도 현재의 변화된 사회에 적합성을 가지는 것이라 할 수 있다.

① ㉠ : 필요한 문장 성분이 생략되었으므로 '급격한' 앞에 '문화도'를 추가한다.
② ㉡ : 문맥에 어울리지 않으므로 '무방할'로 고친다.
③ ㉢ : 글의 흐름에 어긋나는 내용이므로 삭제한다.
④ ㉣ : 띄어쓰기가 올바르지 않으므로 '오랫 동안'으로 고친다.
⑤ ㉤ : 앞 문장과의 관계를 고려하여 '따라서'로 고친다.

정답 해설

'오랫동안'은 부사 '오래'와 명사 '동안'이 결합하면서 사이시옷이 들어간 합성어이다. 따라서 한 단어이므로 붙여 써야 한다.

정답 ④

CHAPTER 02 내용수정 ②

내용수정 | 대표유형 2

다음 글에서 ㉠~㉤의 수정 방안으로 가장 적절한 것은?

소아시아 지역에 위치한 비잔틴 제국의 수도 콘스탄티노플이 이슬람교를 신봉하는 오스만인들에 의해 함락되었다는 소식이 인접해 있는 유럽 지역에까지 전해졌다. 그 지역 교회의 한 수도원 서기는 이에 대해 "㉠ 지금까지 이보다 더 끔찍했던 사건은 없었으며, 앞으로도 결코 없을 것이다."라고 기록했다.
1453년 5월 29일 화요일, 해가 뜨자마자 오스만 제국의 군대는 난공불락으로 유명한 케르코포르타 성벽의 작은 문을 뚫고 진군하기 시작했다. 해가 질 무렵, 약탈당한 도시에 남아 있는 모든 것은 그들의 차지가 되었다. 비잔틴 제국의 86번째 황제였던 콘스탄티누스 11세는 서쪽 성벽 아래에 있는 좁은 골목에서 전사하였다. 이것으로 ㉡ 1100년 이상 존재했던 소아시아 지역의 기독교도 황제가 사라졌다. 잿빛 말을 타고 화요일 오후 늦게 콘스탄티노플에 입성한 술탄 메흐메드 2세는 우선 성소피아 대성당으로 갔다. 그는 이 성당을 파괴하는 대신 이슬람 사원으로 개조하라는 명령을 내렸고, 우선 그 성당을 철저하게 자신의 보호 하에 두었다. 또한 학식이 풍부한 그리스 정교회 수사에게 격식을 갖추어 공석 중인 총대주교직을 수여하고자 했다. 그는 이슬람 세계를 위해 ㉢ 기독교의 제단뿐만 아니라 그 이상의 것들도 활용했다. 역대 비잔틴 황제들이 제정한 법을 그가 주도하고 있던 법제화의 모델로 이용하였던 것이다. 이러한 행위들은 ㉣ 단절을 추구하는 정복왕 메흐메드 2세의 의도에서 비롯된 것이라고 할 수 있다.
그는 자신이야말로 지중해를 '우리의 바다'라고 불렀던 로마 제국의 진정한 계승자임을 선언하고 싶었던 것이다. 일례로 그는 한때 유럽과 아시아를 포함한 지중해 전역을 지배했던 제국의 정통 상속자임을 선언하면서, 의미심장하게도 자신의 직함에 '룸 카이세리', 즉 로마의 황제라는 칭호를 추가했다. 또한 그는 패권 국가였던 로마의 옛 명성을 다시 찾기 위한 노력의 일환으로 로마 사람의 땅이라는 뜻을 지닌 루멜리아에 새로 수도를 정했다. 이렇게 하여 그는 ㉤ 오스만 제국이 유럽으로 확대될 것이라는 자신의 확신을 보여주었다.

① ㉠을 '지금까지 이보다 더 영광스러운 사건은 없었으며'로 고친다.
② ㉡을 '1100년 이상 존재했던 소아시아 지역의 이슬람 황제가 사라졌다.'로 고친다.
③ ㉢을 '기독교의 제단뿐만 아니라 그 이상의 것들도 파괴했다.'로 고친다.
④ ㉣을 '연속성을 추구하는 정복왕 메흐메드 2세의 의도에서 비롯된 것'으로 고친다.
⑤ ㉤을 '오스만 제국이 아시아로 확대될 것이라는 자신의 확신을 보여주었다.'로 고친다.

정답 해설

제시문의 ㉣ 앞쪽에 서술된 술탄 메흐메드 2세의 행적을 살펴보면 성소피아 대성당으로 가서 성당을 파괴하는 대신 이슬람 사원으로 개조하였고, 그리스 정교회 수사에게 총대주교직을 수여하였으며 '역대 비잔틴 황제들이 제정한 법을 그가 주도하고 있던 법제화의 모델로 이용하였던 것'을 보아 '단절을 추구하는 것'이 아니라 '연속성을 추구하는 것'으로 수정하는 것이 적절하다.

정답 ④

CHAPTER 02 유형점검

내용수정

STEP 1 기본문제

※ 다음 글에서 ㉠~㉤의 수정 방안으로 적절하지 않은 것을 고르시오. [1~2]

01

> 미세조류는 광합성을 하는 수중 단세포 생물로 '식물성 플랑크톤'으로도 불린다. 미세조류를 높은 밀도로 배양하여 처리하면 기름, 즉 바이오디젤을 얻을 수 있다. 최근 국내에서 미세조류에 관한 연구가 ㉠ <u>급속히 빠르게 늘고 있다</u>. 미세조류는 성장 과정에서 많은 양의 이산화탄소를 소비하는 환경친화적인 특성을 지닌다. ㉡ <u>그러므로</u> 미세조류로 만든 바이오디젤은 연소 시 석유에 비해 공해 물질을 ㉢ <u>적게</u> 배출하는 환경친화적인 특성이 있다. 또 미세조류는 옥수수, 콩, 사탕수수 등 다른 바이오디젤의 원료와 달리 식용 작물이 아니어서 식량 자원을 에너지원으로 쓴다는 비판에서 벗어날 수 있다. 다만 아직까지는 미세조류로 만든 바이오디젤이 석유에 비해 ㉣ <u>두 배 가량</u> 비싸다는 문제가 남아있다. 향후 이 문제가 극복되면 미세조류를 대체 에너지원으로 ㉤ <u>쓰일</u> 수 있을 것이다.

① ㉠ : 의미가 중복되므로 '빠르게'를 삭제한다.
② ㉡ : 앞 문장과의 관계를 고려하여 '그리고'로 고친다.
③ ㉢ : 문맥의 흐름을 고려하여 '작게'로 고친다.
④ ㉣ : 띄어쓰기가 올바르지 않으므로 '두 배가량'으로 고친다.
⑤ ㉤ : 목적어와 서술어의 호응 관계를 고려하여 '쓸'로 고친다.

02

> 나전 기법은 중국에서 시작되었고 당대(唐代)에 성행하여 한국과 일본에 전해진 것으로 보인다. 중국 당대에는 주로 백색의 야광패로 두껍게 만든 자개만을 사용하였다. 이것의 영향을 받아서 한국에서도 전래 초기에는 백색의 야광패를 ㉠ <u>사용하였고</u>, 후대에는 청록빛을 ㉡ <u>띈</u> 오묘한 색상의 전복 껍데기를 얇게 만들어 ㉢ <u>부치는</u> 방법이 발달하게 되었다. 이외에도 한국에서는 이전에 볼 수 없었던 끊음질 기법, 할패법 등의 다양한 표현 기법이 개발되어 나전 기법이 화려한 꽃을 피웠고 도리어 중국에 영향을 끼칠 정도로 성행하였다. 오늘날 중국과 일본의 나전은 쇠퇴하여 그 명맥이 끊겼지만, ㉣ <u>한국에서도</u> 여전히 자개를 상감하는 나전칠기가 계속 이어져 오고 있으며, 그 섬세한 무늬와 신비스러운 빛으로 인해 ㉤ <u>오랜 세월</u> 동안 우리 고유의 공예품으로 사랑받고 있다.

① ㉠ : 문맥의 흐름을 고려하여 '사용하였으나'로 고친다.
② ㉡ : 맞춤법에 어긋나므로 '띤'으로 고친다.
③ ㉢ : 문맥에 어울리지 않으므로 '붙이는'으로 고친다.
④ ㉣ : 조사의 쓰임이 적절하지 않으므로 '한국에서는'으로 고친다.
⑤ ㉤ : 띄어쓰기가 올바르지 않으므로 '오랜세월'로 고친다.

STEP 2 응용문제

※ 다음 글에서 ㉠~㉤의 수정 방안으로 가장 적절한 것을 고르시오. [1~2]

01

> 경제적 차원에서 가장 불리한 계층, 예컨대 노예와 날품팔이는 ㉠ <u>특정한 종교 세력에 편입되거나 포교의 대상이 된 적이 없었다.</u> 기독교 등 고대 종교의 포교활동은 이들보다는 소시민층, 즉 야심을 가지고 열심히 노동하며 경제적으로 합리적인 생활을 하는 계층을 겨냥하였다. 고대사회의 대농장에서 일하던 노예들에게 관심을 갖는 종교는 없었다.
>
> 모든 시대의 하층 수공업자 대부분은 ㉡ <u>독특한 소시민적 종교 경향을 지니고 있었다.</u> 이들은 특히 공인되지 않은 종파적 종교성에 기우는 경우가 매우 흔하였다. 곤궁한 일상과 불안정한 생계 활동에 시달리며 동료의 도움에 의존해야 하는 하층 수공업자층은 공인되지 않은 신흥 종교집단이나 비주류 종교집단의 주된 포교 대상이었다.
>
> 근대에 형성된 프롤레타리아트는 ㉢ <u>종교에 우호적이며 관심이 많았다.</u> 이들은 자신의 처지가 자신의 능력과 업적에 의존한다는 의식이 약하고 그 대신 사회적 상황이나 경기 변동, 법적으로 보장된 권력관계에 종속되어 있다는 의식이 강하였다. 이에 반해 자신의 처지가 주술적 힘, 신이나 우주의 섭리와 같은 것에 종속되어 있다는 견해에는 부정적이었다.
>
> 프롤레타리아트가 스스로의 힘으로 ㉣ <u>특정 종교 이념을 창출하는 것은 쉽지 않았다.</u> 이들에게는 비종교적인 이념들이 삶을 지배하는 경향이 훨씬 우세했기 때문이다. 물론 프롤레타리아트 가운데 경제적으로 불안정한 최하위 계층과 지속적인 곤궁으로 인해 프롤레타리아트화의 위험에 처한 몰락하는 소시민 계층은 ㉤ <u>종교적 포교의 대상이 되기 쉬웠다.</u> 특히 이들을 포섭한 많은 종교는 원초적 주술을 사용하거나, 아니면 주술적·광란적 은총 수여에 대한 대용물을 제공했다. 이 계층에서 종교 윤리의 합리적 요소보다 감정적 요소가 훨씬 더 쉽게 성장할 수 있었다.

① ㉠ : '고대 종교에서는 주요한 세력이자 포섭 대상이었다.'로 수정한다.
② ㉡ : '종교나 정치와는 괴리된 삶을 살았다.'로 수정한다.
③ ㉢ : '종교에 우호적이지도 관심이 많지도 않았다.'로 수정한다.
④ ㉣ : '특정 종교 이념을 창출한 경우가 많았다.'로 수정한다.
⑤ ㉤ : '종교보다는 정치집단의 포섭 대상이 되었다.'로 수정한다.

02

상업적 농업이란 전통적인 자급자족 형태의 농업과 달리 ㉠ 판매를 위해 경작하는 농업을 일컫는다. 농업이 상업화된다는 것은 산출할 수 있는 최대의 수익을 얻기 위해 경작이 이루어짐을 뜻한다. 이를 위해 쟁기질, 제초작업 등과 같은 생산 과정의 일부를 인간보다 효율이 높은 기계로 작업하게 되고, 농장에서 일하는 노동자도 다른 산업 분야처럼 경영상의 이유에 따라 쉽게 고용되고 해고된다. 이처럼 상업적 농업의 도입은 근대 사회의 상업화를 촉진한 측면이 있다.

홉스봄은 18세기 유럽에 상업적 농업이 도입되면서 일어난 몇 가지 변화에 주목했다. 중세 말기 장원의 해체로 인해 지주와 소작인 간의 인간적이었던 관계가 사라진 것처럼, ㉡ 농장주와 농장 노동자의 친밀하고 가까웠던 관계가 상업적 농업의 도입으로 인해 사라졌다. 토지는 삶의 터전이라기보다는 수익의 원천으로 여겨지게 되었고, 농장 노동자는 시세대로 고용되어 임금을 받는 존재로 변화하였다. 결국 대량 판매 시장을 위한 ㉢ 대규모 생산이 점점 더 강조되면서 기계가 인간을 대체하기 시작했다.

또한 상업적 농업의 도입은 중요한 사회적 결과를 가져왔다. 점차적으로 ㉣ 중간 계급으로의 수렴현상이 나타난 것이다. 저임금 구조의 고착화로 농장주와 농장 노동자 간의 소득 격차는 갈수록 벌어졌고, 농장 노동자의 처지는 위생과 복지의 양 측면에서 이전보다 더욱 열악해졌다.

나아가 상업화로 인해 그 동안 호혜성의 원리가 적용되어왔던 대상들의 성격이 변화하였는데, 특히 돈과 관련된 것, 즉 재산권이 그러했다. 수익을 얻기 위한 토지 매매가 본격화되면서 ㉤ 재산권은 공유되기보다는 개별화되었다. 이에 따라 이전에 평등주의 가치관이 우세했던 일부 유럽 국가에서 조차 자원의 불평등한 분배와 사회적 양극화가 심화되었다.

① ㉠ : '개인적인 소비를 위해 경작하는 농업'으로 고친다.
② ㉡ : '농장주와 농장 노동자의 이질적이고 사용 관계에 가까웠던 관계'로 고친다.
③ ㉢ : '기술적 전문성이 점점 더 강조되면서 인간이 기계를 대체'로 고친다.
④ ㉣ : '계급의 양극화가 나타난 것이다.'로 고친다.
⑤ ㉤ : '재산권은 개별화되기보다는 사회 구성원 내에서 공유되었다.'로 고친다.

※ 다음 글에서 ㉠~㉤의 수정 방안으로 적절하지 않은 것을 고르시오. [3~5]

03

> 15세 이상의 인구를 대상으로 설문조사를 한 결과, 직업을 선택할 때 가장 크게 고려하는 사항은 수입과 안정성이라는 것이 밝혀졌다. '청년이 원하는 직장'의 설문 결과, ㉠ <u>국가기관이 가장 선호하고</u> 그 뒤로 공기업, 대기업의 순서로 이어졌다. 조사 대상에 청소년이 포함되어 있다는 것을 생각해 보면 직업에 대한 선호도가 ㉡ <u>전적으로</u> 획일화되어 있다는 점을 알 수 있다. 때문에 청소년들이 다양하고 건전한 직업관을 가질 수 있도록 직업교육에 더욱 많은 ㉢ <u>투자와 관심을 가져야 한다.</u> ㉣ <u>직업관의 획일화는 사회의 다양성을 해치며 대학의 서열화와 취업경쟁의 심화로 이어진다.</u> 또한 이러한 직업관 때문에 수입과 안정성이 부족한 중소기업이나 벤처기업을 선호하는 사람은 매우 적다. 구직자들은 취업난 속에서도 중소기업을 외면하고 이것이 다시 중소기업의 인력난으로 이어져 수익의 저하를 낳게 되는 것이다. 인력난이 재정난으로, 그 재정난이 또다시 인력난으로 이어지는 악순환을 끊는 것은 쉽지 않다. 그렇기 때문에 중소기업을 살리기 위해서는 ㉤ <u>정부가 주도하에</u> 기업의 인력난을 해소할 수 있는 제도를 고안해야 한다.

① ㉠ : 주어와 서술어 관계를 고려하여 '국가기관이 가장 선호되고'로 수정한다.
② ㉡ : 청소년이 포함되어 있다고 하더라도 온 국민의 인식이 획일화되었다고 할 수는 없으므로 '전체적으로'로 수정한다.
③ ㉢ : 서술어가 잘못 생략되었으므로 '투자를 하고 관심을 가져야 한다.'로 수정한다.
④ ㉣ : 전체적인 흐름에 알맞지 않으므로 삭제해야 한다.
⑤ ㉤ : 호응 관계를 고려하여 '정부가 주도하여'로 수정한다.

04

사회복지와 근로의욕과의 관계에 대한 조사를 보면 '사회복지와 근로의욕이 관계가 있다.'는 응답과 '그렇지 않다.'는 응답의 비율이 비슷하게 나타난다. 하지만 기타 의견에 ㉠ 따라 과도한 사회복지는 근로의욕을 저하할 수 있다는 응답이 많았던 것으로 조사되었다. 예를 들어 정부지원금을 받으나 아르바이트를 하나 비슷한 돈이 나온다면 ㉡ 더군다나 일하지 않고 정부지원금으로만 먹고 사는 사람들이 많이 있다는 것이다. 여기서 주목해야 할 점은 과도한 복지 때문이 아닌 정책상의 문제라는 의견도 있다는 사실이다. 현실적으로 일을 할 수 있는 능력이 있는 사람에게는 ㉢ 최대한의 생계비용 이외의 수입을 인정하고, 빈곤층에서 벗어날 수 있게 지원해주는 것이 개인에게도, 국가에도 바람직한 방식이라는 것이다.

이 설문 조사 결과에서 주목해야 할 또 다른 측면은 사회복지체제가 잘 되어 있을수록 근로의욕이 떨어진다고 응답한 사람의 ㉣ 과반수 이상이 중산층 이상의 경제력을 가지고 있었다는 점이다. 재산이 많은 사람에게는 약간의 세금 확대가 ㉤ 영향이 적을 수 있기 때문에 경제발전을 위한 세금 확대는 찬성하더라도 복지정책을 위한 세금 확대는 반대하는 것이다. 이러한 점을 고려해 보면 소득 격차 축소를 원하는 국민보다 복지정책을 위한 세금 확대에는 반대하는 국민이 많은 다소 모순된 설문 결과에 대한 설명이 가능하다.

① ㉠ : 호응 관계를 고려하여 '따르면'으로 수정한다.
② ㉡ : 앞뒤 내용의 관계를 고려하여 '차라리'로 수정한다.
③ ㉢ : 전반적인 내용의 흐름을 고려하여 '최소한의'로 수정한다.
④ ㉣ : '과반수'의 뜻을 고려하여 '절반 이상이' 또는 '과반수가'로 수정한다.
⑤ ㉤ : 일반적인 사실을 말하는 것이므로 '영향이 적기 때문에'로 수정한다.

05

문화 융성 시대가 도래함에 따라 공공도서관의 ⊙ 역할이 증대되고 있다. 지식 정보 인프라 구축의 중요성, ⓒ 지역주민 문화 복지 관심 증가 및 정부의 공공도서관 건립 지원 확대로 최근 4~5년간 공공 도서관 건립이 꾸준하게 증가하고 있다. ⓒ 그래서 국가도서관통계시스템에 따르면 우리나라 공공도서관의 1관당 인구는 64,547명으로 주요 국가들의 공공도서관 1관당 인구보다 많은 인구를 서비스 대상으로 하고 있다. 이는 우리나라 도서관 인프라가 여전히 열악한 상황이라는 것을 알려준다. ② 이런 상황을 개선되기 위해 정부는 '도서관발전종합계획'을 마련하여 진행 중에 있다. 종합계획에 따르면 도서관 접근성 향상과 서비스 환경 개선을 위해 1인당 장서 보유량을 1.6권으로 높여 국제 기준에 맞도록 장서를 확충할 계획이다. 또한 도서관을 통한 창의적인 인재양성을 위해 ⑩ 정보 활용 교육과 도서관 활용 수업과 학교 도서관 전담 인력을 학생 1,500명당 1명으로 증원할 계획이다. 이와 함께 지식 정도 격차 해소를 위해 병영 도서관, 교도소 도서관 환경을 전면적으로 개선하고 장애인, 고령자, 다문화 가정을 위한 도서관 프로그램도 확대할 계획이다. 한편 국가지식 정보 활용을 위해 세계의 최신 정보를 집약한 과학 기술·농학·의학·국립도서관 설립을 추진하고 국가 대표 도서관인 국립중앙도서관은 장서를 1,100만 권으로 확충할 예정이다. 이를 통해 국립중앙박물관이 세계 8위 수준의 장서 소장 국가 도서관이 될 것을 기대하고 있다고 도서관정보정책위원회는 밝혔다.

① ⊙ : '자기가 마땅히 하여야 할 맡은 바 직책이나 임무'를 의미하는 '역할'로 수정한다.
② ⓒ : 명사를 지나치게 많이 나열하였으므로 '지역주민의 문화 복지에 대한 관심 증가'로 수정한다.
③ ⓒ : 앞뒤 문장 간의 관계로 볼 때 뒤의 문장이 앞 문장의 결과가 아니므로 '그럼에도 불구하고' 정도로 수정한다.
④ ② : 문장성분 사이의 호응이 어색하므로 '이런 상황을 개선하기 위해'로 수정한다.
⑤ ⑩ : 서술어가 잘못 생략되었으므로 '정보 활용 교육과 도서관 활용 수업을 제도화하고 학교 도서관 전담 인력을 학생 1,500명당 1명으로 증원할 계획이다.'로 수정한다.

STEP 3 적중문제

01 다음 글에서 ㉠~㉤의 수정 방안으로 가장 적절한 것은?

> '단일환자방식'은 숫자가 아닌 문자를 암호화하는 가장 기본적인 방법이다. 이는 문장에 사용된 문자를 일정한 규칙에 따라 일대일 대응으로 재배열하여 문장을 암호화하는 방법이다. 예를 들어, 철수가 이 방법에 따라 영어 문장 'I LOVE YOU'를 암호화하여 암호문으로 만든다고 해보자. 철수는 먼저 알파벳을 일대일 대응으로 재배열하는 규칙을 정하고, 그 규칙에 따라 'I LOVE YOU'를 'Q RPDA LPX'와 같이 암호화하게 될 것이다. 이때 철수가 사용한 규칙에는 ㉠<u>I를 Q로 변경한다.</u>', 'L을 R로 변경한다.' 등이 포함되어 있는 셈이다.
>
> 우리가 단일환자방식에 따라 암호화한 영어 문장을 접한다고 해보자. 그 암호문을 어떻게 해독할 수 있을까? ㉡<u>우리가 그 암호문에 단일환자방식의 암호화 규칙이 적용되어 있다는 것을 알고 있다면 문제가 쉽게 해결될 수도 있다.</u> 알파벳의 사용 빈도를 파악하여 일대일 대응의 암호화 규칙을 추론해낼 수 있기 때문이다. 이제 통계 자료를 통해 영어에서 사용되는 알파벳의 사용 빈도를 조사해 보니 E가 12.51%로 가장 많이 사용되었고 그 다음 빈도는 T, A, O, I, N, S, R, H의 순서라는 것이 밝혀졌다고 하자. ㉢<u>물론 이러한 통계 자료를 확보했다고 해도 암호문이 한두 개 밖에 없다면 암호화 규칙을 추론하기는 힘들 것이다.</u> 그러나 암호문을 많이 확보하면 할수록 암호문을 해독할 수 있는 가능성이 높아질 것이다.
>
> 이제 누군가가 어떤 영자 신문에 포함되어 있는 모든 문장을 단일환자방식의 암호화 규칙 α에 따라 암호문들로 만들었다고 해보자. 그 신문 전체에 사용된 알파벳 수는 충분히 많기 때문에 우리는 암호문들에 나타난 알파벳 빈도의 순서에 근거하여 규칙 α가 무엇인지 추론할 수 있다. ㉣<u>만일 규칙 α가 앞서 예로 든 철수가 사용한 규칙과 동일하다면, 암호문들에 가장 많이 사용된 알파벳은 E일 가능성이 높을 것이다.</u> 그런데 조사 결과 암호문들에는 영어 알파벳 26자가 모두 사용되었는데, 그 중 W가 25,021자로 가장 많이 사용되었고, 이후의 빈도는 P, F, C, H, Q, T, N의 순서라는 것이 밝혀졌다. 따라서 우리는 철수가 정한 규칙은 규칙 α가 아니라고 추론할 수 있다. 또한 규칙 α에 대해 추론하면서 암호문들을 해독할 수 있다. 예를 들어, ㉤<u>암호문 'H FPW HP'는 'I ATE IT'를 암호화한 것이라는 사실을 알 수 있게 될 것이다.</u>

① ㉠ : 'Q를 I로 변경한다.', 'R을 L로 변경한다.'로 수정한다.
② ㉡ : '우리가 그 암호문에 단일환자방식의 암호화 규칙이 적용되어 있지 않다고 생각한다 해도 문제는 쉽게 해결될 수 있다.'로 수정한다.
③ ㉢ : '이러한 통계 자료를 확보하게 되면 자동적으로 암호화 규칙을 추론할 수 있게 될 것이다.'로 수정한다.
④ ㉣ : '만일 규칙 α가 앞서 철수가 사용한 규칙과 동일하다면, 암호문들에 가장 많이 사용된 알파벳은 A일 가능성이 높을 것이다.'로 수정한다.
⑤ ㉤ : '암호문 'I ATE IT'는 'H FPW HP'를 암호화한 것이라는 사실을 알 수 있게 될 것이다.'로 수정한다.

02 다음 중 ㉠~㉤을 바꾸어 쓴 표현으로 적절하지 않은 것은?

> 산등성이가 검은 바위로 끊기고 산봉우리가 여기저기 솟아 있어서 이들 산은 때로 ㉠ 황량하고 접근할 수 없는 것처럼 험준해 보인다. 산봉우리들은 분홍빛의 투명한 자수정으로 빛나고, 그 그림자는 짙은 코발트빛을 띠며 내려앉고, 하늘은 푸른 금빛을 띤다. 서울 인근의 풍광은 이른 봄에도 아름답다. 이따금 녹색의 연무가 산자락을 ㉡ 휘감고, 산등성이는 연보랏빛 진달래로 물들고, 불그레한 자두와 화사한 벚꽃, 그리고 ㉢ 흐드러지게 핀 복숭아꽃이 예상치 못한 곳에서 나타난다.
> 서울처럼 인근에 아름다운 산책로와 마찻길이 있고 외곽지대로 조금만 나가더라도 한적한 숲이 펼쳐져 있는 도시는 동양에서는 거의 찾아볼 수 없다. 또 한 가지 덧붙여 말한다면, 서울만큼 안전한 도시는 없다는 것이다. 내가 직접 경험한 바이지만, 이곳에서는 여자들이 유럽에서처럼 누군가를 ㉣ 대동하지 않고도 성 밖의 어느 곳이든 아무런 ㉤ 성가신 일을 겪지 않고 나다닐 수 있다.

① ㉠ – 경사가 급하고
② ㉡ – 둘러 감고
③ ㉢ – 탐스럽게
④ ㉣ – 데리고 가지
⑤ ㉤ – 번거로운

※ 다음 글에서 ㉠~㉤의 수정 방안으로 적절하지 않은 것을 고르시오. **[3~4]**

03

> 어떤 연구원이 사람의 키와 몸무게는 반드시 정비례한다고 주장하였다. ㉠ <u>그는 키와 몸무게가 비례한다고 강조한다</u>. 그에 따르면 키가 클수록 필연적으로 몸무게가 많이 나가고, 키가 작을수록 몸무게가 적게 나간다고 한다. 그런데 어느 날 키가 작고 뚱뚱한 사람과 키가 크고 마른 사람이 이 ㉡ <u>학자</u>를 찾아왔다. ㉢ <u>두 사람은 마주 보고 있었다</u>. 연구원은 두 사람을 보는 순간 당황할 수밖에 없었다. ㉣ <u>키나 몸무게</u>에 관한 자신의 주장이 틀렸음을 알게 되었기 때문이다. ㉤ <u>오히려</u> 충분한 사례를 검토하지 않고 일반화하는 것은 위험하다.

① 앞 문장과 의미가 중복되므로 ㉠을 삭제한다.
② 하나의 글 안에서 지칭을 다르게 쓰고 있으므로 ㉡을 '연구원'으로 통일한다.
③ 통일성을 깨뜨리는 문장이므로 ㉢을 삭제한다.
④ 연구원은 키와 몸무게가 상호 연관이 있었음을 주장했으므로 ㉣을 '키와 몸무게'로 바꾼다.
⑤ 앞뒤 내용을 자연스럽게 이어주지 못하므로 ㉤을 '그런데'로 바꾼다.

04

선진국과 ㉠제3세계간의 빈부 양극화 문제를 해결하기 위해 등장했던 적정기술은 시대적 요구에 부응하면서 다양한 모습으로 발전하여 올해로 탄생 50주년을 맞았다. 이를 기념하기 위해 우리나라에서도 각종 행사가 열리고 있다. ㉡게다가 적정기술의 진정한 의미가 무엇인지, 왜 그것이 필요한지에 대한 인식은 아직 부족한 것이 현실이다.

그렇다면 적정기술이란 무엇인가? 적정기술은 '현지에서 구할 수 있는 재료를 이용해 도구를 직접 만들어 삶의 질을 향상시키는 기술'을 뜻한다. 기술의 독점과 집적으로 인해 개인의 접근이 어려운 첨단기술과 ㉢같이 적정기술은 누구나 쉽게 배우고 익혀 활용할 수 있다. 이런 이유로 소비 중심의 현대사회에서 적정기술은 자신의 삶에 필요한 것을 직접 생산하는 자립적인 삶의 방식을 유도한다는 점에서 시사하는 바가 크다.

적정기술이 우리나라에 도입된 것은 2000년대 중반부터이다. 당시 일어난 귀농 열풍과 환경문제에 대한 관심 등 다양한 사회·문화적 맥락 속에서 적정기술에 대한 고민이 싹트기 시작했다. 특히 귀농인들을 중심으로 농촌의 에너지 문제를 해결하기 위한 다양한 방법이 시도되면서 국내에서 활용되는 적정기술은 난방 에너지 문제에 ㉣초점이 모아져 있다. 에너지 자립형 주택, 태양열 온풍기·온수기, 생태 단열 등이 좋은 예이다.

우리나라의 적정기술이 에너지 문제에 집중된 이유는 시대적 상황 때문이다. 우리나라는 전력수요 1억 kW 시대 진입을 눈앞에 두고 있는 세계 10위권의 에너지 소비 대국이다. 게다가 에너지 소비량이 늘어나면서 2011년 이후 매년 대규모 정전 사태의 위험성을 경고하는 목소리가 커지고 있다. 이런 상황에서 에너지를 직접 생산하여 삶의 자립성을 추구하는 적정기술은 환경오염과 대형 재난의 위기를 극복하는 하나의 대안이 될 수 있다. 이뿐만 아니라 기술의 공유를 목적으로 하는 새로운 공동체 문화 형성에도 기여하기 때문에 ㉤그 어느 때만큼 적정기술의 발전 방향에 대한 진지한 논의가 필요하다.

① ㉠ : 띄어쓰기가 올바르지 않으므로 '제3세계 간의'로 고친다.
② ㉡ : 앞 문장과의 내용을 고려하여 '하지만'으로 고친다.
③ ㉢ : 문맥에 어울리지 않으므로 '달리'로 고친다.
④ ㉣ : 맞춤법에 어긋나므로 '촛점'으로 고친다.
⑤ ㉤ : 문맥의 흐름을 고려하여 '그 어느 때보다'로 수정한다.

05 다음 글에서 ㉠~㉤을 보완하기 위한 방안으로 적절하지 않은 것은?

> 20세기에 가장 광범위하게 퍼져있던 정치형태는 독재였다. 세계 거의 모든 곳에서 비대의제 독재가 표준이었다. 18세기부터 제국주의 열강은 자기 식민지에서 독재를 강요했다. 제국주의 시대가 저문 뒤 이들이 지배했던 지역이 신생독립국이 된 뒤에도 상황은 그리 달라지지 않았는데 이들 나라에서 만연한 독재는 발전을 가로막았다.
> 2차 세계대전 이후 신생독립국들 대부분은 처음에 독립투쟁 지도자들이 권력을 장악했다. 하지만 ㉠ 이들은 그 지지를 빠르게 잃었다. 이들이 권력을 오래 유지한 경우는 매우 드물었다. ㉡ 이들 나라는 많은 국내 문제에 직면해 있었는데, 식민지 지배를 겪거나 외세의 입김을 받아 정치구조가 허약했고 정당성 있는 정치집단이나 성숙한 정치문화도 형성되지 못해 국내 문제들을 해소할 수 없었다. ㉢ 만연한 사회경제적 긴장은 억압을 낳았고 이 억압은 독재로 이어졌다. ㉣ 독재를 수립하기 위한 쿠데타가 전 세계에서 거의 끊임없이 일어났다. 신생국들은 비교적 급속히 일당제 국가나 군사 독재 체제로 빨려 들어갔다.
> 결국 20세기 말 세계의 대다수 국가는 군사 통치하에 있거나 개인 독재 혹은 일당제 정부 아래 있게 되었다. 40개 이상의 나라에 군사 통치자가 있고 22개국에는 군사화된 정당 제도가 있었다. 30개 국가는 일당제 국가이고, 많은 경우 이 상황이 헌법으로 공식화되었다. ㉤ 독재자는 국가의 발전과 공업화라는 이데올로기의 실천자로 자임했다. 세계 인구의 압도적 다수는 자신들이 통치 받는 방식에 관해 발언권이 없었다.

① ㉠: 독립 직후 집권한 독립투쟁 지도자들이 지지기반을 잃었던 사례를 제시하고 그 과정을 기술한다.
② ㉡: 신생독립국들이 직면한 정치, 경제, 교육 문제들을 구체적으로 열거한다.
③ ㉢: 사회경제적 긴장이 초래된 신생독립국을 거명하고 이들 국가에서 민주주의가 파괴되는 과정을 상술한다.
④ ㉣: 1945년 이후 각 대륙별로 쿠데타의 사례들을 정리해서 제시한다.
⑤ ㉤: 국익 실현에 독재가 긍정적 영향을 미쳤음을 통계치를 통해 보여 준다.

CHAPTER 03

도식화 | 대표유형

도식화

다음 글의 순서를 고려하여 구조를 바르게 분석한 것은?

(가) 한편 각각의 원소들이 개별적으로 어떤 성질을 지니고 있다는 내용의 전제로부터 그 원소들을 결합한 집합 전체도 역시 그 성질을 지니고 있다는 결론을 도출하는 경우가 결합의 오류이고, 반대로 집합이 어떤 성질을 지니고 있다는 내용의 전제로부터 그 집합의 각각의 원소들 역시 개별적으로 그 성질을 지니고 있다는 결론을 도출하는 경우가 분해의 오류이다.
(나) 논리학에서 비형식적 오류 유형에는 우연의 오류, 애매어의 오류, 결합의 오류, 분해의 오류 등이 있다.
(다) 애매어의 오류는 동일한 한 단어가 한 논증에서 맥락마다 서로 다른 의미를 지니는 것으로 사용될 때 생기는 오류를 말한다. "김 씨는 성격이 직선적이다. 직선적인 모든 것들은 길이를 지닌다. 고로 김 씨의 성격은 길이를 지닌다."가 그 예이다.
(라) 우선 우연의 오류란 거의 대부분의 경우에 적용되는 일반적인 원리나 규칙을 우연적인 상황으로 인해 생긴 예외적인 특수한 경우에까지도 무차별적으로 적용할 때 생기는 오류이다. 그 예로 "인간은 이성적인 동물이다. 중증 정신 질환자는 인간이다. 그러므로 중증 정신 질환자는 이성적인 동물이다."를 들 수 있다.
(마) 전자의 예로는 "그 연극단 단원들 하나하나가 다 훌륭하다. 고로 그 연극단은 훌륭하다."를, 후자의 예로는 "그 연극단은 일류급이다. 박 씨는 그 연극단 일원이다. 그러므로 박 씨는 일류급이다."를 들 수 있다.

① (나) ─┬─ (라)
　　　　├─ (다)
　　　　└─ (가) ─ (마)

② (가) ─┬─ (나)
　　　　├─ (다) ─ (라)
　　　　└─ (마)

③ ┬─ (가) ─┬─ (나)
　　　　　　└─ (다)
　└─ (라) ─ (마)

④ ┬─ (가) ─ (나) ─ (다)
　└─ (라) ─ (마)

⑤ (가) ─┬─ (나) ─ (다)
　　　　└─ (라) ─ (마)

정답 | 해설

(나)는 논리학에서의 비형식적 오류 유형에 대해 설명하고 있으며, (라)와 (다), (가)는 이러한 비형식적 오류 유형인 우연의 오류, 애매어의 오류, 결합과 분해의 오류에 관해 설명하고 있다. 즉, (라), (다), (가)는 (나)의 하위 항목에 대해 각각 설명하며, (마)는 (가)에서 설명하는 결합의 오류와 분해의 오류의 예를 들어 이해를 돕는다. 따라서 글의 순서는 (나) – (라) – (다) – (가) – (마)이며, 글의 구조로는 ①이 가장 적절하다.

정답 ①

CHAPTER 03 도식화 유형점검

정답 및 해설 p.049

STEP 1 기본문제

01 다음 글의 구조를 바르게 분석한 것은?

> ㉠ 한국의 공공도서관 이용을 활성화하기 위해서는 어떻게 해야 하는가? 지역주민이 이용 가능한 공공도서관을 더욱 확보해야 한다. ㉡ 대부분의 OECD 국가들의 공공도서관 수를 비교했을 때 한국의 도서관 수가 터무니없이 부족하다는 것을 알 수 있다. ㉢ 또한 국민들의 정보에 대한 수요가 늘어나면서 이에 대한 요구가 증가하고 있다. ㉣ 예컨대, 서울의 마포구를 대상으로 한 설문에서 이용자 대부분이 공공도서관의 필요성을 느끼고 있었다. ㉤ 그러나 공공도서관 수의 증가와 이용률 향상으로 이어지지 않는다는 점에서 접근성에 대한 고려가 필요하다. ㉥ 연구결과, 도서관 이용자의 대부분은 도서관 반경 2km 이내에 거주하는 것으로 나타났다. 또한 이용 가능한 대중교통 수단의 수가 많은 경우 이용률이 올라가는 것으로 나타났다.

①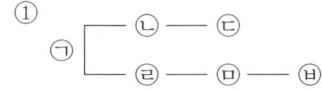

②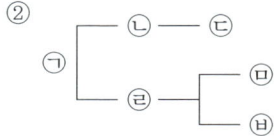

③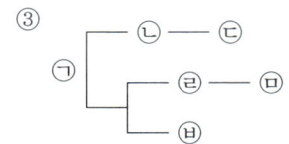

④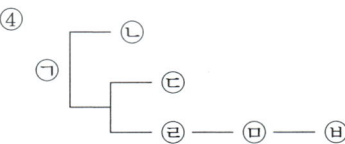

⑤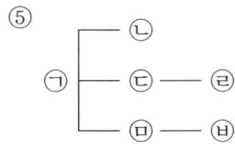

02 다음 글의 순서를 고려하여 구조를 바르게 분석한 것은?

(가) 이식에는 많은 비용이 소요될 뿐만 아니라 이식이 가능한 동종 이식편의 수가 매우 부족하기 때문에 이를 대체하는 방법이 개발되고 있다. 우선 인공 심장과 같은 '전자 기기 인공 장기'를 이용하는 방법이 있다. 하지만 이는 장기의 기능을 일시적으로 대체하는 데 사용되며, 추가 전력 공급 및 정기적 부품 교체 등이 요구되는 단점이 있고, 아직 인간의 장기를 완전히 대체할 만큼 정교한 단계에 이르지는 못했다.

(나) 이종 이식의 또 다른 문제는 내인성 레트로바이러스이다. 내인성 레트로바이러스는 생명체 DNA의 일부분으로, 레트로바이러스로부터 유래된 것으로 여겨지는 부위들을 말한다. 이는 바이러스의 활성을 가지지 않으며, 사람을 포함한 모든 포유류에 존재한다. 자신의 유전정보를 RNA에 담고 있는 레트로바이러스는 역전사 효소를 갖고 있는 바이러스로서, 특정한 종류의 세포를 감염시킨다.

(다) 다음으로는 사람의 조직 및 장기와 유사한 다른 동물의 이식편을 인간에게 이식하는 '이종 이식'이 있다. 그런데 이종 이식은 동종 이식보다 거부 반응이 훨씬 심하게 일어난다. 특히 사람이 가진 자연항체는 다른 종의 세포에서 발현되는 항원에 반응하는데, 이로 인해 이종 이식편에 대해서 초급성 거부 반응 및 급성 혈관성 거부 반응이 일어난다.

(라) 신체의 세포, 조직, 장기가 손상되어 더 이상 제 기능을 하지 못할 때에 이를 대체하기 위해 이식을 실시한다. 이때 이식으로 옮겨 붙이는 세포, 조직, 장기를 이식편이라 한다. 자신이나 일란성 쌍둥이의 이식편을 이용할 수 없다면 다른 사람의 이식편으로 '동종 이식'을 실시한다. 그런데 우리의 몸은 자신의 것이 아닌 물질이 체내로 유입될 경우 면역 반응을 일으키므로, 유전적으로 동일하지 않은 이식편에 대해 항상 거부 반응을 일으킨다.

① (가) ― (다) ┬ (나)
　　　　　　　└ (라)

② (가) ┬ (라) ┐
　　　　└ (다) ┘ ― (나)

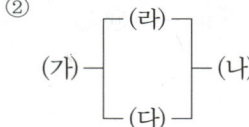

③ (라) ┬ (다)
　　　　├ (나)
　　　　└ (가)

④ (라) ┬ (가)
　　　　└ (다) ― (나)

⑤ (라) ┬ (가) ― (다)
　　　　└ (나)

STEP 2 응용문제

※ 다음 글의 순서를 고려하여 글의 구조를 바르게 분석한 것을 고르시오. [1~2]

01

(가) 세상에는 혐오스러운 소리가 수없이 많다. 도자기 접시를 포크로 긁는 소리라든가 칠판에 분필이 잘못 긁히는 소리에 대해서는 대부분의 사람들이 혐오스럽다고 생각한다. 왜 이런 소리들이 혐오감을 유발할까?

(나) 최근까지 혐오감을 일으키는 원인은 소리의 고주파라고 생각해왔다. 고주파에 오래 노출될 경우 청각이 손상될 수 있어서 경계심이 발동되기 때문이다.

(다) 1986년 랜돌프 블레이크와 제임스 힐렌브랜드는 소음에서 고주파를 걸러내더라도 여전히 소리가 혐오스럽다는 점을 밝혀냈다. 사실 3~6kHz의 중간 주파수 대역까지는 낮은 주파수가 오히려 사람을 견딜 수 없게 하는 것처럼 보인다.

(라) 이들은 세 갈래로 갈라진 갈퀴가 긁히는 소리와 같은 소음이 사람에게 원초적인 경고음 또는 맹수의 소리 같은 것을 상기시키기 때문에 이러한 소리를 혐오하는 것은 선천적이라는 이론을 세웠다.

(마) 그러나 이러한 이론은 2004년 메사추세츠 공과대학에서 수행된 솜머리비단원숭이를 대상으로 한 연구에서 입증되지 못했다. 피실험자인 원숭이들은 석판에 긁히는 소리를 전혀 소음으로 느끼지 않았다. 힐렌브랜드는 더 이상 이 이론에 동의하지 않는다. 그는 소리보다는 시각이 어떤 혐오감을 불러일으킨다고 주장한다.

(바) 심리학 전공자인 필립 호지슨이 행한 실험은 힐렌브랜드의 손을 들어준다. 호지슨은 선천적으로 청각 장애인인 피실험자들에게 칠판을 손톱으로 긁는 모습을 보여주며 이것이 혐오감을 주는지 물었다. 응답자의 83%가 그렇다고 답했다.

①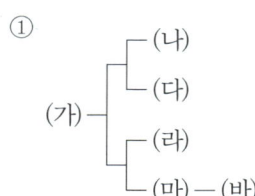

②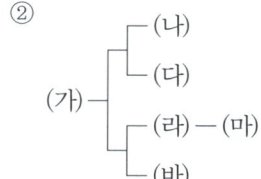

③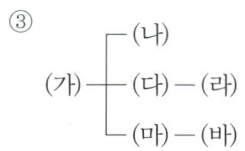

④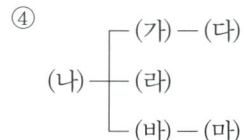

⑤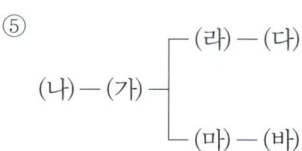

02

(가) 그렇다면 정당 수를 산정하는 방식으로는 무엇이 있을까? 우선 '단순 방식'이 있다. 이 방식에서는 한 정치 체계의 규정에 따른 정당이면 모두 동일한 자격을 갖춘 정당으로 간주한다. 그러나 이 방식은 유효한 정당의 수가 항상 고정된 것이 아니라, 정치 상황의 시점(時點)에 따라 달라질 수 있다는 것을 고려하지 못한다. 특히 내각 책임제의 경우 선거 전이냐 아니면 선거 후냐에 따라 유효한 정당의 수가 달라질 수 있다.

(나) 민주 정치의 중요 요소인 정당 정치는 '개별 정당'과 '정당 체계' 차원으로 나뉜다. 이때 정당 체계는 여러 정당이 조직화된 양식으로 작동하는 정당 군(群)을 의미한다. 개별 정당 분석이 대의제 아래에서 정당이 수행하는 시민 여론 조직화·가치화 기능에 대한 평가를 중요시한다면, 정당 체계 분석은 정당 간 상호 작용에 초점을 둔다. 정당 체계 분석에서 핵심적 역할을 하는 것이 정당 수 산정이다. 정당 수가 많은가 적은가 하는 것은 그 정치 체계의 이데올로기적 분포 및 정치 상황의 안정도를 보여 주는 중요 지표이다. 이데올로기의 극단적 분포가 궁극적으로 정치 체계의 불안정으로 귀결될 가능성도 있기 때문이다.

(다) 이러한 문제를 해결하기 위해 등장한 것이 '이항 분류 방식'이다. 이 방식은 의회에 의석을 보유하고, 내각 구성에 참여할 가능성이 있는 정당만을 정당 체계 내 정당으로 인정한다. 이항 분류 방식은 특히 정당 난립 상황이 심할수록 유용한 분석 수단이다. 내각 책임제에서는 얼마나 많은 정당이 있느냐가 아니라, 내각 구성에 참여할 수 있는 정당 수가 몇이냐가 중요하기 때문이다.

(라) 앞의 두 방식을 비판하며 등장한 것이 '지수화 방식'이다. 지수화 방식에서는 내각 참여 여부를 막론하고 각 정당의 득표수와 의석수의 상대적 가치를 중요시한다. 이 방식은 각 정당의 득표 수 또는 의석 수를 상대적 비율로 파악하여 '선거 유효 정당 지수' 또는 '의회 유효 정당 지수'를 산정한다. 이러한 지수화 방식은 대통령 선거와 총선의 정당 체계를 같은 기준으로 비교하기 위해 사용할 수 있다. 정당의 선거별 득표 수 또는 의석 수를 상대적인 값으로 전환하여 지수화하기 때문이다.

(마) 하지만 대통령제에서 대통령 선거 결과에 따른 정당 체계와 총선 결과에 따른 정당 체계가 서로 다른 경우에는 이항 분류 방식을 사용하여 비교하기가 어렵다. 다시 말해 이 방식은 정부 형태 간 교차 분석을 위해 사용하기 어렵다. 동시에 내각 구성 과정에 영향을 미치지 못하지만, 정치적 실체로서 존재하며 정치적 영향력을 행사하는 정당의 존재가 배제될 수밖에 없는 것이 이 방식의 단점이다.

① (가)─┬─(나)
　　　　├─(다)
　　　　└─(마)─(라)

② (가)─┬─(나)
　　　　├─(다)─(라)
　　　　└─(마)

③ (나)─┬─(가)
　　　　├─(다)─(마)
　　　　└─(라)

④ (나)─(가)─┬─(다)
　　　　　　├─(마)
　　　　　　└─(라)

⑤ (나)─┬─(가)─(다)
　　　　└─(라)─(마)

STEP 3 적중문제

※ 다음 글의 순서를 고려하여 글의 구조를 바르게 분석한 것을 고르시오. [1~4]

01

(가) '잔여손실'이란 확증비용과 감시비용이 지출되었음에도 대리인 때문에 발생한 주인의 손실이다. 주주와 경영자 간에 감시활동과 확증활동이 최적으로 이루어진다고 하더라도 회사의 가치를 극대화하는 의사결정과 경영자의 의사결정 사이에는 괴리가 생길 수 있다. 이러한 차이로 말미암아 생기는 회사 이익의 감소가 바로 잔여손실이다.

(나) 주인 – 대리인 관계에 있는 해당 이해 관계자들은 모두 자신의 이익을 극대화하기 위해 노력한다. 이 과정에서 서로 간의 이해가 상충하면 '대리인 문제'가 발생하며, 이 문제를 해결하기 위해서 '대리인 비용'이 발생한다. 대리인 비용은 대리인 문제의 방지 수단에 따라 '감시비용', '확증비용', '잔여손실'로 구분할 수 있다.

(다) '감시비용'은 대리인의 활동이 주인의 이익을 감소시키지 않는지를 감시하는 데 소요되는 비용이다. 기업경영에서 주주는 경영자의 행동이 주주가 바라는 행동에서 벗어나지 못하도록 감시하는 활동을 하게 된다. 대표적인 예는 이사회의 구성, 감사의 임명, 예산제약설정 등이다. 이러한 통제시스템을 운영하는 데 감시비용이 소요된다.

(라) '확증비용'은 대리인의 행동이 주인의 이익에 상반되지 않는다는 것을 증명할 때 소요되는 비용이다. 경영자는 주주가 원하지 않는 행동을 하지 않겠다는 것을 증명해야 한다. 예를 들어, 기업의 재무상황에 대한 공인과 보고, 회계감사를 받은 영업보고서의 공시가 대표적인 증명활동이다. 이런 활동에 소요되는 비용이 확증비용이다.

(마) 주인 – 대리인 이론의 모델에서 '주인 – 대리인 관계'는 1인 이상의 사람(주인)이 다른 사람(대리인)에게 자신을 대신하여 의사결정을 할 수 있도록 의사결정권한을 위임한 계약 관계라고 정의된다. 주주와 경영자가 주인 – 대리인 관계의 실례라고 할 수 있다.

①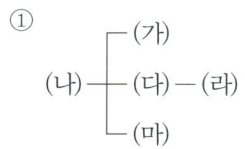

②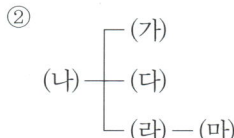

③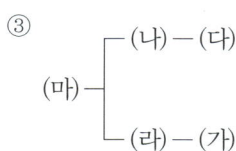

④ (마) – (나) ┬ (다) – (라)
　　　　　　　 └ (가)

⑤ (마) – (나) ┬ (다)
　　　　　　　 ├ (라)
　　　　　　　 └ (가)

02

(가) 역사 속에서 사건들이 진행해 나가는 거대한 도식 또는 규칙성을 인간이 발견할 수 있다는 생각은 분류와 연관과 무엇보다도 예측에서 자연과학이 이룩한 성공에서 깊은 인상을 받은 사람들을 자연스럽게 매혹시켰다.
(나) 따라서 그들은 과학적 방법을 적용함으로써, 다시 말해 형이상학적 또는 경험적 체계로 무장하고 스스로 주장하기에 자기들이 보유하고 있는 사실에 관한 확실하거나 또는 사실상 확실한 지식의 섬을 기반으로 삼아 발전함으로써 과거 안에 있는 빈틈들을 메울 수 있도록 역사적 지식을 확장할 길을 구하였다.
(다) 알려진 바에서 출발하여 알지 못했던 것을 주장함으로써 또는 조금 아는 것을 기반으로 그보다 더 조금밖에 몰랐던 것에 관하여 주장함으로써 여타 분야에서나 역사의 분야에서 많은 성취가 있었고, 앞으로도 있으리라는 점에는 의문의 여지가 없다.
(라) 그런데 과거나 미래에 관한 특정 가설들이 태어나도록 일조하거나 증명하는 데에 어떤 전체적인 도식이나 규칙성의 발견이 도움을 주는 정도가 실제로 얼마나 되든지 상관없이, 그 발상은 우리 시대의 관점을 결정하는 데에도 일정한 역할을 해왔고, 그 역할을 점점 더 강화해 나가고 있다.
(마) 그 발상은 인간 존재들의 활동과 성격을 관찰하고 서술하는 방법에만 영향을 미친 것이 아니라, 그들을 대하는 도덕적, 정치적, 종교적 자세에도 영향을 미쳐왔다.
(바) 왜냐하면 사람들은 '왜' 그리고 '어떻게' 그처럼 행동하고 사는 것인지를 고려하다 보면 떠오를 수밖에 없는 질문 중에 인간의 동기와 책임에 관한 질문들이 들어있기 때문이다.

① (가) ─ (나) ─ (다) / (라) ─ (마) ─ (바)

② (가) ┬ (나) ─ (다) / (라) / (바) ─ (마)

③ (다) ─ (라) ─ (마) / (나) / (가) ─ (바)

④ (다) ┬ (가) / (마) / (나) ┬ (라) / (바)

⑤ (마) ┬ (다) ─ (나) / (라) / (가) ─ (바)

03

(가) 베이징이나 시안 등지에서 볼 수 있는 중국의 유적들은 왜 그리도 클까? 이들 유적들은 크기만 한 것이 아니라 비인간적이라 할 만큼 권위적이다. 왜 그런가? 중국은 광대한 나라였다. 그러므로 그 넓은 나라를 효과적으로 통치하기 위해서는 천자로 대표되는 정치적 권위가 절실하게 요구되었다.

(나) 그로 인해 조선의 왕들은 주변의 정치 세력에 대하여 훨씬 더 타협적이어야만 하였다. 더욱이 중국은 황토로 이루어진 광대한 평원 위에 도시를 만들 수밖에 없었지만, 우리는 높고 낮은 수많은 산으로 이루어진 지형을 이용하여 왕성을 건설할 수밖에 없었다.

(다) 이러한 차이점들이 복합적으로 어울려 양국의 역사와 문화의 성격을 서로 다르게 만들었다. 큰 것이 선천적으로 잘나서도 아니며, 그렇다고 작은 것이 못나서도 아닌 것이다. 양국은 각자의 필요에 따라 오랜 세월에 걸쳐 이처럼 서로 다른 문화를 발전시켜 온 것이다.

(라) 중국 황제의 절대 권위, 이것을 온 천하에 확실하게 보여 주지 않는다면 중국의 중심이 어디에 있는지 모를 것이며, 그러면 그 나라는 다시 분열된 여러 왕국으로 나뉘게 될 것이었다. 이런 이념으로 만들어진 중국의 정치적 유물들은 그 규모가 장대할 뿐 아니라 고도로 권위적인 것이 될 수밖에 없었다.

(마) 반면에 우리나라는 그렇게 광대한 나라는 아니었다. 그렇다고 해서 우리나라가 권위를 강조하지 않은 것은 아니었다. 그러한 사실은 조선 시대를 통해서도 잘 드러난다. 그러나 조선 시대의 왕들은 중국의 황제와 같은 권위를 구축할 수는 없었다. 두 나라의 사회 구조, 정치 이념, 자연 환경 등 모든 것이 다르기 때문이었다.

(바) 넓은 나라의 통일성을 유지하기 위해서는 예상되는 지방의 반란에 대비하고, 중앙의 권위에 복종하지 않는 지방 세력가들을 다스릴 수 있는 무자비한 권력이 절대로 필요하였다. 그래서 중국의 황제는 천자로 불리었으며, 그 권위에는 누구든지 절대복종할 것을 요구하였다. 그러므로 중국의 황제는 단순한 세속인이 아니라 일종의 신적인 존재이기도 하였다.

①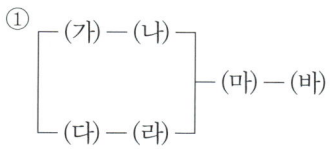

②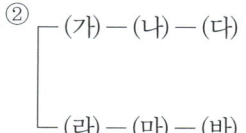

③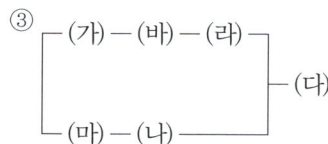

④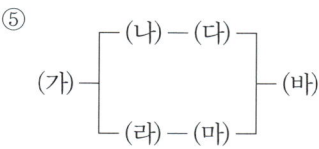

⑤ (가) ─ ┌ (나) ─ (다) ┐ ─ (바)
         └ (라) ─ (마) ┘

04

(가) 비가 내리는 날에는 시야도 가려지고, 젖은 도로로 인해 미끄러워 운전하기 훨씬 어려워진다. 실제로 장마철에 교통사고 발생률이 매우 높아진다고 한다. 곧 다가오는 장마철, 안전한 운전과 쾌적한 환경을 위한 차량 관리가 꼭 필요하다.

(나) 장마철 발생하는 교통사고의 치사율이 높은 이유는 바로 수막현상 때문이다. 수막현상이란 빗물로 인해 미끄러워진 도로에서 타이어와 노면 사이에 수막이 생겨, 타이어가 노면에 대한 접지력을 상실하여 제동이 어려워지는 현상이다. 제동이 어려워지는 만큼 사고로 쉽게 이어질뿐더러 대형사고로 번질 확률도 높다. 그럼 수막현상으로 발생할 수 있는 사고는 어떻게 예방할 수 있을까?

(다) 수막현상을 완전히 막을 수는 없지만, 타이어 공기압 체크와 마모의 정도를 확인하는 것만으로도 자동차의 제동력을 향상시킬 수 있다. 여름철에는 타이어의 공기압을 평소보다 높이고, 타이어의 홈 깊이가 조금만 낮아져도 타이어 교체를 고려해보는 것을 추천한다.

(라) 타이어 상태 확인으로 제동력이 향상되었을지라도, 앞이 제대로 보이지 않는다면 위험한 것은 마찬가지이다. 운전 중 갑작스럽게 비가 내리는 상황에서 와이퍼가 갑자기 고장이 난다거나 와이퍼 블레이드(고무날)가 낡아 시야 확보가 어려워진다면 위험한 상황에 처할 수 있다. 장마나 태풍이 시작되기 전에는 와이퍼의 상태와 워셔액 양을 체크해주는 것이 좋다. 와이퍼뿐만 아니라 빗방울이 차 유리에 맺히지 않고 미끄러지듯 흘러내려, 많은 양의 비가 내려도 선명한 시야를 확보할 수 있는 유리 방수 관리 역시 장마철에는 필수이다.

(마) 전조등은 시야 확보에 도움을 주는 기능을 하지만 빗속에서는 다른 차량에게 자신의 위치를 알려주는 기능을 하기도 한다. 그래서 비 오는 날에는 안전을 위해 항상 전조등을 켜고 다니는 것이 좋다. 장마철이 시작되기 전 전조등의 등화 여부를 확인해야 한다.

(바) 여름철에는 에어컨 작동과 각종 전기장치의 사용이 많아진다. 그렇기 때문에 배터리의 상태를 체크하는 것이 좋다. 배터리 상태의 확인은 자동차 보닛을 연 뒤, 배터리 윗면의 인디케이터를 확인하면 된다. 녹색이면 정상인 상태, 검은색이면 충전이 필요한 상태를 의미한다.

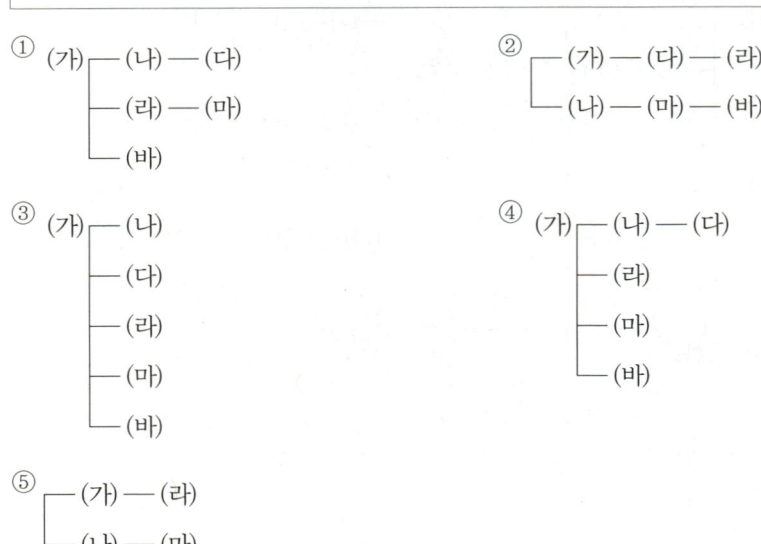

05 다음 글을 내용에 따라 세 부분으로 바르게 나눈 것은?

(가) 오늘날과 같이 자본주의가 꽃을 피우게 된 가장 결정적인 이유는 생산력의 증가에 있었다. 그 시초는 16세기에서 18세기까지 지속된 영국의 섬유 공업의 발달이었다. 그 시기에 영국 섬유 공업은 비약적으로 생산력이 발달하여 소비를 빼고 남은 생산 잉여가 과거와는 비교할 수 없을 만큼 엄청난 양으로 증가되었다. 생산량이 증대했음에도 불구하고 소비는 과거 시절과 비슷한 정도였으므로 생산 잉여는 당연한 것이었다.

(나) 물론 그 이전에도 이따금 생산 잉여가 발생했지만 그렇게 남은 이득은 대개 경제적으로 비생산적인 분야에 사용되었다. 이를테면 고대에는 이집트의 피라미드를 짓는 데에, 그리고 중세에는 유럽의 대성당을 건축하는 데에 그것을 쏟아 부었던 것이다. 그러나 자본주의 시대의 서막을 올린 영국의 섬유 공업의 생산 잉여는 종전과는 달리 공업 생산을 더욱 확장하는 데 재투자되었다.

(다) 더구나 새로이 부상한 시민 계급의 요구에 맞춰 성립된 국민 국가의 정책은 경제 발전에 필수적인 단일 통화 제도와 법률 제도 등의 사회적 조건을 만들어 주었다. 자본주의가 점차 사회적으로 공인되어 감에 따라 그에 맞게 화폐 제도나 경제와 관련된 법률 제도도 자본주의적 요건에 맞게 정비되었던 것이다.

(라) 이러한 경제적·사회적 측면 이외에 정신적인 측면에서 자본주의를 가능하게 한 계기는 종교 개혁이었다. 잘 알다시피 16세기 독일의 루터(M. Luther)가 교회의 면죄부 판매에 대해 85개조 반박문을 교회 벽에 내걸고 교회에 맞서 싸우면서 시작된 종교 개혁의 결과, 구교에서 신교가 분리되기에 이르렀다. 가톨릭의 교리에서는 현실적인 부, 즉 재산을 많이 가지는 것을 금기시하고 현세에서보다 내세에서의 행복을 강조했다. 그러면서도 막상 내세와 하느님의 사도인 교회와 성직자들은 온갖 부정한 방법으로 축재하고 농민들을 착취했으니 실로 아이러니가 아닐 수 없었다.

(마) 당시의 타락한 가톨릭교회에 대항하여 청교도라 불린 신교 세력의 이념은 기도와 같은 종교적 활동 외에 현실에서의 세속적 활동도 하느님의 뜻에 어긋나는 것이 아니라고 가르쳤다. 특히, 정당한 방법으로 재산을 모은 것은 근면하고 부지런하게 살았다는 증표이며, 오히려 하느님의 영광을 나타내 보인다는 것이었다. 기업의 이윤 추구는 하느님이 '소명'하신 것이며, 돈을 빌려주고 이자를 받는 일도 부도덕한 것이 아니었다. 재산은 중요한 미덕이므로 경제적 불평등은 정당화될 수 있었다. 근면한 사람은 부자인 것이 당연하고 게으른 사람은 가난뱅이일 수밖에 없다고 생각했던 것이다. 이러한 이념은 도시의 상공업적 경제 질서를 옹호해 주었으므로 한창 떠오르고 있는 시민 계급의 적극적인 호응을 받았다. 현세에서의 성공이 장차 천국의 문으로 들어갈 수 있는 입장권이라는 데 반대할 자본가는 아무도 없었다.

① (가) / (나), (다) / (라), (마)
② (가) / (나), (다), (라) / (마)
③ (가), (나) / (다) / (라), (마)
④ (가), (나) / (다), (라) / (마)
⑤ (가), (나), (다) / (라) / (마)

MEMO

PART 4
의사표현능력

CHAPTER 01 언어표현
CHAPTER 02 다의어
CHAPTER 03 관용적 표현

CHAPTER 01

언어표현 | 대표유형 1

맞춤법

다음 중 밑줄 친 부분의 맞춤법이 옳은 것은?

① 각 분야에서 <u>내로라하는</u> 사람들이 모였다.
② <u>생각컨대</u> 그가 거짓말을 하는 것이 분명했다.
③ 철수야, 친구를 괴롭히면 <u>안되요</u>.
④ 그를 <u>만난지</u> 한 달이 지났다.
⑤ 그녀는 일을 하는 <u>틈틈히</u> 공부를 했다.

정답 해설

[오답분석]
② 생각컨대 → 생각건대
③ 안되요 → 안 돼요
④ 만난지 → 만난 지
⑤ 틈틈히 → 틈틈이

[정답] ①

CHAPTER 01

언어표현 | 대표유형 2

높임법

다음 중 높임말의 쓰임이 옳지 않은 것은?

① 저는 감자를 즐겨먹습니다.
② 시청자 여러분, 안녕하십니까?
③ 그분은 할머니의 친구야.
④ 선배님께서는 댁에 계신다.
⑤ 윤희야, 선생님께서 교무실로 오라셔.

정답 해설

할머니의 친구라면 할머니와 대등한 존대를 사용하는 것이 자연스러우므로 '할머니의 친구분이셔.'로 바꿔야 한다.

정답 ③

CHAPTER 01 언어표현 유형점검

정답 및 해설 p.052

STEP 1 기본문제

01 다음 중 높임법의 쓰임이 옳지 않은 것은?

① 교장 선생님의 축하 말씀이 있으시겠습니다.
② 할머니께서는 아직 귀가 밝습니다.
③ 종대야, 우리 같이 아침마다 신문을 읽자.
④ 나는 할아버지를 모시고 경로당에 갔다.
⑤ 손님, 결제는 어떤 방식으로 하시겠습니까?

02 다음 중 밑줄 친 단어의 쓰임이 옳지 않은 것은?

① 왜 이렇게 속을 <u>썩히니</u>?
② 밤송이를 <u>벌리고</u> 알밤을 꺼냈다.
③ 수정이와 민혁이는 발을 <u>맞추어</u> 걸었다.
④ 교실에서 너무 눈에 <u>띄는</u> 행동을 하지 마라.
⑤ 찬호는 창업에 성공한 뒤, 지금보다 더 큰 가게를 <u>벌이려고</u> 한다.

03 다음 중 중복된 언어 표현이 없는 문장은?

① 빈 공간이 있어야 점포를 얻지.
② 저기 앞에 있는 넓은 광장으로 나오기 바란다.
③ 우리는 12시에 역전 앞에서 만나기로 약속했다.
④ 허연 백발을 한 노인이 앞장서서 천천히 걸어갔다.
⑤ 저의 좁은 견해로 이런 말씀을 드려도 괜찮겠습니까?

04 다음 중 밑줄 친 부분의 맞춤법이 옳지 않은 것은?

① 너는 참 <u>개구쟁이</u> 같아.
② 남부지방에 비가 올 <u>확률</u>이 60%나 된다더라.
③ 오늘 <u>스포츠난</u>의 기사를 읽어 보았니?
④ 지나친 음주는 <u>삼가해 주세요</u>.
⑤ <u>남녀노소</u> 즐길 수 있는 축제를 기획해 보자.

05 다음 중 밑줄 친 단어의 표기가 옳은 것은?

① 나의 <u>바램대로</u> 내일은 흰 눈이 왔으면 좋겠다.
② 엿가락을 고무줄처럼 <u>늘였다</u>.
③ 학생 신분에 <u>알맞는</u> 옷차림을 해야 한다.
④ 계곡물에 손을 <u>담구니</u> 시원하다.
⑤ <u>지리한</u> 장마가 끝나고 불볕더위가 시작되었다.

STEP 2 응용문제

01 다음 중 밑줄 친 단어의 쓰임이 옳지 않은 것은?
① 큰일이 닥쳤을 때 침착한 사람과 <u>겅둥겅둥</u>하는 사람이 있다.
② 여름이 되자 포도나무에 포도가 <u>알음알음</u> 열렸다.
③ 빨랫줄에 널어놓은 차렵이불이 <u>너붓너붓</u> 펄럭인다.
④ 작은 것까지 <u>옴니암니</u> 따지는 사람은 약간 피곤하다.
⑤ 주머니에서 꺼낸 지폐가 <u>고깃고깃</u> 구겨져 있다.

02 다음 중 높임 표현이 옳지 않은 것은?
① 어머니는 할머니를 정성으로 모셨다.
② 어려운 내용은 선생님께 여쭈어 보았다.
③ 아버지, 할아버지께서 방으로 오시래요.
④ 가방을 아버지께 가져다 드렸다.
⑤ 다음 손님 들어가실게요.

03 다음 중 밑줄 친 부분의 띄어쓰기가 옳지 않은 것은?
① <u>아는 만큼</u> 보인다.
② <u>먹을 만큼만</u> 담으시오.
③ 네 <u>생각 만큼</u> 어렵지 않을 거야.
④ <u>나만큼</u> 빨리 뛸 수 있는 사람은 없어.
⑤ 그 핸드폰은 <u>비싼 만큼</u> 오래 쓸 수 있을 거야.

04 다음 중 맞춤법이 옳지 않은 것은?

① 감염병의 발생률을 낮추기 위해 노력해야 한다.
② 상금을 두고 세기의 대결이 펼쳐졌다.
③ 퇴사를 앞두고 책상을 깨끗이 치웠다.
④ 새로운 시대에 걸맞는 인재를 양성해야 한다.
⑤ 그녀의 손에 편지를 쥐여 주었다.

05 다음 중 밑줄 친 부분의 맞춤법이 옳은 것은?

① 나는 보약을 먹어서 기운이 뻗쳤다.
② 한약을 다릴 때는 불 조절이 중요하다.
③ 가을이 되어 찬바람이 부니 몸이 으시시 추워진다.
④ 밤을 새우다시피 하며 시험을 치루고 나니 몸살이 났다.
⑤ 그는 항상 퇴근하기 전에는 자물쇠로 서랍을 단단히 잠궜다.

STEP 3 적중문제

01 다음 중 중복된 언어 표현이 없는 문장은?

① 저 사람이 바로 소위 말하는 문제의 인물이야.
② 이번 박람회는 시장 흐름을 미리 예측할 수 있는 좋은 기회이다.
③ 올해 추수한 햅쌀로 밥을 지어 어머니께 드렸다.
④ 이 지역은 장마철에 자주 침수되어 주민들의 걱정이 끊이지 않는다.
⑤ 고난을 겪었지만 멈추지 말고 앞으로 전진해야 한다.

※ 다음 중 밑줄 친 부분의 맞춤법이 옳지 않은 것을 고르시오. **[2~3]**

02 ① <u>저녁노을</u>이 참 곱다.
② 여기서 밥 먹게 <u>돗자리</u> 펴라.
③ <u>담배꽁초</u>를 함부로 버리지 마라.
④ 영희는 자기 잇속만 챙기는 <u>깍정</u>이다.
⑤ 감기가 <u>금세</u> 나을 거야.

03 ① 그는 목이 <u>메어</u> 한동안 말을 잇지 못했다.
② 어제는 종일 아이를 <u>치다꺼리</u>하느라 잠시도 쉬지 못했다.
③ <u>웬일로</u> 선물까지 준비했는지 모르겠다.
④ 노루가 나타난 것은 나무꾼이 도끼로 나무를 <u>베고</u> 있을 때였다.
⑤ 그는 입술을 <u>지그시</u> 깨물었다.

※ 다음 중 밑줄 친 부분의 띄어쓰기가 옳은 것을 고르시오. [4~5]

04   ① 이 가방은 저희 매장에 <u>하나 밖에</u> 남지 않은 마지막 상품입니다.
② 이번 휴가에는 올해 <u>열살이 된</u> 조카와 놀이공원에 가려고 한다.
③ 실제로 본 백두산의 모습은 사진에서 <u>본 바와</u> 같이 아름다웠다.
④ 화가 머리끝까지 차오른 주인은 손님을 <u>쫓아내버렸다</u>.
⑤ 그 신입은 <u>황소같은</u> 힘을 지녔다.

05   ① 이번 회의에 <u>참석하는데</u> 많은 준비가 필요했다.
② 너는 정말 <u>쓸데 없는</u> 일만 하는구나.
③ 이 일을 어떻게 <u>처리해야 할 지</u> 걱정이야.
④ 여행을 <u>다녀온 지</u> 벌써 세 달이 지났어.
⑤ 내 돈을 훔친 범인이 <u>누구든 지</u> 잡히면 가만두지 않겠어.

06 다음 중 띄어쓰기가 옳지 않은 것은?

① 나는 책을 읽어도 보고 했으나 머릿속에 들어오지 않았다.
② 어디, 나한테 덤벼들어 봐라!
③ 신발이 그만 물에 떠내려가 버렸다.
④ 하늘을 보니 비가 올듯도 하다.
⑤ 넌 오늘 쉬는 게 좋을 것 같다.

07 다음 중 띄어쓰기가 옳은 것은?

① 이 건물을 짓는데 몇 년이나 걸렸습니까?
② 김철수씨는 지금 창구로 와 주시기 바랍니다.
③ 걱정하지 마. 그 일은 내가 알아서 해결할 게.
④ 물건을 교환하시려면 1주일 내에 방문하셔야 합니다.
⑤ 다음 주에 발표할 보고서가 아직 완성이 안됐다.

08 다음 중 밑줄 친 단어의 쓰임이 옳은 것은?

① 김 팀장님, 여기 서류에 <u>결제</u> 부탁드립니다.
② 한국 남자 수영팀이 10년 만에 한국 신기록을 <u>갱신</u>했다.
③ 일제강점기 독립운동가들은 일제 경찰에게 갖은 <u>곤혹</u>을 당했다.
④ 재난 당국은 실종자들의 생사 <u>유무</u>를 파악 중이다.
⑤ 그녀는 솔직하고 <u>담백하게</u> 자신의 마음을 표현했다.

09 다음 중 밑줄 친 부분을 맞춤법에 맞게 바르게 고친 것은?

① <u>번번히</u> 지기만 하다 보니 게임이 재미없어졌다. → 번번이
② 방문 <u>횟수</u>가 늘어날수록 얼굴에 생기가 돌기 시작했다. → 회수
③ <u>널따란</u> 마당에 낙엽이 수북이 쌓여있다. → 넓다란
④ <u>왠지</u> 예감이 좋지 않아 발걸음을 재게 놀렸다. → 웬지
⑤ 대문을 제대로 <u>잠갔는지</u> 기억이 나지 않았다. → 잠궜는지

10 다음 중 밑줄 친 ㉠~㉤의 맞춤법 수정 방안으로 옳지 않은 것은?

> 되새김 동물인 무스(Moose)의 경우, 위에서 음식물이 잘 소화되게 하려면 움직여서는 ㉠ <u>안된다</u>. 무스의 위는 네 개의 방으로 ㉡ <u>나누어져</u> 있는데, 위에서 나뭇잎, 풀줄기, 잡초 같은 섬유질이 많은 먹이를 소화하려면 꼼짝 않고 ㉢ <u>한 곳</u>에 가만히 있어야 하는 것이다. 한편, 미국 남서부의 사막 지대에 사는 갈퀴발도마뱀은 모래 위로 눈만 빼꼼 내놓고 몇 ㉣ <u>시간동안이나</u> 움직이지 않는다. 그렇게 있으면 따뜻한 모래가 도마뱀의 기운을 ㉤ <u>복돋아</u> 준다. 곤충이 지나가면 도마뱀이 모래에서 나가 잡아먹을 수 있도록 에너지를 충전해 주는 것이다.

① ㉠ : '되다'의 부정 표현이므로 '안 된다'로 수정해야 한다.
② ㉡ : 잘못된 표기이므로 '나뉘어져'로 수정해야 한다.
③ ㉢ : '일정한 곳'을 의미하는 한 단어이므로 '한곳'으로 붙여 써야 한다.
④ ㉣ : '동안'은 시간의 길이를 의미하는 명사이므로 '시간 동안이나'로 띄어 써야 한다.
⑤ ㉤ : 잘못된 표기이므로 '북돋아'로 수정해야 한다.

CHAPTER 02

다의어 | 대표유형

다의어

다음 중 밑줄 친 부분과 같은 의미로 쓰인 것은?

> <u>노는</u> 시간에 잠 좀 그만 자고 소설책이라도 읽어라.

① 우리 가게는 월요일에 <u>논다</u>.
② 앞니가 흔들흔들 <u>논다</u>.
③ 뱃속에서 아기가 <u>논다</u>.
④ 동생이 공놀이를 하며 <u>논다</u>.
⑤ 돈 있는 사람들은 자기들끼리 <u>노는</u> 법이다.

정답 해설

밑줄 친 '놀다'는 '어떤 일을 하다가 중간에 일정한 동안을 쉬다.'라는 뜻으로, ①이 이와 같은 의미로 쓰였다.

오답분석
② 고정되어 있던 것이 헐거워져서 움직이다.
③ 태아가 꿈틀거리다.
④ 놀이나 재미있는 일을 하며 즐겁게 지내다.
⑤ 비슷한 무리끼리 어울리다.

정답 ①

CHAPTER 02 유형점검

다의어

> 정답 및 해설 p.055

STEP 1 기본문제

※ 다음 중 밑줄 친 부분과 같은 의미로 쓰인 것을 고르시오. [1~2]

01

> 그는 오랜만에 만난 그녀가 괜한 고집을 부리고 있다는 생각이 <u>들었다</u>. 하지만 10년 만의 재회에 그는 그녀의 비위를 거스를 필요를 느끼지 못했다. 그냥 웃을 뿐이었다.

① 그는 선잠이 <u>들었다가</u> 이상한 소리에 잠이 깼다.
② 아이가 감기가 <u>들어</u> 요즘 병원에 다닌다.
③ 이 일을 시작했을 때 우리는 불길한 예감이 <u>들었다</u>.
④ 좋은 생활 습관이 <u>들면</u> 자기 발전에 도움이 된다.
⑤ 며느리가 아이가 많이 <u>들어서</u> 거동이 불편하다.

02

> 큰 사고를 <u>친</u> 유명 아이돌 가수는 검찰에서 조사를 받게 되었다.

① 우리 집 개는 낯선 사람을 봐도 꼬리를 <u>치느라</u> 바쁘다.
② 머리를 너무 짧게 <u>쳤는지</u> 목이 허전한 느낌이 든다.
③ 난기류를 만난 비행기의 기체가 요동을 <u>치자</u> 승객들은 불안해졌다.
④ 일이 너무 풀리지 않자 점을 <u>치기</u> 위해 용하다는 무당을 찾아갔다.
⑤ 마침내 시도 때도 없이 거짓말을 <u>치는</u> 남자친구와 헤어졌다.

STEP 2 응용문제

01 다음 중 밑줄 친 부분의 의미가 다른 것은?

① 고혈압 환자는 우유나 곡류, 야채류 등으로 식단을 <u>짜는</u> 것이 좋다.
② 외삼촌은 학교에서 책상 <u>짜는</u> 법을 배웠다고 한다.
③ 친구들이 여행 계획을 <u>짜는</u> 동안 나는 장을 보러 갔다.
④ 그는 이번 사업에서 예산을 <u>짜는</u> 등 자금 관리를 맡고 있다.
⑤ 감독은 대표팀을 우승으로 이끌기 위해 새로운 전략을 <u>짰다</u>.

02 다음 중 밑줄 친 부분과 같은 의미로 쓰인 것은?

> 기회가 <u>닿으면</u> 연락하겠습니다.

① 나는 전류에 <u>닿기라도</u> 한 듯한 충격을 느꼈다.
② 일이 잘못되었다는 소식이 그에게 <u>닿기</u> 전에 해결해야 한다.
③ 그와 인연이 <u>닿지</u> 않아 애를 태웠다.
④ 너의 주장은 결코 이치에 <u>닿지</u> 않는구나.
⑤ 나는 그에게 내 능력이 <u>닿는</u> 한 도와주겠다고 약속했다.

STEP 3 적중문제

01 다음 중 밑줄 친 부분의 의미가 다른 것은?

① 너를 향한 내 마음은 <u>한결같다</u>.
② 아이들이 <u>한결같은</u> 모습으로 꽃을 들고 있다.
③ 예나 지금이나 아저씨의 말투는 <u>한결같으시군요</u>.
④ 우리는 초등학교 내내 10리나 되는 산길을 <u>한결같이</u> 걸어 다녔다.
⑤ 부모님은 <u>한결같이</u> 나를 지지해 주신다.

※ 다음 중 밑줄 친 부분과 같은 의미로 쓰인 것을 고르시오. **[2~5]**

02

> 전문가와 함께 목재를 직접 대패로 <u>밀고</u> 한옥 공포를 조립해 보는 한옥 짓기와 한옥 전통 공구 체험, 한옥 구들 짓기 체험 등은 체험객들에게 색다른 경험을 제공했다.

① 갑자기 차가 서자 형은 동생에게 차를 <u>밀어</u> 달라고 부탁한다.
② 파이 반죽은 얇게 <u>밀어서</u> 그라탕 용기에 올려놓은 후, 반죽 위에 필링을 넣고 채썬 피자치즈를 뿌린다.
③ 구겨진 바지를 그냥 입지 말고, 다리미로 한 번 <u>밀어라</u>.
④ 김 기자는 지난해 말 서울의 대형 찜질방에서 때를 <u>밀었던</u> 경험으로 기사를 시작했다.
⑤ 그는 후보직 사퇴를 선언, 나를 대통령 선거 야권 단일후보로 <u>밀어주기로</u> 결정했다.

03

> 언어 없이 사고가 불가능하다는 이론도 그렇다. 생각은 있되, 그 생각을 표현할 적당한 말이 없는 경우도 얼마든지 있으며, 생각은 분명히 있지만 말을 잊어서 표현에 곤란을 느끼는 경우도 흔한 것이다. 음악가는 언어라는 매개를 통하지 않고 작곡을 하여 어떤 생각이나 사상을 표현하며, 조각가는 언어 없이 조형을 한다. 또 우리는 흔히 새로운 물건, 새로운 생각을 이제까지 없던 새 말로 만들어 명명하기도 한다.

① 그의 주장은 앞뒤가 잘 통하지 않는다.
② 바람이 잘 통하는 곳에 빨래를 널어야 잘 마른다.
③ 그 시상식은 텔레비전을 통해 전국에 중계되었다.
④ 청소년들은 기성세대와 말이 통하지 않는다고 말한다.
⑤ 부부는 어떤 일을 하든 서로 뜻이 잘 통해야 한다.

04

> 아무래도 말을 꺼내기가 조심스럽다.

① 아이가 말을 배우기 시작했다.
② 빈칸에 들어갈 적절한 말을 찾으시오.
③ 민지와 슬기는 서로 말을 놓기로 하였다.
④ 주영이가 떠난다는 말이 퍼지기 시작했다.
⑤ 경서는 무료해 보이는 연주에게 말을 건넸다.

05

> 고장 난 시계를 고쳤다.

① 그녀는 머리 모양을 고치려고 미용실에 들렀다.
② 시험 종료종이 울리면 더 이상 답안을 고칠 수 없습니다.
③ 정비소에서 자동차를 고쳤다.
④ 다친 제비를 고쳐 준 흥부는 제비에게 박씨를 받아 부자가 되었다.
⑤ 형법을 고쳐 강력범죄에 대한 처벌 규정을 높여야 한다.

CHAPTER 03

관용적 표현 | 대표유형 1

관용적 표현

다음 중 밑줄 친 관용적 표현의 쓰임이 옳지 않은 것은?

① 학생들은 쉬는 시간마다 <u>난장을 치고</u> 논다.
② 그녀는 말이 없는 편인데, 항상 <u>달다 쓰다 말이 없어서</u> 답답하다.
③ 그들은 부정한 방법으로 <u>한몫 잡고</u> 해외로 도주했다.
④ 그는 승진을 위해서 <u>간이라도 꺼내어 줄</u> 것이다.
⑤ 그와 나는 <u>눈 위의 혹</u>처럼 막역한 사이이다.

정답 해설

'눈 위의 혹'은 '몹시 미워서 눈에 거슬리는 사람을 비유하는 말'이다.

오답분석
① 난장을 치다 : 함부로 마구 떠들다.
② 달다 쓰다 말이 없다 : 아무런 반응도 나타내지 않다.
③ 한몫 잡다 : 단단히 이득을 취하다.
④ 간을 꺼내어 주다 : 비위를 맞추기 위해 중요한 것을 아낌없이 주다.

정답 ⑤

CHAPTER 03

관용적 표현 | 대표유형 2
한자성어

다음 한자성어와 유사한 뜻을 가진 속담은?

> 부화뇌동(附和雷同)

① 서른세 해 만에 꿈 이야기 한다.
② 누운 소 똥 누듯 한다.
③ 서낭에 가 절만 한다.
④ 차돌에 바람 들면 석돌보다 못하다.
⑤ 팔 고쳐주니 다리 부러졌다 한다.

정답 해설

- 부화뇌동(附和雷同) : '우레 소리에 맞춰 함께 한다'는 뜻으로, 자신의 뚜렷한 소신 없이 그저 남이 하는 대로 따라가는 것을 의미한다.
- 서낭에 가 절만 한다 : 서낭신 앞에 가서 아무 목적도 없이 절만 한다는 뜻으로, 영문도 모르고 남이 하는 대로만 따라함을 비유적으로 이르는 말

[오답분석]
① 까맣게 잊어버린 지난 일을 새삼스럽게 들추어내서 상기시키는 쓸데없는 행동을 비유적으로 이르는 말
② 무슨 일을 힘들이지 않고 쉽게 하는 것을 비유적으로 이르는 말
④ 오달진 사람일수록 한번 타락하면 걷잡을 수 없게 된다는 말
⑤ 체면이 없이 무리하게 계속 요구를 하는 경우를 이르는 말

[정답] ③

CHAPTER 03

관용적 표현

유형점검

정답 및 해설 p.057

STEP 1 기본문제

※ 다음 중 밑줄 친 관용구의 사용이 옳지 않은 것을 고르시오. [1~2]

01
① <u>개 발에 땀 나도록</u> 일했더니 계획했던 목표를 달성할 수 있었다.
② 개인주의가 만연하면서 <u>수판을 놓는</u> 사람이 많아졌다.
③ <u>참새 물 먹듯</u> 일을 한 번에 처리해야 해.
④ 그는 <u>반죽이 좋아</u> 웬만한 일에도 화를 내지 않았다.
⑤ 그는 <u>얼굴이 두꺼워</u> 어려운 부탁도 서슴지 않고 했다.

02
① 관련된 사람들의 <u>입을 막아</u> 그 사건이 알려지지 않도록 했다.
② 그 계약은 잘못되었다고 사람들이 <u>입을 모아</u> 이야기했다.
③ <u>입에 발린</u> 소리를 잘 하는 사람에게는 믿음이 가지 않는다.
④ 그는 자신이 겪은 일에 대해 <u>입이 닳도록</u> 이야기했다.
⑤ 그 사람은 <u>입이 여물어</u> 다른 사람의 신임을 얻기 어렵다.

03 다음 상황에 어울리는 속담으로 가장 적절한 것은?

> 얼마 전 반장인 민수는 실수로 칠판을 늦게 지운 주번 상우에게 벌점을 부과하였고, 이로 인해 벌점이 초과된 상우는 방과 후 학교에 남아 반성문을 쓰게 되었다. 이처럼 민수는 사소한 잘못을 저지른 학급 친구에게도 가차 없이 벌점을 부여하여 학급 친구들의 원망을 샀고, 결국에는 민수를 반장으로 추천했던 친구들 모두 민수에게 등을 돌렸다.

① 원님 덕에 나팔 분다.
② 집 태우고 바늘 줍는다.
③ 맑은 물에 고기 안 논다.
④ 찬물도 위아래가 있다.
⑤ 듣기 좋은 꽃노래도 한두 번이지.

04 다음 중 의미가 다른 하나는?
① 금의환향(錦衣還鄉)
② 입신양명(立身揚名)
③ 간담상조(肝膽相照)
④ 부귀공명(富貴功名)
⑤ 마부위침(磨斧爲針)

05 다음 중 밑줄 친 단어와 의미가 통하는 한자성어는?

> 이춘동이는 깍정이에게 붙들려 묵는 중에 여러 두령과 서로 <u>너나들이</u>까지 하게 되고 또 청석골 안을 돌아다니며 구경도 하게 되었다.

① 불요불급(不要不急)
② 육지행선(陸地行船)
③ 오월동주(吳越同舟)
④ 수어지교(水魚之交)
⑤ 낭중지추(囊中之錐)

STEP 2 응용문제

01 다음 중 문장의 의미를 잘못 해석한 것은?

① 귀가 아프다 : 여러 번 들어서 듣기가 싫다.
② 귀를 기울이다 : 남의 이야기나 의견에 관심을 가지고 주의를 모으다.
③ 귀에 못이 박히다 : 남의 이야기에 주의를 기울이지 않다.
④ 귀가 얇다 : 남의 말을 쉽게 받아들인다.
⑤ 귀 막고 방울 도둑질 한다 : 어리석은 방법으로 남을 속이려고 하나 거기에 속는 사람이 없다.

02 다음과 관련 있는 한자성어는?

> 지하철 선로에 떨어진 아이를 구한 고등학생에게 서울시에서 표창장을 주었다.

① 신언서판(身言書判)　　② 신상필벌(信賞必罰)
③ 순망치한(脣亡齒寒)　　④ 각주구검(刻舟求劍)
⑤ 오월동주(吳越同舟)

03 다음 중 문장의 의미 연결이 바르지 않은 것은?

① 가슴을 태우다 : 마음에 상처를 입다.
② 가슴을 열다 : 속마음을 털어놓거나 받아들이다.
③ 가슴이 미어지다 : 마음이 슬픔이나 고통으로 가득 차 견디기 힘들다.
④ 가슴이 뜨끔하다 : 양심의 가책을 받다.
⑤ 가슴이 뜨겁다 : 깊고 큰 사랑과 배려를 받아 고마움으로 마음의 감동이 크다.

04 다음 글의 밑줄 친 한자성어와 뜻이 다른 것은?

> 이번 달도 이렇게 마무리 되었습니다. 우리는 이번에 매우 소중한 경험을 하였습니다. 경쟁사의 대두로 인해 모든 주력 상품들의 판매가 저조해 지고 있는 가운데 모두 거래처를 찾아가 한 번, 두 번으로 안 되면 될 때까지 계속해서 <u>십벌지목(十伐之木)</u> 끝에 위기를 넘기고 오히려 전보다 더 높은 수익을 얻었습니다. 모두 너무나 감사합니다.

① 반복무상(反覆無常) ② 마부작침(磨斧作針)
③ 우공이산(愚公移山) ④ 적진성산(積塵成山)
⑤ 철저성침(鐵杵成針)

05 다음 빈칸에 들어갈 한자성어로 가장 적절한 것은?

> _____은/는 어떤 일에 실패한 뒤에 힘을 가다듬어 다시 그 일에 착수함을 비유하여 이르는 말이다.

① 오리무중(五里霧中) ② 전전반측(輾轉反側)
③ 권토중래(捲土重來) ④ 분골쇄신(粉骨碎身)
⑤ 쾌도난마(快刀亂麻)

STEP 3 적중문제

01 다음 중 의미가 다른 하나는?
① 군계일학(群鷄一鶴)
② 철중쟁쟁(鐵中錚錚)
③ 태산북두(泰山北斗)
④ 천재일우(千載一遇)
⑤ 낭중지추(囊中之錐)

※ 다음 의미를 가진 속담을 고르시오. [2~3]

02
어떤 일이든지 하려고 생각했으면 한창 열이 올랐을 때 망설이지 말고 곧 행동으로 옮겨야 함

① 단김에 소뿔 빼기
② 남의 말도 석 달
③ 냉수 먹고 이 쑤시기
④ 단솥에 물 붓기
⑤ 가마 타고 옷고름 단다

03
임시변통은 될지 모르나 그 효력이 오래가지 못할 뿐만 아니라 결국에는 사태가 더 나빠짐

① 속 빈 강정
② 언 발에 오줌 누기
③ 망건 쓰고 세수한다
④ 되로 주고 말로 받는다
⑤ 바늘구멍으로 황소바람 들어온다

04 다음과 같은 의미의 한자성어는?

> 이치에 맞지 않는 말을 억지로 끌어 붙여 자기에게 유리하게 한다.

① 좌충우돌(左衝右突) ② 부화뇌동(附和雷同)
③ 속수무책(束手無策) ④ 견강부회(牽强附會)
⑤ 남가일몽(南柯一夢)

05 다음 중 '자는 호랑이에게 코침 주기'와 뜻이 비슷한 한자성어는?

① 전전반측(輾轉反側) ② 각골통한(刻骨痛恨)
③ 평지풍파(平地風波) ④ 백아절현(伯牙絶絃)
⑤ 곡학아세(曲學阿世)

06 다음 밑줄 친 말의 뜻풀이로 가장 적절한 것은?

> 우리 형제는 어머니가 돌아가시고부터 <u>의가 나기</u> 시작했다.

① 사이가 좋다. ② 사이가 나빠지다.
③ 친분을 유지하다. ④ 서로를 의심하다.
⑤ 흥이 생기다.

07 다음 글과 가장 관련 있는 한자성어는?

> 서로 다른 산업 분야의 기업 간 협업이 그 어느 때보다 절실해진 상황에서 기업은 '협업'과 '소통'을 고민하지 않을 수 없다. 협업과 소통의 중요성은 기업의 경쟁력 강화를 위해 항상 강조되어 왔지만, 한 기업 내에서조차 성공적으로 운영하기가 쉽지 않았다. 그런데 이제는 서로 다른 산업 분야에서 기업 간의 원활한 협업과 소통까지 이뤄내야 하니, 기업의 고민은 깊어질 수밖에 없다.
> 협업과 소통의 문화·환경을 성공적으로 정착시키는 길은 결코 쉽게 갈 수 없다. 하지만 그 길을 가기 위해 첫걸음을 내디딜 수만 있다면 절반의 성공은 담보할 수 있다. 우선 직원 개인에게 '혼자서 큰일을 할 수 있는 시대는 끝이 났음'을 명확하게 인지시키고, 협업과 소통을 통한 실질적 성공 사례들을 탐구하여 그 가치를 직접 깨닫게 해야 한다.
> 그런 다음에는 협업과 소통을 위한 시스템을 갖추는 데 힘을 쏟아야 한다. 당장 협업 시스템을 전사 차원에서 적용하라는 것은 결코 아니다. 작은 변화를 통해 직원들 간 또는 협력업체 간, 고객들 간의 협업과 소통을 조금이나마 도울 수 있는 노력을 시작하라는 것이다. 동시에 시스템을 십분 활용할 수 있도록 독려하는 노력도 간과하지 말아야 한다.

① 장삼이사(張三李四)　　　　② 하석상대(下石上臺)
③ 등고자비(登高自卑)　　　　④ 주야장천(晝夜長川)
⑤ 내유외강(內柔外剛)

08 다음 글의 핵심을 관용적으로 바르게 표현한 것은?

> 우리가 처한 현실이 어렵다는 것은 사실입니다. 그러나 이럴 때일수록 우리가 할 수 있는 일이 무엇인가를 냉철히 생각해 보아야겠지요. 급한 마음에 표면적으로 나타나는 문제만 해결하려 했다가는 문제를 더 나쁘게 만들 수도 있는 일이니까요. 가령 말입니다, 우리나라에 닥친 경제 위기가 외환 위기라 하여 무조건 외제 상품을 배척하는 일은 옳지 않다는 겁니다. 물론 무분별한 외제 선호 경향은 이 기회에 우리가 뿌리 뽑아야겠지요. 그렇게 함으로써 불필요한 외화 유출을 막고, 우리의 외환 부족 사태를 해소할 수도 있을 테니까요.
> 그러나 우리나라는 경제 여건상 무역에 의존할 수밖에 없는 나라입니다. 다시 말해 수출을 하지 않으면 우리의 경제를 원활히 운영하기가 어려운 나라입니다. 그런데 우리가 무조건 외제 상품을 구매하지 않는다면, 다른 나라의 반발을 초래할 수가 있습니다. 즉, 그들도 우리의 상품을 구매하지 않는다는 것이죠. 그렇게 된다면 우리의 경제는 더욱 열악한 상황으로 빠져 들게 된다는 것은 불을 보듯 뻔한 일입니다. 냉철하게 생각해서 건전한 소비를 이끌어 내는 것이 필요한 때라고 봅니다.

① 타산지석(他山之石)의 지혜가 필요한 때이다.
② 언 발에 오줌 누기 식의 대응은 곤란하다.
③ 우물에서 숭늉 찾는 일은 어리석은 일이다.
④ 소 잃고 외양간 고치는 일은 없어야 하겠다.
⑤ 호랑이에게 잡혀가도 정신만 차리면 살 수 있다.

09 다음 글을 읽고 속담을 활용하여 이해한 내용으로 가장 적절한 것은?

> 최근 핀테크가 등장하면서 예금과 대출만이 아니라 투자, 자산 관리, 채무 보증, 파생 거래 등 수많은 금융서비스가 전통적인 금융회사들로부터 분리를 거듭하자 많은 사람들은 금융회사의 해체 과정에만 주목하고 있다. 은행의 해체라는 화두가 등장한 것도 이 때문이다. 하지만 전체적인 흐름에서 보면 분절 또는 해체의 과정만 일어나고 있는 것은 아니다.
> 넷스케이프(Netscape)의 전 CEO 짐 박스데일에 따르면 사업에서 돈을 버는 방법은 통합하는 것(Bundle)과 해체하는 것(Unbundle) 두 가지라고 했듯이 해체와 통합은 상시적으로 필요에 의해 일어난다. 예를 들면 은행으로부터 대출을 떼어 온 P2P들도 대출 이외에 더 많은 서비스를 고객에게 원스톱으로 제공하기 위해 새로운 서비스를 자신의 범주로 통합하려고 노력하고 있다. 지급결제로 홀로서기에 성공한 심플(Simple) 등 상당수 핀테크들도 초기 성공을 바탕으로 은행업 면허를 받아 종합금융 서비스를 제공하려 하고 있다. 즉 핀테크들이 기존 금융회사보다 세분화된 서비스를 빅데이터와 인공 지능의 도움을 받아 제공하면서 전통 금융회사들의 대안으로 떠올랐지만, 어느 임계점에 들어서 다른 금융 서비스를 추가하면서 종합금융서비스 기관으로 변신을 추진하고 있다. 이는 새로운 기술로 무장한 다른 핀테크들이 등장할 기회를 제공한다. 이처럼 통합과 해체의 사이클은 끊임없이 계속되는 것이다.
> 전통적인 금융회사들도 자신의 영역을 핀테크에 내주고 있는 듯 하지만 이 또한 또 다른 통합을 지향하고 있음을 알아야 한다. 즉 은행들은 오픈 API(Application Programming Interfaces)를 통해 자신의 핵심 경쟁력을 공개하고 있지만, 이는 역으로 자신이 핀테크들의 플랫폼으로 자리 잡을 기회를 확보한 것이다. 결국 보는 관점에 따라 현재 금융시장에서 해체와 통합이 동시다발적으로 일어나고 있다고 볼 수 있다.

① 금융회사들은 핀테크를 강 건너 불구경하듯 하는구나.
② 핀테크는 금융업에 있어서 귀에 걸면 귀걸이 코에 걸면 코걸이로 볼 수 있겠군.
③ 핀테크에 대한 금융업의 모습을 보니 우물에 가 숭늉을 찾는 꼴이구나.
④ 될성부른 나무는 떡잎부터 알아본다더니, 핀테크의 발전은 예상된 것이었어.
⑤ 사공이 많으면 배가 산으로 간다던데 앞으로 핀테크의 방향이 걱정되는구나.

10 다음 내용과 가장 비슷한 의미를 가진 속담은?

> 말을 마치지 못하여서 구름이 걷히니 호승이 간 곳이 없고, 좌우를 돌아보니 팔 낭자가 또한 간 곳이 없는지라 정히 경황(驚惶)하여 하더니, 그런 높은 대와 많은 집이 일시에 없어지고 제 몸이 한 작은 암자 중의 한 포단 위에 앉았으되, 향로(香爐)에 불이 이미 사라지고, 지는 달이 창에 이미 비치었더라.

① 공든 탑이 무너지랴. ② 산 까마귀 염불한다.
③ 열흘 붉은 꽃이 없다. ④ 고양이가 쥐 생각해 준다.
⑤ 소 잃고 외양간 고친다.

PART 5
경청능력 · 기초외국어능력

CHAPTER 01 경청
CHAPTER 02 기초외국어

CHAPTER 01 경청

경청 | 대표유형

다음 중 경청에 대한 설명으로 옳지 않은 것은?

① 경청을 통해 상대방의 입장을 공감하는 것은 어렵다.
② 대화의 과정에서 신뢰를 쌓을 수 있는 좋은 방법이다.
③ 의사소통을 위한 기본적인 자세이다.
④ 다른 사람의 말을 주의 깊게 들으며 공감하는 능력이다.
⑤ 경청하는 만큼 상대방 역시 자신의 말을 경청하게 된다.

정답 | 해설

경청함으로써 상대방의 입장에 공감하며 이해하게 된다.

정답 ①

CHAPTER 01 경청 유형점검

정답 및 해설 p.062

STEP 1 기본문제

01 다음 중 효과적인 경청 방법이 아닌 것은?
① 말하는 사람의 모든 것에 집중해서 적극적으로 들어야 한다.
② 상대방의 의견에 동조할 수 없더라도, 일단 수용한다.
③ 질문에 대한 답이 즉각적으로 이루어질 때만 질문을 한다.
④ 대화의 내용을 주기적으로 요약한다.
⑤ 상대방이 전달하려는 메시지를 자신의 삶, 목적, 경험과 관련시켜 본다.

02 다음 '경청의 중요성'에 대한 설명으로 옳지 않은 것은?

〈경청의 중요성〉
ㄱ. 경청을 함으로써 상대방을 한 개인으로 존중하게 된다.
ㄴ. 경청을 함으로써 상대방을 성실한 마음으로 대하게 된다.
ㄷ. 경청을 함으로써 상대방의 입장에 공감하며 이해하게 된다.

① ㄱ : 대방의 감정, 사고, 행동을 평가하거나 비판하지 않고 있는 그대로 받아들인다.
② ㄴ : 상대방과의 관계에서 느낀 감정과 생각 등을 솔직하고 성실하게 표현한다.
③ ㄴ : 상대방과의 솔직한 의사 및 감정의 교류를 가능하게 도와준다.
④ ㄷ : 자신의 생각이나 느낌, 가치관 등으로 상대방을 이해하려 한다.
⑤ ㄷ : 상대방에게 자신이 이해받고 있다는 느낌이 들도록 한다.

STEP 2 응용문제

01 다음은 경청훈련에 대한 내용의 일부이다. 빈칸에 들어갈 말로 가장 적절한 것은?

> _____은/는 보통 '누가·언제·어디서·언제 또는 어떻게'라는 어휘로 시작하며, 상대방의 다양한 생각을 이해하고 상대방으로부터 많은 정보를 얻기 위한 방법이다. 서로에 대한 이해 정도를 높일 수 있고, "직장을 옮기는 것에 대해 어떤 생각을 하고 있어요?", "당신, 기운이 없어 보이는군요. 무슨 일이 있어요?" 등의 표현을 예로 들 수 있다.

① '왜?'라는 질문 피하기
② 정확성을 위해 요약하기
③ 주의 기울이기
④ 개방적인 질문하기
⑤ 상대방의 경험을 인정하고 더 많은 정보 요청하기

02 다음 중 대화 상황에서의 바람직한 경청 방법으로 옳은 것은?

① 상대의 말에 대한 원활한 대답을 위해 상대의 말을 들으면서 미리 대답할 말을 준비한다.
② 대화내용에서 상대방의 잘못이 드러나는 경우, 교정을 위해 즉시 비판적인 조언을 해준다.
③ 상대의 말을 모두 들은 후에 적절한 행동을 하도록 한다.
④ 상대가 전달할 내용에 대해 미리 짐작하여 대비한다.
⑤ 대화내용이 지나치게 사적이다 싶으면 다른 대화주제를 꺼내 화제를 옮긴다.

STEP 3 적중문제

01 A씨 부부는 대화를 하다 보면 사소한 다툼으로 이어지곤 한다. A씨의 아내는 A씨가 자신의 이야기를 제대로 들어주지 않기 때문이라고 생각한다. 다음 사례에 나타난 A씨의 경청을 방해하는 습관은 무엇인가?

> A씨의 아내가 남편에게 직장에서 업무 실수로 상사에게 혼난 일을 이야기하자 A씨는 "항상 일을 진행하면서 꼼꼼하게 확인하라고 했잖아요. 당신이 일을 처리하는 방법이 잘못됐어요. 다음부터는 일을 하기 전에 미리 계획을 세우고 체크리스트를 작성해 보세요."라고 이야기했다. A씨의 아내는 이런 대답을 듣자고 이야기한 것이 아니라며 더 이상 이야기하고 싶지 않다고 말한 뒤 밖으로 나가버렸다.

① 짐작하기
② 걸러내기
③ 판단하기
④ 조언하기
⑤ 옳아야만 하기

02 다음 빈칸에 들어갈 말이 바르게 연결된 것은?

> 경청이란 다른 사람의 말을 주의 깊게 들으며, ___㉠___ 하는 능력이다. 경청은 대화의 과정에서 당신에 대한 ___㉡___ 을/를 쌓을 수 있는 최고의 방법이다. 우리가 경청하면 상대는 본능적으로 안도감을 느낀다. 그리고 우리가 말을 할 경우, 자신도 모르게 더 ___㉢___ 하게 한다. 이런 심리적 효과로 인해 우리의 말과 메시지, 감정은 아주 효과적으로 상대에게 전달된다.

	㉠	㉡	㉢
①	설득	인정	의지
②	설득	신뢰	의지
③	공감	신뢰	집중
④	공감	신뢰	설득
⑤	공감	친분	설득

03 다음 중 경청을 방해하는 요인이 아닌 것은?

① 상대방의 말을 짐작하면서 듣기
② 대답할 말을 미리 준비하며 듣기
③ 상대방의 마음상태를 이해하며 듣기
④ 상대방의 말을 판단하며 듣기
⑤ 상대방의 말을 비판하며 듣기

04 다음 중 경청훈련 방법과 사례의 연결이 옳지 않은 것은?

	방법	사례
①	주의 기울이기	A씨는 말을 하고 있는 B씨의 얼굴과 몸의 움직임뿐만 아니라 호흡하는 자세까지도 주의하여 관찰하고 있다. 또한 B씨의 어조와 억양, 소리 크기에도 귀를 기울이고 있다.
②	상대방의 경험을 인정하고 더 많은 정보 요청하기	C씨는 자신의 경험담을 이야기하고 있는 D씨에게 관심과 존경을 보이고 있으며, D씨가 계속해서 이야기를 할 수 있도록 질문을 던지기도 한다.
③	정확성을 위해 요약하기	E씨는 유치원에서 친구와 다투었다는 아이의 말을 듣고는 "친구와 간식을 두고 다툼을 해서 너의 기분이 좋지 않구나."라며 아이의 이야기를 자신의 말로 반복하여 표현하였다.
④	개방적인 질문	F씨는 G씨에 대한 이해의 정도를 높이기 위해 주말에 부산으로 여행을 간다는 G씨에게 이번 여행은 누구와 가는지 질문하고 있다.
⑤	'왜?'라는 질문 삼가기	H씨는 부정적·강압적인 표현의 '왜?'라는 질문을 사용하지 않으려고 노력하고 있다.

05 다음 〈보기〉의 갑, 을, 병, 정 네 사람 중 적절한 경청 방법을 보인 사람을 모두 고르면?

> **보기**
> - 자신의 잘못에 대해 상사가 나무라자 갑은 고개를 숙이고 바닥만 응시하다가 상사의 말이 다 끝나자 잘못하였다고 말하였다.
> - 을은 후배가 자신의 생각에 반대하는 의견을 말하자 다리를 꼬고 앉아 후배를 말하는 내내 계속하여 쳐다봤다.
> - 병은 바쁘게 일하는 나머지 동료직원이 다가와 도움을 요청한 소리를 제대로 못들어 동료직원에게 상체를 기울여 다시 말해줄 것을 요청하였다.
> - 회사 주가가 연일 하락해 심란한 나머지 자리에 앉지 못하는 대표 정에게 직원이 면담을 요청하자 정은 자리에 앉았다.

① 갑, 을 ② 갑, 병
③ 갑, 정 ④ 을, 병
⑤ 병, 정

CHAPTER 02

기초외국어 | 대표유형 1

기초외국어 ①

다음 빈칸에 들어갈 말로 가장 적절한 것은?

> One of the common advertising techniques is to repeat the product name. Repeating the product name may increase sales. For example, imagine that you go shopping for shampoo but you haven't decided which to buy. The first shampoo that comes to your mind is the one with the name you have recently heard a lot. _____, repeating the name can lead to consumers buying the product.

① However
② Therefore
③ In contrast
④ On the other hand
⑤ But

정답 해설

제시문의 문맥상 'A이다. 그러므로(Therefore) B이다.'라고 이어지는 것이 적절하다.

흔한 광고 기법 중의 하나가 바로 상품의 이름을 반복하는 것이다. 상품의 이름을 반복하는 것은 판매를 증가시킬 수도 있다. 예를 들어, 당신이 샴푸를 쇼핑하러 가는데 어떤 걸 살지 결정하지 않은 상황을 상상해 보라. 당신 마음속에 가장 먼저 떠오르는 샴푸는 당신이 최근에 많이 들었던 이름을 가진 샴푸이다. 그러므로 이름을 반복하는 것은 물건을 구매하는 소비자들로 이어질 수 있다.

정답 ②

CHAPTER 02 기초외국어 ②

기초외국어 | 대표유형 2

다음 대화 중 어색한 것은?

① A : I'm going to China next month.
　B : Where in China?
② A : I have some good news.
　B : What is it?
③ A : Get me some wine from your trip to Brazil.
　B : You bet.
④ A : I like winter sports.
　B : I envy you.
⑤ A : May I have seconds?
　B : Help yourself.

정답　해설

겨울 스포츠를 좋아한다고 얘기한 A에 대해 B의 질투난다는 반응은 어색하다.

　A : 나는 겨울 스포츠가 좋아.
　B : 네가 질투나.

오답분석

① A : 나 다음 달에 중국에 갈 거야.
　B : 중국 어디?
② A : 나 좋은 소식이 있어.
　B : 그게 뭔데?
③ A : 브라질행 여행에서 내게 와인 좀 사다줘.
　B : 물론이지!
⑤ A : 한 번 더 먹어도 될까?
　B : 좋을 대로!

정답　④

CHAPTER 02 기초외국어 유형점검

STEP 1 기본문제

01 다음 빈칸에 들어갈 말로 가장 적절한 것은?

> In recent years, the Internet has become very important. By _____ the Internet you can find information on any subject and communicate with others anywhere in the world. Truly the Internet is making the world a global society. But to communicate and do research over the Internet, it is necessary to know English. This is because most information on the Internet is in English. And this is another reason why it is more important than ever to be able to communicate in English. The good news is that there are hundreds of web sites that you can use to improve your English skills, and many of them charge you very little money.

① studying
② using
③ watching
④ talking
⑤ making

02 다음 대화 중 어색한 것은?

① A : What time are we having lunch?
　 B : It'll be ready before noon.
② A : I called you several times. Why didn't you answer?
　 B : Oh, I think my cell phone was turned off.
③ A : Would you like a single or a double room?
　 B : Oh, it's just for me, so a single is fine.
④ A : Hello. Sorry I missed your call.
　 B : Would you like to leave a message?
⑤ A : Should I check this baggage in?
　 B : No, it's small enough to take on the plane.

STEP 2 응용문제

※ 다음 대화를 읽고 빈칸에 들어갈 말로 가장 적절한 것을 고르시오. [1~2]

01

A : Tom, what are you doing on the computer?
B : I'm making a sign for our photo exhibition for the front gate.
A : For the front gate? Then the arrow should point to the right, not to the left.
B : Oh, you're right. _____
A : Also, put the arrow on the top, not the bottom.
B : Umm… I think it looks better on the bottom. I'll leave it the way it is.

① Which one do you like?
② I made a mistake.
③ Then, let's look at only those.
④ What does it look like?
⑤ I don't believe so.

02

A : Kate, I am too tired. It's only 7:30 in the morning! Let's take a rest for a few minutes.
B : Don't quit yet. Push yourself a little more. When I started jogging, it was so hard for me, too.
A : Have pity on me then. This is my first time.
B : Come on, Mary. After you jog another three months or so, you will be ready for the marathon.
A : Marathon! How many miles is the marathon?
B : It's about thirty miles. If I jog everyday, I'll be able to enter it in a couple of months.
A : _____ I am exhausted now after only half a mile. I am going to stop.

① Count me out!
② Why shouldn't I enter the marathon?
③ Why didn't I think of that?
④ I don't believe so.
⑤ Look who is talking!

STEP 3 적중문제

※ 다음 빈칸에 들어갈 단어로 가장 적절한 것을 고르시오. [1~3]

01

In the 1970s and 1980s, greater numbers of working women meant that men were no longer the sole breadwinner. A father's emotional involvement with his family also became more _____. Forty years ago, almost no husbands were present in the delivery room when their wives gave birth. Today, it is generally expected for male partners to attend childbirth classes, be there for the delivery, and to take more responsibility for child rearing than their fathers or grandfathers did.

① conventional
② important
③ monetary
④ changeable
⑤ limited

02

People say that there are two types of people: "big picture people" and "details people". Big picture people tend to be creative and strategic, but they can also be disorganized and forgetful. On the other hand, details people are precise and well-organized, but can lack perspective or fail to do important things first. These two types tend to _____ each other and work well together. Most people are naturally more skilled at one or the other. Whether you have good attention to details or whether you can see the big picture easily and clearly is generally part of your personality. But either of the tratis can be learned.

① constitute
② complement
③ compliment
④ contemplate
⑤ compromise

03

Knute Rockne(1888-1931), a famous football coach at the University of Notre Dame, was probably as well known for his inspiring pep talks as he was for coaching. Likewise, Vince Lombardi, famed as the coach of the New York Giants and the Green Bay Packers, was well known for his _____; Lombardi is credited with the now famous: "Winning isn't everything; it's the only thing."

① greed
② eloquence
③ jealousy
④ deployment
⑤ oppression

※ 다음 대화의 빈칸에 들어갈 표현으로 가장 적절한 것을 고르시오. [4~5]

04

A : How about the square one or the circular one? Are they too plain?
B : Definitely.
A : How about the diamond-shaped one? It's cool.
B : Umm… It's so-so. What do you think of the flower-shaped one?
A : I'm not good.
B : Then, we have two options, triangle or diamond shape.
A : Yes, but too many clubs these days are using the diamond-shaped one.
B : I agree. _____

① It's definitely unique.
② They are pretty good!
③ Let's be unique.
④ I like it, too.
⑤ I don't want something unique.

05

W : Charlie, check this out. I've got these bungee jump tickets for my birthday.
M : Lucky you! I heard they're very expensive.
W : Yes. I'm very excited.
M : But isn't this place too far from here?
W : My cousin Eric will give me a ride. Why don't you join us?
M : Me? I've never gone bungee jumping before. I'm a little scared of heights.
W : Don't worry. You'll get over it once you jump.
M : All right. I'll give it a try. When are you guys going?
W : This Sunday. The weather forecast said no rain on that day.
M : Sunday? _____
W : That's too bad. You should try it next time.

① That sounds perfect! I can't wait to seeing you guys.
② My parents are worried about me a lot.
③ Oh, no! I'm scheduled to go on a business trip this weekend.
④ You missed your chance. I hope you are okay with that.
⑤ You missed your chance. I afraid I never make exceptions.

PART 6
최종점검 모의고사

제1회 최종점검 모의고사
제2회 최종점검 모의고사

FINAL 제 1 회 최종점검 모의고사

응시시간 : 30분   문항 수 : 30문항

01 다음 글의 주제로 가장 적절한 것은?

> 우리 민족은 처마 끝의 곡선, 버선발의 곡선 등 직선보다는 곡선을 좋아했고, 그러한 곡선의 문화가 곳곳에 배어있다. 이것은 민요의 경우도 마찬가지이다. 서양 음악에서 '도'가 한 박이면 한 박, 두 박이면 두 박, 길든 짧든 같은 음이 곧게 지속되는데 우리 음악은 '시김새'에 의해 음을 곧게 내지 않고 흔들어 낸다. 시김새는 어떤 음높이의 주변에서 맴돌며 가락에 멋을 더하는 장식음이다. 시김새란 '삭다'라는 말에서 나왔다. 그렇기 때문에 시김새라는 단어는 김치를 담그는 과정에서 생겨났다고 볼 수 있다. 김치를 담글 때 무나 배추를 소금에 절여 숨을 죽이고 갖은 양념을 해서 일정 기간 숙성시켜 맛을 내듯, 시김새 역시 음악가가 손과 마음으로 삭였을 때 맛이 드는 것과 비슷하기 때문이다. 이 때문에 시김새가 '삭다.'라는 말에서 나온 것으로 볼 수 있다. 더욱이 같은 재료를 썼는데도 집집마다 김치 맛이 다르고, 지방에 따라 양념의 맛이 다르듯 시김새는 음악 표현의 질감을 달리하는 핵심 요소이다.

① 민요에서 볼 수 있는 우리 민족의 곡선 문화
② 시김새에 의한 민요의 특징
③ 시김새의 정의와 어원
④ 시김새와 김치의 공통점
⑤ 시김새에서 김치의 역할

02 다음 글을 읽고 추론한 내용으로 가장 적절한 것은?

두뇌 연구는 지금까지 뉴런을 중심으로 진행되어 왔다. 뉴런 연구로 노벨상을 받은 카알은 뉴런이 '생각의 전화선'이라는 이론을 확립하여 사고와 기억 등 두뇌에서 일어나는 모든 현상을 뉴런의 연결망과 뉴런 간의 전기 신호로 설명했다. 그러나 두뇌에는 뉴런 외에도 신경교 세포가 존재한다. 신경교 세포는 뉴런처럼 그 수가 많지만 전기 신호를 전달하지 못한다. 이 때문에 과학자들은 신경교 세포가 단지 두뇌 유지에 필요한 영양 공급과 두뇌 보호를 위한 전기 절연의 역할만을 가진다고 여겼다.

그러나 최근 과학자들은 신경교 세포에서 그 이상의 기능을 발견했다. 신경교 세포 중에도 '성상세포'라고 불리는 별 모양의 세포는 자신만의 화학적 신호를 가진다는 것이다. 성상세포는 뉴런처럼 전기를 이용하지는 않지만, '뉴런송신기'라고 불리는 화학물질을 방출하고 감지한다. 과학자들은 이러한 화학적 신호의 연쇄반응을 통해 신경교 세포가 전체 뉴런을 조정한다고 추론했다.

A연구팀은 신경교 세포가 전체 뉴런을 조정하면서 기억력과 사고력을 향상시킨다고 예상하고서, 이를 확인하기 위해 인간의 신경교 세포를 갓 태어난 생쥐의 두뇌에 주입했다. 쥐가 자라면서 주입된 인간의 신경교 세포도 성장했다. 이 세포들은 쥐의 뉴런들과 완벽하게 결합되어 쥐의 두뇌 전체에 걸쳐 퍼지게 되었다. 심지어 어느 두뇌 영역에서는 쥐의 뉴런의 숫자를 능가하기도 했다. 뉴런과 달리 쥐와 인간의 신경교 세포는 비교적 쉽게 구별된다. 인간의 신경교 세포는 매우 길고 무성한 섬유질을 가지기 때문이다. 쥐에 주입된 인간의 신경교 세포는 그 기능을 그대로 간직한다. 그렇게 성장한 쥐들은 다른 쥐들과 잘 어울렸고, 다른 쥐들의 관심을 끄는 것에 흥미를 보였다. 이 쥐들은 미로를 통과해 치즈를 찾는 테스트에서 더 뛰어났다. 보통의 쥐들은 네다섯 번의 시도 끝에 올바른 길을 배웠지만, 인간의 신경교 세포를 주입받은 쥐들은 두 번 만에 학습했다.

① 인간의 신경교 세포를 쥐에게 주입하면, 쥐의 뉴런은 전기 신호를 전달하지 못할 것이다.
② 인간의 뉴런 세포를 쥐에게 주입하면, 쥐의 두뇌에는 화학적 신호의 연쇄 반응이 더 활발해질 것이다.
③ 인간의 뉴런 세포를 쥐에게 주입하면, 그 뉴런 세포는 쥐의 두뇌 유지에 필요한 영양을 공급할 것이다.
④ 인간의 신경교 세포를 쥐에게 주입하면, 그 신경교 세포는 쥐의 뉴런을 보다 효과적으로 조정할 것이다.
⑤ 인간의 신경교 세포를 쥐에게 주입하면, 그 신경교 세포는 쥐의 신경교 세포의 기능을 갖도록 변화할 것이다.

03 다음 글에서 ㉠~㉤의 수정 방안으로 적절하지 않은 것은?

> '오투오(O2O; Online to Off-line) 서비스'는 모바일 기기를 통해 소비자와 사업자를 유기적으로 이어주는 서비스를 말한다. 어디에서든 실시간으로 서비스가 가능하다는 편리함 때문에 최근 오투오 서비스의 이용자가 증가하고 있다. 스마트폰에 설치된 앱으로 택시를 부르거나 배달 음식을 주문하는 것 등이 대표적인 예이다.
> 오투오 서비스 운영 업체는 스마트폰에 설치된 앱을 매개로 소비자와 사업자에게 필요한 서비스를 ㉠ 제공받고 있다. 이를 통해 소비자는 시간이나 비용을 절약할 수 있게 되었고, 사업자는 홍보 및 유통 비용을 줄일 수 있게 되었다. 이처럼 소비자와 사업자 모두에게 경제적으로 유리한 환경이 조성되어 서비스 이용자가 ㉡ 증가함으로써, 오투오 서비스 운영 업체도 많은 수익을 내게 되었다.
> ㉢ 게다가 오투오 서비스 시장이 성장하면서 여러 문제들이 발생하고 있다. ㉣ 또한, 오투오 서비스 운영 업체의 경우에는 오프라인으로 유사한 서비스를 제공하는 기존 업체와의 갈등이 발생하고 있다. 소비자의 경우 신뢰성이 떨어지는 정보나 기대에 부응하지 못하는 서비스를 제공받는 사례가 늘어나고 있고, 사업자의 경우 관련 법규가 미비하여 수수료 문제로 오투오 서비스 운영 업체와 마찰이 생기는 사례도 증가하고 있다.
> 이를 해결하기 위해 소비자는 오투오 서비스에서 제공한 정보가 믿을 만한 것인지를 ㉤ 꼼꼼 따져 합리적으로 소비하는 태도가 필요하고, 사업자는 수수료와 관련된 오투오 서비스 운영 업체와의 마찰을 해결하기 위한 다양한 방법을 강구해야 한다.

① ㉠ - 문맥을 고려하여 '제공하고'로 고친다.
② ㉡ - 격조사의 쓰임이 적절하지 않으므로 '증가함으로서'로 고친다.
③ ㉢ - 앞 문단과의 내용을 고려하여 '하지만'으로 고친다.
④ ㉣ - 글의 흐름을 고려하여 뒤의 문장과 위치를 바꾼다.
⑤ ㉤ - 맞춤법에 어긋나므로 '꼼꼼히'로 고친다.

04 다음 중 A의 주장에 대해 반박할 수 있는 내용으로 가장 적절한 것은?

> A : 우리나라의 장기 기증률은 선진국에 비해 너무 낮아. 이게 다 부모로부터 받은 신체를 함부로 훼손해서는 안 된다는 전통적 유교 사상 때문이야.
> B : 맞아. 그런데 장기기증 희망자로 등록이 돼 있어도 유족들이 장기 기증을 반대하여 기증이 이뤄지지 않는 경우도 많아.
> A : 유족들도 결국 유교 사상으로 인해 신체 일부를 다른 사람에게 준다는 방식을 잘 이해하지 못하는 거야.
> B : 글쎄, 유족들이 동의해서 기증이 이뤄지더라도 보상금을 받고 '장기를 팔았다.'는 죄책감을 느끼는 유족들도 있다고 들었어. 또 아직은 장기 기증에 대한 생소함 때문일 수도 있어.

① 캠페인을 통해 장기 기증에 대한 사람들의 인식을 변화시켜야 한다.
② 유족에게 지급하는 보상금 액수가 증가하면 장기 기증률도 높아질 것이다.
③ 장기기증 희망자는 반드시 가족들의 동의를 미리 받아야 한다.
④ 장기 기증률이 낮은 이유에는 유교 사상 외에도 여러 가지 원인이 있을 수 있다.
⑤ 제도 변화만으로는 장기 기증률을 높이기 어렵다.

05 A회사에 근무하는 B씨가 다음 기사를 읽고 기업의 사회적 책임에 대해 생각했다고 할 때, B씨가 생각했을 내용으로 적절하지 않은 것은?

> 세계 자동차 시장 점유율 1위를 기록했던 도요타 자동차는 2009년 11월 가속페달의 매트 끼임 문제로 미국을 비롯해 전 세계적으로 1,000만 대가 넘는 사상 초유의 리콜을 했다. 도요타 자동차의 리콜 사태에 대한 원인으로 기계적 원인과 더불어 무리한 원가절감, 과도한 해외생산 확대, 안일한 경영 등 경영상의 요인들이 제기되고 있다. 또 도요타 자동차는 급속히 성장하면서 제기된 문제들을 소비자의 관점이 아닌 생산자의 관점에서 해결하려고 했고, 늦은 리콜 대응 등 문제 해결에 미흡했다는 지적을 받고 있다. 이런 대규모 리콜 사태로 인해 도요타 자동차가 지난 수십 년간 세계적으로 쌓은 명성은 하루아침에 모래성이 됐다. 이와 다른 사례로 존슨앤드존슨의 타이레놀 리콜사건이 있다. 1982년 9월 말 미국 시카고 지역에서 존슨앤드존슨의 엑스트라 스트렝스 타이레놀 캡슐을 먹고 4명이 사망하는 사건이 발생한 것이었으나, 존슨앤드존슨은 즉각적인 대규모 리콜을 단행했다. 그 결과 존슨앤드존슨은 소비자들의 신뢰를 다시 회복했다.

① 상품에서 결함이 발견됐다면 기업은 그것을 인정하고 책임지는 모습이 필요해.
② 기업은 문제를 인지한 즉시 문제를 해결하기 위해 노력해야 해.
③ 이윤창출은 기업의 유지에 필요하지만, 수익만을 위해 움직이는 것은 여러 문제를 일으킬 수 있어.
④ 존슨앤드존슨은 사회의 기대와 가치에 부합하는 윤리적 책임을 잘 이행하였어.
⑤ 소비자의 관점이 아닌 생산자의 관점에서 문제를 해결할 때, 소비자들의 신뢰를 회복할 수 있어.

06 다음 밑줄 친 부분의 수정 방안으로 옳은 것은?

> - 빨리 도착하려면 저 산을 ㉠ 넘어야 한다.
> - 장터는 저 산 ㉡ 넘어에 있소.
> - 나는 대장간 일을 ㉢ 어깨너머로 배웠다.
> - 자동차는 수많은 작은 부품들로 ㉣ 나뉜다.
> - 나는 일이 바빠 쉴 ㉤ 새가 없었다.

① ㉠ – 목적지에 대해 설명하고 있으므로 '너머'로 수정한다.
② ㉡ – 산으로 가로막힌 반대쪽 장소를 의미하기 때문에 '너머'로 수정한다.
③ ㉢ – 남몰래 보고 배운 것을 뜻하므로 '어깨넘어'로 수정한다.
④ ㉣ – 피동 표현을 사용해야 하므로 '나뉘어진다'로 수정한다.
⑤ ㉤ – '세'로 수정한다.

07 다음 문단을 논리적 순서대로 바르게 나열한 것은?

> (가) 예후가 좋지 못한 암으로 여겨져 왔던 식도암도 정기적 내시경검사로 조기에 발견하여 수술 등 적절한 치료를 받을 경우 치료 성공률을 높일 수 있는 것으로 밝혀졌다.
> (나) 이처럼 조기에 발견해 수술을 받을수록 치료 효과가 높음에도 불구하고 실제로 S병원에서 식도암 수술을 받은 환자 중 초기에 수술을 받은 환자는 25%에 불과했으며, 어느 정도 식도암이 진행된 경우 60%가 수술을 받은 것으로 조사됐다.
> (다) 식도암을 치료하기 위해서는 50세 이상의 남자라면 매년 정기적으로 내시경검사, 식도조영술, CT 촬영 등 검사를 통해 식도암을 조기에 발견하는 것이 중요하다.
> (라) 서구화된 식습관으로 인해 식도암은 남성 중 6번째로 많이 발생하고 있으며, 전체 인구 10만 명당 3명이 사망하는 것으로 나타났다.
> (마) S병원 교수팀이 식도암 진단 후 수술을 받은 808명을 대상으로 추적 조사한 결과, 발견 당시 초기에 치료할 경우 생존율이 높았지만, 반대로 말기에 치료할 경우 치료 성공률과 생존율 모두 크게 떨어지는 것으로 나타났다고 밝혔다.

① (가) – (나) – (다) – (라) – (마)
② (다) – (나) – (라) – (마) – (가)
③ (다) – (라) – (나) – (마) – (가)
④ (라) – (가) – (마) – (나) – (다)
⑤ (라) – (다) – (마) – (나) – (가)

08 A사원은 직장 내에서의 의사소통능력 향상 방법에 대한 강연을 들으면서 다음과 같이 메모하였다. ㉠ ~ ㉤ 중 A사원이 잘못 작성한 내용은 모두 몇 개인가?

〈2025년 4월 10일 의사소통능력 향상 방법 강연을 듣고…〉

• 의사소통의 저해 요인

… 중략 …

• 의사소통에 있어 자신이나 타인의 느낌을 건설적으로 처리하는 방법
 ㉠ 얼굴을 붉히는 것과 같은 간접적 표현을 피한다.
 ㉡ 자신의 감정을 주체하지 못하고 과격한 행동을 하지 않는다.
 ㉢ 자신의 감정 상태에 대한 책임을 타인에게 전가하지 않는다.
 ㉣ 자신의 감정을 조절하기 위하여 상대방으로 하여금 그의 행동을 변하도록 강요하지 않는다.
 ㉤ 자신의 감정을 명확하게 하지 못할 경우라도 즉각적인 의사소통이 될 수 있도록 노력한다.

① 1개　　　　　　　　　　② 2개
③ 3개　　　　　　　　　　④ 4개
⑤ 5개

09 다음 글에서 〈보기〉가 들어갈 위치로 가장 적절한 곳은?

'아무리 퍼내도 쌀이 자꾸자꾸 차오르는 항아리가 있다면 얼마나 좋을까…….' 가난한 사람들에게는 이런 소망이 있을 것이다. 신화의 세계에는 그런 쌀독이 얼마든지 있다. 세계 어느 나라 신화를 들추어 보아도 이런 항아리가 등장하지 않는 신화는 없다. (가) 신화에는 사람들의 원망(願望)이 투사(投射)되어 있다.

신화란 신(神)이나 신 같은 존재에 대한 신비롭고 환상적인 이야기, 우주나 민족의 시작에 대한 초인적(超人的)인 내용, 그리고 많은 사람이 믿는, 창작되거나 전해지는 이야기를 의미한다. 다시 말해 모든 신화는 상상력에 바탕을 둔 우주와 자연에 대한 이해이다. (나) 이처럼 신화는 상상력을 발휘하여 얻은 것이지만 그 결과는 우리 인류에게 유익한 생산력으로 나타나고 있다.

그런데 신화는 단순한 상상력으로 이루어지는 것이 아니라 창조적 상상력으로 이루어지는 것이며, 이 상상력은 또 생산적 창조력으로 이어졌다. 오늘날 우리 인류의 삶을 풍족하게 만든 모든 문명의 이기(利器)들은, 그것의 근본을 규명해 보면 신화적 상상력의 결과임을 알 수 있다. (다) 결국, 그것들은 인류가 부단한 노력을 통해 신화를 현실화한 것이다. 또한 신화는 고대인들의 우주 만물에 대한 이해로 끝나지 않고 현재까지도 끊임없이 창조되고 있고, 나아가 신화 자체가 문학적 상상력의 재료로 사용되는 경우도 있다.

신화적 사유의 근간은 환상성(幻想性)이지만, 이것을 잘못 이해하면 현실성을 무시한 황당무계한 것으로 오해하기 쉽다. (라) 그러나 이 환상성은 곧 상상력이고 이것이 바로 창조력이라는 점을 우리는 이해하지 않으면 안 된다. 그래서 인류 역사에서 풍부한 신화적 유산을 계승한 민족이 찬란한 문화를 이룬 예를 서양에서는 그리스, 동양에서는 중국에서 찾아볼 수 있다. 우리나라에도 규모는 작지만 단군·주몽·박혁거세 신화 등이 있었기에 우리 민족 역시 오늘날 이 작은 한반도에서 나름대로 민족 국가를 형성하여 사는 것이다. 왜냐하면 민족이나 국가에 대한 이야기, 곧 신화가 그 민족과 국가의 정체성을 확보해 주기 때문이다.

신화는 물론 인류의 보편적 속성에 기반을 두어 형성되고 발전되어 왔지만 그 구체적인 내용은 민족마다 다르게 나타난다. 즉, 나라마다 각각 다른 지리·기후·풍습 등의 특성이 반영되어 각 민족 특유의 신화가 만들어지는 것이다. (마) 그래서 고대 그리스의 신화와 중국의 신화는 신화적 발상과 사유에 있어서는 비슷하지만 내용은 전혀 다르게 전개되고 있다. 예를 들어 그리스 신화에서 태양은 침범 불가능한 아폴론 신의 영역이지만 중국 신화에서는 후예가 태양을 쏜 신화에서 볼 수 있듯이 떨어뜨려야 할 대상으로 나타나기도 하는 것이다.

보기

오늘날 인류 최고의 교통수단이 되고 있는 비행기도 우주와 창공을 마음껏 날아보려는 신화적 사유의 소산이며, 바다를 마음대로 항해해 보고자 했던 인간의 신화적 사유가 만들어낸 것이 여객선이다. 이러한 것들은 바로 『장자(莊子)』에 나오는, 물길을 차고 높이 날아올라 순식간에 먼 거리를 이동한 곤붕(鯤鵬)의 신화가 오늘의 모습으로 나타난 것이라고 볼 수 있다.

① (가) ② (나)
③ (다) ④ (라)
⑤ (마)

10 다음 글의 '나'의 입장에서 비판할 수 있는 내용을 〈보기〉에서 모두 고르면?

> 어떤 사람이 내게 말했다.
> "어제 저녁, 어떤 사람이 몽둥이로 개를 때려죽이는 것을 보았네. 그 모습이 불쌍해 마음이 너무 아팠네. 그래서 이제부터는 개고기나 돼지고기를 먹지 않을 생각이네."
> 그 말을 듣고, 내가 말했다.
> "어제 저녁, 어떤 사람이 화로 옆에서 이를 잡아 태워 죽이는 것을 보고 마음이 무척 아팠네. 그래서 다시는 이를 잡지 않겠다고 맹세를 하였네."
> 그러자 그 사람은 화를 내며 말했다.
> "이는 하찮은 존재가 아닌가? 나는 큰 동물이 죽는 것을 보고 불쌍한 생각이 들어 말한 것인데, 그대는 어찌 그런 사소한 것이 죽는 것과 비교하는가? 그대는 지금 나를 놀리는 것인가?"
> 나는 좀 구체적으로 설명할 필요를 느꼈다.
> "무릇 살아 있는 것은 사람으로부터 소, 말, 돼지, 양, 곤충, 개미에 이르기까지 모두 사는 것을 원하고 죽는 것을 싫어한다네. 어찌 큰 것만 죽음을 싫어하고 작은 것은 싫어하지 않겠는가? 그렇다면 개와 이의 죽음은 같은 것이겠지. 그래서 이를 들어 말한 것이지, 어찌 그대를 놀리려는 뜻이 있었겠는가? 내 말을 믿지 못하거든, 그대의 열손가락을 깨물어 보게나. 엄지손가락만 아프고 나머지 손가락은 안 아프겠는가? 우리 몸에 있는 것은 크고 작은 마디를 막론하고 그 아픔은 모두 같은 것일세. 더구나 개나 이나 각기 생명을 받아 태어났는데, 어찌 하나는 죽음을 싫어하고 하나는 좋아하겠는가? 그대는 눈을 감고 조용히 생각해 보게. 그리하여 달팽이의 뿔을 소의 뿔과 같이 보고, 메추리를 큰 붕새와 동일하게 보도록 노력하게나. 그런 뒤에야 내가 그대와 더불어 도(道)를 말할 수 있을 걸세."

보기

ㄱ. 중동의 분쟁에는 관심을 집중하지만, 아프리카에서 굶주림으로 죽어가는 아이들에게는 침묵하는 세계 여론
ㄴ. 우리의 역사를 객관적인 관점에서 평가해야 한다고 주장하는 한 대학의 교수
ㄷ. 집안일은 전통적으로 여자들이 해야 하는 일이므로, 남자는 집안일을 할 필요가 없다고 생각하는 우리 아빠
ㄹ. 외국인 노동자들에게 적절한 임금과 근로조건을 제공해주지 않으려 하는 한 기업의 대표
ㅁ. 구체적인 자료를 통해 범죄 사실을 입증하려는 검사

① ㄱ, ㄴ, ㄹ ② ㄱ, ㄷ, ㄹ
③ ㄴ, ㄹ, ㅁ ④ ㄱ, ㄴ, ㄷ, ㄹ
⑤ ㄱ, ㄴ, ㄷ, ㄹ, ㅁ

11 다음 중 밑줄 친 부분과 같은 의미로 쓰인 것은?

> 지훈의 말소리는 그의 마음을 의심하리만큼 평온하였으나, 자세히 보면 그의 눈에서는 눈물방울이 여전히 듣고 있는 것이었다.

① 영희의 연주는 듣기에 매우 괴로웠다.
② 소나기 듣는 소리에 나도 모르게 잠이 깼다.
③ 이 약은 다른 약보다 나에게 잘 듣는다.
④ 그는 농담도 진담으로 듣는다.
⑤ 엄마 말씀 잘 들어야 한다.

12 다음 빈칸에 들어갈 문장으로 가장 적절한 것은?

> Consider a study of the power of social standards, involving nearly three hundred households in San-Marcos, California. All of the households were informed about how much energy they had used in previous weeks, they were also given information about the average use of energy by households in their neighborhood. The effects on behavior were both clear and striking. In the following weeks, the above average energy users greatly decreased their energy use; the below average energy users greatly increased their energy use. The latter finding is called a boomerang effect, and it offers an important warning. If you want to encourage people to have socially desirable behavior, do not let them know that their current actions _____.

① have an effect on their career
② result in others' inconvenience
③ lead their neighbors to feel upset
④ are better than the social standard
⑤ are related with what they experienced

13 다음 글의 빈칸에 들어갈 말을 〈보기〉에서 골라 바르게 짝지은 것은?

전통적으로 화이사상(華夷思想)에 바탕을 둔 중화우월주의 사상을 가지고 있던 중국인들에게 아편전쟁에서의 패배와 그 이후 서구 열강의 침탈은 너무나 큰 충격이었다. 이런 충격에 휩싸인 당시 개혁주의자들은 서구 문화에 어떻게 대응할지를 심각하게 고민하였다. 이들이 서구 문화를 어떻게 수용했는지를 시기별로 나누어 보면 다음과 같다.

1919년 5·4 운동 이전의 개혁주의자들은 중국의 정신을 서구의 물질과 구별되는 특수한 것으로 내세운 ＿＿＿＿(가)＿＿＿＿를 개발하였다. 이러한 논리는 자문화를 중심으로 하되 도구로서 서양 물질 문명을 선택적으로 수용하여 자기 문화를 보호·유지하려는 의도를 포함하고 있다. 문화 접변의 진행에 한도를 설정하여 서구와 구별을 시도한 것이다.

이후 중국의 개혁주의자들은 거듭되는 근대화의 실패를 경험했고 5·4 운동 즈음해서는 '전통에 대해서 계승을 생각하기 이전에 철저한 부정과 파괴를 선행해야 한다는 논리'를 통해서 전통과의 결별을 꿈꾸게 된다. 구제도의 모순을 타파하지 않은 채 서구 물질만을 섭취할 수 없다는 한계를 인식한 결과이다. 동시에 5·4 운동의 정신에 역행해서 서구의 문화를 받아들이는 데는 기본적으로 동의하면서도, 무분별하게 모방하는 것에 대해 반대하는 ＿＿＿＿(나)＿＿＿＿가 강력하게 등장하기 시작하였다. 즉, 자신이 필요로 하는 것은 택하되 '거만하지도 비굴하지도 않은' 선택을 해야 한다며, 덮어놓고 모방하는 것에 대해 반대했다.

1978년 이후 개방의 기치 하에 중국은 정치 부분에서는 사회주의를 유지한 가운데, 경제 부분에서 시장경제를 선별적으로 수용한 ＿＿＿＿(다)＿＿＿＿를 추진하였다. 그 결과 문화 영역에서 서구 자본주의 문화의 침투에 대한 경계심을 유지하면서 이데올로기적으로 덜 위협적이라고 인식되는 문화요소를 여과 과정을 거쳐 수입하려는 노력을 계속하고 있다.

보기

ㄱ. 외래 문화를 그대로 받아들이지 않고 선별적으로 수용하자는 논리
ㄴ. 사회주의를 주체로 하되 자본주의를 적극적으로 이용하자는 논리
ㄷ. 중국 유학의 '도(道)'를 주체로 하고 서양의 '기(器)'를 이용하자는 논리

	(가)	(나)	(다)
①	ㄱ	ㄴ	ㄷ
②	ㄱ	ㄷ	ㄴ
③	ㄴ	ㄱ	ㄷ
④	ㄷ	ㄱ	ㄴ
⑤	ㄷ	ㄴ	ㄱ

14 다음은 천연기념물 소나무의 훼손을 방지하고자 지방자치단체에 제출할 건의서를 쓰기 위해 작성한 개요이다. 개요를 수정·보완할 내용으로 적절하지 않은 것은?

> Ⅰ. 서론 : 천연기념물 소나무에 대해 높아지는 관심 ·················· ㉠
> Ⅱ. 천연기념물 소나무 훼손의 원인
>   1. 자연적 측면
>   가. 진딧물 등의 병해충
>   나. 낙뢰, 폭설 등의 자연재해
>   다. 무분별한 개발로 인한 생태 환경 악화 ·················· ㉡
>   2. 인위적 측면
>   가. 천연기념물 소나무에 대한 관리 업무 분산
>   나. 문화유산 안내인의 부재 ·················· ㉢
> Ⅲ. 천연기념물 소나무 보존 대책
>   1. 자연적 측면
>   가. 진딧물 등 병해충 퇴치를 위한 방제 작업
>   나. 자연재해로 인한 피해 최소화를 위한 시설물 설치
>   2. 인위적 측면 ·················· ㉣
>   가. 천연기념물 소나무 관리 업무 일원화
>   나. 무분별한 개발 방지를 위한 보호 구역 확대
> Ⅳ. 결론 : _____ ·················· ㉤

① ㉠ : 글의 주제를 고려하여 '천연기념물 소나무의 훼손 실태'로 고친다.
② ㉡ : 상위 항목과의 연관성을 고려하여 'Ⅱ-2'의 하위 항목으로 옮긴다.
③ ㉢ : 글의 주제를 고려하여 삭제한다.
④ ㉣ : 상위 항목을 고려하여 '소나무 주변 관광 사업 개발'을 하위 항목으로 추가한다.
⑤ ㉤ : 글을 쓰는 목적을 고려하여 '천연기념물 소나무 보존을 위한 지방자치단체의 관심과 노력 촉구'의 결론을 작성한다.

15 다음 글의 순서를 고려하여 구조를 바르게 분석한 것은?

(가) 마을 사람들은 나무가 오랫동안 살며 자신들을 지켜주기를 바란다. 그들은 그러한 마음으로 은행나무를 정성껏 가꾼다. 이런 모습들을 보면 마을 사람들이 얼마나 이 나무를 귀히 여기는지 알 수 있다.

(나) 게다가 은행의 고약한 냄새를 아예 없애기 위해 암나무를 모두 수나무로 교체해 버렸다. 인간의 이기심 때문에 저 가로수는 열매도 맺기 어렵다. 이렇게 인간들은 자신들의 불편함을 해소하기 위해 은행나무의 생태를 어지럽히는 일도 서슴지 않는다.

(다) 할머니께서 살고 계신 시골의 마을 회관 옆에는 커다란 은행나무가 있다. 여름이면 마을 사람들이 그 나무의 넉넉한 그늘 아래에 모여 더위를 식히고 이야기를 나누었는데, 그 모습이 더없이 정겹다. 가을이면 풍성하게 달린 노란 은행잎들이 한 폭의 그림 같은 풍경을 만들고 그 속에서 아이들은 떨어진 은행잎들을 서로 던지며 웃음꽃을 피운다.

(라) 그렇다면 혹시 사람들이 거리의 은행나무를 대하듯이 나도 내 편의에 따라 주변 사람들을 대했던 것은 아닐까? 가족과 친구들의 의견을 무시하고 내 의견을 강요하지는 않았던가. 상대방의 처지를 생각하지 않고 함부로 행동하지는 않았던가. 이런 생각을 하다 보니 주변 사람들을 소중히 대하는 태도가 나에게 부족했음을 깨닫게 되었다.

(마) 그러나 도시의 가로수로 서 있는 은행나무는 사뭇 다른 느낌이다. 일정한 간격으로 정렬되어 있는 모습부터가 인위적이다. 이렇게 인간에 의해 개성이 사라져 버린 은행나무의 모습이 안쓰럽기만 하다. 교통 신호등이나 길거리의 간판을 가리면 잘 자라던 나뭇가지도 여지없이 가지치기를 당한다. 마음껏 성장할 자유를 빼앗긴 은행나무의 모습을 보면 안타까움이 느껴진다.

①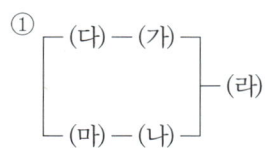

② ┌(다)─(라)
(가)┤
└(마)─(나)

③ (다)─(가)┬(마)─(나)
└(라)

④ ┌(마)─(라)─(다)
└(나)─(가)

⑤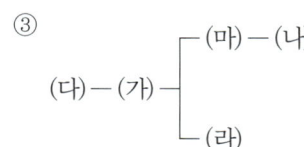

16 다음 (가) 뒤에 이어질 (나) ~ (라)를 논리적 순서대로 바르게 나열한 것은?

> (가) 『매트릭스』에서 모든 것은 이미 결정되어 있다. 그 속에서 주체가 스스로 결정하는 것은 아무 것도 없다. 주체는 스스로 결정한다고 믿고 있지만, 자신이 스스로 결정한다고 믿는 것 자체가 이미 짜인 각본에 불과하다.
> (나) 그러나 영화를 잘 들여다보면 그런 운명을 일탈하는 사건들이 자주 드러난다. 이것은 감독의 실수가 아니라 감독의 의도적인 배치의 결과이다. 왜냐하면 『매트릭스』의 세계 역시 현실 세계의 논리로부터 완전하게 벗어날 수 없고, 결국 주인공 네오는 예언과 운명을 거부해야 하기 때문이다. 네오는 사랑을 선택한다.
> (다) 그런데 과연 모든 것이 조금의 잉여도 없이 미리 짜일 수 있을까? 여기서는 "지금 벌어지고 있는 모든 것이 이미 프로그램에 의해서 짜인 것인가, 아니면 주체적 결단에 의해서 그때그때 우연적으로 벌어지는 것인가?"하는, 운명과 자유의지에 대하여 탐구한다. 『매트릭스』에 그려진 『매트릭스』의 세계는 모든 것이 미리 결정 된, 즉 운명적으로 주어진 세계이다.
> (라) 하지만 예언을 거부하는 것 자체가 일종의 운명일 수도 있는 또 다른 가능성은 남아 있다. 그 가능성은 『매트릭스』가 할리우드 영화의 관습을 답습하는 한 현실적인 해결 방안이 될 것이다.

① (나) – (라) – (다) ② (다) – (나) – (라)
③ (다) – (라) – (나) ④ (라) – (나) – (다)
⑤ (라) – (다) – (나)

17 다음 중 왼쪽 문장의 의미를 잘못 해석한 것은?

① 꼬리가 길다 – 못된 짓을 오래 두고 계속하다.
② 다리가 길다 – 음식 먹는 자리에 우연히 가게 되어 먹을 복이 있다.
③ 오지랖이 넓다 – 지나치게 참견하는 면이 있다.
④ 손이 크다 – 사교적이어서 아는 사람이 많다.
⑤ 머리가 젖다 – 어떤 사상이나 인습 등에 물들다.

18 다음 중 의사소통을 저해하는 요인이 아닌 것은?

① 선입견과 고정관념
② 의사소통 기법의 능숙
③ 표현능력의 부족
④ 이해능력의 부족
⑤ 평가적이며 판단적인 태도

19 다음은 청소년 디지털 중독에 대한 글을 쓰기 위해 작성한 개요이다. 개요를 수정·보완하기 위한 방안으로 적절하지 않은 것은?

> 주제 : 청소년 디지털 중독의 폐해와 해결 방안
>
> Ⅰ. 서론 : 청소년 디지털 중독의 심각성
>
> Ⅱ. 본론
>   1. 청소년 디지털 중독의 폐해 ·· ㉠
>   가. 타인과의 관계를 원활하게 하지 못하는 사회 부적응 야기
>   나. 다양한 기능과 탁월한 이동성을 가진 디지털 기기의 등장 ················ ㉡
>   2. 청소년 디지털 중독에 영향을 미치는 요인
>   가. 디지털 중독의 심각성에 대한 개인적·사회적 인식 부족
>   나. 뇌의 기억 능력을 심각하게 퇴화시키는 디지털 치매의 심화 ·············· ㉢
>   다. 신체 활동을 동반한 건전한 놀이를 위한 시간 및 프로그램의 부족
>   라. 자극적이고 중독적인 디지털 콘텐츠의 무분별한 유통
>   3. 청소년 디지털 중독을 해결하기 위한 방안
>   가. 디지털 중독의 심각성에 대한 교육과 홍보를 위한 전문 기관 확대
>   나. 학교, 지역 사회 차원에서 신체 활동을 위한 시간 및 프로그램의 확대
>   다. _____ ············ ㉣
>
> Ⅲ. 결론 : 청소년 디지털 중독을 줄이기 위한 사회적 노력의 촉구 ··············· ㉤

① ㉠의 하위 항목으로 '우울증이나 정서 불안 등의 심리적 질환 초래'를 추가한다.
② ㉡은 'Ⅱ-1'과 관련된 내용이 아니므로 삭제한다.
③ ㉢은 'Ⅱ-2'의 내용과 어울리지 않으므로, 'Ⅱ-1'의 하위 항목으로 옮긴다.
④ ㉣에는 'Ⅱ-2'와의 관련성을 고려하여 '청소년을 대상으로 디지털 기기의 사용 시간 제한'이라는 내용을 넣는다.
⑤ ㉤은 '청소년 디지털 중독을 줄이기 위한 개인적·사회적 노력의 촉구'로 수정한다.

20 다음은 사원들이 기사를 읽고 나눈 대화 내용이다. 기사의 내용을 적절하게 파악하지 못한 사람은?

> **달걀의 콜레스테롤, 걱정하지 마세요!**
>
> 농촌진흥청(이하 농진청)이 달걀에 대한 잘못된 상식을 바로 잡기 위한 정보제공에 앞장서고 있다. 농촌진흥청에 따르면 달걀의 1개 열량은 75 ~ 80kcal로 열량이 낮고 영양이 풍부해 콜레스테롤 걱정을 하지 않고 섭취해도 된다. 또한, 달걀의 노른자에는 시력보호 물질인 루테인과 지아잔틴이 풍부해 항산화 작용과 자외선을 차단, 노화를 막는 역할을 하며, 콜린은 두뇌 발달과 기억력 증진, 인지질인 레시틴은 항산화와 피부 건강에 도움을 준다고 강조했다.
>
> 농진청은 달걀의 콜레스테롤이 높다는 잘못된 상식이 퍼지고 있지만 건강한 사람의 경우 하루 3 ~ 4알 정도는 자유롭게 먹어도 괜찮다고 피력했다. 농진청이 5주 동안 실험용 쥐에게 달걀을 먹인 결과 총콜레스테롤 수치는 늘지 않았고 오히려 몸에 좋은 콜레스테롤인 HDL 수치가 약 20% 증가하였으며, 과다 섭취한 콜레스테롤은 몸에 쌓이지 않고 배설된 것으로 파악됐다. 농진청 관계자는 "오히려 달걀에 함유된 레시틴은 콜레스테롤 수치를 떨어뜨리는 역할을 한다."라고 덧붙였다.

① A사원 : 매일 달걀을 두 알씩 섭취하더라도 콜레스테롤 걱정은 안 해도 되겠네요.
② B사원 : 맞아요. 오히려 노화 방지에 많은 도움이 되겠는데요?
③ C사원 : 그래도 달걀을 과다 섭취하면 콜레스테롤이 몸에 쌓이니까 노른자는 빼고 먹는 게 좋겠어요.
④ D사원 : 달걀 하나 열량이 75 ~ 80kcal밖에 안 되니까 다이어트 식품으로도 제격이네요.
⑤ E사원 : 달걀을 하나씩 먹으면 시력보호에 도움이 되겠네요.

21 다음의 대화에서 여성이 화난 이유로 가장 적절한 것은?

> W : My flight was overbooked again and it made us late getting off the ground.
> M : That's strange. I've never had a problem with reservations on that airline.
> W : If it happens once more, I'll never fly with it again.

① Her flight was canceled.
② Her reservation was lost.
③ There was not enough food on the plane.
④ Too many tickets were issued for her flight.
⑤ The money came out more than she thought.

22 다음 글에서 〈보기〉가 들어갈 위치로 가장 적절한 곳은?

카셰어링이란 차를 빌려 쓰는 방법의 하나로 기존의 방식과는 다르게 시간 또는 분 단위로 필요한 만큼만 자동차를 빌려 사용할 수 있다. (가) 이러한 카셰어링은 비용 절감 효과와 더불어 환경적·사회적 측면에서 현재 세계적으로 주목받고 있는 사업 모델이다.

호주 멜버른시의 조사 자료에 따르면, 카셰어링 차 한 대당 도로상의 개인 소유 차량 9대를 줄이는 효과가 있으며, 실제 카셰어링을 이용하는 사람은 해당 서비스 가입 이후 자동차 사용을 50%까지 줄였다고 한다. 또한 자동차 이용량이 줄어들면 주차 문제를 해결할 수 있으며, 카셰어링 업체에서 제공하는 친환경 차량을 통해 온실가스의 배출을 감소시키는 효과도 기대할 수 있다. (나) 호주 카셰어링 업체 차량의 60% 정도는 경차 또는 하이브리드 차량인 것으로 조사되었다.

호주의 카셰어링 시장규모는 8,360만 호주 달러로 지난 5년간 연평균 21.7%의 급격한 성장률을 보이고 있다. (다) 전문가들은 호주 카셰어링 시장이 앞으로도 가파르게 성장해 5년 후에는 현재보다 약 2.5배 증가한 2억 1,920만 호주 달러에 이를 것이며, 이용자 수도 10년 안에 150만 명까지 폭발적으로 늘어날 것이라고 예측한다. (라) 호주에서 차량을 소유할 경우 주유비, 서비스비, 보험료, 주차비 등의 부담이 크기 때문이다. 발표 자료에 의하면 차량 2대를 소유한 가족이 구매 금액을 비롯하여 차량 유지비에만 쓰는 비용은 연간 12,000 ~ 18,000 호주 달러에 이른다고 한다.

호주 자동차 산업에서 경제적·환경적·사회적인 변화에 따라 호주 카셰어링 시장이 폭발적인 성장세를 보이는 것에 주목할 필요가 있다. (마) 전문가들은 카셰어링으로 인해 자동차 산업에 나타나는 변화의 정도를 '위험한 속도'로까지 비유하기도 한다. 카셰어링 차량의 주차공간을 마련하기 위해서 정부의 역할이 매우 중요한 만큼 호주는 정부 차원에서도 카셰어링 서비스를 지원하는 데 적극적으로 움직이고 있다. 호주는 카셰어링 서비스가 발달한 미국, 캐나다, 유럽 대도시에 비하면 아직 뒤처져 있지만, 성장 가능성이 높아 국내기업에서도 차별화된 서비스와 플랫폼을 개발한다면 진출을 시도해 볼 수 있다.

〈보기〉
이처럼 호주에서 카셰어링 서비스가 많은 회원을 확보하며 급격한 성장세를 나타내는 데는 비용 측면의 이유가 가장 크다고 볼 수 있다.

① (가)
② (나)
③ (다)
④ (라)
⑤ (마)

23 다음 글의 빈칸에 들어갈 한자성어로 옳은 것은?

> 선물이 진솔한 정감을 실어 보내거나 잔잔한 애정을 표현하는 마음의 일단이면 얼마나 좋으랴. 그런데 _____ 이라는 말도 잊었는지 요즘 사람들은 너도나도 형식화하는 물량 위주로 치닫는 경향이다.

① 과유불급(過猶不及) ② 소탐대실(小貪大失)
③ 안하무인(眼下無人) ④ 위풍당당(威風堂堂)
⑤ 고진감래(苦盡甘來)

24 다음 글의 수정 방안으로 가장 적절한 것은?

> 최근 사물 인터넷에 대한 사람들의 관심이 부쩍 늘고 있는 추세이다. 사물 인터넷은 '인터넷을 기반으로 모든 사물을 연결하여 사람과 사물, 사물과 사물 간에 정보를 상호 소통하는 지능형 기술 및 서비스'를 말한다.
> ㉠ 통계에 따르면 사물 인터넷은 전 세계적으로 민간 부문 14조 4,000억 달러, 공공 부문 4조 6,000억 달러에 달하는 경제적 가치를 창출할 것으로 ㉡ 예상되며 그 가치는 더욱 커질 것으로 기대된다. 그래서 사물 인터넷 사업은 국가 경쟁력을 확보할 수 있는 미래 산업으로써 그 중요성이 강조되고 있으며, 이에 선진국들은 에너지, 교통, 의료, 안전 등 다양한 분야에 걸쳐 투자를 하고 있다. 그러나 우리나라는 정부 차원의 경제적 지원이 부족하여 사물 인터넷 산업이 활성화되는 데 어려움이 있다. 또한 국내의 기업들은 사물 인터넷 시장의 불확실성 때문에 적극적으로 투자에 나서지 못하고 있으며, 사물 인터넷 관련 기술을 확보하지 못하고 있는 실정이다. ㉢ 그 결과 우리나라의 사물 인터넷 시장은 선진국에 비해 확대되지 못하고 있다.
> 그렇다면 국내 사물 인터넷 산업을 활성화하기 위한 방안은 무엇일까? 우선 정부에서는 사물 인터넷 산업의 기반을 구축하는 데 필요한 정책과 제도를 정비하고, 관련 기업에 경제적 지원책을 마련해야 한다. 또한 수익성이 불투명하다고 느끼는 기업으로 하여금 투자를 하도록 유도하여 사물 인터넷 산업이 발전할 수 있도록 해야 한다. 그리고 기업들은 이동 통신 기술 및 차세대 빅 데이터 기술 개발에 집중하여 사물 인터넷으로 인해 발생하는 대용량의 데이터를 원활하게 수집하고 분석할 수 있는 기술력을 ㉣ 확증해야 할 것이다.
> ㉤ 사물 인터넷은 세상을 연결하여 소통하게 하는 끈이다. 이런 사물 인터넷은 우리에게 편리한 삶을 약속할 뿐만 아니라 경제적 가치를 창출할 미래 산업으로 자리매김할 것이다.

① ㉠ : 서로 다른 내용을 다루고 있는 부분이 있으므로 문단을 두 개로 나눈다.
② ㉡ : 불필요한 피동 표현에 해당하므로 '예상하며'로 수정한다.
③ ㉢ : 앞 문장의 결과라기보다는 원인이므로 '그 이유는 우리나라의 사물 인터넷 시장은 선진국에 비해 확대되지 못하고 있기 때문이다.'로 수정한다.
④ ㉣ : 문맥상 어울리지 않는 단어이므로 '확인'으로 바꾼다.
⑤ ㉤ : 글과 상관없는 내용이므로 삭제한다.

25 다음 글의 제목으로 가장 적절한 것은?

우리는 처음 만난 사람의 외모를 보고 그를 어떤 방식으로 대우해야 할지를 결정할 때가 많다. 그가 여자인지 남자인지, 얼굴색이 흰지 검은지, 나이가 많은지 적은지 혹은 그의 스타일이 조금은 상류층의 모습을 띠고 있는지 아니면 너무나 흔해서 별 특징이 드러나 보이지 않는 외모를 하고 있는지 등을 통해 그들과 나의 차이를 재빨리 감지한다. 일단 감지가 되면 우리는 둘 사이의 지위 차이를 인식하고 우리가 알고 있는 방식으로 그를 대하게 된다. 한 개인이 특정 집단에 속한다는 것은 단순히 다른 집단의 사람과 다르다는 것뿐만 아니라, 그 집단이 다른 집단보다는 지위가 높거나 우월하다는 믿음을 갖게 한다. 모든 인간은 평등하다는 우리의 신념에도 불구하고 왜 인간들 사이의 이러한 위계화(位階化)를 당연한 것으로 받아들일까? 위계화란 특정 부류의 사람들은 자원과 권력을 소유하고 다른 부류의 사람들은 낮은 사회적 지위를 갖게 되는 사회적이며 문화적인 체계이다. 다음에서 우리는 이러한 불평등이 어떠한 방식으로 경험되고 조직화되는지를 살펴보기로 하자.

인간이 불평등을 경험하게 되는 방식은 여러 측면으로 나눌 수 있다. 산업 사회에서의 불평등은 계층과 계급의 차이를 통해서 정당화되는데, 이는 재산, 생산 수단의 소유 여부, 학력, 집안 배경 등의 요소들의 결합에 의해 사람들 사이의 위계를 만들어 낸다. 또한 모든 사회에서 인간은 태어날 때부터 얻게 되는 인종, 성, 종족 등의 생득적 특성과 나이를 통해 불평등을 경험한다. 이러한 특성들은 단순히 생물학적인 차이를 지칭하는 것이 아니라, 개인의 열등성과 우등성을 가늠하게 만드는 사회적 개념이 되곤 한다.

한편 불평등이 재생산되는 다양한 사회적 기제들이 때로는 관습이나 전통이라는 이름 하에 특정 사회의 본질적인 문화적 특성으로 간주되고 당연시되는 경우가 많다. 불평등은 체계적으로 조직되고 개인에 의해 경험됨으로써 문화의 주요 부분이 되었고, 그 결과 같은 문화권 내의 구성원들 사이에 권력 차이와 그에 따른 폭력이나 비인간적인 행위들이 자연스럽게 수용될 때가 많다.

문화 인류학자들은 사회 집단의 차이와 불평등, 사회의 관습 또는 전통이라고 얘기되는 문화 현상에 대해 어떤 입장을 취해야 할지 고민을 한다. 문화 인류학자가 이러한 문화 현상은 고유한 역사적 산물이므로 나름대로 가치를 지닌다는 입장만을 반복하거나 단순히 관찰자로서의 입장에 안주한다면, 이러한 차별의 형태를 제거하는 데 도움을 줄 수 없다. 실제로 문화 인류학 연구는 기존의 권력 관계를 유지시켜주는 다양한 문화적 이데올로기를 분석하고, 인간 간의 차이가 우등성과 열등성을 구분하는 지표가 아니라 동등한 다름일 뿐이라는 것을 일깨우는 데 기여해 왔다.

① 차이와 불평등
② 차이의 감지 능력
③ 문화 인류학의 역사
④ 위계화의 개념과 구조
⑤ 관습과 전통의 계승과 창조

26 다음 빈칸에 들어갈 내용으로 가장 적절한 것은?

> 발전은 항상 변화를 내포하고 있다. 그러나 모든 형태의 변화가 전부 발전에 해당하는 것은 아니다. 이를테면 교통신호등이 빨강에서 파랑으로, 파랑에서 빨강으로 바뀌는 변화를 발전으로 생각할 수는 없다. 즉, _____ 좀 더 구체적으로 말해, 사태의 진전 과정에서 나중에 나타나는 것은 적어도 그 이전 단계에 내재적으로나마 존재했던 것의 전개에 해당한다는 것이다. 이렇게 볼 때, 발전은 선적(線的)인 특성이 있다. 순전한 반복의 과정으로 보이는 것을 발전이라고 규정하지 않는 이유는 그 때문이다. 반복과정에서는 최후에 명백히 나타나는 것이 처음에 존재했던 것과 거의 다르지 않다. 그러나 또 한편으로 우리는 비록 반복의 경우라도 때때로 그 과정 중의 특정 단계를 따로 떼어서 그것을 발견이라고 생각하기도 한다. 그것은 전체 과정에서 어떤 종류의 질이 그 시기에 특정의 수준까지 진전한 경우를 말한다.

① 발전은 어떤 특정한 방향으로 일어나는 변화라는 의미를 내포하고 있다.
② 변화는 특정한 방향으로 발전하는 것을 의미한다.
③ 발전은 불특정 방향으로 일어나는 변모라는 의미이다.
④ 발전은 어떤 특정한 반복으로 일어나는 변화라는 의미로 사용된다.
⑤ 변화는 어떤 특정한 방향으로 일어나는 발전이라는 의미로 사용된다.

27 다음 중 경청훈련을 위한 방법이 아닌 것은?

① 바라보고 듣고 따라하는 등 주의를 기울인다.
② 상대방의 경험을 인정하고 더 많은 정보를 요청한다.
③ 정확성을 위해 요약한다.
④ '왜?'라는 질문을 하려고 노력한다.
⑤ 개방적인 질문을 하도록 한다.

28 다음 글의 내용으로 가장 적절한 것은?

연료전지, 그 가능성에 도전하다

매년 급증하는 신재생에너지 공급의무화제도(RPS) 의무량 목표 달성을 위해서는 신재생에너지원 중에서 상대적으로 대용량 신재생에너지 공급 인증서(REC) 확보가 용이한 것이 연료전지 사업이다. 이에 A공사는 연료전지 사업에 박차를 가하고 있으며, 첫 주자로 신인천발전본부에서 연료전지 건설 사업을 추진하고 있다.

연료전지는 수소와 산소가 화학에너지를 전기에너지로 변환하는 고효율 · 친환경 미래 에너지 시스템이다. 수소와 산소를 결합하면 물이 만들어지는데, 이때 발생하는 에너지를 전기 형태로 바꾸는 방식이다. 반응할 때 생기는 수소와 산소의 전기화학 반응으로 전기와 열을 생산하기 때문에 고효율의 신재생에너지를 기대할 수 있다. 정부가 이미 연료전지를 신에너지원으로 분류하고 RPS 이행수단으로 인정한 만큼 A공사는 경제적인 RPS 이행을 위해 신인천발전본부 내에 연료전지 건설 사업을 추진하고, 이를 시작으로 신재생에너지 확대에 본격적으로 나서 현재 3%에 불과한 신재생에너지 비중을 2030년에는 20%까지 올릴 계획이다.

연료전지는 설치 장소에 제약이 적다는 장점이 있다. 규모와 관계없이 일정한 효율을 낼 수 있어 소형 발전소부터 MW급 발전소까지 다양하게 활용될 수 있다. 또한 중간에 발전기와 같은 장치를 사용하지 않고, 수소와 산소의 반응으로 전기를 직접 생산하기 때문에 발전효율이 높다. 무엇보다 소음, 유해가스 배출이 거의 없어 부지 확보가 어려운 도심에도 설치할 수 있다. 연료전지의 이 같은 특징에 부합하고 장점을 살릴 수 있는 곳이 신인천발전본부라 A공사가 연료전지 사업을 이곳에서 시작하는 이유이기도 하다.

신인천발전본부 연료전지 사업은 A공사가 최초로 도입되는 발전 사업으로, 신인천발전본부의 유휴부지를 활용해 설비용량 20MW 연료전지 발전설비를 건설하게 된다. 총사업비 1,100억 원이 투입되는 이 사업은 2025년 8월 상업운전을 목표로 하고 있다. 대규모 사업비가 투입되는 대형 사업인 만큼 지난해 4월 정부 예비타당성조사에 착수, 약 10개월 동안 한국개발연구원 예비타당성조사를 완료했고, 올 3월 이사회에서 연료전지 건설 기본계획을 의결했다. 이후 6월 연료전지 건설 관련 계약 체결이 완료되면서 1단계 연료전지 사업을 15개월 동안 진행할 예정이며, 연이어 2단계 사업 진행을 검토하고 있다.

A공사는 연료전지 사업에 다소 늦게 뛰어든 후발주자라 할 수 있다. 하지만 나중에 솟은 돌이 더 우뚝 서는 법. 복합화력의 비중이 높은 점을 내세워 향후 연료전지를 확대할 수 있는 저변이 마련돼 있다는 점에서 선제 우위를 점할 수 있다. 20MW 신인천발전본부 연료전지 사업이 완료되면 A공사는 2025년 예상 RPS 의무량의 약 12%를 충당할 수 있으며, 신인천발전본부 또한 연간 매출을 430억 원 이상 증대해 복합발전소 수익구조 개선에 기여할 것으로 기대된다.

① 연료전지는 전기에너지를 화학에너지로 변환하는 친환경 미래에너지 시스템이다.
② 아직 연료전지를 신에너지원으로 분류하고 있지 않지만 곧 지정될 예정이다.
③ 연료전지는 규모에 영향을 많이 받기 때문에 일정한 효율을 원한다면 적절한 설치 장소가 필요하다.
④ 연료전지는 소음과 유해가스 배출이 거의 없어 도심에 설치하기에 적절하다.
⑤ 연료전지 건설 사업을 통해 신재생에너지 비중을 2030년에 10%까지 올릴 계획이다.

29   다음 글에서 〈보기〉가 들어갈 위치로 가장 적절한 곳은?

A공사와 B공사는 30일 오후 A공사 서울사옥에서 '철도와 도로 간 통합 연계교통 서비스 제공을 위한 업무협약(MOU)'을 체결했다. (A)
이번 업무협약을 통해 양사는 하이패스용 레일플러스 카드 출시, 주요 역 하이패스 주차장 도입, 철도-고속도로 간 연계환승, 모바일 서비스 연계, 기술교류 및 안전협력 등 철도와 도로를 함께 이용하는 국민이 체감할 수 있는 통합 교통서비스를 제공키로 했다.
우선 A공사의 전국호환 교통카드 레일플러스 카드로 고속도로 하이패스 통행료를 결제할 수 있는 '하이패스용 레일플러스 카드'를 10월까지 출시한다. '하이패스용 레일플러스 카드'가 출시되면 KTX 이용으로 쌓은 마일리지로 고속도로 통행료 결제가 가능해진다. (B)
또한 양사는 KTX 역을 중심으로 '하이패스 주차장' 도입을 추진한다. 하이패스 주차장은 하이패스 설치 차량이 역 주차장을 이용할 때 주차요금을 따로 계산할 필요 없이 출입구를 통과하면 자동으로 정산되는 신개념 주차장이다. 주차 정산 대기 시간이 줄어들고, 주차장 주변의 혼잡 완화 효과도 클 것으로 예상된다. (C)
스마트폰 앱 분야에서도 협력하기로 했다. 철도 이용 모바일 앱과 '고속도로교통정보 앱'도 상호연계 서비스를 제공한다. 예를 들어, 현재 코레일이 구축하고 있는 '트립플랜 서비스(출발지부터 목적지까지 최적 경로 및 소요시간을 안내하는 기능)'에 실시간 교통상황을 반영하게 되면 보다 정확한 경로 안내 정보를 제공할 수 있게 된다. (D)
A공사 사장은 "이번 업무협약을 통해 보다 많은 분이 고속도로와 철도를 좀 더 편하게 이용하실 수 있게 될 것"이라며 "교통수단 간 경계가 사라지고, IT로 통합되는 교통혁명의 시대에 고객의 입장에서 빠르고 편한 서비스 제공을 위해 최선을 다하겠다."라고 밝혔다. (E)

보기
이와 함께 철도-고속도로의 시설이 교차하는 지점의 구조물에 대해 공동으로 안전점검을 시행하고, 스마트 유지보수 등 양사가 보유한 첨단 기술의 상호 교류도 추진할 계획이다. 장기적으로는 철도와 고속도로가 교차하는 지점의 환승연계를 강화하는 등 교통수단의 구분 없이 자유롭게 이용할 수 있도록 환승 체계도 강화해 나갈 예정이다.

① (A)
② (B)
③ (C)
④ (D)
⑤ (E)

30 다음 글의 주장에 대한 반박으로 가장 적절한 것은?

> 인간은 사회 속에서만 자신을 더 나은 존재로 느낄 수 있기 때문에 자신을 사회화하고자 한다. 인간은 사회 속에서만 자신의 자연적 소질을 실현할 수 있는 것이다. 그러나 인간은 자신을 개별화하거나 고립시키려는 성향도 강하다. 이는 자신의 의도에 따라서만 행위하려는 반사회적인 특성을 의미한다. 그리고 저항하려는 성향이 자신뿐만 아니라 다른 사람에게도 있다는 사실을 알기 때문에, 그 자신도 곳곳에서 저항에 부딪히게 되리라 예상한다.
>
> 이러한 저항을 통하여 인간은 모든 능력을 일깨우고, 나태해지려는 성향을 극복하며, 명예욕이나 지배욕, 소유욕 등에 따라 행동하게 된다. 그리하여 동시대인들 가운데에서 자신의 위치를 확보하게 된다. 이렇게 하여 인간은 야만의 상태에서 벗어나 문화를 이룩하기 위한 진정한 진보의 첫걸음을 내딛게 된다. 이때부터 모든 능력이 점차 계발되고 아름다움을 판정하는 능력도 형성된다. 나아가 자연적 소질에 의해 도덕성을 어렴풋이 느끼기만 하던 상태에서 벗어나, 지속적인 계몽을 통하여 구체적인 실천 원리를 명료하게 인식할 수 있는 성숙한 단계로 접어든다. 그 결과 자연적인 감정을 기반으로 결합된 사회를 도덕적인 전체로 바꿀 수 있는 사유 방식이 확립된다.
>
> 인간에게 이러한 반사회성이 없다면, 인간의 모든 재능은 꽃피지 못하고 만족감과 사랑으로 가득 찬 목가적인 삶 속에서 영원히 묻혀 버리고 말 것이다. 그리고 양처럼 선량한 기질의 사람들은 가축 이상의 가치를 자신의 삶에 부여하기 힘들 것이다. 자연 상태에 머물지 않고 스스로의 목적을 성취하기 위해 자연적 소질을 계발하여 창조의 공백을 메울 때, 인간의 가치는 상승되기 때문이다.

① 사회성만으로도 충분히 목가적 삶을 영위할 수 있다.
② 반사회성만으로는 자신의 재능을 계발하기 어렵다.
③ 인간은 타인과의 갈등을 통해서도 사회성을 기를 수 있다.
④ 인간은 사회성만 가지고도 자신의 재능을 키워나갈 수 있다.
⑤ 인간의 자연적인 성질은 사회화를 방해한다.

FINAL 제2회 최종점검 모의고사

응시시간 : 30분 문항 수 : 30문항 정답 및 해설 p.074

01 다음 중 가장 적절한 의사표현법을 사용하고 있는 사람은?

① A대리 : (늦잠으로 지각한 후배 사원의 잘못을 지적하며) "오늘도 지각을 했네요. 어제도 늦게 출근하지 않았나요? 왜 항상 지각하는 거죠?"

② B대리 : (후배 사원의 고민을 들으며) "방금 뭐라고 이야기했죠? 미안해요. 아까 이야기한 고민에 대해서 어떤 답을 해줘야 할지 생각하고 있었어요."

③ C대리 : (후배 사원의 실수가 발견되어 이를 질책하며) "이번 프로젝트를 위해 많이 노력했다는 것 압니다. 다만, 발신 메일 주소를 한 번 더 확인하는 습관을 갖는 것이 좋겠어요. 앞으로는 더 잘할 거라고 믿어요."

④ D대리 : (거래처 직원에게 변경된 계약서에 서명할 것을 설득하며) "이 정도는 그쪽에 큰 손해 사항도 아니지 않습니까? 지금 서명해주지 않으시면 곤란합니다."

⑤ E대리 : (후배 사원에게 업무를 지시하며) "이번 일은 직접 발로 뛰어야 해요. 특히 빨리 처리해야 하니까 반드시 이 순서대로 진행하세요!"

02 다음은 전통시장 활성화 방안에 대한 글을 쓰기 위해 작성한 개요이다. 빈칸에 들어갈 내용으로 적절하지 않은 것은?

> Ⅰ. 서론
>   1. 전통 시장의 의의와 필요성
>   2. 전통 시장이 침체되고 있는 실태
>
> Ⅱ. 전통 시장 쇠퇴의 원인
>   1. 고객 편의 시설 부족
>   2. 소비자의 구매 형태 다양화
>   3. 지역 특성을 고려한 소비자 유인 요소 부족
>
> Ⅲ. 전통 시장 활성화 방안
>   _____
>
> Ⅳ. 결론 : 전통 시장의 활성화를 위한 대책 마련 촉구

① 소비자의 관심을 고려한 지역 특화 상권 개발
② 휴게실, 주차장 등 고객 편의 시설 확충
③ 1인 가구를 위한 전략적 제품 판매
④ 지역적 특성을 고려한 관광 명소 개발로 관광객 유치
⑤ 전통시장 체험을 활용한 지역 관광 상품 개발

03 다음은 경쟁사의 매출이 나날이 오르는 것에 경각심을 느낀 K회사의 신제품 개발 회의의 일부이다. 효과적인 회의의 5가지 원칙에 기반을 두어 가장 효과적으로 회의에 임한 사람은?

〈효과적인 회의의 5가지 원칙〉

1. 긍정적인 어법으로 말하라.
2. 창의적인 사고를 할 수 있게 분위기를 조성하라.
3. 목표를 공유하라.
4. 적극적으로 참여하라.
5. 주제를 벗어나지 마라.

A팀장 : 매운맛하면 역시 우리 회사 라면이 가장 잘 팔렸는데 최근 너도나도 매운맛 제품을 만들다 보니 우리 회사 제품의 매출이 상대적으로 줄어든 것 같아서 신제품 개발을 위해 오늘 회의를 진행하게 되었습니다. 아주 중요한 회의이니만큼 각자 좋은 의견을 내주시기 바랍니다.
B사원 : 저는 사실 저희 라면이 그렇게 매출이 좋았던 것도 아닌데 괜한 걱정을 하는 것이라고 생각해요. 그냥 전이랑 비슷한 라면에 이름만 바꿔서 출시하면 안 됩니까?
C사원 : 하지만 그렇게 했다간 입소문이 안 좋아져서 회사가 문을 닫게 될지도 모릅니다.
D사원 : 그나저나 이번에 타사에서 출시된 까불면이 아주 맛있던데요?
F사원 : 까불면도 물론 맛있긴 하지만, 팀장님 말씀대로 매운맛하면 저희 회사 제품이 가장 잘 팔린 것으로 알고 있습니다. 더 다양한 소비자층을 끌기 위해 조금 더 매운맛과 덜 매운맛까지 3가지 맛을 출시하면 매출성장에 도움이 될 것 같습니다.
D사원 : E씨는 어때요? 의견이 없으신가요?
E사원 : 어… 그… 저는… 그, 글쎄요… 매, 매운 음식을 잘… 못 먹어서….

① B사원
② C사원
③ D사원
④ E사원
⑤ F사원

04 다음 문단을 논리적 순서대로 바르게 나열한 것은?

(가) 이처럼 사대부들의 시조는 심성 수양과 백성의 교화라는 두 가지 주제로 나타난다. 이는 사대부들이 재도지기(載道之器), 즉 문학을 도(道)를 싣는 수단으로 보는 효용론적 문학관에 바탕을 두었기 때문이다. 이때 도(道)란 수기의 도와 치인의 도라는 두 가지 의미를 지니는데, 강호가류의 시조는 수기의 도를, 오륜가류의 시조는 치인의 도를 표현한 것이라 할 수 있다.

(나) 한편, 오륜가류는 백성들에게 유교적 덕목인 오륜을 실생활 속에서 실천할 것을 권장하려는 목적으로 창작한 시조이다. 사대부들이 관직에 나아가면 남을 다스리는 치인(治人)을 위해 최선을 다했고, 그 방편으로 오륜가류를 즐겨 지었던 것이다. 오륜가류는 쉬운 일상어를 활용하여 백성들이 일상생활에서 마땅히 행하거나 행하지 말아야 할 것들을 명령이나 청유 등의 어조로 노래하였다. 이처럼 오륜가류는 유교적 덕목인 인륜을 실천함으로써 인간과 인간이 이상적 조화를 이루고, 이를 통해 천하가 평화로운 상태까지 나아가는 것을 주요 내용으로 하였다.

(다) 조선시대 시조 문학의 주된 향유 계층은 사대부들이었다. 그들은 '사(士)'로서 심성을 수양하고 '대부(大夫)'로서 관직에 나아가 정치 현실에 참여하는 것을 이상으로 여겼다. 세속적 현실 속에서 나라와 백성을 위한 이념을 추구하면서 동시에 심성을 닦을 수 있는 자연을 동경했던 것이다. 이러한 의식의 양면성에 기반을 두고 시조 문학은 크게 강호가류(江湖歌類)와 오륜가류(五倫歌類)의 두 가지 경향으로 발전하게 되었다.

(라) 강호가류는 자연 속에서 한가롭게 지내는 삶을 노래한 것으로, 시조 가운데 작품 수가 가장 많다. 강호가류가 크게 성행한 시기는 사화와 당쟁이 끊이질 않았던 16~17세기였다. 세상이 어지러워지자 정치적 이상을 실천하기 어려웠던 사대부들은 정치 현실을 떠나 자연으로 회귀하였다. 이때 사대부들이 지향했던 자연은 세속적 이익과 동떨어진 검소하고 청빈한 삶의 공간이자 안빈낙도(安貧樂道)의 공간이었다. 그 속에서 사대부들은 강호가류를 통해 자연과 인간의 이상적 조화를 추구하며 자신의 심성을 닦는 수기(修己)에 힘썼다.

① (다) - (가) - (나) - (라)
② (다) - (나) - (가) - (라)
③ (다) - (라) - (나) - (가)
④ (라) - (나) - (가) - (다)
⑤ (라) - (다) - (나) - (가)

05 K부장은 직원들의 위생 관리를 위해 관련 기사를 매주 월요일마다 제공하고 있다. 다음 기사를 읽은 직원들의 반응으로 적절하지 않은 것은?

> **올해 첫 비브리오패혈증 환자 발생… 예방수칙 지키세요!**
> **어패류 충분히 가열해 먹어야… 피부 상처 있으면 바닷물 접촉 금지**
>
> 올해 첫 비브리오패혈증 환자가 발생했다. 질병관리본부는 만성 간 질환자와 당뇨병 환자, 알코올 중독자 등 비브리오패혈증 고위험군은 감염 예방을 위해 각별한 주의를 당부했다.
> 질병관리본부에 따르면 올해 첫 비브리오패혈증 환자는 이달 발생해 항생제 치료를 받고 현재는 회복한 상태다. 이 환자는 B형간염을 동반한 간경화를 기저질환으로 앓고 있는 상태이다. 질병관리본부는 역학조사를 통해 위험요인 등을 확인하고 있다.
> 비브리오패혈증은 어패류를 날로 또는 덜 익혀 먹었을 때, 상처 난 피부가 오염된 바닷물에 접촉했을 때 감염될 수 있으며 급성 발열과 오한, 복통, 구토, 설사 등의 증세가 나타난다. 이후 24시간 이내에 발진, 부종 등 피부 병변이 생기기 시작해 수포가 형성되고 점차 범위가 커지며 괴사성 병변으로 진행된다. 특히 간 질환이나 당뇨병 등 만성질환자, 알코올 중독자, 백혈병 환자, 면역결핍 환자 등 고위험군은 치사율이 50%까지 높아지므로 더욱 주의해야 한다.
> 비브리오패혈증은 6월부터 10월 사이에 주로 발생하고 환자는 9월에 가장 많이 나온다. 비브리오패혈증균은 지난 3월 전라남도 여수시 해수에서 올해 처음으로 검출된 이후 전남과 경남, 인천, 울산의 바다에서 계속 확인되고 있다. 그러므로 예방을 위해서는 어패류를 충분히 가열해 먹고 피부에 상처가 있는 사람은 오염된 바닷물과 접촉을 금지해야 한다. 또 어패류는 가급적 5℃ 이하로 저온 저장하고 어패류를 요리한 도마, 칼 등은 소독 후 사용해야 한다.

① A대리 : 건강검진에서 간 수치가 높게 나왔는데, 어패류를 날로 먹지 않는 것이 좋겠어요.
② B사원 : 어패류 조리 시에 해수로 깨끗이 씻어야겠어요.
③ C사원 : 어패류를 먹고 발열이나 복통 증세가 나타나면 비브리오패혈증을 의심해볼 수 있겠어요.
④ D과장 : 어패류를 요리할 때 사용한 도마, 칼 등은 항상 소독 후 사용하는 습관을 들여야겠어요.
⑤ E대리 : 어패류를 요리할 때 장갑을 착용하는 것이 좋겠어요.

06 다음 글의 주제로 가장 적절한 것은?

정부는 탈원전·탈석탄 공약에 맞춰 2030년까지 전체 국가 발전량의 20%를 신재생에너지로 채운다는 정책 목표를 수립하였다. 목표를 달성하기 위해 신재생에너지에 대한 송·변전 계획을 제8차 전력수급기본계획에 처음으로 수립하겠다는 게 정부의 방침이다.

정부는 기존의 수급계획이 수급안정과 경제성을 중점적으로 수립된 것에 반해, 8차 계획은 환경성과 안전성을 중점으로 하였다고 밝히고 있으며, 신규 발전설비는 원전, 석탄화력발전에서 친환경, 분산형 재생에너지와 LNG 발전을 우선시하는 방향으로 수요관리를 통합하여 합리적 목표수용 결정에 주안점을 두었다고 밝혔다.

그동안 많은 NGO 단체에서 에너지 분산에 관한 다양한 제안을 해왔지만 정부 차원에서 고려하거나 논의가 활발히 진행된 적은 거의 없었으며 명목상으로 포함하는 수준이었다. 그러나 이번 정부에서는 탈원전·탈석탄 공약을 제시하는 등 중앙집중형 에너지 생산시스템에서 분산형 에너지 생산시스템으로 정책의 방향을 전환하고자 한다. 이 기조에 발맞춰 분산형 에너지 생산시스템은 후에 있을 지방선거에서도 해당 지역에 대한 다양한 선거공약으로 제시될 가능성이 크다.

중앙집중형 에너지 생산시스템은 환경오염, 송전선 문제, 지역 에너지 불균형 문제 등 다양한 사회적인 문제를 야기하였다. 하지만 그동안은 값싼 전기인 기저전력을 편리하게 사용할 수 있는 환경을 조성하고자 하는 기존 에너지계획과 전력수급계획에 밀려 중앙집중형 발전원 확대가 꾸준히 진행되었다. 그러나 최근 정계에서는 중앙집중형 에너지 정책에서 분산형 에너지정책으로 전환되어야 한다는 것을 공약사항으로 밝혀 왔으며, 분산형 에너지정책으로 전환을 모색하기 위한 다각도의 노력을 하고 있다. 이러한 정부의 정책변화와 아울러 석탄화력발전소가 국내 미세먼지에 주는 영향과 일본 후쿠시마 원자력 발전소 문제, 과거 국내 경주 대지진 및 포항 지진 문제 등으로 인한 원자력에 대한 의구심 또한 커지고 있다.

제8차 전력수급계획(안)에 의하면, 우리나라의 에너지 정책은 격변기를 맞고 있다. 우리나라는 현재 중앙집중형 에너지 생산시스템이 대부분이며, 분산형 전원 시스템은 그 설비용량이 극히 적은 상태이다. 또한 우리나라의 발전설비는 105GW이며, 근래 최대 전력치를 보면 80GW 수준이므로 25GW 정도의 여유가 있는 상태이다. 25GW라는 여유는 원자력발전소 약 25기 정도의 전력생산 설비가 여유가 있는 상황이라고 볼 수 있다. 또한 제7차 전력수급기본계획의 전기수요 증가율을 4.3~4.7%라고 예상하였으나 실제 증가율은 1.3~2.8% 수준에 그쳤다는 점은 우리나라의 전력 소비량 증가량이 둔화하고 있는 상태라는 것을 나타내고 있다.

① 중앙집중형 에너지 생산시스템의 발전 과정
② 에너지 분권의 필요성과 방향
③ 전력 소비량과 에너지 공급량의 문제점
④ 중앙집중형 에너지 정책의 한계점
⑤ 전력수급기본계획의 내용과 수정 방안 모색

07 다음 글에 대한 반론으로 가장 적절한 것은?

> 사회복지는 소외 문제를 해결하고 예방하기 위하여, 사회 구성원들이 각자의 사회적 기능을 원활하게 수행하게 하고, 삶의 질을 향상시키는 데 필요한 제반 서비스를 제공하는 행위와 그 과정을 의미한다. 현대 사회가 발전함에 따라 계층간·세대간의 갈등 심화, 노령화와 가족 해체, 정보 격차에 의한 불평등 등의 사회 문제가 다각적으로 생겨나고 있는데, 이들 문제는 때로 사회 해체를 우려할 정도로 심각한 양상을 띠기도 한다. 이러한 문제의 기저에는 경제 성장과 사회 분화 과정에서 나타나는 불평등과 불균형이 있으며, 이런 점에서 사회 문제는 대부분 소외 문제와 관련되어 있음을 알 수 있다.
> 사회복지 찬성론자들은 이러한 문제들의 근원에 자유 시장 경제의 불완전성이 있으며, 이러한 사회적 병리 현상을 해결하기 위해서는 국가의 역할이 더 강화되어야 한다고 주장한다. 예컨대 구조 조정으로 인해 대량의 실업 사태가 생겨나는 경우를 생각해 볼 수 있다. 이 과정에서 생겨난 희생자들을 방치하게 되면 사회 통합은 물론 지속적 경제 성장에 막대한 지장을 초래할 것이다. 따라서 사회가 공동의 노력으로 이들을 구제할 수 있는 안전망을 만들어야 하며, 여기서 국가의 주도적 역할은 필수적이라 할 것이다. 현대 사회에 들어와 소외 문제가 사회 전 영역으로 확대되고 있는 상황을 감안할 때, 국가와 사회가 주도하여 사회복지 제도를 체계적으로 수립하고 그 범위를 확대해 나가야 한다는 이들의 주장은 충분한 설득력을 갖는다.

① 사회복지는 소외 문제 해결을 통해 구성원들의 사회적 기능 수행을 원활하게 한다.
② 사회복지는 제공 행위뿐만 아니라 과정까지를 의미한다.
③ 사회복지의 확대는 근로 의욕의 상실과 도덕적 해이를 불러일으킬 수 있다.
④ 사회가 발전함에 따라 불균형이 심해지고 있다.
⑤ 사회 병리 현상 과정에서 생겨나는 희생자들을 그대로 두면 악영향을 불러일으킬 수 있다.

08 다음 중 적극적 경청의 4가지 구성요소를 바르게 나열한 것은?

① 몰입, 공감, 입장전환, 불완전성
② 공감, 입장전환, 수용, 호응
③ 입장전환, 수용, 완전성, 몰입
④ 침묵, 입장전환, 수용, 완전성
⑤ 완전성, 침묵, 수용, 몰입

09 다음 글의 ㉠ ~ ㉤에 대한 수정 방안으로 적절하지 않은 것은?

> 시간을 잘 관리하는 사람은 서두르지 않으면서 늦는 법이 없다. 시간의 주인으로 살기 때문이다. 반면, 시간을 잘 관리하지 못하는 사람은 잡다한 일로 늘 바쁘지만 놓치는 것이 많다. 시간에 묶이기 때문이다. 당신은 어떤 사람인가.
> ㉠ 하지만 이 말이 일분일초의 여유도 없이 빡빡하게 살라는 말은 아니다. 주어진 순간순간을 밀도 있게 사는 것은 중요하다. 우리는 목표를 정하고 부수적인 것들을 정리하면서 삶의 곳곳에 비는 시간을 ㉡ 만들어져야 한다. 자동차와 빌딩으로 가득한 도시에 공원이 필요하듯 우리의 시간에도 여백이 필요한 것이다. 조금은 비워 두고 무엇이든 자유롭게 할 수 있는 여백은 우리 삶에서 꼭 필요하다. ㉢ 인생의 기쁨은 자존감에 바탕을 둔 배려심에서 나온다. 목표를 향해 가면서 우리는 예상치 못한 일에 맞닥뜨릴 수 있다. 그러한 뜻밖의 상황에서 시간의 여백이 없다면 우리는 문제를 해결하지 못해 목표와 방향을 잃어버릴지도 모른다. ㉣ 그러므로 시간의 여백의 만드는 것은 현명한 삶을 위한 최고의 시간 관리라 할 수 있다. ㉤ 따라서 우리는 시간을 체계적이고 확실한 방법으로 1분 1초의 여유도 남기지 않고 빡빡하게 일정을 계획해야 한다.

① ㉠ : 문맥을 고려하여 뒤 문장과 순서를 바꾸는 것이 좋겠어.
② ㉡ : 문장 성분 간의 호응을 고려하여 '만들어야 한다.'로 고치는 것이 좋겠어.
③ ㉢ : 글의 통일성을 고려하여 삭제하는 것이 좋겠어.
④ ㉣ : 문장의 연결 관계를 고려하여 '또한'으로 바꾸는 것이 좋겠어.
⑤ ㉤ : 문장이 전체 글의 흐름과 상반되는 내용이므로 삭제하는 것이 좋겠어.

10 다음 글의 첫 문단 뒤에 이어질 (가) ~ (다)를 논리적 순서대로 바르게 나열한 것은?

> 어떤 문화의 변동은 결코 외래문화의 압도적 영향이나 이식에 의해 일방적으로 이루어지는 것이 아니라, 수용 주체의 창조적·능동적 측면과 관련되어 이루어지는 매우 복합적인 성격의 것이다.
> (가) 그리하여 외래문화 중에서 이러한 결핍 부분의 충족에 유용한 부분만을 선별해서 선택적으로 수용하게 된다.
> (나) 이러한 수용 주체의 창조적·능동적 측면은 문화 수용과 변동에서 무엇보다도 우선하는 것인데, 이것이 외래문화 요소의 수용을 결정짓는다.
> (다) 즉, 어떤 문화의 내부에 결핍 요인이 있을 때, 그 문화의 창조적·능동적 측면은 이를 자체적으로 극복하려 노력하지만, 이러한 극복이 내부에서 성취될 수 없을 때, 그것은 외래 요소의 수용을 통해 이를 이루고자 한다.
> 다시 말해, 외래문화는 수용 주체의 내부 요인에 따라 수용 또는 거부되는 것이다.

① (가) – (나) – (다)   ② (가) – (다) – (나)
③ (나) – (가) – (다)   ④ (나) – (다) – (가)
⑤ (다) – (나) – (가)

11 다음 글을 이해한 내용으로 가장 적절한 것은?

> 개인의 합리성과 사회의 합리성은 병행할 수 있을까? 이 문제와 관련하여 고전 경제학에서는 개인이 합리적으로 행동하면 사회 전체적으로도 합리적인 결과를 얻을 수 있다고 말한다. 물론 여기에서 '합리성'이란 여러 가지 가능한 대안 가운데 효용의 극대화를 추구하는 방향으로 선택을 한다는 의미의 경제적 합리성을 의미한다. 따라서 개인이 최대한 자신의 이익에 충실하면 모든 자원이 효율적으로 분배되어 사회적으로도 이익이 극대화된다는 것이 고전 경제학의 주장이다.
>
> 그러나 개인의 합리적 선택이 반드시 사회적인 합리성으로 연결되지 못한다는 주장도 만만치 않다. 이른바 '죄수의 딜레마' 이론에서는, 서로 의사소통을 할 수 없도록 격리된 두 용의자가 각각의 수준에서 가장 합리적으로 내린 선택이, 오히려 집합적인 결과에서는 두 사람 모두에게 비합리적인 결과를 초래할 수 있다고 설명하고 있다. 즉, 다른 사람을 고려하지 않고 자신의 이익만을 추구하는 개인적 차원의 합리성만을 강조하면, 오히려 사회 전체적으로는 비합리적인 결과를 초래할 수 있다는 것이다. 죄수의 딜레마 이론을 지지하는 쪽에서는 심각한 환경오염 등 우리 사회에 존재하는 문제의 대부분을 이 이론으로 설명한다.
>
> 일부 경제학자들은 이러한 주장에 대하여 강하게 반발한다. 그들은 죄수의 딜레마 현상이 보편적인 현상이라면, 우리 주위에서 흔히 발견할 수 있는 협동은 어떻게 설명할 수 있느냐고 반문한다. 사실 우리 주위를 돌아보면, 사람들은 의외로 약간의 손해를 감수하더라도 협동을 하는 모습을 곧잘 보여주곤 한다. 그들은 이런 행동들도 합리성을 들어 설명한다. 안면이 있는 사이에서는 오히려 상대방과 협조를 하는 행동이 장기적으로는 이익이 된다는 것을 알기 때문에 협동을 한다는 것이다. 즉, 협동도 크게 보아 개인적 차원의 합리적 선택이 집합적으로 나타난 결과로 보는 것이다.
>
> 그러나 이런 해명에도 불구하고 우리 주변에서는 각종 난개발이 도처에서 자행되고 있으며, 환경오염은 이제 전 지구적으로 만연해 있는 것이 엄연한 현실이다. 자기 집 부근에 도로나 공원이 생기기를 원하면서도 정작 그 비용은 부담하려고 하지 않는다든지, 남에게 해를 끼치는 일인 줄 뻔히 알면서도 쓰레기를 무단 투기하는 등의 행위를 서슴지 않고 한다. '합리적인 개인'이 '비합리적인 사회'를 초래하고 있는 것이다.
>
> 그렇다면 죄수의 딜레마와 같은 현상을 극복하고 사회적인 합리성을 확보할 수 있는 방안은 무엇인가? 그것은 개인적으로는 도덕심을 고취하고, 사회적으로는 의사소통 과정을 원활하게 하는 것이라고 할 수 있다. 개인들이 자신의 욕망을 적절하게 통제하고 남을 배려하는 태도를 지니면 죄수의 딜레마 같은 현상에 빠지지 않고도 개인의 합리성을 추구할 수 있을 것이다. 아울러 서로 간의 원활한 의사소통을 통해 공감의 폭을 넓히고 신뢰감을 형성하며, 적절한 의사 수렴과정을 거친다면 개인의 합리성이 보다 쉽게 사회적 합리성으로 이어지는 길이 열릴 것이다.

① 사회의 이익은 개인의 이익을 모두 합한 것이다.
② 사람들은 이기심보다 협동심이 더 강하다.
③ 사회가 기계라면 사회를 이루는 개인은 그 기계의 부속품일 수밖에 없다.
④ 전체 사회를 위해 개인의 희생은 감수할 수밖에 없다.
⑤ 사회적 합리성을 위해서는 개인의 노력만으로는 안 된다.

12 다음 〈보기〉가 들어갈 위치로 가장 적절한 곳은?

(가) 턱관절(악관절)이란 양쪽 손가락을 바깥귀길(외이도) 앞쪽에 대고 입을 벌릴 때 움직이는 것을 알 수 있는 얼굴 부위의 유일한 관절이다. 사람의 머리뼈는 여러 개의 뼈가 맞물려 뇌를 보호하도록 되어 있는 구조인데 그중 머리 옆을 덮고 있는 좌우 관자뼈의 아래쪽에는 턱관절오목(하악와, 하악골과 접하기 때문에 붙여진 이름)이라 불리는 오목한 곳이 있다. (나) G공단이 지난 5년간 건강보험 지급자료를 분석한 내용에 따르면, 주 진단명으로 '턱관절 장애'를 진료받은 환자는 5년 사이 25만 명에서 35만 명으로 40.5% 증가하였으며, 여성이 남성보다 1.5배 정도 더 많은 것으로 나타났다. (다) 최근 성별·연령대별 진료현황을 살펴보면, 20대(9만 4천 명, 26.9%)가 가장 많았고, 10대(6만 명, 17.1%), 30대(5만 6천 명, 16.1%) 순이었으며, 젊은 연령층의 여성 진료인원이 많은 것으로 나타났다. 20대 여성이 5만 5천 명으로 같은 연령대 남성 3만 8천 명 보다 1.4배 많았으며, 30대와 40대는 1.7배 등 9세 이하를 제외한 전 연령대에서 여성 진료인원이 많았다. (라) 연령대별 인구 10만 명당 진료인원에서도 20대 여성이 1,736명으로 가장 많았고, 다음으로 10대 1,283명, 30대 927명 순으로 나타났으며, 남성은 20대가 1,071명으로 가장 많았고, 9세 이하가 45명으로 가장 적었다. 진료 형태별로 '턱관절 장애' 진료인원을 비교해 본 결과, 외래 진료인원은 24만 8천 명에서 34만8천 명으로 5년간 40.4% 증가하였고, 입원 진료자 수도 322명에서 445명으로 38.2% 증가하였다. (마)

보기

G공단의 자문교수는 20대 여성 환자가 많은 이유에 대해 "턱관절 장애는 턱관절과 주위 저작근 등의 이상으로 나타나는 기질적 요인도 있으나, 정서적(또는 정신적) 기여요인 또한 영향을 미치는 것으로 알려져 있다. 턱관절 장애는 스트레스, 불안감 또는 우울증 등이 요인으로 작용할 수 있다. 또한 일반적으로 여성이 턱관절 이상 증상에 대해서 더 민감하게 받아들이는 것으로 알려져 있다. 한 가지 고려 사항으로는 아직 명확하게 밝혀진 것은 아니나, 최근 여성호르몬이 턱관절 장애의 병인에 영향을 줄 수 있는 것으로 보고된 바 있다."라고 설명하였다.

① (가) ② (나)
③ (다) ④ (라)
⑤ (마)

13 다음 (가)를 (나)와 같이 고쳐 썼다고 할 때, 반영된 내용으로 적절하지 않은 것은?

(가) 자신이 보려던 영화의 결말을 누군가 말해버려서 속상했던 적이 있을 것이다. 이렇게 영화, 방송, 소설 등의 줄거리나 내용을 예비 관객이나 시청자, 독자들에게 미리 밝히는 행위나 그런 행위를 하는 사람들을 스포일러라고 한다. SNS 사용이 급증하고 있는 최근에는 스포일러로 인한 피해가 확산되면서 누리꾼들 사이에 이에 대한 부정적 인식이 심화되고 있다.

사람들은 다음에 벌어질 상황이나 결말을 알지 못할 때 긴장감과 흥미를 느끼므로 만약 그들이 의도치 않게 스포일러를 접하게 되면 흥미는 반감될 수밖에 없다. 또한 최근에는 오디션이나 경연 대회를 다루는 프로그램들이 많은데, 누가 우승자가 될지 이목이 집중되는 이러한 프로그램들이 스포일러를 당하면 시청률은 큰 폭으로 떨어지게 된다. 누리꾼들은 자신의 행위가 스포일러가 될 수도 있다고 인식하지 못한 채 영화 관련 정보를 제공하려는 의도로 글을 올리는 경우가 많지만, 원래 의도와는 달리 이러한 글이 많은 사람들에게 피해를 줄 수도 있다.

한편 영화와 전혀 관련이 없는 내용인 것처럼 제목을 꾸며 놓고 클릭을 유도해서 중요한 내용을 공개해 사람들을 의도적으로 골탕 먹이는 경우도 있다. 이러한 스포일러 문제를 해결하기 위해서는 우선 자신의 행위가 스포일러가 될 수도 있다는 것을 명확히 인식해야 한다. 아울러 자신의 행위가 스포일러는 아닌지 한 번 더 의심하고 자기 점검을 할 필요가 있다. 또한 의도적인 스포일러를 방지하기 위해서는 지속적인 캠페인 활동 등을 통해 누리꾼들의 윤리 의식을 고취시켜야 한다.

스포일러의 피해가 사회적 문제로 대두되는 요즘, 우리들은 문화 콘텐츠의 향유자로서 스포일러의 폐해에 관심을 갖고 스포일러 방지를 위해 노력해야 한다.

⇩

(나) 자신이 보려던 영화의 결말을 누군가 말해버려서 속상했던 적이 있을 것이다. 이렇게 영화, 방송, 소설 등의 줄거리나 내용을 예비 관객이나 시청자, 독자들에게 미리 밝히는 행위나 그런 행위를 하는 사람들을 스포일러라고 한다. SNS 사용이 급증하고 있는 최근에는 스포일러로 인한 피해가 확산되면서 이에 대한 누리꾼들의 부정적 인식이 심화되고 있다. 얼마 전 영화 예매 사이트 ○○에서 실시한 스포일러에 관한 설문조사 결과 '영화 관람에 영향을 미치므로 절대 금지해야 한다.'라는 응답이 73%를 차지했다.

사람들은 다음에 벌어질 상황이나 결말을 알지 못할 때 긴장감과 흥미를 느낀다. 따라서 의도치 않게 스포일러를 접하게 되면 흥미는 반감될 수밖에 없다. 또한 최근에는 오디션이나 경연 대회를 다루는 프로그램들이 많다. 누가 우승자가 될지 이목이 집중되는 이러한 프로그램들이 스포일러를 당하면 시청률은 큰 폭으로 떨어지게 된다.

물론 스포일러가 홍보 역할을 하여 오히려 시청률 증가에 기여한다는 의견도 있다. 그러나 그런 경우는 빙산의 일각에 불과하고 시청자뿐만 아니라 제작자에게도 피해를 입히는 경우가 대부분이다.

누리꾼들은 스포일러라는 인식 없이 단순히 영화 관련 정보를 제공하려는 의도로 글을 올리는 경우가 많다. 하지만 원래 의도와는 달리 이러한 글이 많은 사람들에게 피해를 줄 수도 있다. 혹은 영화와 전혀 관련이 없는 내용인 것처럼 제목을 꾸며 놓고 클릭을 유도해서 중요한 내용을 공개해 사람들을 의도적으로 골탕 먹이는 경우도 있다. 그렇다면 이러한 스포일러 문제는 어떻게 해결할 수 있을까? 우선 자신의 행위가 스포일러가 될 수도 있다는 것을 명확히 인식해야 한다. 아울러 자신의 행위가 스포일러는 아닌지 한 번 더 의심하고 자기 점검을 할 필요가 있다. 그리고 의도적인 스포일러를 방지하기 위해서는 지속적인 캠페인 활동 등을 통해 누리꾼들의 윤리 의식을 고취시켜야 한다. 스포일러의 피해가 사회적 문제로 대두되는 요즘, 우리들은 문화 콘텐츠의 향유자로서 스포일러의 폐해에 관심을 갖고 스포일러 방지를 위해 노력해야 한다.

① 반론 – 재반론의 형식으로 주장의 근거를 보충하였다.
② 질문 – 대답 형식을 통해 독자의 관심을 유도한다.
③ 신뢰성 있는 자료를 보충하여 근거의 타당성을 높였다.
④ 문맥상 잘못된 접속어로 바꾸었다.
⑤ 불필요하게 긴 문장을 나누거나 간결하게 바꾸었다.

14 다음 문단을 논리적 순서대로 바르게 나열한 것은?

(가) 여기에 반해 동양에서는 보름달에 좋은 이미지를 부여한다. 예를 들어, 우리나라의 처녀귀신이나 도깨비는 달빛이 흐린 그믐 무렵에나 활동하는 것이다. 그런데 최근에는 동서양의 개념이 마구 뒤섞여 보름달을 배경으로 악마의 상징인 늑대가 우는 광경이 동양의 영화에 나오기도 한다.

(나) 동양에서 달은 '음(陰)'의 기운을, 해는 '양(陽)'의 기운을 상징한다는 통념이 자리를 잡았다. 그래서 달을 '태음', 해를 '태양'이라고 불렀다. 동양에서는 해와 달의 크기가 같은 덕에 음과 양도 동등한 자격을 갖춘다. 즉, 음과 양은 어느 하나가 좋고 다른 하나는 나쁜 것이 아니라 서로 보완하는 관계를 이루는 것이다.

(다) 옛날부터 형성된 이러한 동서양 간의 차이는 오늘날까지 영향을 끼치고 있다. 동양에서는 달이 밝으면 달맞이를 하는데, 서양에서는 달맞이를 자살 행위처럼 여기고 있다. 특히 보름달은 서양인들에게 거의 공포의 상징과 같은 존재이다. 예를 들어, 13일의 금요일에 보름달이 뜨게 되면 사람들이 외출조차 꺼린다.

(라) 하지만 서양의 경우는 다르다. 서양에서 낮은 신이, 밤은 악마가 지배한다는 통념이 자리를 잡았다. 따라서 밤의 상징인 달에 좋지 않은 이미지를 부여하게 되었다. 이는 해와 달의 명칭을 보면 알 수 있다. 라틴어로 해를 'Sol', 달을 'Luna'라고 하는데 정신질환을 뜻하는 단어 'Lunacy'의 어원이 바로 'Luna'이다.

① (가) – (나) – (라) – (다)
② (나) – (라) – (가) – (다)
③ (나) – (라) – (다) – (가)
④ (다) – (나) – (가) – (라)
⑤ (다) – (나) – (라) – (가)

15 다음 글을 바탕으로 할 때, 〈보기〉의 빈칸에 들어갈 내용으로 가장 적절한 것은?

> Elizabeth Barret Browning, a feminist writer of the Victorian Era, used her poetry and prose to take on a wide range of issues facing her society, including "the woman questions." In her long poem Aurora Leigh, she explores this question as she portrays both the growth of the artist and the growth of the woman within. Aurora Leigh is not a traditional Victorian woman - she is well-educated and self-sufficient. In the poem, Browning argues that the limitations placed on woman in contrast to the freedom men enjoy should incite women to rise up and effect a change in their circumstances. Browning's writing, including Aurora Leigh, helped to pave the way for major social change in women's lives.

> 보기
> It can be inferred from the passage that the author believes the traditional Victorian woman _____.

① wrote poetry
② was portrayed accurately in Aurora Leigh
③ was not well-educated
④ fought for social change
⑤ had a public role in society

16 다음 중 밑줄 친 부분과 의미가 같은 것은?

> 상대편의 작전을 <u>읽다</u>.

① 소설을 <u>읽다</u>.
② 체온계의 눈금을 <u>읽다</u>.
③ 애인의 마음을 <u>읽다</u>.
④ 메일을 <u>읽다</u>.
⑤ 반야심경을 <u>읽다</u>.

17 다음 글의 순서를 고려하여 구조를 바르게 분석한 것은?

(가) 가속실험으로 유통기한을 정하는 제품은 통조림이나 식용유 등이 있다. 가속실험은 실제 유통 조건보다 가혹한 조건에서 단기간에 유통기한을 예측하는 방법이다. 제품의 실제 유통 온도와 2개 이상의 비교 온도에서 제품의 변화를 측정하고, 수학적 계산을 통해 유통기한을 설정한다.

(나) 이 방법은 유통기한이 길고 유통 조건이 복잡한 제품에 효율적이지만, 계산 과정이 복잡해서 쉽게 활용하기 어렵고 실험을 가혹한 조건에서 하기 때문에 유통기한을 잘못 예측할 수도 있다.

(다) 그래서 이 실험은 제품의 유통기한을 가장 정확하게 설정할 수 있으며, 비교적 유통기한이 짧고 유통 조건이 단순한 제품에 대해서는 시간이나 비용 면에서 효율적인 방법이다. 하지만 유통기한이 상대적으로 긴 제품에는 비효율적이다.

(라) 유통기한이란 제품의 제조일로부터 소비자에게 판매가 허용되는 기한을 말하는데, 일반적으로 제조사의 설정실험을 통해 결정된다. 설정실험은 새로운 제품을 개발한 경우나 제품의 공정 또는 포장이 변경된 경우에 진행하는데, 실험을 통해 산출된 기간보다 20 ~ 30% 짧게 유통기한을 정한다. 설정실험에는 실측실험과 가속실험이 있다. 예측되는 유통기한이 대개 3개월 이내인 경우에는 실측실험을, 그 이상인 경우에는 가속실험을 한다.

(마) 실측실험으로 유통기한을 정하는 제품은 빵이나 두부, 어묵 등 유통기한이 짧은 식품이 대부분이다. 제조사가 의도하는 유통기한의 약 1.3배에서 2배 기간 동안 실제와 동일한 유통 조건에서 제품이 어떻게 변하는지 실험을 통해 유통기한을 설정한다.

①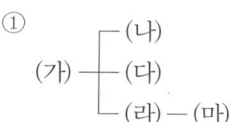
②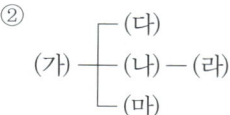
③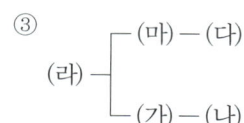
④ (라) ─┬─ (마) ─ (다) ─ (나)
       └─ (가)
⑤ ┬─ (마) ─ (나) ─ (라)
 └─ (가) ─ (다)

18 다음과 가장 관련 있는 속담은?

SNS를 통해 맛집으로 유명해진 A가게가 개인사정으로 인해 문을 닫자, 그 옆 B가게로 사람들이 몰리기 시작했다.

① 싸움 끝에 정이 붙는다.
② 미련은 먼저 나고 슬기는 나중 난다.
③ 배부르니까 평안 감사도 부럽지 않다.
④ 호랑이 없는 골에 토끼가 왕 노릇 한다.
⑤ 잠결에 남의 다리 긁는다.

19 다음 글의 내용으로 적절하지 않은 것은?

> 오늘날 한국 사회는 건강에 대한 관심과 열풍이 그 어느 때보다 증가하고 있다. 이미 우리 사회에서 유기농, 친환경, 웰빙과 같은 단어는 이미 친숙해진 지 오래다. 제품마다 웰빙이라는 단어를 부여해야만 매출이 상승했던 웰빙 시대를 지나서 사람들은 천연 재료를 추구하는 오가닉(Organic) 시대를 접하였으며, 나아가 오늘날에는 오가닉을 넘어 로가닉(Rawganic)을 추구하기 시작한 것이다.
> 로가닉이란 '천연상태의 날 것'을 의미하는 Raw와 '천연 그대로의 유기농'을 의미하는 Organic의 합성어이다. 즉 자연에서 재배한 식자재를 가공하지 않고 천연 그대로 사용하는 것을 말하는 것이다. 로가닉은 '천연상태의 날것'을 유지한다는 점에서 기존의 오가닉과 차이를 가진다. 재료 본연의 맛과 향을 잃지 않는 방식으로 제조되는 것이다. 이러한 로가닉은 오늘날 우리의 식품업계에 직접적으로 영향을 주고 있다. 화학조미료 사용을 줄이고 식재료 본연의 맛과 풍미를 살린 '로가닉 조리법'을 활용한 외식 프랜차이즈 브랜드가 꾸준히 인기를 끌고 있음을 확인할 수 있는 것이다.
> 로가닉은 세 가지의 핵심적인 가치요소가 포함되어야 한다. 첫째는 날 것 상태인 천연 그대로의 성분을 사용하는 것이고, 둘째는 희소성이며, 셋째는 매력적이고 재미있는 스토리를 가지고 있어야 한다는 것이다.
> 예를 들면 ○○한우 브랜드는 당일 직송된 암소만을 엄선하여 사용함으로써 로가닉의 사고를 지닌 소비자들의 입맛을 사로잡고 있다. 품질이 우수한 식재료의 본연의 맛에서 가장 좋은 요리가 탄생한다는 로가닉 조리법을 통해 화제가 된 것이다. 또한 코펜하겐에 위치한 △△레스토랑은 '채집음식'을 추구함으로써 세계 최고의 레스토랑으로 선정되었다. 채집음식이란 재배한 식물이 아닌 야생에서 자란 음식 재료를 활용하여 만든 음식을 의미한다.
> 다음으로 로가닉의 가치요소인 희소성은 루왁 커피를 예로 들 수 있다. 루왁 커피는 샤향 고양이인 루왁이 커피 열매를 먹고 배설한 배설물을 채집하여 만들어진 커피로, 까다로운 채집 과정과 인공의 힘으로 불가능한 생산과정을 거침으로써 높은 희소가치를 지닌 상품으로 각광받고 있는 것이다.
> 마지막으로 로가닉은 매력적이고 재미있는 스토리텔링이 되어야 한다. 로가닉 제품의 채집 과정과 효능, 상품 탄생배경 등과 같은 구체적이고 흥미 있는 스토리로 소비자들의 공감을 불러일으켜야 한다. 소비자들이 이러한 스토리텔링에 만족한다면 로가닉 제품의 높은 가격은 더 이상 매출 상승의 장애 요인이 되지 않을 것이다.
> 로가닉은 이처럼 세 가지 핵심적인 가치요소들을 충족함으로써 한층 더 고급스러워진 소비자들의 욕구를 채워주고 있다.

① 로가닉의 희소성은 어려운 채집 과정과 생산 과정을 통해 나타난다.
② 직접 재배한 식물로 만들어진 채집음식은 로가닉으로 볼 수 있다.
③ 로가닉은 천연 상태의 날것을 그대로 사용한다는 점에서 오가닉과 다르다.
④ 로가닉 제품의 높은 가격은 스토리텔링을 통해 보완할 수 있다.
⑤ 로가닉 조리법을 활용한 외식업체의 인기가 높음을 알 수 있다.

20 다음 글의 표제와 부제로 가장 적절한 것은?

> 검무는 칼을 들고 춘다고 해서 '칼춤'이라고 부르기도 하며, '황창랑무(黃倡郎舞)'라고도 한다. 검무의 역사적 기록은 『동경잡기(東京雜記)』의 「풍속조(風俗條)」에 나타난다. 신라의 소년 황창랑은 나라를 위하여 백제 왕궁에 들어가 왕 앞에서 칼춤을 추다 왕을 죽이고 자신도 잡혀서 죽는다. 신라 사람들이 이러한 그의 충절을 추모하여, 그의 모습을 본뜬 가면을 만들어 쓰고 그가 추던 춤을 따라 춘 것에서 검무가 시작되었다고 한다. 이처럼 민간에서 시작된 검무는 고려 시대를 거쳐 조선 시대로 이어지며, 궁중으로까지 전해진다. 이때 가면이 사라지는 형식적 변화가 함께 일어난다.
> 조선 시대 민간의 검무는 기생을 중심으로 전승되었으며, 재인들과 광대들의 판놀이로까지 이어졌다. 조선 후기에는 각 지방까지 전파되었는데, 진주검무와 통영검무가 그 대표적인 예이다. 한편 궁중의 검무는 주로 궁중의 연회 때에 추는 춤으로 전해졌으며, 후기에 정착된 순조 때의 형식이 중요 무형문화재로 지정되어 현재까지 보존되고 있다.
> 궁중에서 추어지던 검무의 구성은 다음과 같다. 전립을 쓰고 전복을 입은 4명의 무희가 쌍을 이루어, 바닥에 놓여진 단검(短劍)을 어르는 동작부터 시작한다. 그 후 칼을 주우면서 춤이 이어지고, 화려한 춤사위로 검을 빠르게 돌리는 연풍대(筵風擡)로 마무리한다.
> 검무의 절정인 연풍대는 조선 시대 풍속화가 신윤복의 「쌍검대무(雙劍對舞)」에서 잘 드러난다. 그림 속의 두 무용수를 통해 춤의 회전 동작을 예상할 수 있다. 즉, 이 장면에는 오른쪽에 선 무희의 자세에서 시작해 왼쪽 무희의 자세로 회전하는 동작이 나타나 있다. 이렇게 무희들이 쌍을 이루어 좌우로 이동하면서 원을 그리며 팽이처럼 빙빙 도는 동작을 연풍대라 한다. 이 명칭은 대자리를 걷어 내는 바람처럼 날렵하게 움직이는 모습에서 비롯된 것이다.
> 오늘날의 검무는 검술의 정밀한 무예 동작보다 부드러운 곡선을 그리는 춤 형태로만 남아 있다. 칼을 쓰는 살벌함은 사라졌지만, 민첩하면서도 유연한 동작으로 그 아름다움을 표출하고 있는 것이다. 검무는 신라 시대부터 면면히 이어지는 고유한 문화이자 예술미가 살아 있는 몇 안 되는 소중한 우리의 전통 유산이다.

① 신라 황창랑의 의기와 춤 – 검무의 유래와 발생을 중심으로
② 역사 속에 흐르는 검빛·춤빛 – 검무의 변천 과정과 구성을 중심으로
③ 무예 동작과 아름다움의 조화 – 연풍대의 의미를 중심으로
④ 무희의 칼끝에서 펼쳐지는 바람 – 검무의 예술적 가치를 중심으로
⑤ 검과 춤의 혼합, 우리의 문화 유산 – 쌍검대무의 감상을 중심으로

21 다음은 농촌 지역 환경오염 대책에 대한 글을 쓰기 위해 작성한 개요이다. 개요를 수정·보완한 내용으로 적절하지 않은 것은?

> I. 서론 : 농촌 지역 환경오염의 심각성
> II. 본론
>   1. 농촌 지역 환경오염의 요소 ·· ㉠
>   가. 농촌 거주자들의 건강 악화
>   나. 농업 생산물의 안전성 위협
>   2. 농촌 지역 환경오염의 원인
>   가. 농촌 지역의 무분별한 개발 및 공업화
>   나. 비용해성 생활쓰레기의 재활용 ···································· ㉡
>   다. 농약 및 화학 비료를 이용한 영농 방법의 확산
>   라. 대규모 축산 폐기물의 관리 소홀
>   3. 농촌 지역 환경오염 방지를 위한 방안 ····························· ㉢
>   가. 농약 및 화학 비료 사용의 자제 촉구
>   나. 축산물 유통 구조의 개선 ·· ㉣
>   다. 농촌 지역 경제 활성화를 위한 정책 마련 ····················· ㉤
> III. 결론 : 농촌 지역 환경오염 방지를 위한 노력 촉구

① ㉠은 하위 항목의 내용을 고려하여 '농촌 지역 환경오염의 폐해'로 고친다.
② ㉡은 상위 항목과의 연관성을 고려하여 'II-1'의 하위 항목으로 옮긴다.
③ ㉢에는 'II-2-가'의 내용을 고려하여 '농촌의 특성에 맞는 친환경적인 환경 조성'을 하위 항목으로 추가한다.
④ ㉣은 'II-2-라'의 내용을 고려하여 '축산 폐기물 처리에 대한 관리·감독 강화'로 바꾼다.
⑤ ㉤은 글의 주제를 고려하여 삭제한다.

22 다음 글과 관련 있는 한자성어는?

> 경기가 호황일 때는 직원들의 희생을 강요하던 회사가 경제가 어려워지자 직원들의 임금부터 조정하려고 한다.

① 감언이설(甘言利說) ② 당랑거철(螳螂拒轍)
③ 무소불위(無所不爲) ④ 감탄고토(甘呑苦吐)
⑤ 속수무책(束手無策)

23 다음 대화의 밑줄 친 부분에 들어갈 말로 가장 적절한 것은?

> A : Hello. I need to exchange some money.
> B : Okay. What currency do you need?
> A : I need to convert dollars into pounds. What's the exchange rate?
> B : The exchange rate is 0.73 pounds for every dollar.
> A : Fine. Do you take a commission?
> B : Yes, we take a small commission of 4 dollars.
> A : _____
> B : We convert your currency back for free. Just bring your receipt with you.

① How much does this cost?
② How should I pay for that?
③ What's your buy-back policy?
④ Do you take credit cards?
⑤ How do you think about it?

24 다음 글에서 〈보기〉가 들어갈 위치로 가장 적절한 곳은?

> G공단, 대한천식알레르기학회와 업무협약(MOU) 체결
> – 빅데이터 활용 공동연구로 알레르기질환 예방을 위한 대국민 서비스 방안 마련 –
>
> (가) G공단과 대한천식알레르기학회는 6월 8일 알레르기질환 예방 및 관리방안 도출을 목적으로 업무협약(MOU)을 체결했다고 밝혔다. (나) 우리나라 국민의 약 60%가 알레르기질환으로 연 1회 이상 병원 진료를 받고 있으며, 매년 환자 수도 지속 증가 추세임에 따라, 양 기관은 알레르기질환 관련 연구 수행 및 예방적 건강증진을 위한 대국민 서비스 개발을 위하여 공동 노력키로 했다. (다) G공단 이사장은 "이번 협약은 공단과 학회가 공동으로 알레르기질환을 관리할 수 있는 방안을 모색하고, 예방적 건강증진을 위한 대국민 서비스를 개발하여 건강한 대한민국을 만들기 위해 노력한다는 점에서 큰 의미가 있을 것"이며, "특히, 건강보험 빅데이터를 활용하여 개별 환자들의 알레르기 이력을 DB로 구축, 맞춤형 건강 증진 서비스를 제공할 수 있다면, 이들 환자의 안전망 확보에 큰 기여를 할 것으로 기대한다."고 밝혔다. (라) 또한, 대한천식알레르기학회 조상헌 이사장은 "이번 공동연구를 통해 공단 빅데이터를 활용하여 알레르기질환의 중요성과 심각성을 국민에게 알려, 알레르기질환에 대한 국민의 인식을 높이고 올바른 관리 방안을 모색하는 의미 있는 출발이 될 것"이라고 밝혔다. (마)

보기

> 양 기관은 이번 업무협약(MOU) 체결을 계기로 건강보험 빅데이터를 활용하여 주요 알레르기질환의 기초 분석 자료를 구축함으로써, 관련 통계 산출 및 개인 맞춤형 대국민 서비스 개발 등 알레르기질환 예방과 관리를 위한 공동연구를 수행할 계획이다.

① (가)
② (나)
③ (다)
④ (라)
⑤ (마)

25 다음 글에 대한 반론으로 가장 적절한 것은?

> 상업 광고는 기업은 물론이고 소비자에게도 요긴하다. 기업은 마케팅 활동의 주요한 수단으로 광고를 적극적으로 이용하여 기업과 상품의 인지도를 높이려 한다. 소비자는 소비 생활에 필요한 상품의 성능, 가격, 판매 조건 등의 정보를 광고에서 얻으려 한다. 광고를 통해 기업과 소비자가 모두 이익을 얻는다면 이를 규제할 필요는 없을 것이다. 그러나 광고에서 기업과 소비자의 이익이 상충되는 경우도 있고 광고가 사회 전체에 폐해를 낳는 경우도 있어, 다양한 규제 방식이 모색되었다.
> 이때 문제가 된 것은 과연 광고로 인한 피해를 책임질 당사자로서 누구를 상정할 것 인가였다. 초기에는 '소비자 책임 부담 원칙'에 따라 광고 정보를 활용한 소비자의 구매 행위에 대해 소비자가 책임을 져야 한다고 보았다. 여기에는 광고 정보가 정직한 것 인지와는 상관없이 소비자는 이성적으로 이를 판단하여 구매할 수 있어야 한다는 전제가 있었다. 그래서 기업은 광고에 의존하여 물건을 구매한 소비자가 입은 피해에 대하여 책임을 지지 않았고, 광고의 기만성에 대한 입증 책임도 소비자에게 있었다.

① 상업 광고는 소비자에게 전혀 도움이 되지 않는다.
② 광고가 소비자에게 해를 끼칠 수 있기 때문에 광고를 규제해야 한다.
③ 시장의 독과점 상황이 광범위해지면서 소비자의 자유로운 선택이 어려워졌다.
④ 소비자 책임 부담 원칙에 따르면 소비자는 합리적인 선택을 할 수 있다.
⑤ 소비자 책임 부담 원칙에 따라 소비자는 광고로 입은 피해를 자신이 입증해야 한다.

26 다음 빈칸에 들어갈 내용으로 적절하지 않은 것은?

> 어머니의 사랑은 본질적으로 무조건적이다. 어머니가 갓난애를 사랑하는 것은 이 애가 어떤 특수한 조건을 만족시켜 주었거나 특별한 기대를 충족시켜 주었기 때문이 아니라, 이 애가 그녀의 애이기 때문이다. 반면에 아버지의 사랑은 조건이 있는 사랑이다.
> 아버지의 사랑의 원칙은 "_____, 나는 너를 사랑한다."는 것이다. 어린애에 대한 어머니와 아버지의 태도는 어린애 자신의 욕구와 일치한다. 갓난애는 정신적으로나 육체적으로나 어머니의 무조건적 사랑과 보호를 요구한다. 6세 이후의 어린애는 아버지의 사랑, 아버지의 권위와 지도를 요구하기 시작한다. 어머니의 사랑은 어린애의 생명을 안전하게 하는 기능을 하고, 아버지의 사랑은 이 어린애가 태어난 특수 사회가 직면하게 하는 문제들을 처리하도록 어린애를 가르치고 지도하는 기능을 하고 있다.

① 너는 장래성이 있기 때문에
② 너는 내 아이로 태어났기 때문에
③ 너는 네 의무를 다하고 있기 때문에
④ 너는 나의 기대를 충족시켜 주기 때문에
⑤ 너는 누구보다 똑똑하고 사랑스럽기 때문에

27 평소 자동차에 관심이 많은 K사원은 자동차 잡지에서 다음 글을 발견하였다. 이를 동료들과 함께 읽은 후 의견을 나누고자 할 때, 대화의 내용으로 적절하지 않은 것은?

> 교통사고를 예방하고 운전자와 보행자의 안전을 지키는 첨단 전자식 안전장치, 과연 언제나 안전할까? 정답은 '아니오.'이다. ABS, 에어백, 긴급제동장치(AEB), 차선유지장치(LKAS), 차체자세제어장치(ESC), 능동형스마트 크루즈컨트롤(ACC)과 같은 자동차 첨단 안전장치가 주목받고 있다. 물론 첨단 전자식 안전장치들이 정상적으로 작동할 경우 운전자와 교통안전을 위해 쓰이겠지만, 그렇지 않을 때는 교통사고 위험이 매우 크다. 자동차는 다양한 센서장치와 제어장치 등으로 구성되어 있으며, 이러한 각종 장치는 다른 전자제품처럼 시간이 지나면 낡고 성능이 떨어지거나 오작동하는 것이 어쩌면 당연하다.
> 그러나 운전자가 이 사실을 간과하거나 자동차 정기검사 시 이와 관련한 검사를 누락하는 것은 교통안전을 위협하는 요인이 될 수 있다. 일례로 에어백 관련 센서장치 등이 노후화되어 정상적으로 작동하지 않은 채 추돌사고가 발생할 경우, 에어백이 터지지 않거나 차선을 감지하는 센서장치가 차선 이탈 여부를 정상적으로 감지하지 못하여 차선유지제어장치를 작동하지 못하고 옆 차와 충돌하는 등 이러한 문제는 사고의 위험성뿐만 아니라 사고 책임 등 큰 사회적 문제로 발전할 수 있다. 독일은 첨단 전자식 안전장치에 대한 검사의 필요성에 대하여 사회적 공감대를 형성하고, 첨단 전자식 안전장치 검사를 의무화하고 있으며, 유럽연합(EU)에서도 첨단 전자식 안전장치 검사를 의무화하는 법령을 개정하여 유럽연합 회원국에서는 검사를 이미 시행하거나 시행 준비 중이다.
> 우리나라도 이러한 첨단 안전장치를 검사하기 위하여 검사장비 및 검사기준 개발 등을 적극적으로 추진하고 있다. 해외에서 첨단 전자식 안전장치에 대한 검사를 위하여 크게 두 가지 형태를 운영하고 있다. 하나는 첨단 안전장치를 전자적으로 검사할 수 있는 '진단장비' 형태의 검사와 다른 하나는 성능을 직접 검사할 수 있는 '검사장비'를 개발하여 적용하고 있다. 더불어, 지능형 교통안전시스템(C-ITS)기반의 통신 기반의 기술이 접목된 차량과 차량 통신(V2V), 차량과 인프라 통신(V2I) 등 V2X(=Car2X)에 대한 검사기술 개발과 긴급구난시스템(e-Call) 등 미래형 자동차에 대한 검사기술 개발을 진행 중이다.

① A사원 : 자동차의 다양한 센서장치와 제어장치는 시간의 경과에 영향을 받네요.
② B사원 : 유럽연합에서는 이미 첨단 전자식 안전장치 검사를 의무화하는 법령을 개정했어요.
③ C사원 : 우리나라는 아직 첨단 안전장치를 검사하는 데 소극적인 입장이군요.
④ D사원 : 첨단 전자식 안전장치를 제때 점검하지 않을 경우 사고의 위험성뿐만 아니라 사회적 책임 문제로 발전할 수 있어요.
⑤ E사원 : 해외에서 첨단 전자식 안전장치를 검사하는 방법에는 진단장비와 검사장비가 있네요.

28 다음 중 밑줄 친 단어의 표기가 옳지 않은 것은?

① 그는 쥐꼬리만 한 수입으로 <u>근근히</u> 살아간다.
② 우리는 <u>익히</u> 알고 지내는 사이다.
③ <u>어차피</u> 죽을 바엔 밥이라도 배불리 먹고 싶다.
④ 그들은 모두 배가 고팠던 터라 자장면을 <u>곱빼기</u>로 시켜 먹었다.
⑤ <u>널빤지</u>로 궤짝을 짰다.

29 다음 글의 빈칸에 들어갈 말로 가장 적절한 것은?

> 과학을 이야기할 때 꼭 언급하고 지나가야 할 문제는 과학적인 방법으로 얻어진 결과를 어느 정도 신뢰할 수 있느냐 하는 문제이다. 과학은 인간의 이성으로 진리를 추구해 가는 가장 합리적인 방법이다. 따라서 과학적인 방법으로 도출해 낸 결론은 우리가 얻을 수 있는 가장 신뢰할 수 있는 결론이라고 해야 할 것이다. 그러나 인간의 이성으로 얻은 결론이므로 인간이라는 한계를 뛰어넘을 수는 없다. 인간의 지식이나 이성이 완벽하지 못하다는 것은 누구나 인정하고 있는 사실이다. 그러므로 _____.

① 과학에 대하여 보다 더 적극적인 관심을 가질 필요가 있다.
② 과학적인 방법으로 얻어진 결론도 완벽하다고 할 수는 없다.
③ 과학으로써 인간의 지식이나 이성의 한계를 넘어서야 한다.
④ 과학 탐구에 있어서도 결국 그 주체는 인간임을 잊어서는 안 된다.
⑤ 과학의 산물이 인간에게 유용한 것만은 아니라고 보아야 한다.

30 다음 글에서 〈보기〉가 들어갈 위치로 가장 적절한 곳은?

(가) 불행이란 사물의 결핍 상태에서 오는 것이 아니라, 결핍을 느끼게 하는 욕구에서 온다. 현실세계에는 한계가 있지만 상상의 세계에는 한계가 없다. 현실세계를 확대시킬 수는 없는 일이므로 상상의 세계를 제한할 수밖에 없다. 왜냐하면 우리를 진정으로 불행하게 하는 모든 고통은 오로지 이 두 세계의 차이에서만 생겨나는 것이기 때문이다. 체력과 건강과 스스로가 선한 사람이라는 확신을 제외한 그 밖의 인간 생활의 모든 행복은 모두 사람들의 억측에 불과한 것이다. 신체의 고통과 양심의 가책을 제외한 그 밖의 모든 불행은 공상적인 것이다. (나)
인간은 약하다고 하는데 그것은 무엇을 뜻하는 것이겠는가? 이 약하다고 하는 말은 하나의 상대적 관계를, 즉 그 말이 적용되는 자의 어떤 관계를 나타내는 것이다. 능력이 모든 욕구보다 넘치고 있는 경우에는 곤충이든 벌레든 간에 모두 강자임에 틀림이 없다. 욕망이 그것을 능가할 경우에는 그것이 코끼리든 사자이든, 또는 정복자든 영웅이든, 심지어 신이라 할지라도 모두 약자이다. 자신의 본분을 깨닫지 못하고 반항한 천사는 자신의 본분에 따라서 평화롭게 산 지상의 행복한 인간보다 더 약한 존재였다. 인간은 지금 있는 그대로 만족할 때는 대단히 강해지고 인간 이상이고자 할 때는 대단히 약해진다. (다)
그리고 마치 거미가 거미줄 한가운데 있듯이 그 범위의 중심에 머물러 있도록 하자. 그렇게 하면 우리는 항상 우리 자신에게 만족하고 자신의 약함을 한탄하는 일이 없게 될 것이다. 왜냐하면 허약하다는 것을 새삼스레 느끼게 되는 일이 없을 것이기 때문이다. (라)
모든 동물들은 자기 보존에 필요한 만큼의 능력만을 지니고 있다. 인간만이 오직 그 이상의 능력을 가지고 있다. 그 여분의 능력이 인간의 불행을 만들어 내고 있으니 참로 기이한 일이 아닌가? 어느 나라에서나 인간의 팔은 생활필수품 이상의 것을 만들어 낼 수 있다. 만약 인간이 상당히 현명하여 이 여분의 능력이란 것에 무관심해 진다면 결코 지나치게 많은 것을 손에 넣지 않게 될 것이기 때문에 항상 필요한 것만을 갖고 있게 될 것이다. (마)

보기
그러므로 여러분의 욕망을 확대하면 여러분들의 힘도 확대될 수 있다고 생각하지 말라. 만약에 여러분들의 오만이 힘보다도 더 확대되는 경우에는 오히려 힘을 줄이는 결과가 될 것이다. 우리들의 힘이 미칠 수 있는 범위의 반경을 재어보자.

① (가) ② (나)
③ (다) ④ (라)
⑤ (마)

MEMO

답안채점 • 성적분석 서비스

모바일 OMR

 →  →  →  → 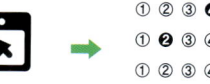 →  →

| 도서 내 모의고사 우측 상단에 위치한 QR코드 찍기 | 로그인 하기 | '시작하기' 클릭 | '응시하기' 클릭 | 나의 답안을 모바일 OMR 카드에 입력 | '성적분석 & 채점결과' 클릭 | 현재 내 실력 확인하기 |

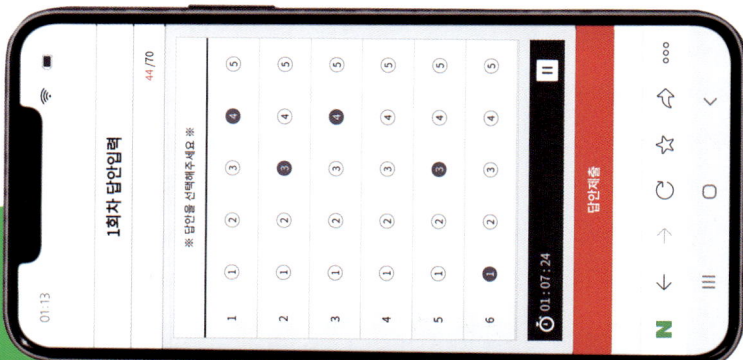

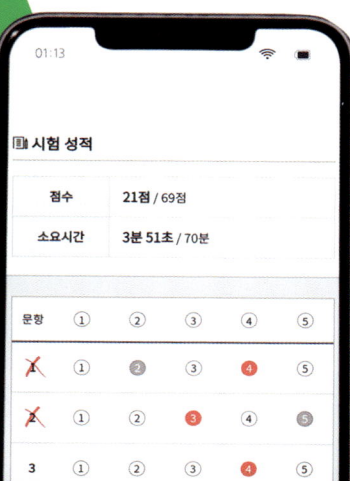

도서에 수록된 모의고사에 대한 객관적인 결과(정답률, 순위)를 종합적으로 분석하여 제공합니다.

※ OMR 답안채점 / 성적분석 서비스는 등록 후 30일간 사용 가능합니다.

시대에듀
공기업 취업을 위한 NCS 직업기초능력평가 시리즈

NCS부터 전공까지 완벽 학습 "통합서" 시리즈

공기업 취업의 기초부터 차근차근! 취업의 문을 여는 **Master Key!**

NCS 영역 및 유형별 체계적 학습 "집중학습" 시리즈

 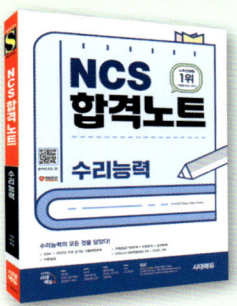 

영역별 이론부터 유형별 모의고사까지! 단계별 학습을 통한 **Only Way!**

2025 ~ 2024년
주요 공기업 의사소통능력
기출복원문제

정답 및 해설

YEAR 2025 ~ 2024

주요 공기업 의사소통능력
기출복원문제 정답 및 해설

01	02	03	04	05	06	07	08	09	10	11	12	13	14	15	16	17	18	19	20
⑤	②	③	①	④	②	③	③	①	③	②	③	②	⑤	⑤	③	③	①	①	②
21	22	23	24	25	26	27	28	29	30	31	32	33	34	35	36	37	38	39	40
②	④	③	⑤	③	①	⑤	④	④	③	④	⑤	③	③	③	①	④	③	③	③
41	42	43	44	45															
④	④	⑤	①	③															

01
[정답] ⑤

선주는 문제를 자신의 탓으로 돌리며 상대방에게 부탁을 하고 있다. 따라서 관용의 격률에 해당하는 사례이다.

오답분석
① 민재는 상대방을 칭찬하는 표현을 최대화해서 말하고 있다. 따라서 타인에 대한 비난은 최소화하고 칭찬은 최대화하여 말하는 표현법인 찬동의 격률에 해당하는 사례로 볼 수 있다.
② 지우는 문제를 상대방의 탓으로 돌리며 상대방에게 부탁을 하고 있다. 따라서 관용의 격률에 해당하지 않는다.
③ 다예는 자신의 이익을 위해 상대방에게 부담을 주며 말하고 있다. 따라서 관용의 격률에 해당하지 않는다.
④ 동현은 상대에게 부담이 되는 표현은 최소화하면서 도움을 요청하고 있다. 따라서 상대방의 부담은 최소화하고 이익은 최대화하여 말하는 표현법인 요령의 격률에 해당하는 사례로 볼 수 있다.

02
[정답] ②

제시문의 마지막 문단에서 현재 AI 음성 합성 기술이 사람의 감정까지 담아 표현할 수 없다는 한계점이 존재한다고 했다. 따라서 아직까지는 AI 음성 합성 기술이 오디오북 제작에서 전문 성우의 역할을 대체할 수 있다고 보기 어렵다.

오답분석
① 세 번째 문단을 통해 AI 음성 합성 기술이 비용과 시간 측면에서 전문 성우의 녹음보다 효율적임을 알 수 있다.
③ 마지막 문단에서 문학 도서의 경우 AI 음성 합성 기술이 사람의 감정까지 담아 표현할 수 없는 반면, 비문학 도서들은 전문 성우가 반드시 필요하지는 않으므로 AI 음성 합성 기술로 제작이 가능하다고 하였다.
④·⑤ 두 번째 문단에서 전문 성우의 오디오북 녹음에는 많은 시간이 필요하며, 비용 또한 많이 들어 현실적인 한계에 부딪히고 있다고 하였다.

03
[정답] ③

제시문에 따르면 2024년 설날 노쇼 비율은 46%이지만, 이 중 19만 매가량이 재판매가 되지 않아 공석으로 운행되었다.

오답분석
① 첫 번째 문단에서 명절에 예매 경쟁률이 수십 배에 달하는 경우도 흔하다고 하였다.
② 세 번째 문단에서 노쇼 문제는 사회적 비용 증가로 연결되며, 이에 따른 비용이나 정책 변경은 국민의 부담으로 돌아올 것이라고 하였다.

④ 네 번째 문단에서 노쇼 문제를 해결하기 위해 코레일은 2025년부터 명절 특별수송기간에 출발 후 20분까지의 위약금을 기존 15%에서 30%로 상향 조정한다고 하였다.
⑤ 마지막 문단에서 노쇼 문제는 단순히 코레일의 노력만으로 해결할 수 없고, 근본적인 제도 개선과 국민들의 인식 변화가 함께 이루어져야 함을 이야기하고 있다.

04

[정답] ①

제시문은 잠복결핵감염에 대해 설명하는 글로 잠복결핵감염의 특성과 치료방법 등을 서술하면서 잠복결핵감염이 어떻게 개인 건강뿐 아니라 사회 전체의 공중보건에 영향을 주는지 서술하고 있다. 따라서 글의 주제로는 '잠복결핵감염의 위험성'이 가장 적절하다.

05

[정답] ④

제시문은 원자력 발전소에서 방사성 물질의 차단과 외부 오염물질의 유입 방지를 위해 강력한 공기조화시스템이 필요함을 이야기하며 이 시스템의 핵심 장치인 헤파필터에 대해 상세히 설명하고 있다. 또한 원자력 발전소에서 헤파필터의 역할과 중요성에 대해 중점적으로 서술하고 있다. 따라서 글의 주제로 가장 적절한 것은 '원자력 발전소에서의 헤파필터의 역할'이다.

06

[정답] ②

'된서리'는 늦가을에 아주 되게 내리는 서리를 의미하며, 이런 특성으로 인해 모진 재앙이나 타격을 비유적으로 이르는 말이다. 따라서 가장 비슷한 어휘는 '어떤 일에서 크게 기를 꺾음. 또는 그로 인한 손해ㆍ손실'을 의미하는 '타격(打擊)'이다.

오답분석
① 타계(他界) : 인간계를 떠나서 다른 세계로 간다는 뜻으로, 사람의 죽음 특히 귀인(貴人)의 죽음을 이르는 말
③ 타점(打點) : 붓이나 펜 따위로 점을 찍음. 야구에서 안타 따위로 득점한 점수
④ 타락(墮落) : 올바른 길에서 벗어나 잘못된 길로 빠지는 일
⑤ 타산(打算) : 자신에게 도움이 되는지를 따져 헤아림

07

[정답] ③

빈칸에 들어갈 단어의 대상은 앞의 '애민주의'이므로 '어떤 명목을 붙여 주의나 주장 또는 처지를 앞에 내세움'을 의미하는 '표방(標榜)'이 가장 적절한 단어이다.

오답분석
① 표징(表徵) : 겉으로 드러나는 특징이나 상징
② 표집(標集) : 사회 조사에서 모집단의 특성을 잘 반영할 수 있는 표본을 추출하는 방법
④ 표류(漂流) : 물 위에 떠서 정처 없이 흘러감
⑤ 표리(表裏) : 물체의 겉과 속 또는 안과 밖을 통틀어 이르는 말

08

[정답] ③

제시문의 네 번째 문단에 따르면 천식 환자는 심장박동 및 호흡 수를 증가시키는 운동은 발작을 일으킬 수 있으므로 피해야 하고, 건조하지 않고 심장 박동이나 호흡 수가 급격히 증가하지 않는 수영과 같은 운동이 좋다고 하였다. 따라서 등산의 경우는 가파른 오르막, 건조한 환경 등 천식 환자에게 좋지 않은 운동일 가능성이 높다.

오답분석
① 세 번째 문단에 따르면 당뇨는 인슐린이 제 기능을 하지 못해 혈당을 낮추지 못하는 질환으로, 유산소 운동을 통해 혈당을 낮출 수 있다.
② 세 번째 문단에 따르면 당뇨 환자와 심장병 환자에게는 유산소 운동이 좋다고 하였으며, 특히 심장병 환자의 경우 규칙적인 유산소 운동은 심혈관계를 향상시킨다고 하였다.
④ 마지막 문단에 따르면 허리 통증 환자는 유산소 운동보다는 척추를 지지하는 근육을 발달시킬 수 있는 코어 운동이 도움이 된다고 하였다.

09 [정답] ①

제시된 개요에 따르면 A교수의 발표 주제는 사람이 제공하던 서비스를 인공지능 기술로 대체하자는 것이 아닌, 인공지능 기술이 건강보험 가입자의 데이터를 기반으로 가입자에게 필요한 맞춤형 서비스를 제공해 주는지에 대한 것이다.

오답분석
② B교수의 발표 주제는 sLLM(소형언어모델)을 사용한 고객 서비스의 향상과 공단 근로자의 업무 효율성을 증대 사례이므로 이에 대한 고객과 공단 근로자의 의견이 필요하다.
③ D교수의 발표 주제는 야간 인공조명이 인간의 건강에 미치는 영향에 대한 것이므로, 야간 인공조명을 받은 사람과 이를 받지 않은 사람과의 건강상의 차이에 대한 구분되는 수치가 필요하다.
④ F팀장의 발표 주제는 병원 내에서 발생하는 폐렴의 데이터 분석을 통해 감염관리 체계 마련이 필요함을 제시하는 것이므로, 병원 내 감염병에 대한 데이터 정보가 필요하다. 따라서 병원 내 어느 병동에서 어떠한 상황에서 발생하였는지, 또 어느 연령대에서 주로 발생하는지 등에 대한 데이터가 필요하다.

10 [정답] ③

제시문은 국민건강보험공단이 담배소송 변론에서 적극적으로 입장을 표명했다고 서술하고 있다. 그러므로 이어질 문단으로 공단의 주장이 포함된 (나) 문단 또는 (다) 문단이 와야 한다. 이 중 (다) 문단은 '마지막으로'로 시작하므로 글의 가장 마지막에 오는 것이 적절하다. 즉, 첫 문단 뒤에 이어질 문단으로 가장 적절한 것은 (나) 문단이다. 다음 (가) 문단과 (라) 문단을 보면, (가) 문단은 담배와 암 사이에는 인과관계가 있다는 주장, (라) 문단은 담배와 암 사이에 인과관계에 대한 뒷받침 자료로 제출한 증거의 목록에 대한 내용이므로 (가) - (라) 순으로 이어져야 한다. 따라서 (나) - (가) - (라) - (다) 순으로 나열하는 것이 적절하다.

11 [정답] ②

포럼은 특정 주제에 대해 토론하고 정보를 공유하며 의견을 교환하는 자리를 의미한다. 따라서 이를 우리말로 바르게 순화한 것은 '토론회'이다.

오답분석
① 테마 : 논의 또는 예술 작품 등 특정한 영역에서 주로 다루는 화제, 소재 등을 뜻하는 말이다.
③ 팬데믹 : 세계보건기구(WHO)의 전염병 경보단계 1~6단계 중 최고 위험 등급에 해당하는 단계로 특정 전염병이나 감염병이 세계적으로 대유행하는 상태를 말한다.
④ 랜드마크 : 특정 지역에서 그 지역을 대표할 수 있는 사물로 타지역과 구별되는 표시나 특징을 가지고 있는 것을 말한다.

12 [정답] ③

제시문에서 적혈구의 수명은 최대 120일이며, 낫적혈구 빈혈 환자가 다른 사람의 혈액으로 수혈을 받는 경우 적혈구의 수명이 이보다 더 짧을 수 있고, 인공혈액으로 수혈을 받는 경우에는 120일을 모두 채울 수 있다고 하였다. 따라서 낫적혈구 빈혈 환자는 최소가 아닌 최대 4개월마다 한 번씩 수혈을 받아야 한다.

오답분석
① 첫 번째・두 번째 문단에 따르면, 열성 유전은 두 쌍 모두 열성인 경우이며, 낫적혈구 빈혈은 부모 양쪽 모두에게서 낫적혈구 유전자를 물려받을 경우 발생한다고 하였으므로 열성 유전 질환임을 알 수 있다.
② 세 번째 문단에 따르면, 낫적혈구는 서로 잘 달라붙는 특성 때문에 얇은 혈관의 통과가 어렵다고 했으므로 모세혈관에서의 통과가 어려울 것임을 알 수 있다.
④ 마지막 문단에 따르면, 인공혈액은 모두 젊은 적혈구로 구성되어 있어 적혈구의 생존 기간이 길어 수혈의 빈도가 감소할 것으로 예측된다고 하였으므로 수혈을 받는 주기는 길어질 것이다.

13 [정답] ②

보금자리론은 민법상 성인이라면 신청 가능하나, 디딤돌대출은 민법상 성인이면서 세대주에 해당하여야 신청이 가능하고, 세대주이더라도 단독세대주라면 만 30세 이상이어야 신청이 가능하다. 따라서 30세 미만이어도 세대원이 있는 세대주라면 신청이 가능하다.

오답분석
① 대출요건을 살펴보면, 디딤돌대출은 구입용도의 대출만 취급하나, 보금자리론의 경우 구입, 보전, 상환용도 모두 가능하다.
③ 신혼부부의 경우 담보주택의 평가액 한도와 소득요건은 두 대출 모두 각각 6억 원 이하, 연소득 8천 5백만 원 이하로 동일하나, 대출한도는 보금자리론이 최대 3.6억 원, 디딤돌대출이 최대 4억 원으로 디딤돌대출이 유리하다.
④ 두 대출의 신용도 관련 요건을 살펴보면, 보금자리론이 신용점수 271점 이상, 디딤돌대출은 350점 이상이어야 한다. 또한 디딤돌대출에는 본인 및 배우자 합산 순자산 요건이 있으나 보금자리론은 해당 요건이 없으므로 본인 및 배우자의 합산 순자산 가액이 높다면 보금자리론이 더 유리하다.

14 [정답] ⑤

'갖은'은 '골고루 다 갖춘. 또는 여러 가지의'를 의미하므로 옳은 어휘이다.

오답분석
① '겨루다'는 '서로 버티어 승부를 다툼'을 의미한다. 밑줄 친 어휘의 대상은 총구이므로 '활이나 총 따위를 쏠 때 목표물을 향해 방향과 거리를 잡음'을 의미하는 '겨누다'가 옳은 어휘이다.
② '늘이다'는 '본디보다 더 길어지게 함'을 의미한다. 밑줄 친 어휘의 대상은 수명이므로 '시간이나 기간을 길게 함'을 뜻하는 '늘리다'가 옳은 어휘이다.
③ '겉잡다'는 '겉으로 보고 대강 짐작하여 헤아림'을 의미한다. 제시된 문장에서는 퍼져나가는 소문을 붙들어 잡을 수 없음을 의미하므로 '한 방향으로 치우쳐 흘러가는 형세 따위를 붙들어 잡음'을 의미하는 '걷잡다'가 옳은 어휘이다.
④ '가늠'은 '목표나 기준에 맞고 안 맞음을 헤아려 봄'을 의미한다. 제시된 문장에서는 정치적 성향에 따라 편을 나누는 것을 의미하므로 '쪼개거나 나누어 따로따로 되게 하는 일'을 의미하는 '가름'이 옳은 어휘이다.

15 [정답] ⑤

행정업무의 운영 및 혁신에 관한 규정 시행규칙 제2조에 따르면 공문서의 항목을 표시할 때에는 상위 항목부터 하위 항목까지 1. → 가. → 1) → 가) → (1) → (가) → ① → ㉮의 형태로 표시하여야 한다고 규정되어 있다.

16 [정답] ③

행정업무의 운영 및 혁신에 관한 규정 시행규칙 제2조 제2항에 따르면 문서에 금액을 표기할 때는 아라비아 숫자로 쓰고, 숫자 다음에 괄호를 써 한글로 적어야 한다고 규정되어 있다. 또한 한글로 적을 때에는 숫자가 '1'일 경우 '일'이라는 표기를 하여야 하며, 금액 앞에 '금'은 붙여 써야 한다. 따라서 공문서의 금액 표기로 옳은 것은 ③이다.

17 [정답] ③

제시문에 따르면 전기 집진기는 (+) 전하를 분진에 부여하여 집진판에 흡착시키는 방식이다. 따라서 집진판은 (+) 전하가 아니라 (−) 전하를 띨 것이다.

오답분석
① 사이클론, 전기, 필터 등 여과하는 방식만 다를 뿐이며 분진 집진기는 분진이 포함된 공기를 흡입하여 분진과 공기를 분리하고, 깨끗한 공기를 외부로 배출하는 3단계를 거친다.
② 분진 집진기는 사이클론, 필터, 전기 등을 활용해 공기와 분진을 분리하는 장치이다.
④ 필터 집진기의 경우 섬유필터를 통해 분진을 걸러내므로 다양한 크기의 분진을 제거할 수 있어 큰 분진을 주로 제거하는 사이클론 방식이나 작은 분진을 주로 제거하는 전기 방식에 비해 광범위하게 사용할 수 있다.
⑤ 사이클론 집진기의 경우 큰 분진 제거에 유리하고, 전기 집진기의 경우 작은 분진 제거에 유리하기 때문에 분진의 크기를 고려하여 집진기 작동방식을 선택하는 것이 효과적이다.

18
정답 ①

A씨의 소규모 카페는 잘못된 위치 선정, 치열한 경쟁, 운영 경험 부족 등 여러 위기를 겪게 되었지만, A씨는 위기를 기회로 삼아 성공한 컨설팅 업체라는 좋은 결과를 얻었으므로 '화를 바꾸어 복이 되게 하다.'의 의미를 지닌 '전화위복(轉禍爲福)'이 가장 관련 있는 한자성어이다.

오답분석
② 사필귀정(事必歸正) : 모든 일은 반드시 바른길로 돌아감
③ 일취월장(日就月將) : 나날이 다달이 자라거나 발전함
④ 우공이산(愚公移山) : 어떤 일이든 끊임없이 노력하면 반드시 이루어짐

19
정답 ①

①의 '차원'은 '물리학적 구성 요소인 시간'을 의미한다. 반면 나머지는 '사물을 보거나 생각하는 처지. 또는 어떤 생각이나 의견 따위를 이루는 사상이나 학식의 수준'을 의미한다.

20
정답 ②

제시문에 따르면 큐비트는 양자 중첩 특성을 가지고 있기 때문에 0과 1의 상태를 동시에 가진다. 반면 기존의 고전적 컴퓨터는 비트(Bit)를 통해 정보를 0과 1의 형태로 나타낸다.

오답분석
①·③ 큐비트는 측정하기 전에는 0과 1의 값을 동시에 지니지만, 측정과 동시에 하나의 값으로 확정된다.
④ 4개의 큐비트를 활용하면 $2^4=16$번의 상태를 동시에 표현할 수 있다.

21
정답 ②

제시문에 따르면 SMR은 다양한 입지 조건에서 설치가 가능하여 전력망이 없는 지역이나 해상에서도 활용할 수 있다. 또한 크기가 작고 유연한 설계 덕분에 다양한 환경에서 활용이 가능하다.

오답분석
① SMR은 방사성 물질의 저장 및 관리 측면에서 유리하지만, 폐기물이 발생에 대한 내용은 설명하고 있지 않다.
③ SMR은 공장에서 모듈화된 기기를 제작하고, 현장으로 운송해 조립하는 방식이다.
④ 한국을 포함한 여러 국가가 SMR 개발에 적극적으로 나서고 있지만, 현재 기존 원전이 대부분 SMR로 전환되었는지는 알 수 없다.

22
정답 ④

쉼이란 대화 도중에 잠시 침묵하는 것으로, 쉼을 활용함으로써 논리성, 감정 제고, 동질감 등을 확보할 수 있다. 쉼을 사용하는 대표적인 경우는 다음과 같다.
• 이야기의 전이 시(흐름을 바꾸거나 다른 주제로 넘어갈 때)
• 양해, 동조, 반문의 경우
• 생략, 암시, 반성의 경우
• 여운을 남길 때

반면, 연단공포증은 면접이나 발표 등 청중 앞에서 이야기할 때 가슴이 두근거리고, 입술이 타고, 식은땀이 나고, 얼굴이 달아오르는 생리적인 현상으로, 쉼과는 관련이 없다. 연단공포증은 90% 이상의 사람들이 호소하는 불안이므로 극복하기 위해서는 연단공포증에 대한 걱정을 떨쳐내고 이러한 심리현상을 잘 통제하여 의사 표현하는 것을 연습해야 한다.

23

정답 ③

미국의 심리학자인 도널드 키슬러는 대인관계 의사소통 방식을 체크리스트로 평가하여 8가지 유형으로 구분하였다. 이 중 친화형은 따뜻하고 배려심이 깊으며, 타인과의 관계를 중시하는 유형이다. 또한 협동적이고 조화로운 성격으로, 자기희생적인 경향이 강하다.

키슬러의 대인관계 의사소통 유형
- 지배형 : 자신감이 있고 지도력이 있으나 논쟁적이고 독단이 강하여 대인 갈등을 겪을 수 있으므로 타인의 의견을 경청하고 수용하는 자세가 필요하다.
- 실리형 : 이해관계에 예민하고 성취 지향적으로 경쟁적인 데다 자기중심적이어서 타인의 입장을 배려하고 관심을 갖는 자세가 필요하다.
- 냉담형 : 이성적인 의지력이 강하고 타인의 감정에 무관심하며 피상적인 대인관계를 유지하므로 타인의 감정 상태에 관심을 가지고 긍정적인 감정을 표현하는 것이 필요하다.
- 고립형 : 혼자 있는 것을 선호하고 사회적 상황을 회피하며 지나치게 자신의 감정을 억제하므로 대인관계의 중요성을 인식하고 타인에 대한 비현실적인 두려움의 근원을 성찰하는 것이 필요하다.
- 복종형 : 수동적이고 의존적이며 자신감이 없으므로 적극적인 자기표현과 주장이 필요하다.
- 순박형 : 단순하고 솔직하며 자기주관이 부족하므로 자기주장을 하는 노력이 필요하다.
- 친화형 : 따뜻하고 인정이 많고 자기희생적이나 타인의 요구를 거절하지 못하므로 타인과의 정서적인 거리를 유지하는 노력이 필요하다.
- 사교형 : 외향적이고 인정하는 욕구가 강하며, 타인에 대한 관심이 많아서 간섭하는 경향이 있고 흥분을 잘 하므로 심리적 안정과 지나친 인정욕구에 대한 성찰이 필요하다.

24

정답 ⑤

철도사고는 달리는 도중에도 발생할 수 있으므로 먼저 인터폰을 통해 승무원에게 사고를 알리고, 열차가 멈춘 후에 안내방송에 따라 비상핸들이나 비상콕크를 돌려 문을 열고 탈출해야 한다. 만약 화재가 발생했을 경우에는 승무원에게 사고를 알리고 곧바로 119에도 신고를 해야 한다.

오답분석
① 침착함을 잃고 패닉에 빠지게 되면 적절한 행동요령에 따라 대피하기 어렵다. 따라서 사고현장에서 대피할 때는 승무원의 안내에 따라 질서 있게 대피해야 한다.
② 화재사고 발생 시 승객들은 여유가 있을 경우 전동차 양 끝에 비치된 소화기로 초기 진화를 시도해야 한다.
③ 역이 아닌 곳에서 열차가 멈췄을 경우 감전의 위험이 있으므로 반드시 승무원의 안내에 따라 반대편 선로의 열차 진입에 유의하며 대피 유도등을 따라 침착하게 비상구로 대피해야 한다.
④ 전동차에서 대피할 때는 부상자, 노약자, 임산부 등 탈출이 어려운 사람부터 먼저 대피할 수 있도록 배려하고 도와주어야 한다.

25

정답 ③

하향식 읽기 모형은 독자의 배경지식을 바탕으로 글의 맥락을 먼저 파악하는 읽기 전략이다. ③의 경우 제품 설명서를 통해 세부 기능과 버튼별 용도를 파악하고 기계를 작동시켰으므로 상향식 읽기를 수행한 사례이다. 제품 설명서를 하향식으로 읽는다면 제품 설명서를 읽기 전 제품을 보고 배경지식을 바탕으로 어떤 기능이 있는지 예측하고, 해당 기능을 수행하는 세부 방법을 제품 설명서를 통해 찾아봐야 한다.

오답분석
① 헤드라인을 먼저 읽어 배경지식을 바탕으로 전체적인 내용을 파악하고 상세 내용을 읽었으므로 하향식 읽기 모형에 해당한다.
② 회의 주제에 대한 배경지식을 가지고 회의 안건을 예상한 후 회의 자료를 파악하였으므로 하향식 읽기 모형에 해당한다.
④ 요리에 대한 경험과 지식을 바탕으로 요리 과정을 파악하였으므로 하향식 읽기 모형에 해당한다.
⑤ 해당 분야에 대한 기본적인 지식을 바탕으로 서문이나 목차를 통해 책의 전체적인 흐름을 파악하였으므로 하향식 읽기 모형에 해당한다.

26
정답 ①

공공사업을 위해 투입된 세금을 본래의 목적에 사용하지 않고 무단으로 다른 곳에 쓴 상황이므로 '예정되어 있는 곳에 쓰지 아니하고 다른 데로 돌려서 씀'을 의미하는 '전용(轉用)'이 가장 적절한 단어이다.

오답분석
② 남용(濫用) : 일정한 기준이나 한도를 넘어서 함부로 씀
③ 적용(適用) : 알맞게 이용하거나 맞추어 씀
④ 활용(活用) : 도구나 물건 따위를 충분히 잘 이용함
⑤ 준용(遵用) : 그대로 좇아서 씀

27
정답 ⑤

비상구는 '화재나 지진 따위의 갑작스러운 사고가 일어날 때에 급히 대피할 수 있도록 특별히 마련한 출입구'이다. 따라서 이와 가장 비슷한 단어는 '갇힌 곳에서 빠져나가거나 도망하여 나갈 수 있는 출구'를 의미하는 '탈출구'이다.

오답분석
① 진입로 : 들어가는 길
② 출입구 : 나갔다가 들어왔다가 하는 어귀나 문
③ 돌파구 : 가로막은 것을 쳐서 깨뜨려 통과할 수 있도록 뚫은 통로나 목
④ 여울목 : 여울물(강이나 바다 따위의 바닥이 얕거나 폭이 좁아 물살이 세게 흐르는 곳의 물)이 턱진 곳

28
정답 ④

제시문은 서양의학에 중요한 영향을 준 히포크라테스와 갈레노스에 대해 소개하고 있다. 히포크라테스는 자연적 관찰을 통해 의사를 과학적인 기반 위의 직업으로 만들었으며, 히포크라테스 선서와 같이 전문직업으로써의 윤리적 기준을 마련한 서양의학의 상징이라고 소개하고 있으며, 갈레노스는 실제 해부와 임상 실험을 통해 의학 이론을 증명하고 방대한 저술을 남겨 후대 의학 발전에 큰 영향을 주었음을 설명하고 있다. 따라서 '히포크라테스와 갈레노스가 서양의학에 미친 영향과 중요성'이 제시문의 주제로 가장 적절하다.

오답분석
① 갈레노스의 의사로서의 이력은 언급하고 있지만, 생애에 대해 구체적으로 밝히는 글은 아니다.
② 갈레노스가 해부와 실험을 통해 의학 이론을 증명하였음을 설명할 뿐이며 해부학의 발전 과정에 대해 설명하는 글은 아니다.
③ 히포크라테스 선서는 히포크라테스가 서양의학에 남긴 중요한 윤리적 기준이지만, 이를 중심으로 설명하는 글은 아니다.
⑤ 히포크라테스와 갈레노스가 주장한 4체액설과 같은 부분은 현대 의학과 거리가 있었음을 밝히고 있다.

29
정답 ④

제시문은 실제로 전기 공급량이 많은 지역과 전기 사용량이 많은 지역은 다르지만, 단일한 전기요금 체계로 인해 동등한 요금이 부과되어 오히려 지역 간 전력 불균형이 발생했다며, 이를 해소하기 위한 대책으로 '차등 요금제' 시행을 말하고 있다. 즉, 전기 공급량이 사용량보다 많은 지역은 전기요금을 낮게, 전기 공급량이 사용량보다 적은 지역은 전기요금을 높게 책정하여 지역 간 전력 불균형을 해소하자는 것이므로 글의 주제로 가장 적절한 것은 ④이다.

30
정답 ③

시조새는 비대칭형 깃털을 가진 최초의 동물로, 현대의 날 수 있는 조류처럼 바람을 맞는 곳의 깃털은 짧고, 뒤쪽은 긴 형태로 이루어졌으며, 이와 같은 비대칭형 깃털이 양력을 제공하여 짧은 거리의 활강을 가능하게 하였다. 따라서 비행을 하기 위한 시조새의 신체 조건은 날개의 깃털이 비대칭 구조로 형성되어 있는 것이다.

오답분석
① 제시문에서 언급하지 않은 내용이다.
②·④ 세 개의 갈고리 발톱과 척추뼈가 꼬리까지 이어지는 구조는 공룡의 특징을 보여주는 신체 조건이다.
⑤ 시조새는 현대 조류처럼 가슴뼈가 비행에 최적화된 형태로 발달되지 않았다고 언급하고 있다.

31 정답 ④

제시문에 따르면 전기요금 분할납부제도는 하절기 및 동절기에 한시적으로 운영되므로 언제든지 분할납부를 신청할 수 있는 것은 아니다.

오답분석
① 분할납부 신청은 행정처리기간인 납기일 전·후 3영업일간 제한될 수 있다. 납기일인 25일이 금요일인 경우 3영업일 전인 22일 수요일부터 토요일, 일요일을 제외하고 3영업일 후인 30일 수요일까지 신청이 제한될 수 있다.
② 관리사무소를 통해 신청하는 경우는 아파트처럼 집합건물 내 개별세대 신청자이므로, 관리사무소의 업무부담 증가를 고려하여 납부기간이 6개월로 고정된다.
③ 아파트에 살고 있는 사람은 집합건물 내 개별세대로 직접계약자가 아니다. 따라서 분할납부를 신청하려면 한전:ON이 아니라 관리사무소를 통하여 신청해야 한다.
⑤ 집합상가의 경우 전기요금이 35만 원을 초과한다면 자격 여부 확인을 위해 관련 기관으로부터 확인서를 발급받아 한국전력공사에 제출해야 한다.

32 정답 ⑤

제시문에 따르면 신재생에너지법에서 규정한 신에너지는 기존의 화석연료를 변환시켜 이용하므로 화석연료를 원료로 전혀 사용하지 않는다는 것은 적절한 추론이 아니다.

오답분석
① 재생에너지는 태양, 바람 등을 활용하여 무한 재생이 가능한 에너지이므로 비고갈성에너지로 볼 수 있다.
② 신재생에너지 산업은 정보통신기술, 생명공학기술, 나노기술과 더불어 차세대 산업으로 시장 규모가 급격히 팽창하고 있다. 따라서 미래에는 신재생에너지에 대한 수요가 더욱 높아질 것으로 볼 수 있다.
③ 2023년 전 세계의 전체 발전량 대비 재생에너지의 발전량 비율이 처음으로 30%를 넘어섰음에도 불구하고, 최근 우리나라는 2030년까지 목표치를 30%에서 21.6%로 하향조정하였으므로 세계적 흐름에 역행하고 있다고 볼 수 있다.
④ 에너지 관련 전문가들은 화석연료의 고갈 및 전략 무기화 문제, 기후변화협약 등의 환경규제 등 신재생에너지의 중요성을 역설하고 있다. 따라서 시간이 지날수록 신재생에너지의 중요성이 더욱 증대될 것으로 예상할 수 있다.

33 정답 ③

세 번째 문단에 따르면 실외와의 온도 차가 크면 에어컨 가동량이 커져 전기요금도 증가한다. 따라서 전기요금 감소를 위해서는 실외와의 온도 차를 줄이기 위해 실외 온도가 높을 경우 에어컨 희망 온도도 같이 높여야 한다.

오답분석
① 하루 전기 소비량을 1kW 줄이면 월 전기요금 7,800원을 줄일 수 있다고 하였으므로 연으로 계산하면 93,600원이다. 따라서 연간 약 10만 원 상당의 전기요금을 줄일 수 있다.
② 제시문에서는 난방 가전에 대해 언급하고 있지 않으며, 냉방 가전의 효율적 사용에 대해서만 언급하고 있으므로 어느 쪽이 더 전기요금 감소에 영향을 주는지 알 수 없다.
④ 마지막 문단에서 습도가 높을 때는 냉방 모드보다 제습 모드일 때 더 높은 전기요금이 부과된다고 하였으나, 이와는 반대되는 습도가 낮은 상황에 대해서는 언급하지 않았으므로 제시문만으로는 알 수 없다.
⑤ 마지막 문단에 따르면 선풍기의 전력 소비량은 에어컨에 비해 현저히 적다고 하였다. 따라서 '선풍기 단독 사용'은 당연히 선풍기와 에어컨을 함께 사용하는 것보다 전기요금이 적을 것이며, '에어컨 단독 사용'이 선풍기와 에어컨을 함께 사용하는 것보다 전기요금이 많을 것이다.

34   정답 ③

제시문은 상병 중인 근로자들이 질병 및 부상 중에 무리하게 일하지 않고 충분한 휴식과 치료를 받고 근로지로 복귀할 수 있도록 돕고, 의료비 부담과 소득상실로 인해 빈곤층으로 전락하지 않도록 일정 부분에 대한 소득을 보장하는 제도인 상병수당 제도가 시행되고 있다고 설명하고 있다. 따라서 글의 주제로 ③이 가장 적절하다.

오답분석
① 산재보상에 대해서는 언급하고 있지 않으므로 글의 주제로 적절하지 않다.
② 상병수당은 빈곤 예방에만 국한된 것이 아닌 건강회복 및 증진과 사회보장 등 인권 보호도 함께 지키기 위해 시행하는 제도이므로 글의 주제로 적절하지 않다.
④ 제시문에 따르면 상병수당 제도는 신설된 것이 아니라 기존에 있던 제도를 실제로 시행할 수 있도록 그 하위법령을 제도화한 것이다.

35   정답 ③

제시문은 뇌경색이 발생하는 원인과 발생했을 때의 치료 방법을 소개하고 있다. 따라서 글의 주제로 가장 적절한 것은 '뇌경색의 발병 원인과 치료 방법'이다.

오답분석
① 뇌경색의 주요 증상에 대해서는 언급하고 있지 않다.
② 뇌경색 환자는 기전에 따라 항혈소판제나 항응고제 약물 치료를 한다고 하였지만, 전체 내용을 담는 주제는 아니다.
④ 뇌경색이 발생했을 때의 조치사항은 언급하고 있지 않다.

36   정답 ①

제시문에 따르면 K공단에서 위촉한 자문 약사는 다제약물 관리사업 대상자가 먹고 있는 약물의 복용상태, 부작용, 중복 등을 종합적으로 검토하고 그 결과를 바탕으로 상담, 교육 및 처방조정 안내를 실시한다. 또한 우리나라는 2000년에 시행된 의약 분업의 결과, 일부 예외사항을 제외하면 약사는 환자에게 약물의 처방을 할 수 없다. 따라서 약사는 환자의 약물점검 결과를 의사에게 전달하여 처방에 반영될 수 있도록 할 뿐 직접적인 처방을 할 수는 없다.

오답분석
② 다제약물 관리사업으로 인해 중복되는 약물을 파악하고 조치할 수 있다. 실제로 세 번째 문단의 다제약물 관리사업 평가에서 효능이 유사한 약물을 중복해서 복용하는 환자가 40.2% 감소되는 등의 효과가 확인되었다.
③ 다제약물 관리사업은 10종 이상의 약을 복용하는 만성질환자를 대상으로 약물관리 서비스를 제공하는 사업이다.
④ 병원의 경우 입원 및 외래환자를 대상으로 의사, 약사 등으로 구성된 다학제팀이 약물관리 서비스를 제공하는 반면, 지역사회에서는 다학제 협업 시스템이 미흡하다는 의견이 나오고 있다. 이에 K공단은 도봉구 의사회와 약사회, 전문가로 구성된 지역협의체를 구성하여 의·약사 협업 모형을 개발하였다.

37   정답 ④

제시문은 아토피 피부염의 정의를 설명하므로 이어서 연결될 수 있는 문단은 아토피 피부염의 원인을 설명하는 (라)이다. 또한, (가)의 앞부분이 (라)의 뒷부분과 연계되므로 (가)가 다음에 오는 것이 적절하다. 그리고 (나)의 첫 번째 문장에서 앞의 약물치료와 더불어 일상생활에서의 예방법을 말하고 있으므로 (나)의 앞에는 아토피 피부염의 약물치료 방법인 (다)가 오는 것이 자연스럽다. 따라서 (라) – (가) – (다) – (나) 순으로 나열하는 것이 적절하다.

38   정답 ③

제시문은 공공기관인 국민건강보험공단이 가진 데이터와 국내 기업인 N사의 생성형 AI 기술력이 업무협약을 통해 합해지면서 국민들을 대상으로 이전보다 더 편리한 건강정보 서비스가 실현되었다는 내용이다. 따라서 빈칸에 들어갈 내용으로 ③이 가장 적절하다.

39
정답 ③

-율/률의 앞 글자가 'ㄱ' 받침을 가지고 있으므로 '출석률'이 옳은 표기이다.

> **-율과 -률의 구별**
> - -율 : 앞 글자의 받침이 없거나 받침이 'ㄴ'인 경우 예 비율, 환율, 백분율
> - -률 : 앞 글자의 받침이 있는 경우(단, 'ㄴ' 받침 제외) 예 능률, 출석률, 이직률, 합격률

40
정답 ③

제시문은 ADHD의 원인과 치료 방법에 대한 글이다. 첫 번째 문단에서는 ADHD가 유전적 원인에 의해 발생한다고 설명하고, 두 번째 문단에서는 환경적 원인에 의해 발생한다고 설명하고 있다. 이를 종합하면 ADHD는 다양한 원인이 복합적으로 작용하는 질환임을 알 수 있다. 또한 빈칸 뒤에서도 다양한 원인에 부합하는 맞춤형 치료와 환경 조성이 필요하다고 하였으므로 빈칸에 들어갈 내용으로 가장 적절한 것은 ③이다.

41
정답 ④

제시된 목차와 보기의 논문 내용을 연결하면 다음과 같다. 먼저 (가) 문단은 도로와 철도 수송시스템의 구성과 수송시스템의 환경영향을 저감시키는 방법에 대해 언급하고 있으므로 목차의 '2. 수송시스템'의 (1)과 (2)에 해당하는 내용이고, (나) 문단은 우리나라의 온실가스 배출량에 대한 통계치를 제시하며 왜 이 연구를 진행하게 되었는지에 대한 배경을 다루고 있으므로 목차의 '1. 서론'에 해당하는 내용임을 알 수 있다. 다음으로 (다) 문단은 본 연구를 각 단계로 나누어 분석해 본 결과 Modal Shift를 통해 효과가 확인되었다는 내용이므로 목차의 '4. 사례연구'에 해당하는 내용이고, (라) 문단은 도로와 철도의 온실가스 배출이 어느 과정에서 어떠한 수치를 보이는지에 대한 구체적인 수치자료이므로 목차의 '2. 수송시스템'의 (3)에 해당하는 내용이다. 마지막으로 (마) 문단은 Modal Shift가 무엇이며 이를 활성화하기 위해 어떻게 해야 하는지에 대해 언급하고 있으므로 목차의 '3. Modal Shift(전환교통)'에 해당하는 내용이다. 따라서 보기의 (가) ~ (마) 문단을 논리적 순서대로 바르게 나열한 것은 (나) - (가) - (라) - (마) - (다)이다.

42
정답 ④

제시문의 세 번째 문단을 통해 정부가 철도 중심 교통체계 구축을 위해 노력하고 있음을 알 수는 있으나, 구체적으로 시행된 조치는 언급되지 않았다.

오답분석
① 첫 번째 문단을 통해 전 세계적으로 탄소중립이 주목받자 이에 대한 방안으로 등장한 것이 철도 수송임을 알 수 있다.
② 첫 번째 문단과 두 번째 문단을 통해 철도 수송의 확대가 온실가스 배출량의 획기적인 감축을 가져올 것임을 알 수 있다.
③ 네 번째 문단을 통해 '중앙선 안동 ~ 영천 간 궤도' 설계 시 탄소 감축 방안으로 저탄소 자재인 유리섬유 보강근이 철근 대신 사용되었음을 알 수 있다.
⑤ 네 번째 문단을 통해 S철도공단은 철도 중심 교통체계 구축을 위해 건설 단계에서부터 친환경·저탄소 자재를 적용하였고, 또한 탄소 감축을 위해 2025년부터는 모든 철도건축물을 일정한 등급 이상으로 설계하기로 결정하였음을 알 수 있다.

43

정답 ⑤

마지막 문단의 '도시권역 간 이동시간을 단축해 출퇴근 교통체증을 해소할 수 있고'라는 내용을 통해 도심항공교통의 상용화를 통해 도심지상교통이 이전보다 원활해질 것임을 예측할 수 있다.

오답분석
① 첫 번째 문단과 두 번째 문단의 내용을 통해 알 수 있듯이 도심항공교통은 비행기와 달리 '저고도 상공'에서 사람이나 물품 등을 운송하는 교통수단, 또는 이와 관련된 모든 사업을 통틀어 말하는 용어로 모든 항공교통수단 시스템을 지칭한다고 보기는 어렵다.
② 도심항공교통은 지상교통수단의 이용이 불가능해진 것이 아니라, 인구 증가와 인구 과밀화 등 여러 요인으로 인해 지상교통수단만으로는 한계에 다다라 이에 대한 해결책으로 등장한 기술이다.
③ 두 번째 문단의 내용을 통해 알 수 있듯이 도심항공교통은 수직이착륙 기술을 가지고 있어 활주로의 필요성은 없지만, 세 번째 문단의 '핵심 인프라 중 하나인 플라잉카 공항 에어원 건설 중에 있다.'라는 내용을 통해 해당 교통수단을 위한 별도의 공항이 필요함을 짐작할 수 있다.
④ 제시문에서 공기업과 사기업, 그리고 각 시가 도심항공교통의 상용화를 목표로 박차를 가하고 있음은 알 수 있으나, 그들이 역할을 분담하여 공동의 목표를 향한다는 내용은 확인할 수 없다.

44

정답 ①

제시문의 첫 번째 문단에서는 이산화탄소로 메탄올을 만드는 곳이 있다며 관심을 유도하고, 두 번째 문단에서 메탄올을 어떻게 만드는지, 어디에 사용하는지 구체적으로 설명함으로써 탄소 재활용의 긍정적인 측면을 부각하고 있다. 하지만 세 번째 문단에서는 앞선 내용과 달리 이렇게 만들어진 메탄올의 부정적인 측면을 설명하고, 네 번째 문단에서는 이와 같은 이유로 탄소 재활용에 대한 결론이 나지 않았다며 글을 마무리하고 있다. 따라서 제시문의 주제로 가장 적절한 것은 탄소 재활용의 장점과 단점을 모두 포괄하는 ①이다.

오답분석
② 두 번째 문단에 한정된 내용이므로 글의 전체를 다루는 주제로 보기에는 적절하지 않다.
③ 지열발전소의 부산물을 통해 메탄올이 만들어진 것은 맞지만, 새롭게 탄생한 연료로 보기는 어려우며, 글의 전체를 다루는 주제로 보기에도 적절하지 않다.
④ · ⑤ 제시문의 첫 번째 문단과 두 번째 문단에서는 버려진 이산화탄소 및 부산물의 재활용을 통해 '메탄올'을 제조함으로써 미래 원료를 해결할 수 있을 것처럼 보이지만, 이어지는 세 번째 문단과 네 번째 문단에서는 이렇게 만들어진 '메탄올'이 과연 미래 원료로 적합한지 의문점이 제기되고 있다. 따라서 제시문의 주제로 보기에는 적절하지 않다.

45

정답 ③

'우회수송'은 사고 등의 이유로 직통이 아닌 다른 경로로 우회하여 수송한다는 뜻이므로 '우측 선로로의 변경'으로 순화하는 것은 적절하지 않다.

오답분석
① '열차시격'에서 '시격'이란 '사이에 뜬 시간'이라는 뜻의 한자어로, 열차와 열차 사이의 간격, 즉 '배차간격'으로 순화할 수 있다.
② '전차선'이란 철로를 의미하고, '단전'은 전기의 공급이 중단됨을 말한다. 따라서 바르게 순화하였다.
④ '핸드레일(Handrail)'은 난간을 뜻하는 영어 단어로, 우리말로는 '안전손잡이'로 순화할 수 있다.
⑤ '키스 앤 라이드(Kiss and Ride)'는 헤어질 때 키스를 하는 영미권 문화에서 비롯된 이름으로, 환승정차구역을 지칭한다.

PART 1
모듈형
정답 및 해설

CHAPTER 02 유형점검

CHAPTER 02 모듈형 유형점검 정답 및 해설

01	02	03	04	05	06	07	08	09	10
③	③	③	②	①	②	③	④	⑤	②
11	12	13	14	15	16	17	18	19	20
②	⑤	①	①	④	②	②	③	③	①
21	22	23	24	25					
⑤	③	③	⑤	⑤					

01　　　　　　　　　　　　　　　　정답　③

조직 내에서 의사소통이 중요시되는 이유는 인간관계가 의사소통을 통해서 이루어지는 상호과정이고, 상호 간의 일반적 이해와 동의를 얻기 위한 유일한 수단이기 때문이다. 또한 의사소통은 제각기 다른 사람들의 서로에 대한 지각의 차이를 좁혀주며, 선입견을 줄이거나 제거해 줄 수 있는 수단이기 때문이다. 의사소통이란 무조건적인 정보의 전달이 아니라 두 사람 또는 그 이상의 사람들 사이에서 의사 전달과 상호교류가 이루어진다는 뜻이다.

02　　　　　　　　　　　　　　　　정답　③

자기의 사상이나 감정에 관하여 말하는 것은 연설에 대한 설명으로, 위에서 설명하는 인상적 의사소통의 한 방법으로 보기는 어렵다.

오답분석
① 신체언어를 사용하여 의사소통을 할 경우 보다 효과적으로 관심을 끌 수 있다.
② 다양한 표현법을 덧붙일 경우 상대의 마음을 끌어당길 수 있다.
④ 익숙한 표현법보다 새로운 표현법을 사용할 경우에 더 인상 깊게 전달할 수 있다.
⑤ 새로운 고객을 만나는 직업이더라도 같은 말을 되풀이하기보다 새로운 표현법을 씀으로써, 더 인상적으로 나의 의견을 전달할 수 있다.

03　　　　　　　　　　　　　　　　정답　③

언쟁하기란 단지 논쟁을 위해서 상대방의 말에 귀를 기울이는 것으로, 상대방이 무슨 주제를 꺼내든지 설명하는 것을 무시하고 자신의 생각만을 늘어놓는 것이다. 하지만 사원 C의 경우 K사원과 언쟁을 하려 한다기보다는 K사원의 말에 귀 기울이며 동의하고 있다. 또한 K사원이 앞으로 취해야 할 행동에 대해 자신의 생각을 조언하고 있다.

오답분석
① 짐작하기란 상대방의 말을 듣고 받아들이기보다 자신의 생각에 들어맞는 단서들을 찾아 자신의 생각을 확인하는 것으로, 사원 A의 경우 K사원의 말을 듣고 받아들이기보단 O부장이 매일매일 체크한다는 것을 단서로 보아 K사원에게 문제점이 있다고 보고 있다.
② 판단하기란 상대방에 대한 부정적인 선입견 때문에, 또는 상대방을 비판하기 위해 상대방의 말을 듣지 않는 것을 말한다. 사원 B는 K사원이 예민하다는 선입견 때문에 O부장의 행동보다 K사원의 행동을 문제시하고 있다.
④ 슬쩍 넘어가기란 대화가 너무 사적이거나 위협적이면 주제를 바꾸거나 농담으로 넘기려 하는 것으로 문제를 회피하려 해 상대방의 진정한 고민을 놓치는 것을 말한다. 사원 D의 경우 K사원의 부정적인 감정을 회피하기 위해 다른 주제로 대화방향을 바꾸고 있다.
⑤ 비위 맞추기란 상대방을 위로하기 위해 혹은 비위를 맞추기 위해 너무 빨리 동의하는 것을 말한다. 사원 E는 K사원을 지지하고 동의하는 데 너무 치중함으로써 K사원이 충분히 자신의 감정과 상황을 표현할 시간을 주지 못하고 있다.

04　　　　　　　　　　　　　　　　정답　②

• A : 아이의 이야기를 들어주기보다는 자신의 기준에 따라 성급하게 판단하여 충고를 하고 있다. 상대방의 생각이나 느낌과 일치된 의사소통을 하지 못하는 인습적 수준에 해당한다.
• B : 아이의 이야기에 대하여 긍정적으로 반응하고 아이가 자신의 일에 책임감을 가질 수 있도록 돕고 있다. 상대방의 내면적 감정과 사고를 지각하고 적극적인 성장 동기를 이해하는 심층적 수준에 해당한다.

- C : 아이의 현재 마음 상태를 이해하고 있으며, 아이의 의견을 재언급하면서 반응을 보이고 있다. 상대방의 마음 상태나 전달하려는 내용을 파악하고 그에 맞는 반응을 보이는 기본적 수준에 해당한다.

> **공감적 이해의 수준**
> - 인습적 수준 : 청자가 상대방의 말을 듣고 그에 대한 반응을 보이기는 하지만, 청자가 주로 자신의 생각에 사로잡혀 있기 때문에 자기주장만 할 뿐 상대방의 생각이나 느낌과 일치된 의사소통을 하지 못하는 경우이다.
> - 기본적 수준 : 청자는 상대방의 행동이나 말에 주의를 기울여 상대방의 현재 마음 상태나 전달하려는 내용을 정확하게 파악하고 그에 맞는 반응을 보이는 것이다.
> - 심층적 수준 : 청자는 언어적으로 명백히 표현되지 않은 상대방의 내면적 감정과 사고를 지각하고 이를 자신의 개념 틀에 의하여 왜곡 없이 충분히 표현함으로써 상대방의 적극적인 성장 동기를 이해하고 표출하는 것이다.

05 정답 ①

제시문은 말하는 사람과 듣는 사람이 각각 잘 전달했는지, 잘 이해했는지를 서로 확인하지 않고 그 순간을 넘겨버려 엇갈린 정보를 갖게 되는 상황에 대한 내용이다. 따라서 이는 서로 간의 상호작용이 부족한 것으로 볼 수 있다.

오답분석
② 서로 엇갈린 정보를 가진 것은 맞으나, 책임에 대한 내용은 제시문에서 찾을 수 없다.
③ 많은 정보를 담는 복잡한 메시지로 인한 문제가 아닌 서로의 상호작용이 부족해 발생하는 문제이다.
④ 모순된 내용이 문제가 아니라, 서로 상호작용이 부족한 것으로 인한 문제이다.
⑤ 의사소통에 대한 잘못된 선입견이란 말하지 않아도 안다는 것으로 제시문의 내용과 부합하지 않는다.

06 정답 ②

연단공포증을 극복하기 위해서는 프레젠테이션에 필요한 것들을 미리 준비하고, 반복적으로 연습하여 완벽한 준비를 해야 한다. 완벽한 준비는 발표 중에 느끼는 불안감에도 불구하고 미리 준비한 그대로 실천할 수 있도록 큰 도움을 준다.

07 정답 ③

상대방의 요구를 거절할 때는 사과한 다음 할 수 없는 이유를 설명하는 것이 옳다. 불가능한 경우에는 모호한 것보다 단호하게 거절하는 것이 좋지만, 정색을 하면서 딱 부러지게 말하는 것은 상대의 감정을 상하게 할 수 있으므로 적절하지 않다.

08 정답 ④

일방적으로 자신의 말만 하고, 무책임한 마음으로 자신의 말이 '정확히 전달되었는지', '정확히 이해했는지'를 확인하지 않는 미숙한 의사소통 기법이 직장생활에서의 원만한 의사소통을 저해하고 있다.

09 정답 ⑤

피드백은 상대방이 원하는 경우 대인관계에 있어서 그의 행동을 개선할 수 있는 기회를 제공해 줄 수 있다. 하지만 부정적이고 비판적인 피드백만을 계속적으로 주는 경우에는 오히려 역효과가 나타날 수 있으므로 피드백을 줄 때 상대방의 긍정적인 면과 부정적인 면을 균형 있게 전달하도록 유의하여야 한다.

10 정답 ②

원활한 의사표현을 위해서는 긍정과 공감에 초점을 둔 의사표현 기법을 습득해야 한다. 상대방의 말을 그대로 받아서 맞장구를 치는 것은 상대방에게 공감을 보여주는 가장 쉬운 방법이다.

오답분석
① 상대방의 말이 채 끝나기 전에 어떤 답을 할까 궁리하는 것은 주의를 분산시켜 경청에 몰입하는 것을 방해한다.
③ 핵심은 구체적으로 짚되, 표현은 가능한 간결하게 하는 것이 바람직한 의사표현법이다.
④ 이견이 있거나 논쟁이 붙었을 때는 무조건 앞뒤 말의 '논리적 개연성'만 따지지 않고 이성과 감성의 조화를 통해 문제를 해결해야 한다.
⑤ 장점은 자신이 부각한다고 해서 공식화되지 않고, 오히려 자신의 단점과 실패 경험을 앞세우면 더 많은 지지자를 얻을 수 있다.

11 [정답] ②

B사원은 현재 문제 상황과 관련이 없는 A사원의 업무 스타일을 근거로 들며, A사원의 의견을 무시하고 있다. 즉, 상대방에 대한 부정적인 판단 때문에 상대방의 말을 듣지 않는 태도가 B사원의 경청을 방해하고 있는 것이다.

오답분석
① 짐작하기 : 상대방의 말을 듣고 받아들이기보다 자신의 생각에 들어맞는 단서들을 찾아 자신의 생각을 확인하는 것이다.
③ 조언하기 : 지나치게 다른 사람의 문제를 본인이 해결해 주고자 하여 상대방의 말끝마다 조언하려고 끼어드는 것이다.
④ 비위 맞추기 : 상대방을 위로하기 위해서 혹은 비위를 맞추기 위해서 너무 빨리 동의하는 것이다.
⑤ 대답할 말 준비하기 : 상대방의 말을 듣고 곧 자신이 다음에 할 말을 생각하기에 바빠 상대방이 말하는 것을 잘 듣지 않는 것이다.

12 [정답] ⑤

김과장은 직원들에 대한 높은 관심으로 간섭하려는 경향이 있고, 남에게 자신의 업적을 이야기하며 인정받으려 하는 욕구가 강하다. 따라서 김과장은 타인에 대한 높은 관심과 간섭을 자제하고, 지나친 인정욕구에 대한 태도를 성찰할 필요성이 있다.

오답분석
① 김과장이 독단적으로 결정했다는 내용은 언급되지 않았다.
② 직원들은 김과장의 지나친 관심으로 힘들어하고 있는 상황이므로 적절하지 않은 조언 내용이다.
③ 직원들에게 지나친 관심을 보이는 김과장에게는 적절하지 않은 조언 내용이다.
④ 인정이 많다거나, 직원들의 요구를 거절하지 못한다는 내용은 제시문에서 찾을 수 없다.

13 [정답] ①

조직은 다양한 사회적 경험과 사회적 지위를 토대로 한 개인의 집단이므로 동일한 내용을 제시하더라도 각 구성원은 서로 다르게 받아들이고 반응한다. 그렇기 때문에 조직 내에서 적절한 의사소통을 형성한다는 것은 결코 쉬운 일이 아니다.

오답분석
② 메시지는 고정되고 단단한 덩어리가 아니라 유동적이고 가변적인 요소이기 때문에 상호작용에 따라 다양하게 변형될 수 있다.
③·④·⑤ 제시된 갈등 상황에서는 표현 방식의 문제보다는 서로 다른 의견이 문제가 되고 있으므로 적절하지 않다.

14 [정답] ①

문서이해능력이란 직업 현장에서 자신의 업무와 관련된 인쇄물이나 기호화된 정보 등 필요한 문서를 확인하여 문서를 읽고, 내용을 이해하고 요점을 파악하는 능력을 말한다. 부서 전체 회의에서 발표자의 이야기를 듣고 들은 내용을 종합하는 것은 경청능력에 해당한다.

15 [정답] ④

문서의 기능
1) 의사의 기록·구체화
 문서는 사람의 의사를 구체적으로 표현하는 기능을 갖는다. 사람이 가지고 있는 주관적인 의사는 문자·숫자·기호 등을 활용하여 종이나 다른 매체에 표시하여 문서화함으로써 그 내용이 구체화된다.
2) 의사의 전달
 문서는 자기의 의사를 타인에게 전달하는 기능을 갖는다. 문서에 의한 의사 전달은 전화나 구두로 전달하는 것보다 좀 더 정확하고 변함없는 내용을 전달할 수 있다.
3) 의사의 보존
 문서는 의사를 오랫동안 보존하는 기능을 갖는다. 문서로써 전달된 의사는 지속적으로 보존할 수 있고 역사자료로서 가치를 갖기도 한다.
4) 자료 제공
 보관·보존된 문서는 필요한 경우 언제든 참고자료 내지 증거자료로 제공되어 행정 활동을 지원·촉진시킨다.
5) 업무의 연결·조정
 문서의 기안·결재 및 협조 과정 등을 통해 조직 내외의 업무처리 및 정보 순환이 이루어져 업무의 연결·조정 기능을 수행하게 한다.

16 [정답] ②

㉠, ㉢, ㉣, ㉤은 문서적인 의사소통 활동인 반면, ㉡은 언어적인 의사소통 활동에 해당한다.

17 [정답] ②

문서를 작성해야 하는 상황은 주로 요청이나 확인을 부탁하는 경우, 정보제공을 위한 경우, 명령이나 지시가 필요한 경우, 제안이나 기획을 할 경우, 약속이나 추천을 위한 경우이다. 그러나 ②의 경우 자유롭게 제시된 팀원의 모든 의견은 공식적인 것이 아니므로 문서로 작성하지 않아도 된다.

18 [정답] ③

문장은 되도록 간결체로 쓰는 것이 의미전달에 효과적이며, 행은 문장마다 바꾸는 것이 아니라 그 내용에 따라 적절하게 바꾸어 문서가 난잡하게 보이지 않도록 하여야 한다.

19 [정답] ③

기안서는 어떤 문제를 해결하기 위한 방안을 작성하여 결재권자에게 의사 결정을 요청하는 문서이다. 한편, 품의서는 특정 사안에 대하여 결재권자의 승인을 요청하는 문서이다. 즉, 기안서를 통해 상사의 결재를 받았다면, 이를 실행하기 위해서는 구체적인 내용의 품의서를 작성하여야 한다.

오답분석
① 결의서 : 구성원이 안건에 대한 수행을 목적으로 의사결정을 한 내용을 기록한 문서이다.
② 품의서 : 어떠한 일의 집행을 시행하기에 앞서 결재권자에게 구체적인 사안을 승인해 줄 것을 요청하는 문서이다.
④ 기획서 : 담당자가 아이디어 등을 의뢰인이나 상사에게 제출할 목적으로 작성하는 문서이다.
⑤ 보고서 : 담당자가 상급자 등에게 특정 업무 현황을 보고하기 위해 작성하는 문서이다.

20 [정답] ①

A대리는 자사의 프로젝트 진행 과정에 대한 자료를 토대로 문제가 되는 뉴스 보도에 반박해야 하므로 주로 기업 등에서 언론용으로 발표하는 문서인 보도자료를 작성해야 한다. 기자들은 정부 기관이나 기업에서 배포한 보도자료를 바탕으로 기사를 작성하기 때문에 A대리는 기자들이 H회사의 입장에서 기사를 작성할 수 있도록 보도자료를 제공해야 한다. 일반적으로 보도자료는 회사 자체에 대한 홍보나 기업정보를 제공하는 경우에 필요하다.

오답분석
② 제품설명서 : 제품에 대한 정보를 제공해야 하는 경우에 필요하다.
③ 업무지시서 : 관련 부서나 외부기관, 단체에 명령이나 지시를 내려야 하는 경우에 필요하다.
④ 제안서 : 업무에 대한 제안을 하거나 기획을 해야 할 경우에 필요하다.
⑤ 추천서 : 개인이 다른 회사에 지원하거나 이직을 하고자 할 경우에 필요하다.

21 [정답] ⑤

공문서는 반드시 일정한 양식과 격식을 갖추어 작성해야 한다.

오답분석
① 공문서는 회사 외부로 전달되는 문서로 누가, 언제, 어디서, 무엇을, 어떻게(혹은 왜)가 정확하게 드러나도록 작성해야 한다.
② 공문서의 날짜 작성 시 날짜 다음에 괄호를 사용할 경우에는 마침표를 찍지 않는다.
③ 도표를 사용하는 것은 설명서의 특징이며, 공문서의 경우 복잡한 내용은 '-다음-'이나 '-아래-'와 같이 항목별로 구분한다.
④ 공문서의 내용은 한 장에 담아내는 것이 원칙이다.

22 [정답] ③

보도자료란 정부 기관이나 기업체, 각종 단체 등이 언론을 상대로 자신들의 정보가 기사로 보도되도록 하기 위해 보내는 자료로, 보도가 되어 알려지는 것이 목적인 문서이다.

오답분석
① 자기소개서 : 개인의 가정환경과 성장과정, 입사 동기와 근무자세 등을 구체적으로 기술하여 자신을 소개하는 것이 주목적인 문서이다.
② 기획서 : 적극적으로 아이디어를 내고 기획한 하나의 프로젝트를 문서형태로 만들어, 상대방에게 그 내용을 전달하여 기획을 시행하도록 설득하는 문서로 소비자들을 위해 작성한 문서가 아니다.
④ 비즈니스 메모 : 전화 메모, 회의 메모, 업무 메모가 해당되며 업무상의 중요한 일이나 체크해야 할 일에 대해 간단하게 메모하는 것으로써 유사시 큰 역할을 하기도 한다.
⑤ 공문서 : 정부 행정기관에서 대내적・대외적 공무를 집행하기 위해 작성한 문서로 엄격한 규격과 양식에 따라 정당한 권리를 가진 사람이 작성할 수 있는 문서이다.

23 정답 ③

A씨의 경우 문서 내용을 정리하여 요구사항별로 그룹화하고, 중요한 내용만 간추려 메모하기 시작하였으므로 상대방의 의도를 도표나 그림 등으로 메모하여 요약, 정리해보는 단계에 해당한다.

문서이해의 구체적인 절차
1. 문서의 목적을 이해하기
2. 이러한 문서가 작성된 배경과 주제를 파악하기
3. 문서에 쓰인 정보를 밝혀내고, 문서가 제시하고 있는 현안을 파악하기
4. 문서를 통해 상대방의 욕구와 의도 및 내게 요구되는 행동에 관한 내용을 분석하기
5. 문서에서 이해한 목적 달성을 위해 취해야 할 행동을 생각하고 결정하기
6. 상대방의 의도를 도표나 그림 등으로 메모하여 요약, 정리해보기

24 정답 ⑤

L씨는 기사문을 통해 자식들을 훌륭하게 키운 K씨의 교육 방법을 파악하고, 가족들과 함께 시간을 보낼 수 있는 '가족의 밤'을 진행하기로 하였으므로 문서에서 이해한 목적 달성을 위해 취해야 할 행동을 생각하고 결정하는 단계에 해당한다.

25 정답 ⑤

(가) 발신주의(發信主義) : 성립한 문서가 상대방에게 발신된 때 효력이 발생한다.
(나) 요지주의(了知主義) : 상대방이 문서의 내용을 알게 되었을 때에 효력이 발생한다.
(다) 도달주의(到達主義) : 문서가 상대방에게 도달해야 효력이 발생한다.
(라) 표백주의(表白主義) : 결재로써 문서의 작성이 끝났을 때에 효력이 발생한다.

PART 2
문서이해능력
정답 및 해설

CHAPTER 01 문장삽입

CHAPTER 02 빈칸추론

CHAPTER 03 내용일치

CHAPTER 04 나열하기

CHAPTER 05 주제・제목 찾기

CHAPTER 06 비판・반박

CHAPTER 07 추론

CHAPTER 01 문장삽입 유형점검 정답 및 해설

STEP 1 기본문제

01	02	03	04	05
③	③	⑤	④	④

01 정답 ③
제시문은 한국 전통문화의 보존과 변화에 대한 내용이다. 보기의 '또한'이라는 접속어를 통해 외래문화나 전통문화의 양자택일에 대한 내용이 앞에 있고, 다음의 내용이 '전통문화는 계승과 변화가 다 필요하고 외래문화의 수용과 토착화를 동시에 요구하고 있기 때문이다.'인 것이 자연스러운 것을 알 수 있다. 따라서 보기는 (다)에 들어가는 것이 적절하다.

02 정답 ③
제시문은 스마트시티 조성에 대한 내용이다. 보기에서 L공사는 '이에 발맞춰' 스마트 시티를 주요 미래 사업 분야로 정했으므로 '이'가 가리키는 내용은 스마트 시티를 주요 미래 사업 분야로 정하게 된 원인이 되어야 한다. 따라서 보기는 세계 각국에서 스마트 시티 추진에 전방위적인 노력을 기울이고 있다는 내용의 뒤인 (다)에 들어가는 것이 가장 적절하다.

03 정답 ⑤
제시문은 일상 속 중의적으로 사용되는 단어 '차원'에 대한 내용이다. 보기는 관심사가 하나뿐인 사람을 1차원 그래프로 표시할 수 있다는 내용이므로, 제시문의 1차원적 인간에 대한 구체적인 예시에 해당한다. 따라서 (마)에 들어가는 것이 가장 적절하다.

04 정답 ④
제시문은 사물인터넷을 활용한 농법, 특히 아쿠아포닉스에 대한 내용이다. 보기는 아쿠아포닉스의 단점에 대해 설명하고 있기에, 앞에는 아쿠아포닉스의 장점을, 뒤에는 단점을 해결하는 방법이나 추가적인 단점 등의 내용을 포함해야 한다. 또한 세 번째 문단의 '이러한 수고로움'이 앞에 제시되어야 하므로, 보기가 들어가기에 가장 적절한 곳은 (라)이다.

05 정답 ④
보기는 감각이 아닌 산술 혹은 기하학 등 단순한 것의 앞에 대한 의심으로, '하느님과 같은 어떤 전능자가 명백하게 여겨지는 것에 대해서도 속을 수 있는 본성을 나에게 줄 수 있다.'라는 마지막 문장을 주시해야 한다. 또한 제시문의 (라)에서 '누구든지 나를 속일 수 있으면 속여 보라.'라는 문장을 보면, 보기의 마지막과 (라)의 시작 부분이 연결됨을 알 수 있다. 따라서 보기는 (라)에 들어가는 것이 적절하다.

STEP 2 응용문제

01	02	03	04	05
②	④	③	②	①

01 정답 ②
제시문은 베토벤의 9번 교향곡에 대해 설명하고 있으며, 보기는 9번 교향곡이 '합창교향곡'이라는 명칭이 붙은 이유에 대해 말하고 있다. 제시문의 세 번째 문장까지는 교향곡에 대해 설명하고 있고, 네 번째 문장부터는 교향곡에 대한 현대의 평가 및 가치에 대해 설명을 하고 있다. 따라서 보기는 교향곡에 대한 설명과 교향곡에 성악이 도입되었다는 설명의 다음 문장인 (나)에 들어가는 것이 가장 적절하다.

02 정답 ④
제시문의 (라)의 앞부분에서는 녹조 현상에 따른 조류의 문제점을 설명하였으나, (라)의 뒷부분에서는 녹조의 원인이 되는 조류가 생태계 유지에 중요한 역할을 담당하고 있다고 설명한다. 즉, (라)의 뒤에서는 앞의 내용과 달리 녹조의 긍정적인 면을 설명하고 있으므로 '녹조가 무조건 나쁜 것은 아니다.'라는 보기는 (라)에 들어가는 것이 가장 적절하다.

03   [정답] ③

보기의 내용으로 볼 때 제시문에는 이전의 내용과 다른 근본적인 설명의 예가 나와야 한다. (다) 앞의 문단은 왜 왼손이 배변 처리에 사용되었는지 설명해 주지 못한다고 하였고, (다) 뒤의 문단은 뇌의 좌우반구 기능 분화의 내용을 다루는 다른 설명이 있다. 따라서 보기가 들어갈 곳으로 가장 적절한 곳은 (다)이다.

04   [정답] ②

보기에서는 투과율이 비슷한 조직들 간의 구별이 어렵기 때문에 다른 조직과의 투과율 차이가 큰 경우로 한정된다는 X선의 활용 범위의 한계를 제시한다. 제시문 두 번째 문단의 마지막 문장에서는 이러한 한계를 극복한 것이 CT라고 말하므로 보기의 위치는 (나)가 가장 적절하다.

05   [정답] ①

보기는 소송에서의 '입증'이라는 용어를 정의한 것이므로 제시문에서 '입증'이라는 용어가 가장 먼저 나온 곳의 바로 뒤에 나와야 하고, (가) 뒤에서는 법관의 확신에 대해 이야기하고 있다. 따라서 보기의 위치는 (가)가 가장 적절하다.

STEP 3 적중문제

01	02	03	04	05	06	07	08	09	10
⑤	④	③	③	①	②	⑤	③	①	⑤

01   [정답] ⑤

보기는 4비트 컴퓨터가 처리하는 1워드를 초과한 '10010'을 제시하며, 이를 '오버플로'라 설명한다. 이때 제시문의 (마)의 바로 앞 문장에서는 0111에 1011을 더했을 때 나타나는 '10010'을 언급하고 있으며, (마)의 바로 뒤 문장에서는 부호화 절댓값에는 이 '오버플로'를 처리하는 규칙이 없다는 점을 설명하고 있다. 따라서 보기는 (마)에 들어가는 것이 적절하다.

02   [정답] ④

보기는 호주에서 카셰어링 서비스가 급격한 성장세를 보이는 이유를 비용 측면에서 바라보고 있다. 이때, 제시문 세 번째 문단의 (라) 뒤에서는 차량을 소유할 경우 부담해야 하는 비용에 관하여 이야기하고 있으므로 결국 비용 측면을 언급하는 보기는 (라)에 들어가는 것이 가장 적절하다.

03   [정답] ③

보기의 '이'는 앞 문장의 내용을 가리키므로, 기업의 이익 추구가 사회 전체의 이익과 관련된 결과를 가져왔다는 내용이 앞에 와야 한다. 제시문의 (다) 앞의 '가장 저렴한 가격으로 상품 공급'이 '사회 전체의 이익'과 연관되므로 보기는 (다)에 들어가는 것이 가장 적절하다.

04   [정답] ③

보기의 '이에 따라'에서 지시 대명사 '이'가 가리키는 내용은 제시문의 (다) 바로 앞의 문장에서 언급한 '할리우드의 표준화·분업화된 영화 제작 방식'이다. 또한 (다)의 바로 뒤의 문장 '이는 계량화가 불가능한······'에서 지시 대명사 '이'가 가리키는 내용은 보기의 문장 전체를 가리킨다. 따라서 (다)가 보기가 들어갈 곳으로 가장 적절하다.

05   [정답] ①

보기의 '이 둘'은 제시문의 산제와 액제를 의미하므로 이 둘에 관해 설명하고 있는 위치에 들어가야 함을 알 수 있다. 또 상반되는 사실을 나타내는 두 문장을 이어 줄 때 사용하는 접속어 '하지만'을 통해 산제와 액제의 단점을 이야기하는 보기 앞에는 산제와 액제의 장점에 관한 내용이 와야 함을 알 수 있다. 따라서 (가)에 들어가는 것이 적절하다.

06   [정답] ②

제시문은 첫 번째 문단에서 원시인이라는 개념에 대해 설명하면서 그 자체의 의미상 규정이 명확하지 않음을 이야기하고, 두 번째 문단에서는 문명이나 규범 체계, 과학 지식, 기술적 성과 등의 요소를 표준으로 삼을 때 그 구분이 명확하지 못함을 밝히고 있다. 또한 세 번째 문단에서는 종교적인 면에 한해 원시인임을 느낄 수 있다고 하였다. 이때 두 번째 문단에서 구분 짓는 것이 무엇과 무엇인지를 먼저 밝혀야 내용의 흐름이 자연스럽다. 따라서 '문명인'과 '원시인'에 대한 정의의 어려움을 언급한 보기가 (나)에 오는 것이 적절하다.

07   [정답] ⑤

제시문의 마지막 문단에서는 정보와 지식이 커뮤니케이션 속에서 살아 움직이며 진화함을 말하고 있다. 따라서 정보의 순환 속에서 새로운 정보로 거듭나는 역동성에 대한 설명의 사례로 (마)에 보기의 내용이 이어질 수 있다. 한 나라의 관광 안내 책자 속 정보가 섬세하고 정확한 것은 소비자들에 의해 몇몇 오류에 대한 수정이 이루어져 개정되는 것이 정보와 지식의 커뮤니케이션 속에서 새로운 정보로 거듭나는 것을 잘 나타내고 있기 때문이다.

08 [정답] ③

제시문의 (다)의 앞부분에서 '문명의 이기(利器)의 근본은 신화적 상상력'이라 했고, 보기가 그 예에 해당한다. 따라서 보기가 들어가기에 적절한 곳은 (다)이다.

09 [정답] ①

- ㄱ : 제시문의 (가) 이후 '다시 말해서~'가 이어지는 것으로 보아 앞에 비슷한 내용을 언급하고 있는 문장이 와야 한다. ㄱ은 우주 안에서 일어나는 사건이라는 측면에서 과학에서 말하는 현상과 현상학에서 말하는 현상은 다를 바가 없고, (가)에서는 현상학적 측면에서 볼 때, 철학의 구조와 과학적 지식의 구조가 다를 바 없음을 말하고 있으므로 (가)에 들어가는 것이 적절하다.
- ㄴ : 언어학의 특징을 설명하고 있다. (나)의 앞에서 철학과 언어학의 차이를 언급하고 있으며, 뒤 문장에서는 언어학에 대한 설명이 이어지고 있으므로 (나)에 들어가는 것이 적절하다.

10 [정답] ⑤

- ㄱ : 제시문의 두 번째 문단의 내용처럼 '디지털 환경에서는 저작물을 원본과 동일하게 복제할 수 있고 용이하게 개작할 수 있기 때문에' ㄱ과 같은 문제가 생겼다. 또한 이에 대한 결과로 (나) 바로 뒤의 내용처럼 '디지털화된 저작물의 이용 행위가 공정 이용의 범주에 드는 것인지 가늠하기가 더 어려워졌고 그에 따른 처벌 위험'도 커진 것이다. 따라서 ㄱ의 위치는 (나)가 가장 적절하다.
- ㄴ : '이들'은 '저작물의 공유' 캠페인을 소개하는 네 번째 문단에서 언급한 캠페인 참여자들을 가리킨다. 따라서 ㄴ의 위치는 (마)가 가장 적절하다.

CHAPTER 02 빈칸추론 유형점검 정답 및 해설

STEP 1 기본문제

01	02	03	04	05
①	③	①	③	③

01 정답 ①

제시문에서 문장의 어색함을 순간적으로 파악할 수 있다는 문장 이후에 '그러나'와 '막상'이라는 표현을 사용하고 있다. 따라서 빈칸에는 이전의 문장과는 반대되는 의미가 포함된 내용이 들어가야 한다.

02 정답 ③

제시문에 따르면 고급 수준의 어휘력을 습득하기 위해서는 광범위한 독서를 해야 하므로, 평소에 수준 높은 좋은 책들을 읽어야 한다는 결론이 적절하다.

03 정답 ①

제시문은 글로벌 시대에서는 남의 것을 모방하는 것이 아닌 창의적인 개발이 중요하다고 말하고 있다. 따라서 빈칸에 들어갈 내용으로 ①이 가장 적절하다.

04 정답 ③

제시문은 절차의 정당성을 근거로 한 과도한 권력, 즉 무제한적 민주주의에 대해 비판적인 논조를 취하고 있는 글이다. 따라서 빈칸에는 무제한적 민주주의의 문제점을 보완할 수 있는 해결책이 제시되어야 하므로 ③이 가장 적절하다.

오답분석
① 다수의 의견을 그대로 수용하는 것은 필자의 견해가 아니다.
② 사회적 불안의 해소는 언급되지 않았다.
④ 무제한적 민주주의를 제한적으로 수용하자는 견해도 아니다.
⑤ 모든 것에 자유를 부여하는 것은 무제한적 민주주의와 같으므로 필자의 견해가 아니다.

05 정답 ③

(가) : 빈칸 다음 문장에서 사회의 기본 구조를 통해 이것을 공정하게 분배해야 된다고 했으므로 ㄴ이 가장 적절하다.
(나) : '원초적 상황'에서 합의 당사자들은 인간의 심리, 본성 등에 대한 지식 등 사회에 대한 일반적인 지식은 알고 있지만, 이것에 대한 정보를 모르는 무지의 베일 상태에 놓인다고 했으므로 사회에 대한 일반적인 지식과 반대되는 개념, 즉 개인적 측면의 정보인 ㄱ이 가장 적절하다.
(다) : 빈칸에 관하여 사회에 대한 일반적인 지식이라고 하였으므로 ㄷ이 가장 적절하다.

STEP 2 응용문제

01	02	03	04	05
②	③	④	③	②

01 정답 ②

제시문은 자전거 도로가 확충됨으로써 자전거의 시대가 열리고 있음을 시사하고 있다. 따라서 ②가 빈칸에 들어갈 말로 가장 적절하다.

02 정답 ③

빈칸 앞 문장의 '정상적인 기능을 할 수 없는 상태'와 대조를 이루는 표현이면서, 마지막 문장의 '자기 조절과 방어 시스템이 작동하는 과정인 것'이라는 내용에 어울리는 ③이 빈칸에 들어갈 내용으로 적절하다.

03
정답 ④

제시문에 따르면 알려지지 않은 것에서는 불안정, 걱정, 공포감이 뒤따라 나오기 때문에, 우리 마음의 불안한 상태를 없애고자 한다면 알려지지 않은 것을 알려진 것으로 바꿔야 한다. 이러한 환원은 우리의 마음을 편하게 해주고 만족하게 한다. 이 때문에 우리는 이미 알려진 것, 체험한 것, 기억에 각인된 것을 원인으로 설정하게 되고, 낯설고 체험하지 않았다는 느낌을 빠르게 제거해 버려, 특정 유형의 설명만이 남아 우리의 사고방식을 지배하게 만든다. 따라서 빈칸에는 '낯설고 체험하지 않았다는 느낌을 제거해 버린다.'는 내용이 가장 적절하다.

04
정답 ③

제시문의 내용을 토대로 빈칸을 추론하면, 남을 속이는 사기꾼과는 반대의 뉘앙스를 지닌 어구가 들어가야 함을 알 수 있다. 이는 빈칸의 뒤 문장에서 '기생 식물이 양분을 빨아먹기 위해서는 건강한 나무가 있어야 하는 것과 같다.'라는 비유로도 나타나고 있는데, 이를 종합하면 빈칸에는 '건강한 나무'의 이미지를 지니는 어구가 들어가야 한다. 따라서 이와 가장 유사한 의미를 지니는 것은 ③이다.

05
정답 ②

제시문에 따르면 A기술은 '다중 경로'를 통해 수신된 '신호'들 중 '가장 큰 것'을 선택하여 안정적인 송수신을 이루고자 하는 것이다. 이를 제시문의 사례와 연결시키면 액체는 '신호'에 해당하고, 배수관은 '경로'를 의미한다.

STEP 3 적중문제

01	02	03	04	05	06	07	08	09	10
③	③	①	④	④	④	③	⑤	⑤	④

01
정답 ③

빈칸 앞뒤 문맥의 의미에 따라 추론하면 기업주의 이익추구에 따른 병폐가 우리 소비자에게 간접적으로 전해진다는 뜻이므로 빈칸에 가장 적절한 것은 ③이다.

02
정답 ③

제시문에서는 우유의 효과에 대해 부정적인 견해가 존재하나 그래도 우유를 먹어야 한다고 말하고 있으므로 빈칸에는 ③이 가장 적절하다.

03
정답 ①

제시문에 따르면 우리는 작품을 감상할 때 작품이 지닌 의미보다 작품의 맥락과 내용에 대한 지식에 의존한다. 따라서 빈칸에는 '의미가 중요하다.'는 내용이 들어가야 한다.

04
정답 ④

빈칸의 다음 문장에서 법원이 본연의 임무인 재판을 통해 당사자의 응어리를 풀어 주어야 한다고 하였고, 앞 단락에서 사법형 ADR 활성화 정책이 민간형 ADR이 활성화되는 것을 저해한다고 하였다. 따라서 이를 종합하면 ④가 가장 적절한 문장이라고 볼 수 있다.

05
정답 ④

제시문의 첫 번째 문단에서 대중들이 욕망하는 현실 감정이 직접적으로 누드에 반영된다고 하였고, 마지막 문단에서 민중의 현실 속으로 파고들지 못하는 누드화는 위화감을 불러일으킨다고 하였다. 따라서 남녀 간의 애정이나 성적 욕망에 대해 경직되어 있었던 조선 사회에서 신윤복의 그림이 큰 호응을 얻을 수 있었던 이유는 '보편적인 감정의 진실'을 잘 드러내었기 때문이라고 할 수 있다.

06
정답 ④

빈칸 뒤에 나오는 내용을 살펴보면, 양안시에 대해 설명하면서 양안시차를 통해 물체와의 거리를 파악한다고 하였으므로 빈칸에는 거리와 관련된 내용이 나왔음을 짐작해 볼 수 있다. 따라서 빈칸에 들어갈 내용은 ④가 적절하다.

07
정답 ③

제시문의 첫 번째 문단에 따르면 범죄는 취잿감으로 찾아내기가 쉽고 편의에 따라 기사화할 수 있을 뿐만 아니라 범죄 보도를 통해 시청자의 관심을 끌 수 있기 때문에 언론이 범죄를 보도의 주요 소재로 삼지만, 지나친 범죄 보도는 범죄자나 범죄 피의자의 초상권을 침해하여 법적·윤리적 문제를 일으킨다. 따라서 마지막 문단의 내용처럼 범죄 보도가 초래하는 법적·윤리적 논란은 언론계 전체의 신뢰도에 치명적인 손상을 가져올 수도 있다. 이러한 현상을 비유하기에 가장 적절한 표현은 '부메랑'이다. 부메랑은 그것을 던진 사람 자신에게 되돌아와 상처를 입힐 수도 있기 때문이다.

오답분석

① 시금석(試金石) : 귀금속의 순도를 판정하는 데 쓰는 검은색의 현무암이나 규질의 암석(층샛돌)을 뜻하며, 가치·능력·역량 등을 알아볼 수 있는 기준이 되는 기회나 사물을 비유적으로 이르는 말로도 쓰인다.
② 아킬레스건(Achilles腱) : 치명적인 약점을 비유하는 말이다.
④ 악어의 눈물 : 일반적으로 강자가 약자에게 보이는 '거짓 눈물'을 비유하는 말이다.
⑤ 야누스의 얼굴 : 표리부동한 태도나 성격을 비유하는 말이다.

08   정답 ⑤

제시문의 마지막 문단에 우리나라의 사회보장기본법의 내용에서 '사회보장이란 출산, 양육, 실업, 노령, 장애, 질병, 빈곤 및 사망 등의 사회적 위험으로부터 모든 국민을 보호'한다고 명시되어 있으므로 사회보장의 대상은 모든 국민임을 알 수 있다. 따라서 사회보장은 '보호가 필요하다고 판단되는 빈곤 계층'이라는 일부 대상에만 적용되는 선별적 개념이 아니라 모든 국민을 대상으로 적용하는 포괄적 개념이다.

09   정답 ⑤

(가)의 앞부분에 예술 제도로부터 단절될 수 없다고 언급한 점과 '즉 예술가는 특정 예술 제도 속에서 ~'로 시작하는 바로 다음 문장을 통해 (가)에는 ㄷ이 들어가야 함을 알 수 있다. (나)에는 어린아이들의 그림이나 놀이에 대한 설명이 들어가야 하므로 ㄴ이, (다)에는 예술작품의 창조에 관한 내용이 들어가야 한다는 점에서 ㄱ이 적절하다.

10   정답 ④

㉠ (4)는 (3)의 부정인데, (3)이 도덕과 무관한 주장이므로 ㉠에 의해 (4)도 도덕과 무관한 주장이라고 하기 위해서는 ㉠에 '어떤 주장이 도덕과 무관한 주장이라면, 그 주장의 부정도 도덕과 무관한 주장이다.'라는 B가 들어가야 한다.
㉡ (5)는 (4)에서 도출된 것이므로, (4)가 도덕과 무관한 주장이므로 ㉡에 의해 (5)도 도덕과 무관한 주장이라고 하기 위해서는 ㉡에 '도덕과 무관한 주장으로부터 도출된 것은 모두 도덕과 무관한 주장이다.'라는 C가 들어가야 한다.
㉢ (5)는 (1)의 부정인데, (1)이 도덕적 주장이므로 ㉢에 의해 (5)도 도덕적 주장이라고 하기 위해서는 ㉢에 '어떤 주장이 도덕적 주장이라면, 그 주장의 부정도 도덕적 주장이다.'라는 A가 들어가야 한다.

CHAPTER 03

내용일치
유형점검 정답 및 해설

STEP 1 기본문제

01	02	03	04	05
⑤	④	④	③	④

01 　　　　　　　　　　　　　　　　　[정답] ⑤
제시문에 따르면 아인슈타인의 광량자설은 빛이 파동이면서 동시에 입자인 이중적인 본질을 가지고 있다는 것을 의미하는 것으로, 뉴턴의 입자설과 토머스 영의 파동성설을 모두 포함한다.

오답분석
① 뉴턴의 가설은 그의 권위에 의해 오랫동안 정설로 여겨졌지만, 토머스 영의 겹실틈 실험에 의해 다른 가설이 생겨났다.
② 겹실틈 실험은 한 개의 실틈을 거쳐 생긴 빛이 다음 설치된 두 개의 겹실틈을 지나가게 해서 스크린에 나타나는 무늬를 관찰하는 것이다.
③ 일자 형태의 띠가 두 개 나타나면 빛이 입자임은 맞으나, 겹실틈 실험 결과 보강 간섭이 일어난 곳은 밝아지고 상쇄 간섭이 일어난 곳은 어두워지는 간섭무늬가 연속적으로 나타났다.
④ 토머스 영의 겹실틈 실험은 빛의 파동성을 증명하였고, 이는 명백한 사실이었으므로 아인슈타인은 빛이 파동이면서 동시에 입자인 이중적인 본질을 가지고 있다는 것을 증명하였다.

02 　　　　　　　　　　　　　　　　　[정답] ④
제시문을 통해 언어가 시대를 넘어 문명을 전수하는 역할을 한다는 걸 알 수 있다. 언어를 통해 전해진 선인들의 훌륭한 문화유산이나 정신 자산은 당대의 문화나 정신을 살찌우는 밑거름이 되었으며, 이러한 언어가 없었다면 인류 사회는 앞선 시대와 단절되어서 이상의 발전을 기대할 수 없었을 것이다. 이는 문명의 발달은 언어와 더불어 이루어져 왔음을 의미한다.

03 　　　　　　　　　　　　　　　　　[정답] ④
제시문에 따르면 키드, 피어슨 등은 인종이나 민족, 국가 등의 집단 단위로 '생존경쟁'과 '적자생존'을 적용하여 우월한 집단이 열등한 집단을 지배하는 것을 주장하였는데, 이는 사회 진화론의 개념을 집단 단위에 적용시킨 것이다.

오답분석
① 사회 진화론은 생물 진화론을 개인과 집단에 적용시킨 사회 이론이다.
② 사회 진화론의 중심 개념이 19세기에 등장한 것일 뿐, 그 자체가 19세기에 등장한 것인지는 알 수 없다.
③ '생존경쟁'과 '적자생존'의 개념이 민족과 같은 집단의 범위에 적용되면 민족주의와 결합한다.
⑤ 문명개화론자들은 사회 진화론을 수용하였다.

04 　　　　　　　　　　　　　　　　　[정답] ③
제시문에 따르면 수소 원자와 헬륨 원자는 양성자 및 헬륨 원자핵과 전자가 결합해야 만들어지는 것으로, 양성자와 헬륨 원자핵이 결합하여 만들어진다는 설명은 적절하지 않다.

오답분석
① '대폭발 우주론에서는 우주가 약 137억 년 전 밀도와 온도가 매우 높은 상태의 대폭발로부터 시작하였다고 본다.'는 내용에서 알 수 있다.
② '양(+)의 전하를 가지고 있는 양성자 및 헬륨 원자핵'이라는 설명에서 알 수 있다.
④ '온도가 높은 상태에서는 전자가 원자핵에 쉽게 붙들리지 않기 때문에 양성자 및 헬륨 원자핵과 전자가 결합해야 만들어지는 수소 원자와 헬륨 원자가 잘 만들어지지 않았지만, 온도가 내려가자 자유 전자가 양성자 및 헬륨 원자핵에 붙들려 결합된다.'는 설명에서 온도가 높아질수록 수소 원자와 헬륨 원자는 만들어지지 않는다는 것을 알 수 있다.
⑤ '전자가 양성자에 붙들리지 않은 채 자유롭게 우주 공간을 움직일 수 있다가 온도가 내려가자 자유 전자가 양성자 및 헬륨 원자핵과 결합했다.'는 설명에서 알 수 있다.

05

정답 ④

제시문을 통해 알 수 없는 내용이다.

오답분석
① 두 번째 문장을 통해 알 수 있다.
② 제시문의 흐름을 파악하여 알 수 있다.
③·⑤ 마지막 문장을 통해 알 수 있다.

03

정답 ④

제시문에서 북극성은 자기 나침반보다 더 정확하게 천구의 북극점을 가리킨다고 하였으므로 적절하지 않은 내용이다.

오답분석
① 고대에는 별이 뜨고 지는 것을 통해 방위를 파악하였는데, 최근까지 서태평양 캐롤라인 제도의 주민은 이 방법을 통해 현대식 항해 장치 없이도 방위를 파악하였다고 하였으므로 적절한 내용이다.
② 캐롤라인 제도의 주민은 남극점 자체를 볼 수 없으나 남십자성이 천구의 남극점 주위를 돌고 있으므로 남쪽을 파악하는 데 큰 어려움이 없다고 하였으므로 적절한 내용이다.
③ 천구의 북극점은 지구 자전축의 북쪽 연장선상에 있기 때문에 천구의 북극점에 있는 별은 공전을 하지 않고 정지된 것처럼 보인다고 하였으므로 적절한 내용이다.
⑤ 천구의 북극점에 있는 별을 제외하고 북극성을 포함한 별이 천구의 북극점을 중심으로 공전하는 것처럼 보이는 것은 지구가 자전하기 때문이라고 하였으므로 적절한 내용이다.

STEP 2 응용문제

01	02	03	04	05					
④	④	④	③	④					

01

정답 ④

제시문의 세 번째 문단에서 녹내장을 예방할 수 있는 방법은 아직 알려져 있지 않고, 가장 좋은 예방법이 조기에 발견하는 것이라고 하였다. 따라서 녹내장 발병을 예방할 수 있는 방법은 아직 없다고 볼 수 있다.

오답분석
① 녹내장은 일반적으로 주변 시야부터 좁아지기 시작해 중심 시야로 진행되는 병이다.
② 상승된 안압이 시신경으로 공급되는 혈류량을 감소시켜 시신경 손상이 발생될 수 있다.
③ 녹내장은 안압이 상승하여 발생하는 병이므로 안압이 상승할 수 있는 상황은 되도록 피해야 한다.
⑤ 녹내장은 대부분 장기간에 걸쳐 천천히 진행하는 경우가 많다.

02

정답 ④

제시문의 두 번째 문단에서 '꼭 필요한 부위에만 접착제와 대나무 못을 사용하여 목재가 수축·팽창하더라도 뒤틀림과 휘어짐이 최소화될 수 있도록 하였다.'라는 문장을 볼 때, 접착제와 대나무 못을 사용하면 수축과 팽창이 발생하지 않게 된다는 말은 적절하지 않다.

04

정답 ③

제시문의 두 번째 문단을 보면 농업경제의 역사에서 정원이 갖는 의미는 시대와 지역에 따라 매우 달랐으나, 여성들의 입장은 지역적인 편차가 없었으므로 ③은 적절하지 않다.

05

정답 ④

ㄱ. 甲국에서 고급 휘발유로 판매되는 휘발유의 옥탄가가 93이므로 A시에서 판매되는 고급 휘발유의 옥탄가는 이보다 2가 낮은 91이다.
ㄴ. 실린더 내의 과도한 열이나 압력, 혹은 질 낮은 연료의 사용 등으로 인해 노킹 현상이 발생한다고 하였으므로 적절한 내용이다.
ㄷ. 노킹 현상이란 공기·휘발유 혼합물이 점화되기 전에 연소되는 현상을 말하므로 노킹 현상이 일어나지 않는다면 공기·휘발유 혼합물은 점화가 된 이후에 연소된다는 것을 알 수 있다.

오답분석
ㄹ. 연소란 탄화수소가 공기 중의 산소와 반응하여 이산화탄소와 물을 생성하는 것이므로 적절하지 않은 내용이다.

STEP 3 적중문제

01	02	03	04	05	06	07	08	09	10
③	⑤	③	①	⑤	③	④	④	③	③

01   정답 ③

제시문에 따르면 16세기 말 그레고리력이 도입되기 전 프랑스 사람들은 3월 25일부터 4월 1일까지 일주일 동안 축제를 벌였다.

오답분석
① 만우절이 프랑스에서 기원했다는 이야기는 많은 기원설 중의 하나일 뿐, 정확한 기원은 알려지지 않았다.
② 프랑스는 16세기 말 그레고리력을 받아들이면서 달력을 새롭게 개정하였다.
④ 프랑스에서는 만우절에 놀림감이 된 사람들을 '4월의 물고기'라고 불렀다.
⑤ 프랑스의 관습이 18세기에 이르러 영국으로 전해지면서 영국의 만우절이 생겨났다.

02   정답 ⑤

제시문에 따르면 우리나라 소년법상 10세 이상 19세 미만의 소년 중 그대로 두면 장래에 범법행위를 할 우려가 있는 소년을 우범소년으로 규정하여 소년사법의 대상으로 하고 있다고 하였으므로 적절한 내용이다.

오답분석
① 국친 사상에 따르면 죄를 범하지는 않았지만 그대로 둔다면 범행을 할 가능성이 있는 소년까지 소년사법의 대상으로 보게 되므로, 소년사법의 대상 범위를 확대하는 철학적 기초가 된다.
② 성인사법은 자기책임주의를 엄격히 적용한다고 하였으므로 적절하지 않은 내용이다.
③ 우리나라 소년법상 범죄 의도를 소유할 능력이 없는 것은 9세 이하의 소년인데, 촉법소년은 10세 이상 14세 미만의 소년 중 형벌 법령에 저촉되는 행위를 한 자를 지칭하므로 적절하지 않은 내용이다.
④ 영국의 관습법에 따르면 7세 이하 소년은 범죄 의도를 소유할 능력이 없는 것으로 간주된다고 하였으므로 적절하지 않은 내용이다.

03   정답 ③

제시문에 따르면 종교적·주술적 성격의 동물은 대개 초자연적인 강대한 힘을 가지고 인간 세계를 지배하거나 수호하는 신적인 존재이다.

오답분석
① 미술 작품 속에 등장하는 동물에는 해태나 봉황 등 인간의 상상에서 나온 동물도 적지 않다.
② 미술 작품에 등장하는 동물은 성격에 따라 구분할 수 있으나, 이 구분은 엄격한 것이 아니다.
④ 인간의 이지가 발달함에 따라 신적인 기능이 감소한 종교적·주술적 동물은 신이 아닌 인간에게 봉사하는 존재로 전락한다.
⑤ 신의 위엄을 뒷받침하고 신을 도와 치세의 일부를 분담하기 위해 이용되는 동물들은 현실 이상의 힘을 가진다.

04   정답 ①

제시문에서 사찰은 기본적으로 남문 – 중문 – 탑 – 금당 – 강당 – 승방 등이 남북으로 일직선상에 놓였다고 하였다. 즉, 탑은 중문과 강당 사이의 직선상에 위치하고 있으므로 적절한 내용임을 알 수 있다.

오답분석
②·③ 진신사리는 그 수가 한정되어 있었으므로 삼국시대 말기에 이르러서는 탑 안에 사리를 대신하여 작은 불상이나 불경을 모셨다고 하였다. 즉, 탑 안을 비워둔 것은 아니었으며 사리를 모시는 곳이 금당의 불상으로 바뀐 것은 더더욱 아니다.
④ 삼국시대의 사찰에 회랑이 필수적이었다는 것만 언급되어 있을 뿐 삼국시대 이후에 대해서는 언급되어 있지 않다.
⑤ 신전이 성역임을 나타내기 위한 건축적 장치는 회랑이라고 하였으므로 적절하지 않은 내용이다.

05   정답 ⑤

제시문에 따르면 개념에 대해 충분히 이해하면서도 개념의 사례를 제대로 구별하지 못할 수 있다. 따라서 비둘기와 참새를 구별하지 못했다고 해서 비둘기의 개념을 이해하지 못하고 있다고 평가할 수는 없다.

오답분석
① 개념의 사례를 식별하는 능력이 개념을 이해하는 능력을 함축하는 것은 아니므로 정사각형을 구별했다고 해서 정사각형의 개념을 이해하고 있다고 볼 수 없다.
②·④ 개념을 이해하는 능력이 개념의 사례를 식별하는 능력을 함축하는 것 또한 아니므로 개념을 이해했다고 해서 개념의 사례를 완벽하게 식별할 수 있는 것은 아니다.
③ 개념을 충분히 이해하면서도 개념의 사례를 제대로 구별하지 못할 수 있으므로 개념의 사례를 구별하지 못했다고 해서 개념을 충분히 이해하지 못하고 있다고 판단할 수 없다.

06
정답 ③

제시문에 따르면 한백겸과 이원익 등이 광해군이 즉위 초에 공물을 쌀로 내게 하는 조치인 대동법을 경기도에 시행하자고 하였으며 광해군이 이를 받아들였다고 하였으므로 적절한 내용이다.

오답분석
① 현종이 대동법을 전라도 전역에 확대 시행했다고는 하였으나 전국 모든 지역으로까지 확대했는지는 알 수 없는 내용이다.
② 효종은 전라도 일부 지역과 충청도까지 대동법을 적용했다고 하였을 뿐이며 김육의 주장을 받아들인 것은 효종이 아니라 인조이므로 적절하지 않은 내용이다.
④ 이원익 등이 제안한 것은 백성들이 소유한 토지의 다과에 따라 쌀을 공물로 거두고, 이렇게 수납한 쌀을 국가가 필요로 하는 물품을 구매하는데 사용하자는 것이지 방납을 금지하자는 것은 아니었으므로 적절하지 않은 내용이다.
⑤ 한백겸 등이 대동법을 주장한 배경에는 상인이 백성들의 의뢰를 받아 특산물을 생산지에서 구매하는 방납의 폐단이 있었을 것이지만 이를 제시문에서 명시적으로 찾을 수는 없으며, 또한 방납 역시 상인이 관청의 의뢰를 받아 대납하는 것이 아닌 백성의 의뢰를 받아 대납하는 것이므로 적절하지 않은 내용이다.

07
정답 ④

제시문에 따르면 브이로거는 영상으로 기록한 자신의 일상을 다른 사람들과 공유하는 사람으로, 브이로거가 아닌 브이로그를 보는 사람들이 브이로거의 영상을 통해 공감과 대리만족을 느낀다.

08
정답 ④

제시문에 따르면 모듈러 로봇은 외부 자극에 대한 반응이 제대로 작동되지 않는 부분을 다른 모듈로 교체하거나 제거하는 작업을 스스로 진행하여 치유할 수 있는 것이 특징이다.

09
정답 ③

제시문에 따르면 기준작의 설정을 전적으로 기록에만 의존하는 것도 곤란하다. 물질자료와 달리 기록은 상황에 따라 왜곡되거나 윤색될 수도 있고, 후대에 가필되는 경우도 있기 때문이다. 따라서 작품에 명문이 있다고 하더라도 기준작으로 삼기 위해서는 그것이 과연 신뢰할 만한 사료인가에 대한 엄정한 사료적 비판이 선행되어야 한다.

10
정답 ③

제시문에 따르면 아픈 사람이 없기를 바라면서 홍역이나 천연두를 예방하는 굿은 손님굿이다.

오답분석
① 강릉단오제의 무당굿에서는 자식들에게 복을 주는 세존굿과 군에 간 자손을 보호해 달라 청하는 군웅장수굿을 볼 수 있다.
② 강릉단오제는 2005년 11월 25일에 유네스코 인류 구전 및 무형 유산 걸작으로 등재되기도 했다.
④ 강릉단오제는 삶의 고단함을 신과 인간이 하나 되는 신명의 놀이로 풀어주는 축제이다.
⑤ 제사에 직접 관여하는 제관·임원·무격(巫覡) 등은 제사가 끝날 때까지 먼 곳 출입을 삼가고 근신하는 등 몸과 마음을 깨끗이 해야 한다.

CHAPTER 04 나열하기 유형점검 정답 및 해설

STEP 1 기본문제

01	02	03	04	05
③	①	⑤	①	④

01 정답 ③

제시문은 역사드라마에 대한 설명으로, 역사드라마가 현대를 살아가는 시청자에 의해 능동적으로 해석됨을 주장하는 (가) 문단이 오는 것이 적절하며, 다음으로 역사드라마가 가지고 있는 역사적 속성을 설명하는 (라) 문단이 나오는 것이 적절하다. 다음으로 현재를 지향하는 역사드라마에 대한 이야기가 나오는 (나) 문단이 나와야 하고 마지막으로 역사드라마를 통한 현대와 과거 등장인물의 소통인 (다) 문단이 나오는 것이 적절하다.

02 정답 ①

제시문은 인간의 도덕적 자각과 사회적 의미를 강조하는 윤리인 '충'과 '서'가 있음을 알리고, 각각의 의미를 설명한다. 따라서 (가) 인간의 도덕적 자각과 사회적 실천을 강조하는 윤리인 '충서' – (다) '충'의 의미 – (나) '서'의 의미 – (라) '서'가 의미하는 역지사지의 상태 순으로 나열하는 것이 적절하다.

03 정답 ⑤

제시문은 철학에서의 '부조리'에 대한 개념을 설명하는 글이다. 부조리의 개념을 소개하는 (나) 문단이 나오고, 부조리라는 개념을 도입하고 설명한 알베르 카뮈에 대해 설명하고 있는 (라) 문단이 나오는 것이 적절한다. 다음으로 앞 문단의 연극의 비유에 관해 설명하고 있는 (가) 문단이 오고, 이에 대한 결론을 제시하는 (다) 문단 순으로 나열하는 것이 적절하다.

04 정답 ①

제시문은 최대수요입지론에 의해 업체가 입지를 선택하는 방법을 설명하는 글이다. 따라서 (나) 최대수요입지론에서 입지를 선정할 때 고려하는 요인 – (가) 최초로 입지를 선정하는 업체의 입지 선정법 – (다) 다음으로 입지를 선정하는 업체의 입지 선정법 – (라) 다른 변인이 생기는 경우 두 경쟁자의 입지 선정법의 순으로 나열하는 것이 적절하다.

05 정답 ④

제시문은 은유의 정의와 기술과학 및 철학에서 활용되는 사례에 대하여 설명하고 있다. 제시된 내용은 언어의 표현과 기능을 넘어 말의 본질적 상태인 은유에 대해 말하므로 (다) 현실에서 또 다른 현실로 이동하는 언어에 내포된 은유성 – (나) 언어 자체에 깊이 뿌리박은 은유 – (라) 기술과학 이론에 내포된 은유의 사례 – (가) 철학 속에 내포된 은유의 사례의 순으로 나열하는 것이 적절하다.

STEP 2 응용문제

01	02	03	04	05
③	③	⑤	①	③

01 정답 ③

제시문은 빈곤 지역의 문제 해결을 위해 도입된 적정기술에 대한 설명이다. (나) 적정기술에 대한 정의 – (가) 현지에 보급된 적정기술의 성과에 대한 논란 – (라) 적정기술 성과 논란의 원인 – (다) 빈곤 지역의 문제 해결을 위한 방안의 순으로 나열하는 것이 적절하다.

02

정답 ③

제시문은 국내 최초로 재활승마 전용마장이 무상 운영됨에 따라 재활승마를 통해 동물을 매개로 한 치료 프로그램이 실시되고, 여러 시설이 마련되어 장애아동과 가족들의 이용이 편리해졌지만 선진국에 비해 활발하게 운영되고 있지 않아 많은 보급이 필요하다는 내용이다. (다) 재활승마 전용마장이 무상으로 운영함 – (가) 재활승마는 동물을 매개로 한 치료 프로그램으로 치료 성과를 도모함 – (라) 재활승마 전용마장 내 여러 시설은 장애아동과 가족들이 이용하기 편리함 – (나) 다른 선진국에 비해 국내 재활승마 전용 마장이 활발하게 이용되고 있지 않아 많은 보급이 필요함의 순으로 나열하는 것이 적절하다.

03

정답 ⑤

제시문은 공포증을 정의한 뒤 공포증은 모든 사람에게 생기는 것이 아니며, 왜 공포증이 생기는 것인지에 대한 심리학자 와이너의 설명을 담은 글이다. 따라서 (라) 공포증의 정의 – (나) 공포증이 생기는 대상 – (가) 공포증이 생기는 이유를 밝힌 와이너 – (다) 와이너가 밝힌 공포증이 생기는 이유의 순으로 나열하는 것이 적절하다.

04

정답 ①

제시문은 질병의 원인이 지방 자체가 아닌 전이지방에 있다는 내용의 글이다. 따라서 (나) 지방을 질병의 원인으로 인식 – (가) 문제는 지방이 아닌 전이지방 – (마) 전이지방의 생성 원인과 몸에 해로운 포화지방의 비율 – (다) 포화지방의 비율이 높은 전이지방을 섭취 시 발병될 질병 – (라) 전이지방이 지방을 대표하는 것으로 여겨짐에 따른 지방에 대한 오해 순으로 나열하는 것이 적절하다.

05

정답 ③

정부에서 고창 갯벌을 습지보호지역으로 지정 고시한 사실을 알리는 (나) – 고창 갯벌의 상황을 밝히는 (가) – 습지보호지역으로 지정 고시된 이후에 달라진 내용을 언급하는 (라) – 앞으로의 계획을 밝히는 (다) 순으로 나열하는 것이 적절하다.

STEP 3 적중문제

01	02	03	04	05	06	07	08	09	10
④	⑤	③	⑤	④	③	②	③	③	⑤

01

정답 ④

제시문은 A회사가 국내 최대 규모의 은퇴연구소를 개소했고, 이를 은퇴 이후 안정된 노후준비를 돕고 다양한 정보를 제공하는 소통의 채널로 이용하며 은퇴 이후의 생활이 취약한 우리의 인식 변화를 위해 노력할 것이라는 내용의 글이다. 따라서 (다) A회사가 국내 최대 규모의 은퇴연구소를 개소 – (가) 은퇴연구소는 체계화된 팀을 구성 – (나) 일반인들의 안정된 노후준비를 돕고, 다양한 정보를 제공할 것 – (라) 선진국에 비해 취약한 우리의 인식을 변화시키기 위한 노력의 순으로 나열하는 것이 적절하다.

02

정답 ⑤

K공사가 아스트로마社와 '차세대 CO_2 분리막 상용화 개발' 협약을 체결하였다는 (라) – 분리막 생산 공장에 대한 설명을 하는 (다) – K공사가 개발하고 있는 분리막 기술에 대한 설명을 하는 (가) – 분리막 기술의 장점과 전망을 이야기하고 있는 (나) 순으로 나열하는 것이 적절하다.

03

정답 ③

제시문은 우리 몸의 면역 시스템에서 중요한 역할을 하는 킬러 T세포가 있음을 알려주고, 이것의 역할과 작용 과정을 차례로 설명하며 마지막으로 킬러 T세포의 의의에 대해 이야기하는 글이다. 따라서 (D) 우리 몸의 면역 시스템에 중요한 역할을 하는 킬러 T세포 – (A) 킬러 T세포의 역할 – (E) 킬러 T세포가 작용하기 위해 거치는 단계 – (C) 킬러 T세포의 작용 과정 – (B) 킬러 T세포의 의의 순으로 나열하는 것이 적절하다.

04

정답 ⑤

제시문은 물관리 일원화에 대해 설명하는 글이다. 먼저 부처별로 나뉘어 있던 물관리 체계를 하나로 합쳐 종합적 관리의 결실을 맺게 되었다는 (라) 문단이 오는 것이 적절하다. 그다음으로는 이러한 물관리 일원화가 등장하게 된 배경을 언급하는 (다) 문단과 물관리 일원화와 통합물관리에 대해 설명하는 (나) 문단이 차례대로 오는 것이 적절하다. 마지막으로는 물관리 일원화의 법률적 토대에 대해 설명하는 (가) 문단이 오는 것이 적절하다.

CHAPTER 04 나열하기 • 31

05 [정답] ④

제시문은 정신과 물질의 관계에 대해 설명하는 글이다. 먼저 정신과 물질의 관계에 관한 이원론과 동일론을 언급하며 동일론의 문제점을 이야기하는 (다) 문단이 오는 것이 적절하다. 다음으로는 그러한 동일론의 문제점을 해결할 수 있는 기능론에 관해 설명하는 (나) 문단이 오는 것이 적절하고, 그 뒤를 이어 기능론을 비판하는 이원론의 입장에서 감각질과 관련한 사고 실험에 대해 설명하는 (라) 문단이 오는 것이 적절하다. 마지막으로는 그러한 사고 실험에서 감각질이 뒤집혀도 겉으로 드러난 행동과 말이 똑같은 이유를 설명하는 (가) 문단의 순으로 나열하는 것이 적절하다.

06 [정답] ③

제시문은 텔레비전은 자기 자신에 관해서도 이야기한다며, 그러지 못하는 나로서는 이런 텔레비전이 존경하고 싶을 지경이지만, 시청자인 나의 질문은 수렴할 수 없다는 한계로 마무리 짓고 있다.

07 [정답] ②

제시문은 맨체스터 유나이티드가 지역의 축구팀에서 글로벌 스포츠 브랜드로 성장한 방법과 과정에 대하여 설명하고 있다. 앞서 제시된 내용은 맨체스터 유나이티드는 지역 축구팀에서 브랜딩 과정을 통해 글로벌 브랜드가 된 변화에 대해 의문을 제시하고 있으므로 이어지는 단락은 맨체스터 유나이티드의 브랜딩 과정에 대하여 순차적으로 나열될 것임을 추측할 수 있다. 따라서 (가) 맨체스터 유나이티드는 최고의 잠재력을 지닌 세계 유소년 선수들을 모아 훗날 많은 스타선수들을 배출하는 청소년 아카데미를 운영함 – (다) 이후 맨체스터 유나이티드는 자사 제품의 품질을 강화하며 경영 전략에 변화를 줌 – (라) 브랜드 경영 전략의 변화, 다양한 경로로 브랜드를 유통함 – (나) 위 전략을 바탕으로 세계 시장에서의 입지를 다짐의 순으로 나열하는 것이 적절하다.

08 [정답] ③

제시문은 황사의 정의와 위험성, 그리고 대응책에 대하여 설명하고 있는 글이다. 따라서 황사를 단순한 모래바람으로 치부할 수는 없다.'는 내용 뒤에는 (다) 중국의 전역을 거쳐 대기 물질을 모두 흡수하고 한국으로 넘어오는 황사 – (나) 매연과 화학물질 등 유해물질이 포함된 황사 – (가) 황사의 장점과 방지의 강조 – (라) 황사의 개인적·국가적 대응책의 순으로 나열하는 것이 적절하다.

09 [정답] ③

제시문은 IC카드의 개발 및 원리에 대한 글이다. 제시된 내용의 경우 자석 접촉 시 데이터가 손상되는 마그네틱 카드의 단점과 이를 보완한 것이 IC카드라고 설명하였다. 따라서 (나) 데이터 손상의 방지 및 여러 기능의 추가가 가능한 IC카드 – (가) EEPROM이나 플래시메모리를 내장한 IC카드 – (다) 메모리 외에 프로세서 기능이 추가된 IC카드의 순으로 나열하는 것이 적절하다.

10 [정답] ⑤

제시문은 셰익스피어의 작품 『맥베스』에 나타난 비극의 요소를 설명하는 글이다. 주어진 내용의 마지막 문장을 통해 『맥베스』가 처음으로 언급되고 있으므로, 이어질 내용은 『맥베스』라는 작품에 대한 설명이 오는 것이 적절하다. 따라서 (다) 『맥베스』의 기본적인 줄거리 – (나) 『맥베스』의 전개 특징 – (라) 『맥베스』가 인간의 내면 변화를 집중적으로 다루는 이유 – (가) 『맥베스』에 대한 일반적인 평가의 순서대로 나열되어야 한다.

CHAPTER 05 주제·제목 찾기

유형점검 정답 및 해설

STEP 1 기본문제

01	02	03	04	05
③	⑤	②	②	③

01　　　　　　　　　　　　　　　정답 ③

제시문은 멸균에 대해 언급하며, 멸균 방법을 물리적·화학적으로 구분하여 다양한 멸균 방법에 대해 설명하고 있다. 따라서 글의 주제로 ③이 가장 적절하다.

02　　　　　　　　　　　　　　　정답 ⑤

제시문의 중심 내용을 정리해 보면 '사회 방언은 지역 방언만큼의 주목을 받지는 못했음', '사회 계층 간의 방언차는 사회에 따라서는 상당히 현격한 차이를 보여 일찍부터 논의의 대상이 되었음', '사회 계층 간의 방언 분화는 최근 사회 언어학의 대두에 따라 점차 큰 관심의 대상이 되어 가고 있음' 등으로 요약할 수 있다. 이 내용을 토대로 주제를 찾는다면 ⑤가 전체 내용의 핵심이라는 것을 알 수 있다.

03　　　　　　　　　　　　　　　정답 ②

제시문의 마지막 문장의 '표준화된 언어와 방언 둘 다의 가치를 인정'하고, '잘 가려서 사용할 줄 아는 능력을 길러야 한다.'는 내용을 바탕으로 ②가 주제로 적절하다는 것을 알 수 있다.

04　　　　　　　　　　　　　　　정답 ②

제시문에 따르면 구비문학에서는 단일한 작품, 원본이라는 개념이 성립하기 어렵다. 따라서 선창자의 재간과 그때 그때의 분위기에 따라 새롭게 변형되거나 창작되는 일이 흔하다. 다시 말해 정해진 틀이 있다기보다는 상황이나 분위기에 따라 바뀌는 것이 가능하다. 유동성이란 형편이나 때에 따라 변화될 수 있음을 뜻하는 말이다. 따라서 글의 제목으로 ②가 적절하다.

05　　　　　　　　　　　　　　　정답 ③

제시문의 첫 번째 문단에서는 하천의 과도한 영양분이 플랑크톤을 증식시켜 물고기의 생존을 위협한다고 이야기하며, 두 번째 문단에서는 이러한 녹조 현상이 우리가 먹는 물의 안전까지도 위협한다고 이야기한다. 세 번째 문단에서는 생활 속 작은 실천을 통해 생태계와 인간의 안전을 위협하는 녹조를 예방해야 한다고 이야기하므로 글의 제목으로는 ③이 가장 적절하다.

STEP 2 응용문제

01	02	03	04	05
③	①	①	⑤	①

01　　　　　　　　　　　　　　　정답 ③

제시문의 첫 문단에서 비체계적 위험과 체계적 위험을 나누어 살핀 후 비체계적 위험 아래에서의 투자 전략과 체계적 위험 아래에서의 투자 전략을 제시하고 있다. 그리고 글의 중간부터는 베타 계수를 활용하여 체계적 위험에 대응하는 내용이 전개되고 있다. 따라서 글의 제목으로 ③이 적절하다.

02　　　　　　　　　　　　　　　정답 ①

제시문은 CCTV가 인공지능(AI)과 융합되면 기대할 수 있는 효과들(범인 추적, 자연재해 예측)에 대해 말하고 있다. 따라서 글의 제목으로 ①이 적절하다.

03　　　　　　　　　　　　　　　정답 ①

제시문을 통해 청소년보호위원회는 부정했지만 동성애를 청소년에게 유해한 것으로 지정했다는 것을 알 수 있다. 따라서 글의 중심 내용으로는 ①이 적절하다.

04 정답 ⑤

제시문은 과거의 상류층의 과시소비 행태를 설명한 후, 현대 대중사회에서는 더 이상 명품 소비가 아닌 소박한 소비, 소비하지 않기를 통해 과시한다고 이야기한다. 하지만 사치품은 처한 상황에 따라 소비의 여부가 달라진다고 하였다. 따라서 제시문의 중심 내용으로 ⑤가 가장 적절하다.

05 정답 ①

제시문의 첫 번째 문단에서는 '사회적 자본'이 늘어나면 정치 참여도가 높아진다는 주장을 하였고, 두 번째 문단에서는 '사회적 자본'의 개념을 사이버공동체에 도입하였으나 현실과 잘 맞지 않는다고 하면서 '사회적 자본'의 한계를 서술했다. 그리고 마지막 문단에서는 이 같은 사회적 자본만으로는 정치 참여가 늘어나기 어렵고 이른바 '정치적 자본'의 매개를 통해서만이 가능하다는 주장을 하고 있다. 따라서 ①이 제시문의 중심 내용으로 가장 적절하다.

STEP 3 적중문제

01	02	03	04	05	06	07	08	09	10
②	④	②	②	④	②	⑤	⑤	④	④

01 정답 ②

제시문의 핵심 내용을 보면 '반대는 필수불가결한 것이다.', '자유의지를 가진 국민의 범국가적 화합은 정부의 독단과 반대당의 혁명적 비타협성을 무력화시키는 정치권력의 충분한 균형에 의존하고 있다.', '그 균형이 더 이상 존재하지 않는다면 민주주의는 사라지고 만다.'로 요약할 수 있다. 이 내용을 바탕으로 ②가 글의 제목으로 가장 적절함을 알 수 있다.

02 정답 ④

제시문에 따르면 상상력은 정해진 개념이나 목적이 없는 상황에서 그 개념이나 목적을 찾는 역할을 하고, 이때 주어진 목적지(개념)가 없으며, 반드시 성취해야 할 그 어떤 것도 없기 때문에 자유로운 유희이다.

오답분석
① 제시문의 내용은 칸트 철학 내에서의 상상력이 어떤 조건에서 작동되며 또 어떤 역할을 하는지 기술하고 있으므로 상상력의 재발견이라는 제목은 적합하지 않다.
② 제시문에서는 상상력을 인식능력이라고 규정하는 부분을 찾을 수 없다.
③ 상상력은 주어진 개념이 없을 경우 새로운 개념들을 가능하게 산출하는 것이므로 목적 없는 활동이라고는 볼 수 없다.
⑤ 제시문에 기술된 만유인력의 법칙과 상대성 이론 등은 상상력의 자유로운 유희를 설명하기 위한 사례일 뿐이다.

03 정답 ②

제시문의 주제는 칸트가 생각하는 도덕적 행동에 대한 것이며, 그는 도덕적 행동을 '남이 나에게 해주길 바라는 것을 실천하는 것'이라고 말했다.

04 정답 ②

제시문에서는 노블레스 오블리주의 개념을 정의한 후, 이러한 지도층의 도덕적 의무감을 특히 중요시하는 이유가 지도층이 도덕적 지표가 되어 건전한 사회를 만드는 데 효과적으로 기여하기 때문이라고 설명하고 있다.

05 정답 ④

제시문은 동물들이 사용하는 소리는 단지 생물학적인 조건에 대한 반응 또는 본능적인 감정 표현의 수단일 뿐, 사람의 말과 동물의 소리에 근본적인 차이가 존재한다고 말한다. 즉, 동물들이 나름대로 가지고 있는 본능적인 의사소통능력은 인간의 것과 다르다는 것이다. 따라서 중심 내용으로는 소리를 내는 동물의 행위는 대화나 토론·회의 같이 서로 의미를 주고받는 인간의 언어활동으로 볼 수 없다는 ④가 가장 적절하다.

06 정답 ②

제시문은 복지란 각 시민이 갖고 있는 현재의 선호들만 만족시키는 것이라는 이론 P를 제시하고, 그 이론 P가 기초하고 있는 두 개의 근거를 서술하고 있다. 그리고 그 근거들을 반박하면서 이론 P에 허점이 많음을 보이고 있으므로 중심 내용으로는 ②가 적절하다.

07 정답 ⑤

제시문을 살펴보면, 먼저 양측이 서로 불일치하는 지점을 찾아 이를 올바르고 정확하게 분석해야 한다고 하였고, 불일치하는 지점이 불평등 해소에 대한 사회경제 이론의 차이라고 하였다. 따라서 중심 내용은 불평등이 어떻게 해서 일어나고 이를 어떻게 해소해야 하는지를 정확하게 분석해야 한다는 것임을 알 수 있다.

08 정답 ⑤

제시문은 물리학의 근본 법칙들이 사실을 정확하게 기술하기 위해 조건을 추가할 경우 오히려 일반적인 상황이 아닌 특수한 상황만을 설명하게 되는 문제점을 서술하고 있다.

09 정답 ④

제시문의 첫 문단에서 '사피어 – 워프 가설'을 간략하게 소개하고, '사피어 – 워프 가설'을 적용할 수 있는 예를 들고 있다. 이후 '사피어 – 워프 가설'을 언어 우위론적 입장에서 설명할 수 있는 가능성이 있으면서도, 언어 우위만으로 모든 설명이 되지는 않음을 밝히고 있다. 따라서 제시문은 '사피어 – 워프 가설'의 주장에 대한 설명(언어와 사고의 관계)과 함께, 그것을 하나의 이론으로 증명하기 어려움을 말하고 있다.

10 정답 ④

제시문의 (라) 문단에서는 부패를 개선하기 위한 정부의 제도적 노력에도 불구하고 반부패정책 대부분이 효과가 없었음을 이야기하고 있다. 따라서 부패인식지수의 개선방안이 아닌 '정부의 부패인식지수 개선에 대한 노력의 실패'가 (라) 문단의 주제로 적절하다.

CHAPTER 06

비판·반박

유형점검 정답 및 해설

STEP 1 기본문제

01	02	03	04	05
⑤	②	④	③	①

01 〔정답〕 ⑤

제시문의 에피쿠로스의 주장에 따르면 신은 인간사에 개입하지 않으며, 육체와 영혼은 함께 소멸되므로 사후에 신의 심판도 받지 않는다. 그러므로 인간은 사후의 심판을 두려워할 필요가 없고, 이로 인해 죽음에 대한 모든 두려움에서 벗어날 수 있다고 주장한다. 따라서 비판으로 가장 적절한 것은 ⑤이다.

02 〔정답〕 ②

제시문은 현재의 정치, 경제적 구조로는 제로섬적인 요소를 지니는 경제 문제에 전혀 대처할 수 없다고 하였다. 그리고 이러한 특성 때문에 평균적으로는 사회를 더 잘 살게 해 주는 해결책이라고 할지라도 사람들은 자신이 패자가 될 경우에 줄어들 수입을 보호하기 위해 경제적 변화가 일어나는 것을 막거나 이러한 정책이 시행되는 것을 막기 위해 싸울 것이라는 내용을 담고 있다. 따라서 제시문이 비판의 대상으로 삼는 것은 앞서 언급한 '평균적으로 사회를 더 잘 살게 해주는 해결책'을 지지하는 것이 되어야 하므로 ②가 가장 적절하다.

03 〔정답〕 ④

제시문에 따르면 파울(㉠)은 언어가 변화하고 진화한다고 보았으므로 언어를 연구하려면 언어가 역사적으로 발달해 온 방식을 고찰해야 한다고 주장한다. 이에 반해 소쉬르(㉡)는 언어가 역사적인 산물이라고 해도 변화 이전과 변화 이후를 구별해서 보아야 한다고 주장하고, 언어는 구성 요소의 순간 상태 이외에는 어떤 것에 의해서도 규정될 수 없다고 보았다. 그러므로 소쉬르는 화자가 발화한 당시의 언어 상태를 연구 대상으로 해야 하며, 그 상태에 이르기까지의 모든 과정을 무시해야 한다고 주장했다. 따라서 소쉬르(㉡)의 입장에서 파울(㉠)을 비판하기 위해서는 당시의 언어 상태를 과거의 언어 역사보다 중시하는 ④의 주장이 필요하다.

04 〔정답〕 ③

제시문은 유명인의 중복 광고 출연으로 인한 부정적인 효과를 설명하고 있다. 따라서 사람들이 유명인의 중복 출연과 브랜드 이미지를 연관 짓지 않는다는 주장을 반박으로 내세울 수 있다.

〔오답분석〕
①·② 제시문의 내용과 일치하는 주장이다.
④·⑤ 유명인의 중복 출연으로 인한 부정적인 효과를 말하고 있다.

05 〔정답〕 ①

제시문에서는 인간의 생각과 말은 깊은 관계를 가지고 있으며, 생각이 말보다 범위가 넓고 큰 것은 맞지만 그것을 말로 표현하지 않으면 그 생각이 다른 사람에게 전달되지 않는다고 주장한다. 즉, 생각은 말을 통해서만 다른 사람에게 전달될 수 있다는 것이다. 따라서 이러한 주장에 대한 반박으로 ①이 가장 적절하다.

STEP 2 응용문제

01	02	03	04	05
③	⑤	②	①	⑤

01 〔정답〕 ③

제시문에서는 안전성과 사회적 불평등, 인간의 존엄성을 근거로 인간 배아의 유전자 편집 기술을 허용해서는 안 된다고 주장한다. 따라서 이러한 주장에 대한 반박으로는 오히려 사회적 불평등을 해결할 수 있다는 내용의 ③이 가장 적절하다.

02
정답 ⑤

제시문은 대리모가 아이를 금전적인 대가를 받는 수단으로 취급하여 인간의 존엄과 가치를 침해한다는 것을 전제로 대리모의 허용을 반대한다. 이러한 주장을 반박하기 위해서는 근거로 제시하고 있는 전제를 부정하는 것이 효과적이므로 대리모는 아이가 아닌 임신·출산 서비스를 매매의 대상으로 삼는다는 ⑤를 통해 반박하는 것이 가장 적절하다.

03
정답 ②

제시문은 3R 원칙을 강조하며 가장 필수적이고 최저한의 동물실험이 필요악임을 주장하고 있다. 특히 '보다 안전한 결과를 도출해내기 위한 동물실험은 필요악이며, 이러한 필수적인 의약실험조차 금지하려 한다는 것은 기술 발전 속도를 늦춰 약이 필요한 누군가의 고통을 감수하자는 이기적인 주장'이라는 대목을 통해 약이 필요한 이들을 위한 의약실험에 초점을 맞추고 있음을 확인할 수 있다. 따라서 ②의 주장처럼 생명과 큰 관련이 없는 동물실험을 비판의 근거로 삼는 것은 적절하지 않다.

04
정답 ①

제시문에서는 기술이 내적인 발전 경로를 가지고 있다는 통념을 비판하기 위해 다양한 사례 연구를 논거로 인용하고 있다. 따라서 인용하고 있는 연구 결과를 반박할 수 있는 자료가 있다면 글쓴이의 주장은 설득력을 잃게 된다.

05
정답 ⑤

제시문의 마지막 문단에 따르면 '라이헨바흐는 자연이 일양적일 수도 있고 그렇지 않을 수도 있음을 전제'하며, '자연이 일양적인지 그렇지 않은지 알 수 없는 상황에서는 귀납을 사용하는 것이 옳은 선택'이라고 한다. 그러나 ⑤와 같이 귀납이 현실적으로 옳은 추론 방법임을 밝히기 위해 자연의 일양성이 선험적 지식임을 증명하고 있는 것은 아니다.

오답분석
① 라이헨바흐는 '어떤 방법도 체계적으로 미래 예측에 계속해서 성공할 수 없다는 논리적 판단을 통해 귀납은 최소한 다른 방법보다 나쁘지 않은 추론'이라고 확언한다. 하지만 이것은 귀납의 논리적 허점을 현실적 차원에서 해소하려는 것이며, 논리적 허점을 완전히 극복한 것은 아니라는 점에서 비판의 여지가 있다.
② 라이헨바흐는 '귀납의 정당화 문제로부터 과학의 방법인 귀납을 옹호하기 위해 현실적 구제책을 제시'한다. 이것은 귀납이 과학의 방법으로 사용될 수 있음을 지지하려는 것이다.
③ 라이헨바흐는 '자연이 일양적일 경우 우리의 경험에 따라 귀납이 점성술이나 예언 등의 다른 방법보다 성공적인 방법'이라고 판단하며, '자연이 일양적이지 않다면 어떤 방법도 체계적으로 미래 예측에 계속해서 성공할 수 없다는 논리적 판단을 통해 귀납은 최소한 다른 방법보다 나쁘지 않은 추론이라고 확언'한다. 따라서 라이헨바흐가 귀납과 다른 방법을 비교하기 위해 경험적 판단과 논리적 판단을 활용했음을 알 수 있다.
④ 라이헨바흐는 '자연이 일양적인지 그렇지 않은지 알 수 없는 상황에서는 귀납을 사용하는 것이 옳은 선택'이라고 본다. 따라서 ④의 진술처럼 라이헨바흐는 귀납과 견주어 미래 예측에 더 성공적인 방법이 없다는 판단을 근거로 귀납의 가치를 보여주고 있다.

STEP 3 적중문제

01	02	03	04	05	06	07	08	09	10
①	②	②	③	④	④	①	②	①	③

01
정답 ①

제시문의 전통적인 경제학에서는 미시 건전성 정책에 집중하는데, 이러한 미시 건전성 정책은 가격이 본질적 가치를 초과하여 폭등하는 버블이 존재하지 않는다는 효율적 시장 가설을 바탕으로 한다. 따라서 제시문에 나타난 주장에 대한 비판으로는 이러한 효율적 시장 가설에 대해 반박하는 ①이 가장 적절하다.

02
정답 ②

제시문에서는 저작권 소유자 중심의 저작권 논리를 비판하며 저작권의 의의를 가지려면 저작물이 사회적으로 공유되어야 한다고 주장하고 있다. 따라서 주장에 대한 비판으로 ②가 가장 적절하다.

03
정답 ②

제시문에서는 기계화·정보화의 긍정적인 측면보다는 부정적인 측면을 부각시키고 있으므로, 기계화·정보화가 인간의 삶의 질 개선에 기여하고 있음을 경시한다고 지적할 수 있다.

04
정답 ③

제시문에서는 비현금 결제의 편리성, 경제성, 사회의 공공 이익에 기여 등을 이유로 들어 비현금 결제를 지지하고 있다. 따라서 비현금 결제 방식이 경제적이지 않다는 논지로 반박하는 것이 적절하다.

05
정답 ④

제시문은 풀맨 마을의 예에서 볼 수 있듯 정치적 문제에 민주주의 원리가 적용되는 것처럼 공장에서 발생하는 정치적 문제에도 민주주의 원리를 적용해야 한다고 하였다. 따라서 이를 반박하기 위해서는 마을 운영이 정치적인 문제에 속하는 것과 달리 공장 운영은 경제적 문제에 속하여 그 성질을 달리한다는 언급이 있어야 하므로 ④는 타당한 반박이라고 볼 수 있다.

오답분석
① 일리노이 최고법원이 풀맨에 대한 판결을 내렸다는 언급이 있으나 이는 배경을 설명하기 위해서일뿐 이에 근거한 논증이 진행된 것이 아니다. 따라서 반박으로 적절하지 않다.
② 제시문의 논증은 풀맨 마을과 같은 마을을 경영하는 것에 대해 주안점을 둔 것이 아니라 그러한 사례를 통해 소유권과 정치적 권력이 분리되어야 한다는 점을 강조하고 있다. 따라서 반박으로 적절하지 않다.
③ 자신의 거주지 안에서 자유롭게 살 수 있는 권리와 제시문의 내용은 연관성이 없는 것이므로 반박으로 적절하지 않다.
⑤ 제시문을 통해 공장에서는 소유와 경영이 제대로 분리되고 있지 않다고 볼 수 있으나 풀맨 마을과 같은 공동체에서는 분리가 되고 있음을 추론할 수 있다. 따라서 반박으로 적절하지 않다.

06
정답 ④

제시문의 주장은 대중문화가 대중을 사회 문제로부터 도피하게 하거나 사회 질서에 순응하게 하는 역기능을 수행하여 혁명을 불가능하게 만든다는 내용이다. 따라서 이에 대한 반박은 대중문화가 순기능을 한다는 태도여야 한다. 그러나 ④는 현대 대중문화의 질적 수준에 대한 평가에 관한 내용이므로 연관성이 없다.

07
정답 ①

제시문에 따르면 뉴턴(㉠)은 시간은 공간과 무관한 독립적이고 절대적이며 모든 우주에서 동일한 빠르기로 흐른다고 보았다. 그러나 아인슈타인(㉡)은 이러한 뉴턴(㉠)의 시간관을 근본적으로 거부하고, 시간과 공간은 서로 긴밀하게 연관되어 함께 변하는 상대적인 양이라고 보았다. 따라서 아인슈타인(㉡)의 입장에서는 시간은 상대적으로 흐르므로 시간을 절대적이라고 보는 뉴턴(㉠)의 생각을 비판할 수 있다.

오답분석
② 상대 시간 개념이 물체의 운동을 설명할 수 없다는 내용은 본문에서 설명한 아인슈타인의 생각과 같지 않다.
③ 아인슈타인은 시간을 인위적 개념으로 여기지 않았다.
④ 이인슈타인은 시간과 공간을 별개의 물리량이 아니라 서로 긴밀하게 연관되어 함께 변한다고 보았다. 즉, 독립적으로 고려할 수 없다고 본 것이다.
⑤ 마지막 문단을 통해 아인슈타인이 시간의 팽창에 대해서 언급한 것을 알 수 있다. 그러나 시간이 반대로 흐르는 역행 가능성에 대한 언급은 없다.

08
정답 ②

제시문에 따르면 『일리아스』는 구전되어 온 서사시로, 객관적 서술 태도와는 거리가 멀다고 할 수 있다.

09
정답 ①

제시문의 내용은 청나라에 맞서 싸우자는 척화론이다. ①은 척화론과 동일한 주장을 하고 있으므로 비판 내용으로 적절하지 않다.

10
정답 ③

제시문에 따르면 헤겔은 국가를 사회 문제를 해결하고 공적 질서를 확립할 최종 주체로 설정했고, 뒤르켐은 사익을 조정하고 공익과 공동체적 연대를 실현할 도덕적 개인주의의 규범에 주목하면서, 이를 수행할 주체로서 직업 단체의 역할을 강조하였다. 즉, 직업 단체가 정치적 중간 집단으로서 구성원의 이해관계를 국가에 전달하는 한편 국가를 견제해야 한다고 보았다.

오답분석
① 뒤르켐이 주장하는 직업 단체는 정치적 중간집단의 역할로 빈곤과 계급 갈등의 해결을 수행할 주체이다.
② 뒤르켐은 복지행정조직에 대한 언급이 없었다.
④ 국가를 최종 주체로 강조하는 것은 헤겔의 주장이다.
⑤ 헤겔 역시 공리주의는 시민 사회 내에서 개인들의 무한한 사익 추구가 일으키는 빈부 격차나 계급 갈등을 해결할 수는 없다고 보았다.

CHAPTER 07 유형점검 정답 및 해설

STEP 1 기본문제

01	02	03	04	05					
③	④	④	③	③					

01
정답 ③

제시문의 두 번째 문단 마지막 문장에서, 절차적 지식을 갖기 위해 정보를 마음에 떠올릴 필요가 없다고 하였다.

오답분석
① 마지막 문단에서 표상적 지식은 절차적 지식과 달리 특정한 일을 수행하는 능력과 직접 연결되어 있지 않다고 하였으나, 특정 능력의 습득에 전혀 도움을 줄 수 없는지 아닌지는 제시문의 내용을 통해서는 알 수 없다.
② 마지막 문단에 따르면 '이 사과는 둥글다.'라는 지식은 둥근 사과의 이미지일 수도, '이 사과는 둥글다.'는 명제일 수도 있다.
④ 인식론에서 나눈 지식의 유형에는 능력의 소유를 의미하는 절차적 지식과 정보의 소유를 의미하는 표상적 지식이 모두 포함된다.
⑤ 절차적 지식을 통해 표상적 지식을 얻는다는 내용은 제시문에 나와있지 않다.

02
정답 ④

제시문에 따르면 맷 스폰하이머와 줄리아 리소프의 연구는 오스트랄로피테쿠스가 육식을 하였음을 증명하였으므로, 육식 여부로 오스트랄로피테쿠스와 사람을 구분하던 과거의 방법이 잘못되었음을 증명한 것이라고 볼 수 있다.

오답분석
① 두 번째 문단의 마지막 문장에서 오스트랄로피테쿠스의 식단에서 풀을 먹는 동물이 큰 부분을 차지했다는 결론을 내렸다고 했을 뿐, 풀을 전혀 먹지 않았는지는 알 수 없다.
② 오스트랄로피테쿠스의 진화과정과 육식의 관계를 알 수 있을 만한 부분은 없다.
③ 단일 식품을 섭취하는 것이 위험하다고 했을 뿐, 단일 식품을 섭취하는 동물은 없다고 보기는 어렵다.
⑤ 마지막 문단에서 동물 뼈에 이로 씹은 흔적 위에 도구로 자른 흔적이 겹쳐있고 무기를 가진 인간의 흔적이라고 한 것으로 보아 무기로 사냥을 했음을 알 수 있다.

03
정답 ④

제시문은 한글 맞춤법 총칙 제1항의 내용을 소개하면서 이를 통해 '한글 맞춤법'의 원리를 개괄적으로 설명하고 있다. 한글 맞춤법 총칙 제1항이 어떤 의미를 가지고 있는지 예를 통해 분석하여 소개한 뒤, 표준어를 어떻게 적어야 하는지에 대해 설명하는 것이다.

04
정답 ③

제시문에서 레이저 절단 가공은 고밀도, 고열원의 레이저를 쏘아 절단 부위를 녹이고 증발시켜 소재를 절단하는 작업이지만, 다른 열 절단 가공에 비해 열변형의 우려가 적다고 설명하고 있다.

오답분석
① 고밀도, 고열원의 레이저를 쏘아 소재를 녹이고 증발시켜 소재를 절단한다고 했으므로 절단 작업 중에 기체가 발생함을 알 수 있다.
② 반도체 소자가 나날이 작아지고 정교해졌다고 언급하고 있으므로 과거 반도체 소자는 현재 반도체 소자보다 덜 정교함을 추측할 수 있다.
④ 반도체 소자는 나날이 작아지며 정교해지고 있으므로 현재 기술력으로는 레이저 절단 가공 외의 가공법으로는 반도체 소자를 다루기 쉽지 않음을 추측할 수 있다.
⑤ 레이저 절단 가공은 물리적 변형이 적어 깨지기 쉬운 소재도 다룰 수 있다고 언급되어 있다.

05
정답 ③

제시문에 따르면 글쓴이가 생각하는 문화상대주의는 오히려 보편윤리와 인권을 부정하지 않는 가치 판단에 가깝다고 볼 수 있다.

오답분석
① 마지막 문장을 통해 알 수 있다.
② · ④ 세 번째 문장을 통해 알 수 있다.
⑤ 첫 번째 문장을 통해 알 수 있다.

STEP 2 응용문제

01	02	03	04	05					
②	①	⑤	①	⑤					

01 정답 ②
제시문의 논지는 직장에서의 프라이버시 침해 위협에 대해 우려하는 것이므로 ②는 제시문의 내용과 부합하지 않는다.

02 정답 ①
제시문에 따르면 허용형 어머니는 오로지 아이의 욕망에만 관심을 갖지만 방임형 어머니는 아이의 욕망에 무관심하다고 하였으므로 적절한 내용이다.

오답분석

ㄴ. 허용형 어머니의 아이는 도덕적 책임 의식이 결여된 경우가 많다고 하였으며, 독재형 어머니의 아이는 공격적 성향과 파괴적 성향을 보인다고 하였다. 그러나 이것과 도덕적 책임 의식이 어떠한 상관관계가 있는지에 대해서는 알 수 없으므로 적절하지 않은 내용이다.

ㄷ. 방임형 어머니의 아이는 정서적으로 차단되어 있는 어머니의 욕망을 전혀 파악할 수 없다고 하였으나, 독재형 어머니는 자신의 욕망을 아이에게 공격적으로 강요한다고 하였다. 즉 독재형 어머니의 아이는 어머니의 욕망을 파악할 수 있을 것이므로 적절하지 않은 내용이다.

03 정답 ⑤
제시문에 따르면 일본의 정책들은 함경도를 만주와 같은 경제권으로 묶음으로써 조선의 다른 지역과 경제적으로 분리시켰다고 하였으므로 적절하지 않은 내용이다.

오답분석

① 1935년 회령의 유선탄광에서 폭약이 터져 800여 명의 광부가 매몰돼 사망했던 사건이 있었다는 부분과 나운규의 고향이 회령이라고 언급된 부분을 통해 알 수 있는 내용이다.
② 조선의 최북단 지역인 오지의 작은 읍이었던 무산·회령·종성·온성의 개발이 촉진되어 근대적 도시로 발전하였다는 부분을 통해 알 수 있는 내용이다.
③ 청진·나진·웅기 등이 대륙 종단의 시발점이 되는 항구라고 하였고, 회령·종성·온성이 양을 목축하는 축산 거점으로 부상하였다고 언급되어 있다. 그리고 『아리랑』의 기본 줄거리가 착상된 배경이 나운규의 고향인 회령에서 청진까지 부설되었던 철도 공사라고 하였으므로 이를 통해 추론할 수 있는 내용이다.
④ 일본이 식민지 조선의 북부 지역에서 광물과 목재 등 군수산업 원료를 약탈하는 데 주력하게 되었고, 이를 위해 함경도에서 생산된 광물자원과 콩, 두만강변 원시림의 목재를 일본으로 수송하기 위해 함경선, 백무선 등의 철도를 부설하였다고 하였으므로 적절한 내용이다.

04 정답 ①
제시문에서는 조상형 동물의 몸집이 커지면서 호흡의 필요성에 따라 아가미가 생겨났고, 호흡계 일부가 변형된 허파는 식도 아래쪽으로 생성되었으며, 이후 폐어 단계에서 척추동물로 진화하면서 호흡계와 소화계가 겹친 부위가 분리되기 시작하여 결국 하나의 교차점을 남기면서 인간의 음식물로 인한 질식 현상과 같은 단점을 남겼다고 설명하고 있다. 또한 마지막 문장에서 이러한 과정이 '당시에는 최선의 선택'이었다고 하였으므로, 진화가 순간순간에 필요한 대응일 뿐 최상의 결과를 내는 과정이 아님을 알 수 있다.

05 정답 ⑤
외국기업의 사례를 벤치마킹하는 것은 제시문의 기업의 사회공헌활동과 연관이 없다.

오답분석

① 법률준수의 사례에 해당한다.
② 자선적 책임의 사례에 해당한다.
③ 이윤 창출의 사례에 해당한다.
④ 윤리적 책임의 사례에 해당한다.

STEP 3 적중문제

01	02	03	04	05	06	07	08	09	10
⑤	②	③	⑤	①	④	⑤	②	③	①

01 정답 ⑤
보기의 내용은 『악학궤범』의 서문으로, 책을 통해 음악의 이론 및 제도, 법식과 같이 음악을 시행하는 법을 보존하려 했음을 알 수 있다. 따라서 이와 관련된 ⑤가 올바른 추론에 해당한다.

02 정답 ②
제시문의 밑줄 친 부분에서 전달하고자 하는 바는 우리가 의도하는 바와 그 결과가 반드시 일치(동일)하지는 않는다는 것이다.

03 정답 ③

제시문에 따르면 노반은 가장 밑에서 열차의 하중을 지지하는 기반으로 흙 노반이 기본이지만 터널과 고가교에는 콘크리트 노반을 사용하기도 한다. 따라서 노반의 대부분이 콘크리트 노반을 사용한다는 말은 적절하지 않다.

04 정답 ⑤

제시문에 따르면 플레이펌프는 아이들이 플레이펌프를 돌리며 놀면 그 힘을 동력으로 사용해 지하수를 끌어 올려 탱크에 물을 저장한다는 아이디어로 시작되었다. 하지만 기존 펌프보다 효율이 높지 않다는 점을 간과한 채 천 오백 대가 넘는 플레이펌프를 공급했고 이는 실패로 끝났다.
따라서 어떤 일을 시작할 때는 다방면에 대한 고려가 필요하고 이것이 성공으로 이어질 수 있다는 교훈을 얻을 수 있다.

05 정답 ①

제시문에 따르면 태초의 자연은 인간과 균형적인 관계로, 서로 소통하고 공생할 수 있었다. 그러나 기술의 발달로 인간은 자연을 정복하고 폭력을 행사했다. 이는 인간과 자연 양쪽에게 해가 되는 일이므로 힘의 균형을 통해 대칭적인 관계를 회복해야 한다는 것이 제시문의 중심 내용이다. 따라서 뒤에 올 내용으로는 그 대칭적인 관계를 회복하기 위한 방법이 적절하다.

06 정답 ④

④는 밴드왜건 효과(편승효과)의 사례로, 밴드왜건 효과란 유행에 따라 상품을 구입하는 소비현상을 뜻하는 경제용어이다. 밴드왜건은 악대를 선두에 세우고 다니는 운송수단으로 요란한 음악을 연주하여 사람들을 모았으며, 금광이 발견되었다는 소식을 들으면 많은 사람을 이끌고 몰려갔다. 이러한 현상을 기업에서는 충동구매를 유도하는 마케팅 활동으로 활용하고, 정치계에서는 특정 유력 후보를 위한 광고로 활용한다.

07 정답 ⑤

제시문의 네 번째 문단에 따르면 공장식 축산의 문제를 개선하기 위한 동물 복지 운동은 1960년대 영국을 중심으로 시작되었으며, 한국에서도 2012년부터 '동물 복지 축산농장 인증제'를 시행하고 있다고 하였다. 즉, 동물 복지 축산농장 인증제는 영국이 아닌 한국에서 시행하고 있는 제도이다.

08 정답 ②

제시문에 따르면 일그러진 달항아리, 휘어진 대들보, 삐뚜름한 사발에서 나타나는 미의식은 '형'의 어눌함을 수반하는 '상'의 세련됨이다.

09 정답 ③

오답분석
① '세종이 만든 28자는 세계에서 가장 훌륭한 알파벳'이라고 평가한 사람은 미국의 다이아몬드(J. Diamond) 교수이다.
② 한글이 표음문자인 것은 맞지만, 기본적으로 24개의 문자를 익혀야 학습할 수 있다.
④ 문자와 모양의 의미를 외워야 하는 것은 문자 하나하나가 의미를 나타내는 표의문자 '한자'에 해당한다.
⑤ 한글이 세계 언어학계에 본격적으로 알려진 것은 1960년대이다.

10 정답 ①

제시문에 따르면 미를 도덕이나 목적론과 연관시킨 톨스토이, 마르크스와 달리 칸트는 미에 대한 자율적 견해를 지녔다. 즉, 미적 가치를 도덕 등 다른 가치들과 관계없는 독자적인 것으로 본 것이다. 따라서 문학작품을 감상할 때 다른 외부적 요소들은 고려하지 않고 작품 자체에만 주목하여 감상해야 한다는 절대주의적 관점이 이러한 칸트의 견해와 유사함을 추론할 수 있다.

MEMO

PART 3
문서작성능력
정답 및 해설

CHAPTER 01 개요수정
CHAPTER 02 내용수정
CHAPTER 03 도식화

CHAPTER 01

개요수정

유형점검 정답 및 해설

STEP 1 기본문제

01	02	03	04	05					
③	②	③	④	④					

01 〔정답〕 ③

'Ⅱ-2'에서는 친환경 자동차 보급 실태와 문제점을, 'Ⅱ-3'에서는 친환경 자동차 보급 확대 방안을 제시하고 있다. 따라서 'Ⅱ-3-가'에는 글의 논리적 흐름에 따라 'Ⅱ-2-가'와 연결하여 친환경 자동차 구매 시 정부가 지원해 주는 방안을 제시하는 내용의 ㉢을 삭제하는 것은 적절하지 않다.

02 〔정답〕 ②

(가)의 개요에서 (나)의 개요로 수정된 부분은 고령화 사회의 문제점에 대한 내용이다. 이는 고령화 사회로 인해 발생할 수 있는 사회 비용을 의료 및 복지 비용으로, 인구 감소로 인한 노동력 공급 감소 및 생산성 저하로 구체화한 것이다.

〔오답분석〕
④ 구체적으로 문제 상황을 한정했다고 해서 논의 대상의 범위가 한정된 것은 아니다. 논의 대상인 고령화 사회의 문제점 자체는 그대로이기 때문이다.

03 〔정답〕 ③

외국인 환자를 유치하는 데 장애가 되는 제도적 요인의 근거 자료로 언어 장벽이나 까다로운 국내 병원 이용 절차를 활용하는 것은 적절하지 않다.

04 〔정답〕 ④

최근 수출 실적 부진 현상에 대한 실태를 분석한 내용이 본문의 주를 이루고 있다. 결론에서는 분석 결과를 토대로 수출 경쟁력 향상 방안을 제시하고 있으므로 전체 요인을 분석한 후 방안을 마련하는 내용인 ④가 적절하다.

05 〔정답〕 ④

개요의 내용으로 볼 때, 핵심은 앞으로 일본 문화의 개방은 불가피하다는 관점에 있음을 알 수 있다. 따라서 개방이 불가피하다면 이에 걸맞은 대비책을 세워야 하는데, 그것은 선별적·단계적 수용과 저질 문화의 유입 방지이다.

STEP 2 응용문제

01	02	03	04	05					
④	⑤	②	②	⑤					

01 〔정답〕 ④

'Ⅱ-2'에서는 국외 도시재생 정책에 대해 다루고 있으므로 우리나라 도시재생 정책을 제시하는 것은 적절하지 않다.

02 〔정답〕 ⑤

처음 작성했던 개요인 (가)는 나노 기술의 유용성에 초점을 두고 있다. 반면 추가로 접한 자료인 (나)는 나노 물질이 인간과 동물의 건강에 악영향을 미칠 위험성을 경고하는 내용이다. 그러므로 (가)와 (나)의 내용을 종합하여 작성한 개요는 나노 기술이 유용성과 위험성을 동시에 지니고 있다는 내용을 담아야 한다. 그런데 ㉤은 나노 기술의 유용성 측면에 초점을 두어 응용 분야를 확대해야 한다는 내용을 담고 있으므로 적절하지 않다.

03 〔정답〕 ②

건설에 필요한 소요용지 최소화는 765kV에 대한 긍정적인 내용이다.

〔오답분석〕
①·③·④·⑤ 765kV 송변전사업의 부정적인 인식을 설명하며 이는 '765kV 송변전사업의 오해'의 내용으로 적절하다.

04   정답 ②

개요의 흐름상 '전력 소비에 대한 잘못된 인식'은 '대기전력의 발생 원인'에 해당하므로 'Ⅱ-1'의 하위 항목으로 새로 추가하기보다는 'Ⅱ-1-1)'의 내용으로 들어가는 것이 적절하다.

05   정답 ⑤

'미세먼지로부터의 탈출'은 앞서 작성된 서두와 본문의 개요 내용과 어울리지 않는 어휘들이 사용되었고, 시범사업 계획서와도 어울리지 않는 어휘이다.

STEP 3 적중문제

01	02	03	04	05	06	07	08	09	10
②	②	③	④	④	⑤	①	③	②	②

01   정답 ②

상위 항목을 고려하였을 때 '탄소 배출 제한 제도에 따른 국가 간 협력 필요'는 탄소 배출과 관련된 문제점으로 적절하지 않으며, 오히려 탄소 배출 제한 제도의 보완 방안이 될 수 있다. 또한 ⓒ의 '탄소 배출 제한 제도 운영상의 문제점'은 'Ⅱ'의 하위 항목으로 적절하므로 수정할 필요가 없다.

02   정답 ②

서론에서 제시한 과소비의 실태를 바탕으로 과소비의 문제점을 추리해야 한다. '개방화에 따른 외국 상품의 범람'은 과소비를 부추기는 원인 혹은 사회 현상은 될 수 있으나 과소비의 문제점이라고 볼 수는 없다.

03   정답 ③

본론에서 어린이 과보호의 배경과 그로 인한 문제점을 가정과 사회의 차원에서 드러내고 있으므로, 이를 바탕으로 대응 방안을 찾도록 한다.

04   정답 ④

독서 심리 치료의 성공 사례는 이론적 기초에 해당하지 않는다.

05   정답 ④

'Ⅱ-1-나'에 따르면 온라인상에서 저작권 침해 문제가 발생하는 원인으로 주로 해외 서버를 통해 이루어지는 불법 복제를 단속하기 위해 필요한 다른 나라와의 협조 체제가 부족함을 제시하고 있다. ④의 '업로드 속도를 향상하기 위한 국내 서버 증설'은 이러한 내용과 어긋날 뿐만 아니라 불법 복제를 단속하기 위한 방안으로 보기 어렵다.

06   정답 ⑤

'무분별한 개발로 훼손되고 있는 도시 경관'은 지역 내 휴식 공간 조성을 위한 해결 방안으로 보기 어려우며, 휴식 공간 조성의 장애 요인으로도 볼 수 없다. 따라서 ⓜ은 ⑤와 같이 위치를 변경하는 것보다 개요에서 삭제하는 것이 적절하다.

07   정답 ①

서론에서는 교내에서 발생하는 안전사고의 현황을 제시하고, 본론에서는 이러한 교내 안전사고의 주요 유형을 형태별, 상황별로 분석하여 주요 상황에 따라 지켜야 할 안전 수칙을 제시하고 있다. 따라서 결론에는 교내에서 발생하는 주요 안전사고에 대해 이해하고, 그에 따른 안전 수칙을 지키자는 내용의 ①이 들어가는 것이 가장 적절하다.

08   정답 ③

'Ⅱ-1'에서는 어린이 먹을거리 안전사고의 발생 원인을, 'Ⅱ-2'에서는 어린이 먹을거리 안전을 위한 개선 방안을 원인에 대한 해결 방향으로 제시하고 있다. 따라서 빈칸에는 글의 논리적 흐름에 따라 'Ⅱ-1-다'와 연결하여, 가정에서 실시할 수 있는 교육 방안을 제시하는 내용의 ③이 가장 적절하다.

09   정답 ②

'Ⅱ-2-가'는 기부 문화의 문제점보다는 기부 문화의 활성화 방안으로 적절하며, ⓒ은 이러한 방안이 필요한 문제점으로 적절하다. 따라서 서로 위치를 바꾸는 것은 적절하지 않다.

10

정답 ②

ⓒ의 '그릇된 언어를 무비판적으로 수용'이라는 항목은 문제 발생의 개인적 차원에서의 원인으로 적절하므로, 바른 언어 사용을 위한 방안에 해당하는 '바른 언어 사용에 대한 필요성 홍보'로 바꾸는 것은 적절하지 않다.

오답분석

① ㉠의 '외래어 사용'은 외국에서 들어온 말이 국어처럼 사용되는 예로 상위 항목에 맞지 않아 이를 '비속어 남용'으로 고치는 것이 적절하다.
③ ㉢의 '지나친 불법 광고의 확산'은 주제와 무관한 내용이므로 삭제하는 것이 적절하다.
④ ㉣의 '바른 언어 사용을 권장하는 사회 분위기 조성'은 사회적 차원에서의 해결 방안에 해당하므로 'Ⅱ-3-나'의 항목으로 이동하는 것은 적절하다.
⑤ ㉤의 '바른 언어 사용을 위한 청소년들의 인식 전환과 사회적 노력의 촉구'는 개인적 측면과 사회적 측면을 모두 포괄하는 주제로 볼 수 있으므로 적절하다.

CHAPTER 02 내용수정

유형점검 정답 및 해설

STEP 1 기본문제

01	02								
③	⑤								

01 정답 ③

'적다'는 '수효나 분량, 정도가 일정한 기준에 미치지 못하다.'는 의미를 지니며, '작다'는 '길이, 넓이, 부피 따위가 비교 대상이나 보통보다 덜하다.'는 의미를 지닌다. 즉, '적다'는 양의 개념이고, '작다'는 크기의 개념이므로 공해 물질의 양과 관련된 ⓒ에는 '적게'가 적절하다.

02 정답 ⑤

'오랜'은 '이미 지난 동안이 긴'의 의미를 지닌 관형사이므로 뒷말과 띄어 써야 한다. 따라서 ⓜ은 '오랜 세월'로 띄어 써야 한다.

STEP 2 응용문제

01	02	03	04	05					
③	④	①	⑤	①					

01 정답 ③

제시문의 세 번째 문단 후반부에서 '자신의 처지가 주술적 힘, 신이나 우주의 섭리와 같은 것에 종속되어 있다는 견해에는 부정적이었다.'고 하였다. 따라서 프롤레타리아트는 종교에 대해 부정적인 입장을 취했을 것이란 사실을 알 수 있다.

02 정답 ④

제시문의 ⓔ 바로 다음의 '저임금 구조의 고착화로 농장주와 농장 노동자 간의 소득 격차가 갈수록 벌어졌다'는 내용을 통해 '중간 계급으로의 수렴'이 아닌 '계급의 양극화'가 들어가야 함을 알 수 있다.

03 정답 ①

주어와 서술어의 관계를 고려하여 고친 것이지만, 피동형인 '선호되고'보다는 '(많은 사람이) 국가기관을 가장 선호하고'로 수정하는 것이 우리말 표현에서는 더 자연스럽다.

04 정답 ⑤

재산이 많은 사람은 약간의 세율 변동에도 큰 영향을 받는다. 그러므로 '영향이 크기 때문에'로 수정해야 한다.

05 정답 ①

'역활'은 '역할'의 잘못된 말로, '자기가 마땅히 하여야 할 맡은 바 직책이나 임무'를 뜻하는 말은 '역활'이 아니라 '역할(役割)'이다.

STEP 3 적중문제

01	02	03	04	05					
④	①	⑤	④	⑤					

01 [정답] ④
통계 자료에서 가장 많이 사용된 알파벳이 E이므로, 철수가 사용한 규칙 α에서는 E를 A로 변경하게 된다. 따라서 암호문에 가장 많이 사용된 알파벳은 A일 가능성이 높으므로 적절한 수정이다.

[오답분석]
①·②·③·⑤ 제시문에서 사용된 기존의 문장이 적절한 것들이므로 수정이 필요 없다.

02 [정답] ①
'황량한'은 황폐하여 거칠고 쓸쓸한 것을 의미한다.

03 [정답] ⑤
⑩의 '오히려'는 '앞의 내용과 반대가 되거나 다르게'라는 뜻이므로 적절하지 않다. 또한 전환의 의미를 나타내는 '그런데'도 적절하지 않다. 앞에서 말한 일이 뒤에서 말할 일의 원인, 이유, 근거가 됨을 나타내는 접속 부사 '그러므로, 따라서' 등이 적절하다.

04 [정답] ④
한글 맞춤법 규정에 따르면 '초점(焦點)'의 경우 사이시옷이 들어가지 않는다. 따라서 '초점'이 적절한 표기이다.

05 [정답] ⑤
독재자가 국가의 발전에 기여했다는 것은 어디까지나 자신들의 주장일 뿐 제시문에서는 독재에 대해 비판적인 입장이다. 따라서 독재가 긍정적 영향을 미쳤음을 보여준다는 것은 부적절하다.

[오답분석]
① 지지기반을 잃었던 사례를 제시하고 그 과정을 기술하면 글의 논지가 훨씬 정확해지므로 적절한 내용이다.
② 직면했던 국내 문제가 무엇인지를 구체적으로 언급하는 것이므로 적절한 내용이다.
③ 구체적인 사례를 들어 뒷받침하는 경우 이 글의 논지를 보다 뚜렷하게 할 수 있으므로 적절한 내용이다.
④ 구체적인 사실 논거를 들면 논지의 신뢰도와 정확도에 보탬이 될 수 있으므로 적절한 내용이다.

CHAPTER 03 도식화 유형점검 정답 및 해설

STEP 1 기본문제

01	02								
⑤	④								

01 정답 ⑤

㉠은 문제 제기 및 주장, ㉡은 주장의 논거1, ㉢은 주장의 논거2, ㉣은 논거2의 사례, ㉤은 주장의 논거3, ㉥은 논거3의 지지로 구조를 파악할 수 있다. 따라서 글의 구조로 적절한 것은 ⑤이다.

02 정답 ④

(라)는 동종 이식에 관해 설명하며, 동종 이식의 문제점을 이야기한다. (가)는 이러한 동종 이식을 대체할 수 있는 방법 중 하나인 전자 기기 인공 장기를 설명하면서 아직은 부족한 한계에 대해 이야기한다. (다)는 또다른 대체 방법인 이종 이식을 언급하며 이종 이식의 문제점인 거부 반응에 대해 이야기하고, (나)는 이종 이식의 또다른 문제점인 내인성 레트로바이러스에 대해 설명한다. 따라서 글의 순서는 (라) – (가) – (다) – (나)이며, 글의 구조로는 ④가 적절하다.

STEP 2 응용문제

01	02								
③	③								

01 정답 ③

(가)는 사람들이 혐오스럽다고 생각하는 소리가 혐오감을 유발하는 까닭에 대해 의문을 제기한다. 이에 대한 원인으로 (나)에서는 소리의 고주파를 제시하고, (다)와 (라)에서는 그 원인이 선천적 이유 때문이라는 블레이크와 힐렌브랜드의 이론을 제시하였다. (마)와 (바)에서는 기존의 이론들을 반박하며 소리보다는 시각이 혐오감을 불러일으킨다고 입장을 바꾼 힐렌브랜드의 주장을 제시하고, 이를 뒷받침하는 필립 호지슨의 실험을 함께 제시하였다. 따라서 글의 순서는 (가) – (나) – (다) – (라) – (마) – (바)이며, 글의 구조로 ③이 가장 적절하다.

02 정답 ③

(나)는 정당 정치의 개별 정당과 정당 체계에 관해 설명하며, 정당 체계 분석에서 핵심적 역할을 하는 정당 수에 대해 언급한다. (가)와 (다)는 이러한 정당 수를 산정하는 방식인 '단순 방식'과 '이항 분류 방식'에 대해 각각 설명하고, (마)는 (다)에서 설명한 '이항 분류 방식'의 단점에 관해 이야기한다. 마지막으로 (라)는 또 다른 정당 수 산정 방식인 '지수화 방식'에 대해 설명한다. 따라서 글의 순서는 (나) – (가) – (다) – (마) – (라)이며, 글의 구조로는 ③이 가장 적절하다.

STEP 3 적중문제

01	02	03	04	05
⑤	①	③	④	③

01
정답 ⑤

(마)는 주인 – 대리인 이론에서의 '주인 – 대리인 관계'에 대해 정의하고 있으며, (나)는 이러한 주인 – 대리인 관계에서 발생하는 '대리인 문제'를 해결하기 위해 '대리인 비용'이 발생한다고 이야기한다. 이어서 (다)와 (라), (가)는 이 '대리인 비용'을 대리인 문제의 방지 수단에 따라 구분한 '감시비용', '확증비용', '잔여손실'에 관해 각각 설명한다. 따라서 글의 순서는 (마) – (나) – (다) – (라) – (가)이며, 글의 구조로는 ⑤가 가장 적절하다.

02
정답 ①

(나)는 (가)에서 도출되는 결론, (다)는 (나)의 부연, (라)는 전환, (마)는 (라)에 대한 부연, (바)는 (마)에 대한 이유이다. 따라서 글의 순서는 (가) – (나) – (다) – (라) – (마) – (바)이며, 글의 구조로는 ①이 적절하다.

03
정답 ③

(가)는 중국 유적들의 커다란 크기와 권위적인 모습에 대한 의문을 제기하면서 그 이유를 (바)와 (라)를 통해 설명하고 있다. 이와 달리 (마)와 (나)에서는 우리나라의 유적이 중국과 다른 이유에 관해 이야기한다. 그리고 (다)에서는 이처럼 양국은 필요에 따라 서로 다른 문화를 발전시켜 온 것이라며 결론을 맺고 있다. 따라서 글의 순서는 (가) – (바) – (라) – (마) – (나) – (다)이며, 글의 구조로 ③이 가장 적절하다.

04
정답 ④

(가)는 장마철을 대비한 차량 관리의 필요성을 언급하고 있으므로 글의 서두로 다른 문단들을 아우른다. (나)는 장마철 사고의 원인인 수막현상에 대한 설명이고 (다)는 수막현상을 예방하는 방법이므로 (나)와 (다)는 하나로 묶을 수 있다. (라)는 장마철 시야 확보를 위해 와이퍼와 워셔액, 유리 방수 관리를 해야 한다는 것, (마)는 시야 확보와 자신의 위치 노출을 위한 전조등 점검, (바)는 배터리 상태를 점검해야 한다는 것이다. (나)·(라)·(마)·(바)는 (가)의 하위 항목으로 장마철 차량 관리 방법에 해당하므로 글의 구조를 적절하게 표현한 것은 ④이다.

05
정답 ③

제시문은 자본주의의 발달 요인으로 (가)·(나)에서는 경제적 측면을, (다)에서는 사회적 측면을, (라)·(마)에서는 정신적 측면을 이야기하고 있다.

PART 4
의사표현능력
정답 및 해설

CHAPTER 01 언어표현
CHAPTER 02 다의어
CHAPTER 03 관용적 표현

CHAPTER 01 언어표현 유형점검 정답 및 해설

STEP 1 기본문제

01	02	03	04	05
②	①	⑤	④	②

01 정답 ②

'밝습니다'가 아닌 '밝으십니다'로 써야 한다.
높여야 할 대상의 신체 부분에도 '-(으)시'를 결합하여 높임을 나타내야 한다.

오답분석
① 어미 '-(으)시'를 결합하여 말씀을 간접적으로 높인다.
③ 상대높임법의 '해라체(아주 낮춤)'를 사용한 높임법이다.
④ 객체를 높이기 위해 '모시다'라는 서술어를 사용한다.
⑤ 어미 '-시-'를 결합하여 주체를 높인다.

> **주체 높임법**
> • 직접 높임 : '-시-(선어말 어미), -님(접미사), 께서(조사)'에 의해 실현된다.
>   [예] 어머니, 선생님께서 오십니다.
> • 간접 높임 : '-시-(선어말 어미)'를 붙여 간접적으로 높인다.
>   [예] 할아버지는 연세가 많으시다.

02 정답 ①

'걱정이나 근심으로 몹시 괴로운 상태가 되게 한다.'는 뜻을 나타내므로 '썩이다'로 써야 한다.

> **'썩이다'와 '썩히다'**
> • 썩이다 : 걱정이나 근심으로 몹시 괴로운 상태가 되게 하다.
> • 썩히다
>   1. 유기물을 부패하게 하다.
>   2. 물건이나 사람 또는 사람의 재능 따위가 쓰여야 할 곳에 제대로 쓰이지 못하고 내버려진 상태에 있게 하다.
>   3. 본인의 의사와 관계없이 어떤 곳에 얽매여 있게 하다.

03 정답 ⑤

오답분석
① '아무것도 없는 빈 곳'을 뜻하는 '공간(空間)'의 '공(空)'과 '빈'이 의미상 중복되었다.
② '많은 사람이 모일 수 있게 거리에 만들어 놓은 넓은 빈터'를 뜻하는 '광장(廣場)'의 '광(廣)'과 '넓은'이 의미상 중복되었다.
③ '역의 앞쪽'을 뜻하는 '역전(驛前)'의 '전(前)'과 '앞'이 의미상 중복되었다.
④ '하얗게 센 머리털'을 뜻하는 '백발(白髮)'의 '백(白)'과 '허연'이 의미상 중복되었다.

04 정답 ④

'삼가다'가 기본형이므로 '삼가해 주세요.'는 잘못된 표기이다. 따라서 '삼가 주세요.'로 표기해야 한다.

05 정답 ②

'본디보다 더 길어지게 하다.'라는 의미로 쓰였으므로 '늘이다'로 쓰는 것이 적절하다.

오답분석
① 바램 → 바람
③ 알맞는 → 알맞은
④ 담구니 → 담그니
⑤ 지리한 → 지루한

STEP 2 응용문제

01	02	03	04	05
②	⑤	③	④	①

01
정답 ②

'알음알음'은 '서로 아는 관계'를 뜻한다.

오답분석
① 겅둥겅둥 : 침착하지 못하고 채신없이 가볍게 행동하는 모양
③ 너붓너붓 : 엷은 천이나 종이 따위가 나부끼어 자꾸 흔들리는 모양
④ 옴니암니 : 아주 자질구레한 것이나 그런 일까지 좀스럽게 셈하거나 따지는 모양
⑤ 고깃고깃 : 고김살이 생기게 자꾸 함부로 고기는 모양

02
정답 ⑤

'-ㄹ게요'는 주로 1인칭 주어의 의지나 약속을 표현하는 종결어미로, 주체를 높이는 '-시-'와 함께 쓰일 수 없으므로 '다음 손님 들어가세요.'와 같이 표현하는 것이 옳다.

03
정답 ③

'만큼'은 주로 어미 뒤에 붙어 앞의 내용에 상당하는 수량이나 정도임을 나타내는 의존 명사 '만큼'과 체언 뒤에 붙어 앞말과 비슷한 정도나 한도임을 나타내는 격조사 '-만큼'으로 구분할 수 있다. 한글 맞춤법에 따라 의존 명사 '만큼'은 앞말과 띄어 써야 하고, 격조사 '-만큼'은 붙여 써야 한다. ③은 체언 '생각'과 결합하는 격조사이므로 '생각만큼'으로 붙여 써야 한다.

04
정답 ④

동사는 의미에 따라 '-는' 또는 '-은'의 어미와 활용할 수 있지만, 형용사는 '-은'으로만 활용할 수 있다. 따라서 '걸맞다'는 '두 편을 견주어 볼 때 서로 어울릴 만큼 비슷하다.'의 의미를 가진 형용사이므로 '걸맞은'으로 활용한다.

05
정답 ①

오답분석
② 다릴 → 달일
③ 으시시 → 으스스
④ 치루고 → 치르고
⑤ 잠궜다 → 잠갔다

STEP 3 적중문제

01	02	03	04	05	06	07	08	09	10
④	④	③	③	④	④	④	⑤	①	②

01
정답 ④

오답분석
① '소위'는 '이른바(세상에서 말하는 바)'를 뜻하므로 '말하는'과 의미가 중복된다.
② '미리'와 '예측(미리 헤아려 짐작함)'이 의미상 중복된다.
③ '올해 추수한'과 '햅쌀(그 해에 새로 난 쌀)'이 의미상 중복된다.
⑤ '전진'은 '앞으로 나아감'을 의미한다. 따라서 '앞으로'와 의미가 중복된다.

02
정답 ④

깍정이는 깍쟁이의 잘못된 표현으로, '이기적이고 인색한 사람, 아주 약빠른 사람'을 일컫는 말은 '깍쟁이'이다.

03
정답 ③

'어찌 된'의 뜻을 나타내는 관형사는 '웬'이므로, '어찌 된 일'이라는 함의를 가진 '웬일'이 맞는 말이다.

오답분석
① 메다 : 어떤 감정이 북받쳐 목소리가 잘 나지 않다.
② 치다꺼리 : 남의 자잘한 일을 보살펴서 도와줌
④ 베다 : 날이 있는 연장으로 무엇을 끊거나 자르거나 가르다.
⑤ 지그시 : 슬며시 힘을 주는 모양

04
정답 ③

'바'는 '앞에서 말한 내용 그 자체나 일 따위를 나타내는 말'을 의미하는 의존 명사이므로 앞말과 띄어 쓴다.

오답분석
① '밖에'는 주로 체언이나 명사형 어미 뒤에 붙어 '그것 말고는', '그것 이외에는' 등의 뜻을 나타내는 보조사로 '하나밖에'와 같이 앞말에 붙여 쓴다.
② '살'은 '나이를 세는 단위'를 의미하는 의존 명사이므로 '열 살이'와 같이 띄어 쓴다.
④ 본용언이 합성어인 경우는 본용언과 보조 용언을 붙여 쓰지 않으므로 '쫓아내 버렸다'와 같이 띄어 써야 한다.
⑤ 형용사 '같다'의 활용형인 '같은'은 앞말과 띄어 써야 하므로 '황소 같은'과 같이 띄어 쓴다. 다만, '불꽃같다'와 같은 합성 형용사의 어간 뒤에 어미 '-은'이 붙어 활용할 때에는 '불꽃같은'처럼 붙여 쓴다.

05 〖정답〗 ④

'경과한 시간'을 나타내는 의존 명사 '지'이므로 한글 맞춤법에 따라 앞의 말과 띄어 써야 한다.

오답분석
① '데'가 '일'이나 '것'의 뜻을 나타내는 의존 명사로 쓰였으므로 '참석하는 데'로 띄어 써야 한다.
② '쓸데없다'는 하나로 굳어진 단어이므로 붙여 써야 한다.
③ '-ㄹ지'는 하나의 연결 어미이므로 '처리해야 할지'가 적절한 표기이다.
⑤ '-든지'는 어느 것이 선택되어도 차이가 없는 둘 이상의 일을 나열함을 나타내는 하나의 보조사이므로 '누구든지'가 적절한 표기이다.

06 〖정답〗 ④

'듯'은 의존 명사이므로 앞에 오는 '오다'의 관형사형 '올'과 띄어 써야 한다.

07 〖정답〗 ④

'내(內)'가 일부 시간적·공간적 범위를 나타내는 명사와 함께 쓰여, 일정한 범위의 안을 의미할 때는 의존 명사이므로 띄어 쓴다.

오답분석
① 짓는데 → 짓는 데
② 김철수씨는 → 김철수 씨는
③ 해결할 게 → 해결할게
⑤ 안됐다 → 안 됐다

08 〖정답〗 ⑤

'담백하다'는 '욕심이 없고 마음이 깨끗하다.'라는 뜻이다.

오답분석
① 결제 → 결재
② 갱신 → 경신
③ 곤혹 → 곤욕
④ 유무 → 여부

09 〖정답〗 ①

첩어, 준첩어인 명사 뒤에는 '이'로 적는다. 따라서 '번번이'로 고치는 것이 옳다.

10 〖정답〗 ②

'나누다'에 피동 표현 '-어지다'가 붙은 '나누어지다'는 올바른 표기이다. 또한 '나뉘다'는 '나누다'의 피동사 '나누이다'의 준말이므로 이미 피동사인 '나뉘다'에 피동 표현인 '-어지다'를 붙이면 이중 피동 표현이 된다. 따라서 ⓒ은 '나누어져'로 쓰는 것이 적절하다.

CHAPTER 02 다의어 유형점검 정답 및 해설

STEP 1 기본문제

01	02						
③	⑤						

01 정답 ③

• 들다 : 의식이 회복되거나 어떤 생각이나 느낌이 일다.

오답분석
① 잠이 생기어 몸과 의식에 작용하다.
② 몸에 병이나 증상이 생기다.
④ 버릇이나 습관이 몸에 배다.
⑤ 아이나 새끼를 가지다.

02 정답 ⑤

• 치다 : 속이는 짓이나 짓궂은 짓 또는 좋지 못한 행동을 하다.

오답분석
① 날개나 꼬리 따위를 세차게 흔들다.
② 날이 있는 물체를 이용하여 물체를 자르다.
③ 몸이나 몸체를 부르르 떨거나 움직이다.
④ 점괘로 길흉을 알아보다.

STEP 2 응용문제

01	02						
②	⑤						

01 정답 ②

• 짜다 : 사개를 맞추어 가구나 상자 따위를 만들다.

오답분석
①·③·④·⑤ 계획이나 일정 따위를 세우다.

02 정답 ⑤

• 닿다 : 기회, 운 따위가 긍정적인 범위에 도달하다.

오답분석
① 어떤 물체가 다른 물체에 맞붙어 사이에 빈틈이 없게 되다.
② 소식 따위가 전달되다.
③ 서로 관련이 맺어지다.
④ 정확히 맞다.

STEP 3 적중문제

01	02	03	04	05			
②	④	③	⑤	③			

01 정답 ②

②는 '모두 하나와 같이'라는 의미로 쓰였고, ①·③·④·⑤는 '변함없이'와 같은 의미로 쓰였다.

02 정답 ④

• 밀다 : 바닥이나 거죽의 지저분한 것을 문질러서 깎거나 닦아 내다.

오답분석
① 일정한 방향으로 움직이도록 반대쪽에서 힘을 가하다.
② 눌러서 얇게 펴다.
③ 바닥이 반반해지도록 연장을 누르면서 문지르다.
⑤ 특정한 지위를 차지하도록 내세우거나 지지하다.

03 정답 ③

밑줄 친 부분과 ③의 '통하다'는 '무엇을 매개로 하거나 중개하다.'의 의미이다.

오답분석
① 말이나 문장 따위의 논리가 이상하지 아니하고 의미의 흐름이 적절하게 이어져 나가다.
② 막힘이 없이 흐르다.
④·⑤ 마음 또는 의사나 말 따위가 다른 사람과 소통되다.

04 정답 ⑤

밑줄 친 '말'은 '일정한 주제나 줄거리를 가진 이야기'를 의미하므로 이와 같은 의미로 사용된 것은 ⑤이다.

오답분석
① 사람의 생각이나 느낌 따위를 표현하고 전달하는 데 쓰는 음성 기호
② 단어, 구, 문장 따위를 통틀어 이르는 말
③ 음성 기호로 생각이나 느낌을 표현하고 전달하는 행위. 또는 그런 결과물
④ 소문이나 풍문 따위를 이르는 말

05 정답 ③

밑줄 친 부분과 ③의 '고치다'는 '고장이 나거나 못 쓰게 된 물건을 손질하여 제대로 되게 하다.'를 의미한다.

오답분석
① 모양이나 내용 따위를 바꾸다.
② 잘못되거나 틀린 것을 바로잡다.
④ 병 따위를 낫게 하다.
⑤ 이름, 제도 따위를 바꾸다.

CHAPTER 03 관용적 표현

유형점검 정답 및 해설

STEP 1 기본문제

01	02	03	04	05
③	⑤	③	③	④

01   정답 ③

관용구 '참새 물 먹듯'은 음식을 조금씩 여러 번 먹는 모양을 비유적으로 이르는 말로 ③의 문맥상 옳지 않은 표현이다.

02   정답 ⑤

말이 분명하고 실속이 있다는 의미의 '입이 여물다'는 문맥상 사용이 옳지 않다.

오답분석
① 입을 막다 : 시끄러운 소리나 자기에게 불리한 말을 하지 못하게 하다.
② 입을 모으다 : 여러 사람이 같은 의견을 말하다.
③ 입에 발린 소리 : 마음에도 없이 겉치레로 하는 말
④ 입이 닳다 : 다른 사람이나 물건에 대해 거듭해서 말하다.

03   정답 ③

③은 사람이 지나치게 결백하면 남이 따르지 않음을 비유적으로 이르는 말로, 지나치게 원리·원칙을 지키다 친구들의 신뢰를 잃게 된 반장 민수의 상황에 적절하다.

오답분석
① 남의 덕으로 대접을 받고 우쭐댄다.
② 큰 것을 잃은 후에 작은 것을 아끼려고 한다.
④ 무엇에나 순서가 있으니, 그 차례를 따라 하여야 한다.
⑤ 아무리 좋은 일이라도 여러 번 되풀이하여 대하게 되면 싫어진다.

04   정답 ③

• 간담상조(肝膽相照) : 간과 쓸개를 서로에게 내보인다는 뜻, 서로 마음을 터놓고 친밀히 사귐

오답분석
① 금의환향(錦衣還鄕) : 비단옷 입고 고향에 돌아온다는 뜻으로, 출세하여 고향에 돌아옴을 이르는 말
② 입신양명(立身揚名) : 사회적으로 인정을 받고 출세하여 이름을 세상에 드날림
④ 부귀공명(富貴功名) : 재물이 많고 지위가 높으며 공을 세워 이름을 떨침
⑤ 마부위침(磨斧爲針) : '도끼를 갈아 바늘을 만든다.'는 뜻으로, 아무리 이루기 힘든 일도 끊임없는 노력과 끈기 있는 인내로 성공하고야 만다는 뜻

05   정답 ④

• 너나들이 : 서로 너니 나니 하고 부르며 허물없이 말을 건넴
• 수어지교(水魚之交) : 물이 없으면 살 수 없는 물고기와 물의 관계라는 뜻으로, 아주 친밀하여 떨어질 수 없는 사이를 비유적으로 이르는 말

오답분석
① 불요불급(不要不急) : 한번 먹은 마음이 흔들리거나 굽힘이 없음
② 육지행선(陸地行船) : 육지에서 배를 저으려 한다는 뜻으로, 안 되는 일을 억지로 하려고 함을 비유적으로 이르는 말
③ 오월동주(吳越同舟) : 서로 적의를 품은 사람들이 한자리에 있게 된 경우나 서로 협력하여야 하는 상황을 비유적으로 이르는 말
⑤ 낭중지추(囊中之錐) : 주머니 속의 송곳이라는 뜻으로, 뾰족한 송곳은 가만히 있어도 반드시 뚫고 비어져 나오듯이 뛰어난 재능을 가진 사람은 남의 눈에 띔을 비유하는 말

STEP 2 응용문제

01	02	03	04	05
③	②	①	①	③

01　　　　　　　　　　　　　　　　정답 ③
- 귀에 못이 박히다 : 너무 여러 번 들어서 듣기가 싫다.

02　　　　　　　　　　　　　　　　정답 ②
신상필벌(信賞必罰)은 '상을 줄 만한 훈공이 있는 자에게 반드시 상을 주고, 벌할 죄과가 있는 자에게는 반드시 벌을 준다.'는 뜻으로, 곧, 상벌(賞罰)을 공정(公正)·엄중(嚴重)히 하는 일로 제시문과 관련이 있다.

오답분석
① 신언서판(身言書判) : 중국 당나라 때 관리를 등용하는 시험에서 인물평가의 기준으로 삼았던 몸·말씨·글씨·판단의 네 가지를 이르는 말
③ 순망치한(脣亡齒寒) : 입술이 없으면 이가 시리다는 말로 서로 떨어질 수 없는 밀접한 관계라는 뜻
④ 각주구검(刻舟求劍) : 어리석고 미련하여 융통성이 없다는 뜻
⑤ 오월동주(吳越同舟) : 서로 미워하는 사이라도 어려운 상황에는 단결하여 서로 돕는다는 말

03　　　　　　　　　　　　　　　　정답 ①
- 가슴을 태우다 : 몹시 애태우다.

04　　　　　　　　　　　　　　　　정답 ①
- 십벌지목(十伐之木) : '열 번 찍어 아니 넘어가는 나무가 없다.'로 어떤 어려운 일이라도 여러 번 계속하여 끊임없이 노력하면 기어이 이루어 내고야 만다는 뜻
- 반복무상(反覆無常) : 언행이 이랬다저랬다 하며 일정하지 않거나 일정한 주장이 없음을 이르는 말

오답분석
② 마부작침(磨斧作針) : 도끼를 갈아 바늘을 만든다는 뜻으로, 아무리 어려운 일이라도 끈기 있게 노력하면 이룰 수 있음을 비유하는 말
③ 우공이산(愚公移山) : 우공이 산을 옮긴다는 말로, 남이 보기엔 어리석은 일처럼 보이지만 한 가지 일을 끝까지 밀고 나가면 언젠가는 목적을 달성할 수 있다는 뜻
④ 적진성산(積塵成山) : 티끌 모아 태산이라는 뜻
⑤ 철저성침(鐵杵成針) : 철 절굿공이로 바늘을 만든다는 뜻으로, 아주 오래 노력하면 성공한다는 뜻

05　　　　　　　　　　　　　　　　정답 ③
권토중래(捲土重來)는 '흙먼지를 날리며 다시 온다.'는 뜻으로, 한 번 실패에 굴하지 않고 몇 번이고 다시 일어남을 의미한다.

오답분석
① 오리무중(五理霧中) : 짙은 안개가 5리나 끼어 있는 속에 있다는 뜻으로, 무슨 일에 대하여 방향이나 상황을 알 길이 없음을 이르는 말
② 전전반측(輾轉反側) : 누워서 이리 저리 뒤척인다는 뜻으로, 원래는 미인을 사모하여 잠을 이루지 못함을 이르는 말
④ 분골쇄신(粉骨碎身) : 뼈가 가루가 되고 몸이 부서진다는 뜻으로, 있는 힘을 다해 노력함을 이르는 말
⑤ 쾌도난마(快刀亂麻) : 어지럽게 얽힌 사물을 강력한 힘으로 명쾌하게 처리함

STEP 3 적중문제

01	02	03	04	05	06	07	08	09	10
④	①	②	④	③	②	③	②	②	③

01　　　　　　　　　　　　　　　　정답 ④
천재일우(千載一遇)는 '천년에나 한 번 만날 수 있는 기회. 좀처럼 얻기 힘든 기회'를 뜻하는 말이고, 나머지는 모두 '뛰어난 인물'을 나타내는 말이다.

오답분석
① 군계일학(群鷄一鶴) : 많은 사람 가운데서 뛰어난 인물을 이르는 말
② 철중쟁쟁(鐵中錚錚) : 같은 무리 가운데서도 가장 뛰어남. 또는 그런 사람을 이르는 말
③ 태산북두(泰山北斗) : 모든 사람들이 존경하는 뛰어난 인물을 비유하는 말
⑤ 낭중지추(囊中之錐) : 재능이 뛰어난 사람은 숨어 있어도 저절로 사람들에게 알려짐을 이르는 말

02　　　　　　　　　　　　　　　　정답 ①
단단하게 박힌 소의 뿔을 뽑으려면 불로 달구어 놓은 김에 해치워야 함을 뜻하는 ①이 주어진 내용에 적절하다.

오답분석
② 소문은 시일이 지나면 흐지부지됨
③ 실속은 없으면서 있는 체함
④ 형편이 이미 기울어 아무리 도와주어도 보람이 없음
⑤ 미리 준비를 해 놓지 않아서 임박해서야 허둥지둥하게 됨

03 [정답] ②

언 발에 오줌 누기는 '언 발을 녹이려고 오줌을 누어봤자 효력이 별로 없다.'는 뜻으로 주어진 내용에 적절하다.

오답분석

① 속 빈 강정 : 겉만 그럴듯하고 실속이 없음을 뜻함
③ 망건 쓰고 세수한다 : 일의 순서를 바꾸어 함을 놀림조로 이르는 말
④ 되로 주고 말로 받는다 : 조금 주고 그 대가로 몇 곱절이나 많이 받는 경우를 뜻함
⑤ 바늘구멍으로 황소바람 들어온다 : 작은 것이라도 때에 따라서 소홀히 하여서는 안 됨을 뜻함

04 [정답] ④

오답분석

① 좌충우돌(左衝右突) : 닥치는 대로 마구 치고받고 함
② 부화뇌동(附和雷同) : 줏대 없이 남의 의견에 따라 움직임
③ 속수무책(束手無策) : 어찌할 도리가 없어 꼼짝 못함
⑤ 남가일몽(南柯一夢) : 꿈, 또는 덧없는 부귀영화

05 [정답] ③

자는 호랑이에게 코침 주기(숙호충비, 宿虎衝鼻)는 가만히 있는 사람을 건드려서 화를 스스로 불러들이는 일을 뜻한다. 평지풍파(平地風波)는 고요한 땅에 바람과 물결을 일으킨다는 뜻으로 공연한 일을 만들어서 뜻밖에 분쟁을 일으키거나 사태를 어렵고 시끄럽게 만드는 경우를 뜻한다.

오답분석

① 전전반측(輾轉反側) : 걱정거리로 마음이 괴로워 잠을 이루지 못함
② 각골통한(刻骨痛恨) : 뼈에 사무치도록 마음속 깊이 맺힌 원한
④ 백아절현(伯牙絕絃) : 자기를 알아주는 절친한 벗의 죽음을 슬퍼함
⑤ 곡학아세(曲學阿世) : 정도(正道)를 벗어난 학문으로 세상 사람에게 아첨함

06 [정답] ②

• 의가 나다 : 사이가 나빠지다.

07 [정답] ③

제시문은 협업과 소통의 문화가 기업에 성공적으로 정착하려면 기업의 작은 변화부터 필요하다고 설명한다. 따라서 제시문과 관련 있는 한자성어로는 '높은 곳에 오르려면 낮은 곳에서부터 오른다.'는 뜻의 '일을 순서대로 하여야 함'을 의미하는 '등고자비(登高自卑)'가 가장 적절하다.

오답분석

① 장삼이사(張三李四) : 장 씨의 셋째 아들과 이 씨의 넷째 아들이라는 뜻으로, 이름이나 신분이 특별하지 아니한 평범한 사람들을 이르는 말
② 하석상대(下石上臺) : 아랫돌 빼서 윗돌 괴고 윗돌 빼서 아랫돌 괸다는 뜻으로, 임시변통으로 이리저리 둘러맞춤을 이르는 말
④ 주야장천(晝夜長川) : 밤낮으로 쉬지 아니하고 연달아 흐르는 시냇물이라는 뜻으로, '쉬지 않고 언제나', '늘'이라는 의미이다.
⑤ 내유외강(內柔外剛) : 속은 부드럽고, 겉으로는 굳셈

08 [정답] ②

화자가 우려하고 있는 것은 외환 위기라는 표면적인 이유 때문에 무조건 외제 상품을 배척하는 행위이다. 즉, 문제의 본질을 잘못 이해하여 임기응변식의 대응을 하는 것에 문제를 제기하고 있다. 따라서 이런 상황에 쓸 수 있는 관용적 표현은 '언 발에 오줌 누기'이다.

09 [정답] ②

제시문의 마지막 문장을 통해 핀테크는 보는 관점에 따라 금융업에 있어서 해체 요인, 또는 통합 요인으로 작용됨을 알 수 있다. 따라서 어떤 원칙이 있는 것이 아니라 이렇게도 저렇게도 해석될 수 있음을 설명하는 ②가 가장 적절한 설명이다.

10 [정답] ③

제시문의 내용은 『구운몽』의 일부로 주인공이 부귀영화를 누렸던 한낱 꿈으로부터 현실로 돌아오는 부분이다. 따라서 부귀영화란 일시적인 것이어서 한때가 지나면 그만임을 비유적으로 이르는 ③이 가장 적절하다.

오답분석

① 힘을 다하고 정성을 다하여 한 일은 그 결과가 반드시 헛되지 아니함을 비유적으로 이르는 말
② 무엇을 전혀 모르던 사람도 오랫동안 보고 듣노라면 제법 따라 할 수 있게 됨을 비유적으로 이르는 말
④ 속으로는 해칠 마음을 품고 있으면서, 겉으로는 생각해 주는 척함을 비유적으로 이르는 말
⑤ 일이 이미 잘못된 뒤에는 손을 써도 소용이 없다는 것을 비유적으로 이르는 말

PART 5
경청능력 · 기초외국어능력
정답 및 해설

CHAPTER 01 경청

CHAPTER 02 기초외국어

CHAPTER 01

경청
유형점검 정답 및 해설

STEP 1 기본문제

01	02								
③	④								

01 정답 ③
질문에 대한 답이 즉각적으로 이루어질 수 없더라도, 질문을 하려고 하면 경청하는 데 적극적인 태도가 되고 집중력이 높아진다.

02 정답 ④
경청을 통해 상대방의 입장에 공감하며, 상대방을 이해하게 된다는 것은 자신의 생각이나 느낌, 가치관 등의 선입견이나 편견을 가지고 상대방을 이해하려 하지 않고, 상대방에게 자신이 이해받고 있다는 느낌이 들도록 하는 것이다.

STEP 2 응용문제

01	02								
④	③								

01 정답 ④

오답분석
① '왜?'라는 질문은 보통 진술을 가장한 부정적·추궁적·강압적인 표현이므로 사용하지 않는 것이 좋다.
② 요약하는 기술은 상대방에 대한 자신의 이해의 정확성을 확인하는 데 도움이 된다.
③ 상대방이 하는 말의 어조와 억양, 소리의 크기까지도 주의를 기울이는 방법이다.
⑤ 다른 사람의 메시지를 인정하는 것은 당신이 그와 함께 하며, 그가 인도하는 방향으로 따라가고 있다는 것을 언어적·비언어적인 표현을 통하여 상대방에게 알려주는 방법이다.

02 정답 ③
상대의 말을 중간에 끊거나, 위로를 하거나 비위를 맞추기 위해 너무 빨리 동의하기보다는 모든 말을 들은 후에 적절하게 대응하는 것이 바람직하다.

오답분석
① 상대가 말을 하는 동안 대답을 준비하면서 다른 생각을 하는 것은 바람직하지 않다.
② 상대의 행동에 잘못이 드러나더라도, 말이 끝난 후 부드러운 투로 이야기하도록 한다. 적극적 경청을 위해서는 비판적, 충고적인 태도를 버리는 것이 필요하다.
④ 상대의 말을 미리 짐작하지 않고 귀기울여 들어야 정확한 내용을 파악할 수 있다.
⑤ 대화내용이 사적이더라도 임의로 주제를 바꾸거나 농담으로 넘기려 하는 것은 적절하지 않다.

STEP 3 적중문제

01	02	03	04	05
④	③	③	④	⑤

01 [정답] ④

A씨의 아내는 A씨가 자신의 이야기에 공감해주길 바랐지만, A씨는 아내의 이야기를 들어주기보다는 해결책을 찾아 아내의 문제에 대해 조언하려고만 하였다. 즉, 아내는 마음을 털어놓고 남편에게 위로받고 싶었지만, A씨의 조언하려는 태도 때문에 더 이상 대화가 이어질 수 없었다.

오답분석

① 짐작하기 : 상대방의 말을 듣고 받아들이기보다 자신의 생각에 들어맞는 단서들을 찾아 자신의 생각을 확인하는 것이다.
② 걸러내기 : 상대의 말을 듣기는 하지만 상대방의 메시지를 온전하게 듣는 것이 아닌 경우, 즉 듣고 싶지 않은 것을 막아버리는 것이다.
③ 판단하기 : 상대방에 대한 부정적인 판단 때문에, 또는 상대방을 비판하기 위하여 상대방의 말을 듣지 않는 것이다.
⑤ 옳아야만 하기 : 자존심이 강한 사람은 자존심에 관한 것을 전부 회피하려 하기 때문에 자신의 부족한 점에 대한 상대방의 말을 들을 수 없게 된다.

02 [정답] ③

경청이란 다른 사람의 말을 주의 깊게 들으며, ㉠ <u>공감하는</u> 능력이다. 경청은 대화의 과정에서 당신에 대한 ㉡ <u>신뢰</u>를 쌓을 수 있는 최고의 방법이다. 우리가 경청하면 상대는 본능적으로 안도감을 느끼고, 우리가 말을 할 경우 자신도 모르게 더 ㉢ <u>집중</u>하게 된다.

03 [정답] ③

상대방의 마음상태를 이해하며 듣는 것은 올바른 경청방법으로, 방해요인에 해당하지 않는다.

04 [정답] ④

개방적인 질문은 상대방의 다양한 생각을 이해하고, 상대방으로부터 더욱 많은 정보를 얻기 위한 방법으로 이로 인하여 서로에 대한 이해의 정도를 높일 수 있다. 그러나 G씨에게 누구와 함께 여행을 가는지 묻는 F씨의 질문은 개방적 질문이 아닌 단답형의 대답이나 반응을 이끌어 내는 폐쇄적 질문에 해당한다. 따라서 ④는 개방적인 질문 방법에 대한 사례로 옳지 않다.

05 [정답] ⑤

- 병 : 상대방을 향하여 상체를 기울여 다가앉는 자세를 취함으로써 자신이 열심히 들을 것이라는 것을 강조하였다.
- 정 : 현재 심란한 상황이지만, 직원의 말을 경청하기 위해 비교적 편안한 자세를 취했다.

오답분석

- 갑 : 상대방의 말을 경청할 때에는 상대와 정면으로 눈을 마주치는 자세가 필요하다. 따라서 상대방과의 눈을 피해 바닥을 보는 갑의 행동은 적절한 경청 방법이 아니다.
- 을 : 손이나 다리를 꼬지 않는 자세는 개방적 자세로 상대에게 마음을 열어 놓고 있다는 표시이다. 하지만 을의 다리를 꼬고 앉아 있는 행동은 자신의 의견에 반대한 후배에게 마음을 열어 놓고 경청하고 있다고 보기 어렵다.

CHAPTER 02

기초외국어 유형점검 정답 및 해설

STEP 1 기본문제

01	02						
②	④						

01 정답 ②

제시문의 빈칸 다음 내용을 보면 '어떠한 주제에 관해서도 정보를 찾을 수 있고 세계의 어떠한 곳에 사는 사람들과도 의사소통을 할 수 있게 되었다.'라고 하였으므로 '인터넷을 사용함으로써' 그렇게 될 수 있음을 알 수 있다. 따라서 빈칸에 들어갈 말로 'using'이 적절하다.

> 최근 들어 인터넷이 매우 중요하게 되었다. 인터넷을 <u>사용함으로써</u> 당신은 어떤 주제에 관해서도 정보를 찾을 수 있고 세계의 어떤 곳에 사는 사람들과도 의사소통을 할 수 있게 되었다. 참으로 인터넷은 세계를 지구촌으로 만들고 있는 것이다. 그러나 인터넷으로 의사소통을 하고 조사를 하기 위해서는 영어를 아는 것이 필수적이다. 이것은 인터넷에 있는 대부분의 정보가 영어로 되어 있기 때문이다. 그리고 이것이 영어로 의사소통을 할 수 있는 능력이 과거 어느 때보다 더욱 중요하게 된 또 다른 이유이다. 좋은 소식은 영어 실력을 향상시키기 위하여 이용할 수 있는 웹사이트가 많은데, 그것들 중 상당수가 매우 적은 돈이 든다는 것이다.

- subject : 주제
- research : 조사하다
- communicate : 의사소통하다

02 정답 ④

전화를 못 받아서 미안하다는 A의 말에 '메시지를 남기시겠습니까?'라는 B의 대답은 적절하지 않다.

> A : 여보세요. 전화 못 받아서 죄송합니다.
> B : 메시지를 남기시겠습니까?

오답분석
① A : 우리 점심 몇 시에 먹어?
  B : 정오 전에 준비될 거야.
② A : 너에게 여러 번 전화했어. 왜 전화 안 받았니?
  B : 이런, 내 휴대전화의 전원이 나갔던 것 같아.
③ A : 싱글 룸이나 더블 룸 중에 어느 게 좋으신가요?
  B : 음, 저 혼자라 싱글 룸이 좋겠습니다.
⑤ A : 이 짐을 부쳐야 할까요?
  B : 아니요, 비행기에 들고 탈 만큼 충분히 작습니다.

STEP 2 응용문제

01	02						
②	①						

01 정답 ②

대화는 화살표 방향에 대한 친구의 지적에 자신의 잘못을 인정하는 내용이다.

> A : Tom, 너 컴퓨터로 뭐하고 있니?
> B : 우리 사진 전시회의 대문에 걸 표지판을 만들고 있어.
> A : 입구 앞에다가? 그러면 화살표가 왼쪽이 아니라 오른쪽을 향해야 해.
> B : 오, 네 말이 맞아. <u>내가 실수했구나.</u>
> A : 또, 화살표를 아래가 아니라 위에 둬야지.
> B : 음... 내 생각엔 아래에 두는 게 더 나아 보이는데. 그냥 이대로 둘래.

- sign : 표지판
- exhibition : 전시(회)
- point to ~ : ~를 향하다
- arrow : 화살
- look better : 더 나아보이다

02

정답 ①

B는 마라톤을 준비하기 위해 조깅을 해왔고, A는 이제 막 시작했다. A는 빈칸 뒤 문장에서 자기는 그만 둘 것이라고 했으므로 자신은 빼달라는 표현인 'Count me out!'이 가장 적절하다.

> A : Kate, 나 너무 피곤해. 지금 겨우 아침 7시 30분이야! 몇 분 동안은 쉬자.
> B : 아직 끝내지 마. 너 스스로를 좀 더 밀어붙여. 내가 조깅을 시작했을 때, 나 역시 굉장히 힘들었어.
> A : 그럼 날 가엾이 여기렴. 이번이 난 처음이라고.
> B : 힘내, Mary. 석 달 즈음 조깅을 더 한 후에는, 마라톤을 할 준비가 되어 있을 거야.
> A : 마라톤! 마라톤은 몇 마일이지?
> B : 30마일 정도 돼. 내가 만약 매일 조깅하면, 난 두 달 이내에 출전할 수 있을 거야.
> A : 난 빼줘! 난 지금 겨우 반 마일 뛰고 기진맥진했어. 난 그만둘 거야.

오답분석
② 내가 왜 마라톤에 참가를 해서는 안 되지?
③ 내가 왜 그 생각을 못했지?
④ 난 그렇게 믿지 않아.
⑤ 사돈 남 말 하네!

STEP 3 적중문제

01	02	03	04	05					
②	②	②	③	③					

01

정답 ②

제시문에 따르면 여성이 경제 활동에 진출하고, 남성은 분만 교실에 참여하고 보육에 책임을 져야 한다고 했으므로, 남성의 가족에 대한 정서적인 연대가 더 '중요해졌다'고 볼 수 있다.

> 1970년대와 1980년대에 수많은 직장 여성들은 남성이 더 이상 유일한 가장이 아니라는 것을 의미했다. 아버지의 가족과의 정서적인 연대도 더욱 <u>중요해졌다</u>. 40년 전에는 아내가 출산할 때 분만실에 있는 남편은 거의 없었다. 오늘날에는 일반적으로 남편들이 분만 교실에 참여하고, 출산할 때 옆에 있으며, 그들의 아버지나 할아버지보다 보육에 더 책임을 지는 것이 당연하다.

- breadwinner : 가장
- involvement : 개입
- delivery room : 분만실
- childbirth : 분만
- rearing : 양육

02

정답 ②

제시문은 두 가지 타입의 사람들에 대해 설명한다. 'complement'는 '보완하다'라는 의미로 빈칸의 문장은 '두 타입의 사람들이 서로 보완해 함께 일을 잘 해나간다.'는 의미이다.

> 사람들은 두 부류의 사람이 있다고 말한다 : "큰 그림을 보는 사람"과 "세부사항을 보는 사람". 큰 그림을 보는 사람들은 창의적이고 전략적인 경향이 있지만 또한 체계적이지 못하고 잘 잊어버린다. 반면 세부사항을 보는 사람들은 정확하고 체계적이지만 시야가 좁거나 중요한 일을 우선하는 데 실패한다. 이 두 타입은 서로를 <u>보완</u>해 주어 같이 일을 잘 해내는 경향이 있다. 대부분의 사람들은 자연스럽게 둘 중 하나에 더 능숙하다. 당신이 세부 사항에 관심을 잘 갖거나 큰 그림을 쉽고 분명하게 본다는 것은 일반적으로 당신 성격의 일부분이다. 하지만 두 가지 특성 모두 학습될 수 있다.

03

정답 ②

제시문에서 Knute Rockne가 고무적 연설로 명성이 높았다는 정보가 제공되었고 부사 likewise를 통해 Vince Lombardi도 Knute와 비슷한 이유로 유명했다는 것을 알 수 있다. 따라서 빈칸에는 pep talks과 비슷한 말이 필요하고, 빈칸 뒤에 제시되는 인용문을 통해 정답은 'eloquence(웅변)'이다.

> Notre Dame 대학의 유명한 축구 코치인 Knute Rockne(1888-1931)는, 그가 코치를 하는 것으로 유명했던 것만큼 아마도 그의 고무적인 격려 연설로도 잘 알려져 있을 것이다. 마찬가지로 Vince Lombardi는 뉴욕 자이언츠와 그린베이패커스의 코치로 저명했는데, 그의 웅변으로 잘 알려져 있었다. Lombardi는 현재 유명한 "이기는 것은 모든 것이 아니다. 오직 유일한 것이다."라는 말로 명성이 높다.

오답분석
① 탐욕
③ 질투, 시기
④ 전개, 배치
⑤ 압박, 억제

04   정답 ③

너무 많은 클럽들이 다이아몬드 모양을 사용하고 있다는 말에 동의하고 있으므로 다이아몬드 모양에 긍정적인 반응을 보이는 대답은 답이 될 수 없다.

> A : 사각형이나 원은 어때? 너무 평범해?
> B : 완전 평범해.
> A : 다이아몬드 모양은 어때? 멋있잖아.
> B : 음… 나쁘지 않아. 꽃 모양은 어때?
> A : 나는 별로야.
> B : 그러면 우리 삼각형이나 다이아몬드 모양, 두 가지 선택권이 있어.
> A : 응, 그런데 요즘 다이아몬드 모양을 사용하는 클럽들이 너무 많더라.
> B : 맞아. <u>독특한 것으로 하자.</u>

05   정답 ③

이번 주 일요일에 대해 반문한 뒤 잇따른 남자의 말에 여자는 안타까워하며 다음을 기약했다. 따라서 남자의 말로 가장 적절한 것은 'Oh, no! I'm scheduled to go on a business trip this weekend(오, 안 돼! 나는 이번 주말에 출장을 가기로 되어 있어).'이다.

> W : Charlie, 이것 봐. 내 생일을 위한 번지 점프 티켓을 구했어.
> M : 운이 좋구나! 나는 그것이 매우 비싸다고 들었어.
> W : 맞아. 매우 흥분돼.
> M : 하지만 여기서 거기는 너무 멀지 않니?
> W : 내 사촌 Eric이 나를 태워 줄 거야. 우리랑 함께 할래?
> M : 나? 나는 전에 번지 점프를 해본 적이 없어. 나는 높이에 약간의 공포를 느껴.
> W : 걱정마. 한 번 점프하면 그것은 극복될 거야.
> M : 알겠어. 한 번 해 볼게. 너희들 언제 가니?
> W : 이번 주 일요일. 일기 예보에서 그날 비가 안 온다고 했어.
> M : 일요일? <u>오, 안 돼! 나는 이번 주말에 출장을 가기로 되어 있어.</u>
> W : 아쉽다. 다음에 해봐.

PART 6
최종점검 모의고사
정답 및 해설

제1회 최종점검 모의고사
제2회 최종점검 모의고사

FINAL 제1회 최종점검 모의고사 정답 및 해설

01	02	03	04	05	06	07	08	09	10	11	12	13	14	15	16	17	18	19	20
③	④	②	④	⑤	②	④	①	③	②	②	④	④	④	①	②	④	②	④	③
21	22	23	24	25	26	27	28	29	30										
④	④	①	①	④	①	④	④	④	④										

01
정답 ③

제시문은 민요의 시김새가 무엇인지 설명하고 있다. 또한 시김새가 '삭다'라는 말에서 나온 단어라고 서술하고 있다. 따라서 제시문의 주제는 '시김새의 정의와 어원'이라고 할 수 있다.

02
정답 ④

신경교 세포가 전체 뉴런을 조정하면서 기억력과 사고력을 향상시킨다는 가설하에, 인간의 신경교 세포를 갓 태어난 생쥐의 두뇌에 주입하는 실험을 하였다. 그리고 그 실험결과는 이 같은 가설을 뒷받침해주는 결과를 가져왔으므로 적절한 내용이라고 할 수 있다.

오답분석
① 인간의 신경교 세포를 생쥐의 두뇌에 주입하였더니 쥐가 자라면서 주입된 인간의 신경교 세포도 성장했고, 이 세포들이 주위의 뉴런들과 완벽하게 결합되어 쥐의 두뇌 전체에 걸쳐 퍼지게 되었다고 하였다. 그러나 이 과정에서 쥐의 뉴런에 어떠한 영향을 주는지에 대해서는 언급하고 있지 않다.
②·③ 제시문의 실험은 인간의 신경교 세포를 쥐의 두뇌에 주입했을 때의 변화를 살펴본 것이지 인간의 뉴런 세포를 주입한 것이 아니므로 추론할 수 없는 내용이다.
⑤ 쥐에 주입된 인간의 신경교 세포는 그 기능을 그대로 간직한다고 하였으므로 옳지 않은 내용이다.

03
정답 ②

'로써'는 어떤 일의 수단이나 도구를 나타내는 격조사이며, '로서'는 지위나 신분 또는 자격을 나타내는 격조사이다. 서비스 이용자의 증가가 오투오 서비스 운영 업체에 많은 수익을 내도록 한 수단이 되므로 ⓒ에는 '증가함으로써'가 적절하다.

04
정답 ④

우리나라의 낮은 장기 기증률은 전통적 유교 사상 때문이라고 주장하고 있는 A와 달리, B는 이에 대하여 다양한 원인을 제시하고 있다. 따라서 A의 주장에 대해 반박할 수 있는 내용으로 ④가 적절하다.

05
정답 ⑤

도요타 자동차는 소비자의 관점이 아닌 생산자의 관점에서 문제를 해결하려다 소비자들의 신뢰를 잃게 됐다. 따라서 기업은 생산자가 아닌 소비자의 관점에서 문제를 해결하기 위해 노력해야 한다.

06

정답 ②

오답분석
① 산을 '넘는다'는 행위의 의미이므로 '넘어'가 옳다.
③ '어깨너머'는 '타인이 하는 것을 옆에서 보거나 들음'의 의미이다.
④ '나뉘다(나누이다)'는 '나누다'의 피동형이므로 피동을 나타내는 접사 '-어지다'와 결합할 수 없다.
⑤ '새'는 '사이'의 준말이다.

07

정답 ④

제시문은 최근 식도암 발병률이 늘고 있는데, S병원의 조사 결과를 근거로 식도암을 조기 발견하여 치료하면 치료 성공률을 높일 수 있다고 말하고 있다. 따라서 (라) 최근 서구화된 식습관으로 식도암이 증가 – (가) 식도암은 조기에 발견하면 치료 성공률을 높일 수 있음 – (마) S병원이 조사한 결과 초기에 치료할 경우 생존율이 높게 나옴 – (나) 식도암은 조기에 발견할수록 치료 효과가 높았지만 실제로 초기에 치료받는 환자의 수는 적음 – (다) 식도암을 조기에 발견하기 위해서 50대 이상 남성은 정기적으로 검사를 받을 것을 강조의 순으로 나열하는 것이 적절하다.

08

정답 ①

자신이 전달하고자 하는 의사표현을 명확하고 정확하게 하지 못할 경우에는 자신이 평정을 어느 정도 찾을 때까지 의사소통을 연기한다. 하지만 조직 내에서 의사소통을 무한정으로 연기할 수는 없기 때문에 자신의 분위기와 조직의 분위기를 개선하도록 노력하는 등의 적극적인 자세가 필요하다. 따라서 ⑩ 1개를 잘못 작성하였다.

09

정답 ③

보기는 '인간이 발명한 문명의 이기(利器), 즉 비행기나 배 등은 결국 인간의 신화적 사유의 결과물이다.'로 요약할 수 있다. (다)의 앞부분에서 '문명의 이기(利器)의 근본은 신화적 상상력'이라고 했고, 보기가 그 예에 해당한다. 따라서 보기가 들어가기에 적절한 곳은 (다)이다.

10

정답 ②

제시문의 '나'는 세상의 사물이나 현상을 선입견에 사로잡힌 채 보지 말고 본질을 제대로 파악하여 이해해야 한다고 말하고 있다. 따라서 ㉠·㉢·㉣은 '나'의 입장에서 비판을 받을 수 있다.

11

정답 ②

밑줄 친 부분과 ②의 '듣다'는 '눈물, 빗물 따위의 액체가 방울져 떨어지다.'의 의미로 쓰였다.

오답분석
① 사람이나 동물이 소리를 감각 기관을 통해 알아차리다.
③ 주로 약 따위가 효험을 나타내다.
④ 이해하거나 받아들이다.
⑤ 다른 사람의 말을 받아들여 그렇게 하다.

12
정답 ④

제시문은 사회적 기준의 영향력에 관한 연구를 예로 들어 평균에 가까워지려는 사람들의 경향에 대해 설명하고 있다. 제시문에 따르면 대상의 현재 행동이 사회적 기준보다 더 낫다고 알려주면 대상의 행동은 악화될 것이고, 사회적 기준보다 더 못하다고 알려주면 대상의 행동이 더 개선될 것이다.

> 캘리포니아 산 마르코스의 약 300세대를 대상으로 한, 사회적 기준의 영향력에 관한 연구를 살펴보자. 모든 세대는 이전 주까지의 에너지 사용량에 대한 정보를 제공받았다. 또한 그들은 이웃의 다른 세대가 사용한 평균 에너지 사용량에 대한 정보를 받았다. 이것이 행동에 미친 영향은 명확하면서도 놀라웠다. 그다음 주에는 평균치 이상의 에너지 사용자들이 에너지 사용량을 많이 줄였고, 평균치 이하의 에너지 사용자는 에너지 사용량을 많이 늘렸다. 후자의 연구 결과는 부메랑 효과라고 불리고 그것은 중요한 경고를 한다. 만약에 당신이 사람들을 사회적으로 바람직한 행동을 하도록 유도하려면 그들의 현재 행동이 사회적 기준보다 더 낫다고 알려주어서는 안 된다.

오답분석
① 그들의 이력(경력)에 영향을 미친다.
② 다른 이들의 불편함을 낳는다.
③ 그들의 이웃이 불쾌함을 느끼도록 만든다.
⑤ 그들이 경험한 것과 관계가 있다.

13
정답 ④

(가) : 개혁주의자들은 중국의 정신을 서구의 물질과 구별되는 특수한 것으로 내세운 것이므로 ㄷ이 적절하다.
(나) : 개혁주의자들은 서구의 문화를 받아들이는 데는 동의하면서도, 무분별하게 모방 하는 것에 대해 반대하는 입장이므로 ㄱ이 적절하다.
(다) : 정치 부분에서는 사회주의를 유지한 가운데, 경제 부분에서 시장경제를 선별적으로 수용하자는 입장이다. 즉, 기본 골격은 사회주의를 유지하면서 시장경제(자본주의)를 이용하는 것이므로 ㄴ이 적절하다.

14
정답 ④

'Ⅲ-2-나'에 따르면 천연기념물 소나무 보존 대책으로 무분별한 개발 방지를 위한 보호 구역 확대를 제시하고 있다. ④의 '소나무 주변 관광 사업 개발'은 이러한 내용과 어긋날 뿐만 아니라 소나무를 보존하는 방안으로 적절하지 않다.

15
정답 ①

(다)는 할머니가 살고 있는 시골의 은행나무를 떠올리고 있으며, (가)는 그 마을 사람들이 은행나무를 여기는 태도를 보여준다. 반면 (마)는 도시의 은행나무를 언급하며, (나)와 함께 도시 사람들이 은행나무를 여기는 태도를 보여준다. (라)는 시골 사람들과 도시 사람들이 은행나무를 대하는 상반되는 태도를 통해 자신이 사람들을 대하는 태도를 반성하며 글을 마무리한다. 따라서 (다) - (가) - (마) - (나) - (라) 순으로 나열하는 것이 적절하며, 글의 구조로는 ①이 가장 적절하다.

16
정답 ②

접속어를 근거로 순서를 바로 잡아야 한다. (가)에서 자신이 스스로 결정한다고 믿는 것 자체가 이미 짜인 각본에 불과하다고 하며 마무리되었으므로, '그런데 과연 모든 것이 조금의 잉여도 없이 미리 짜일 수 있을까?'라며 (가)에 대해 부연 설명을 하는 (다)가 다음으로 이어져야 한다. 그 후 '그러나 영화를 잘 들여다보면 그런 운명을 일탈하는 사건들이 자주 드러난다.'며 (다)에 대한 반론을 제기하는 (나)가 이어지는 것이 자연스럽고, 마지막으로 (라)에서 해결 방안을 제시하며 결론을 짓는 것이 적절하다.

17 정답 ④

'손이 크다'는 '씀씀이가 후하다.'라는 의미이다.

18 정답 ②

의사소통 저해요인
의사소통 기법의 미숙, 표현능력의 부족, 이해능력의 부족, 평가적이며 판단적인 태도, 잠재적 의도, 과거의 경험, 선입견과 고정관념, 정보의 과다, 메시지의 복잡성, 메시지의 경쟁, 상이한 직위와 과업지향성, 신뢰의 부족, 의사소통을 위한 구조상의 권한, 잘못된 의사소통 매체의 선택, 폐쇄적인 의사소통 분위기 등

19 정답 ④

'Ⅱ-2' 청소년 디지털 중독에 영향을 미치는 요인과 관련지어 'Ⅱ-3'의 해결방안을 살펴보면, ㉣에서는 '자극적이고 중독적인 디지털 콘텐츠의 무분별한 유통'에 대한 해결 방안이 제시되어야 한다.

20 정답 ③

제시된 기사에 따르면 5주 동안 실험용 쥐에게 달걀을 먹이는 실험을 한 결과 콜레스테롤 수치를 떨어뜨리는 역할을 한 것으로 확인되었다.

오답분석
① 기사의 네 번째 문장을 통해 하루에 3~4알 정도는 자유롭게 섭취해도 건강에 해가 되지 않음을 알 수 있다.
② 기사의 세 번째 문장에서 달걀 속의 루테인과 지아잔틴은 항산화 작용과 노화를 막는 역할을 한다는 정보를 찾을 수 있다.
④ 기사의 두 번째 문장에서 달걀의 열량을 알 수 있다.
⑤ 기사의 세 번째 문장에서 시력보호 물질인 루테인이 달걀에 함유되어 있음을 알 수 있다.

21 정답 ④

대화를 통해 그녀의 비행기에 너무 많은 티켓이 발행되었다는 것을 알 수 있다.

> 여성 : 항공권이 초과 예약되어 늦게 이륙했어요.
> 남성 : 이상하네요. 저는 그 항공사 예약에서 그런 문제가 한 번도 없었는데요.
> 여성 : 만약 그런 일이 한 번 더 발생한다면 다시는 그 회사 비행기를 타지 않을 거예요.

오답분석
① 그녀의 비행기가 취소되었다.
② 그녀의 예약이 분실되었다.
③ 비행기에 음식이 충분하지 않았다.
⑤ 돈이 생각보다 많이 나왔다.

22 정답 ④

보기는 호주에서 카셰어링 서비스가 급격한 성장세를 보이는 이유를 비용 측면에서 바라보고 있다. 이때 세 번째 문단의 (라) 뒤에서는 차량을 소유할 경우 부담해야 하는 비용에 관하여 이야기하고 있으므로, 비용을 언급하는 보기는 (라)에 들어가는 것이 가장 적절하다.

23   정답 ①

'과유불급(過猶不及)'은 '지나침은 부족함과 마찬가지'라는 뜻이다.

오답분석
② 소탐대실(小貪大失) : 작은 것을 탐하다가 큰 손실을 입는다는 뜻
③ 안하무인(眼下無人) : 눈 아래 사람이 아무도 없는 것처럼 행동함
④ 위풍당당(威風堂堂) : 위엄이 넘치고 거리낌 없이 떳떳함
⑤ 고진감래(苦盡甘來) : 쓴 것이 다하면 단 것이 온다는 뜻으로, 고생 끝에 즐거움이 옴

24   정답 ①

제시문의 ㉠에서 접속어 '그러나'를 기준으로 앞부분은 사물 인터넷 사업의 경제적 가치 및 외국의 사물 인터넷 투자 추세, 뒷부분은 우리나라의 사물 인터넷 사업 현황에 대하여 설명하고 있다. 따라서 두 문단으로 나누는 것이 적절하다.

오답분석
② 문장 앞부분에서 '통계에 따르면'으로 시작하고 있으므로, 이와 호응되는 서술어를 능동 표현인 '예상하며'로 바꾸는 것은 어색하다.
③ 우리나라의 사물 인터넷 시장이 선진국에 비해 확대되지 못하고 있는 것은 사물 인터넷 관련 기술을 확보하지 못한 결과이다. 따라서 수정하는 것은 적절하지 않다.
④ 문맥상 '기술력을 갖추다.'라는 의미가 되어야 하므로 '확보'로 바꾸어야 한다.
⑤ 사물 인터넷의 의의와 기대효과로 글을 마무리하는 문장이므로 삭제할 필요는 없다.

25   정답 ④

제시문의 첫 문단에서 위계화의 개념을 설명하고, 이어지는 문단에서 이러한 불평등의 원인과 구조에 대해 이야기하고 있다.

26   정답 ①

제시문은 '발전'에 대한 개념을 설명하고 있다. 빈칸 앞에는 '발전'에 대해 '모든 형태의 변화가 전부 발전에 해당하는 것은 아니다.'라고 하면서 '교통신호등'을 예로 들고, 빈칸 뒤에는 '사태의 진전 과정에서 나중에 나타나는 것은 적어도 그 이전 단계에 내재적으로나마 존재했던 것의 전개에 해당한다는 것이다.'라고 서술하고 있다. 첫 번째 문장까지 고려한다면, ①의 내용이 빈칸에 들어가는 것이 적절하다.

27   정답 ④

'왜?'라는 질문은 보통 진술을 가장한 부정적·추궁적·강압적인 표현이므로 사용하지 않는 것이 좋다.

28

[정답] ④

[오답분석]
① 연료전지는 화학에너지를 전기에너지로 변환하는 고효율·친환경 미래에너지 시스템이다.
② 이미 정부에서 연료전지를 신에너지원으로 분류하고 RPS 이행수단으로 인정하였다.
③ 연료전지는 설치 장소에 제약이 적고 규모와 관계없이 일정한 효율을 낼 수 있기 때문에 소형 발전소부터 MW급 발전소까지 다양하게 활용될 수 있다.
⑤ 연료전지 건설 사업을 통해 신재생에너지 비중을 2030년에는 20%까지 올릴 계획이다.

29

[정답] ④

제시문은 철도와 도로 간 통합 연계교통 서비스 제공을 위한 업무협약(MOU)을 체결하였으며 국민이 체감할 수 있는 통합 교통서비스의 종류에 대해서 나열하고 있다. 보기는 통합 교통서비스와 더불어 추진할 부가적인 내용과 장기적인 강화안에 대해서 이야기하고 있으므로 통합 교통서비스 종류의 설명이 끝난 바로 다음인 (D)가 적절하다.

30

[정답] ④

제시문은 인간에게 사회성과 반사회성이 공존하고 있다고 설명하고 있으며, 이 중 반사회성이 없다면 재능을 꽃피울 수 없다고 하였으므로 사회성만으로도 자신의 재능을 키울 수 있다는 주장인 ④가 반론이 될 수 있다.

[오답분석]
② 반사회성이 재능을 계발한다는 주장을 포함하는 동시에 반사회성을 포함한 다른 요소가 있어야 한다는 주장이므로 제시문에 대한 직접적인 반론은 될 수 없다.

FINAL 제2회 최종점검 모의고사 정답 및 해설

01	02	03	04	05	06	07	08	09	10	11	12	13	14	15	16	17	18	19	20
③	④	⑤	③	②	②	③	③	④	④	⑤	④	④	③	③	③	③	④	②	②
21	22	23	24	25	26	27	28	29	30										
②	④	③	③	③	②	③	①	②	③										

01
정답 ③

상대방에게 잘못을 지적하며 질책을 해야 할 때는 '칭찬의 말+질책의 말+격려의 말'의 순서인 샌드위치 화법으로 표현하는 것이 좋다. 즉, 칭찬을 먼저 한 다음 질책의 말을 하고, 끝에 격려의 말로 마무리한다면 상대방은 크게 반발하지 않고 질책을 받아들이게 된다.

오답분석
① 상대방의 잘못을 지적할 때는 지금 당장의 잘못에만 한정해야 하며, 추궁하듯이 묻지 않아야 한다.
② 상대방의 말이 끝나기 전에 어떤 답을 할까 궁리하는 것은 좋지 않다.
④ 상대방을 설득해야 할 때는 일방적으로 강요하거나 상대방에게만 손해를 보라는 식으로 대화해서는 안 된다. 먼저 양보해서 이익을 공유하겠다는 의지를 보여주는 것이 좋다.
⑤ 상대방에게 명령을 해야 할 때는 강압적으로 말하기보다는 '~해주는 것이 어떻겠습니까?'와 같이 부드럽게 표현하는 것이 효과적이다.

02
정답 ④

'Ⅱ. 전통 시장 쇠퇴의 원인'을 바탕으로 전통 시장의 활성화 방안을 찾아볼 수 있다. ④는 'Ⅱ'에서 제시한 요인들과는 관련이 없으므로 빈칸에 들어갈 내용으로 적절하지 않다.

03
정답 ⑤

효과적인 회의의 5가지 원칙 중 F사원은 매출성장이라는 목표를 공유하여 긍정적 어법으로 회의에 임하였다. 또한, 주제를 벗어나지 않고 적극적으로 임하였으므로 가장 효과적으로 회의에 임한 사람은 F사원이다.

오답분석
① B사원 : 부정적인 어법을 사용하고 있다.
② C사원 : 부정적인 어법을 사용하고, 적극적인 참여가 부족하다.
③ D사원 : 주제와 벗어난 이야기를 하고, 좋지 못한 분위기를 조성한다.
④ E사원 : 적극적인 참여를 하지 못하고, 회의 안건을 미리 준비하지 않았다.

04   정답 ③

제시문은 시조 문학에 대한 내용으로, 시조 문학이 발전한 배경 설명과 함께 두 경향인 강호가류(江湖歌類)와 오륜가류(五倫歌類)를 소개하는 (다)가 처음에 와야 한다. 다음으로 강호가류에 대하여 설명하는 (라)나 오륜가류에 대하여 설명하는 (나)가 와야 하는데, (나)가 전환 기능의 접속어 '한편'으로 시작하므로 (라) – (나)가 되고, 강호가류와 오륜가류에 대한 설명을 마무리하며 사대부들의 문학관을 설명하는 (가)가 마지막에 오는 것이 적절하다.

05   정답 ②

해수에 비브리오패혈증균이 있을 수 있으니 해수로 씻으면 안 된다.

오답분석
① A대리 : 간 질환자의 경우 고위험군에 해당하므로 충분히 가열 후 먹는 것이 좋다.
③ C사원 : 급성 발열과 오한, 복통, 구토, 설사 등은 비브리오패혈증의 증상이다.
④ D과장 : 어패류를 요리할 때 사용한 도마, 칼 등은 소독 후 사용해야 한다.
⑤ E대리 : 피부에 상처가 있으면 비브리오패혈증에 감염될 수 있으므로 요리 시 장갑을 끼는 것이 좋다.

06   정답 ②

제시문은 '탈원전·탈석탄 공약에 맞는 제8차 전력공급기본계획(안) 수립 – 분산형 에너지 생산시스템으로의 정책 방향 전환 – 분산형 에너지 생산시스템에 대한 정계의 강한 의지 – 중앙집중형 에너지 생산시스템의 문제점 노출 – 중앙집중형 에너지 생산시스템의 비효율성'의 순으로 내용이 전개되고 있다. 즉, 제시문은 일관되게 '에너지 분권의 필요성과 나아갈 방향을 제시해야 한다.'는 점을 말하고 있다.

오답분석
①·③ 제시문에서 언급되지 않았다.
④ 다양한 사회적 문제점들과 기후, 천재지변 등에 의한 문제점들을 언급하고 있으나, 이는 글의 주제를 뒷받침하기 위한 근거이므로 글 전체의 주제로 보기는 어렵다.
⑤ 전력수급기본계획의 수정 방안을 제시하고 있지는 않다.

07   정답 ③

제시문은 사회복지의 역할을 긍정하며 사회복지 찬성론자의 입장을 설명하고 있다. 사회 발전을 위한 사회복지가 오히려 장애가 될 수 있다는 점을 주장하며 반박할 수 있다.

오답분석
① 사회복지는 소외 문제를 해결하고 예방하기 위하여, 사회 구성원들이 각자의 사회적 기능을 원활하게 수행하게 한다.
② 사회복지는 삶의 질을 향상시키는 데 필요한 제반 서비스를 제공하는 행위와 그 과정을 의미한다.
④ 현대 사회가 발전함에 따라 생기는 문제의 기저에는 경제 성장과 사회 분화 과정에서 나타나는 불평등과 불균형이 있다.
⑤ 찬성론자들은 병리 현상을 통해 생겨난 희생자들을 방치하게 되면 사회 통합은 물론 지속적 경제 성장에 막대한 지장을 초래할 것이라고 주장한다.

08   정답 ③

적극적 경청의 4가지 구성요소는 몰입, 입장전환, 수용, 완전성이다.

09
정답 ④

'또한'은 '어떤 것을 전제로 하고 그것과 같게, 그 위에 더'를 뜻하는 부사로, 앞의 내용에 새로운 내용을 첨가할 때 사용한다. 그러나 ⓔ의 앞 내용은 뒤 문장의 이유나 근거에 해당하므로 '또한'이 아닌 '그러므로'를 사용하는 것이 문맥상 자연스럽다.

10
정답 ④

제시문의 흐름에 따라 '문화 변동은 수용 주체의 창조적·능동적 측면과 관련되어 이루어짐 – (나) 수용 주체의 창조적·능동적 측면은 외래문화 요소의 수용을 결정지음 – (다) 즉, 문화의 창조적·능동적 측면은 내부의 결핍 요인을 자체적으로 극복하려 노력하나 그렇지 못할 경우 외래 요소를 수용함 – (가) 결핍 부분에 유용한 부분만을 선별적으로 수용함 – 다시 말해 외래문화는 수용 주체의 내부 요인에 따라 수용 여부가 결정됨'의 순으로 나열하는 것이 적절하다.

11
정답 ⑤

제시문의 마지막 문단을 통해 사회적 합리성을 위해서는 개인의 노력도 중요하지만 그것만으로는 안 되고 '공동'의 노력이 필수임을 알 수 있다.

12
정답 ④

보기는 20대 여성 환자가 많은 이유에 대한 설명으로, 제시문에서 20대 여성 환자가 많다는 사실이 거론된 후에 나오는 것이 자연스럽다. 따라서 (라)의 앞부분에 그러한 사실이 열거되어 있으므로 보기는 (라)에 들어가는 것이 가장 적절하다.

13
정답 ④

제시문 (가)의 세 번째 문단에서 '한편', '또한'을 (나)에서 각각 '혹은'과 '그리고'로 바꾸었다. 그러나 '한편', '혹은', '또한', '그리고'는 모두 앞뒤 문장을 대등하게 연결하는 기능의 접속어이고, 해당 접속어를 바꾸어도 문장의 의미가 달라지지는 않으므로 문맥상 잘못된 접속어라는 설명은 적절하지 않다.

오답분석
① (나)에서 두 번째 문단의 마지막 문장 두 개를 통해 확인할 수 있다.
② (가)의 세 번째 문단의 '이러한 스포일러 문제를 해결하기 위해서는 ~'이 (나)의 네 번째 문단에서 '그렇다면 이러한 스포일러 문제는 어떻게 해결할 수 있을까?'로 바뀌었다.
③ (나)의 첫 번째 문단 마지막에 설문조사 결과를 보충하였다.
⑤ 두 번째 문단의 첫 번째·두 번째 문장이 두 문장으로 나뉘었으며, 세 번째 문단의 '이러한 스포일러 문제를 ~'이 둘로 나뉘면서 앞의 문장은 불필요한 어구를 삭제하고 단순화하였다.

14
정답 ③

제시문은 동양과 서양에서 서로 다른 의미를 부여하고 있는 달에 대해 설명하고 있는 글이다. 따라서 (나) 동양에서 나타나는 해와 달의 의미 – (라) 동양과 상반되는 서양에서의 해와 달의 의미 – (다) 최근까지 지속되고 있는 달에 대한 서양의 부정적 의미 – (가) 동양에서의 변화된 달의 이미지의 순으로 나열하는 것이 적절하다.

15 [정답] ③

제시문에서 저자가 'Aurora Leigh'는 전통적인 빅토리아 시대의 여성과 달리 고등 교육을 받았다고 하였으므로 저자는 전통적인 빅토리아 시대의 여성들이 고등 교육을 받지 못했다고 믿고 있음을 추론할 수 있다.

> 빅토리아 시대의 페미니스트 작가인 Elizabeth Barret Browning은 그녀의 시와 산문을 여성 문제를 포함해 그녀의 사회에서 직면하는 넓은 범위의 문제들과 싸우기 위해 이용하였다. 그녀의 장편 시인 Aurora Leigh에서 그녀는 그 예술가의 성장과 그 안의 여성의 성장 모두를 묘사함으로써 이 문제를 탐구한다. Aurora Leigh는 전통적인 빅토리안 여성이 아니다. 그녀는 고등 교육을 받고 자급자족하는 여성이다. 그 시에서, Browning은 남성들이 즐기는 자유와는 반대로 여성들에게 놓인 제한들을 여성들이 들고 일어나도록 선동하여 그들의 환경에 변화를 가져올 수 있도록 해야 한다고 주장한다. Aurora Leigh를 포함한 Browning의 글은 여성들의 삶에 중요한 사회적 변화를 위해 길을 닦는 것을 도왔다.

- take on : 싸우다, 떠맡다
- portray : 그리다, 묘사하다
- self-sufficient : 자급자족하는
- incite : 선동하다
- rise up : 폭동을 일으키다
- pave the way : 길을 닦다, 상황을 조성하다
- infer : 추론하다

16 [정답] ③

밑줄 친 부분과 ③의 '읽다'는 '사람의 표정이나 행위 따위를 보고 뜻이나 마음을 알아차리다.'의 의미이다.

17 [정답] ③

(라)는 설정실험을 통해 결정되는 유통기한을 언급하며, 설정실험의 두 가지 실험 방식을 제시한다. 먼저 (마)는 이러한 설정실험 중 유통기한이 짧은 식품에 사용하는 실측실험을 설명하고, (다)를 통해 실측실험의 장단점을 이야기한다. 다음으로 (가)는 가속실험 방법을 설명하며, (나)를 통해 가속실험의 장단점을 이야기한다. 따라서 글의 순서는 (라) – (마) – (다) – (가) – (나)이며, 글의 구조로는 ③이 가장 적절하다.

18 [정답] ④

뛰어난 사람이 없는 곳에서 보잘것없는 사람이 득세함을 비유적으로 이르는 말로, 제시문의 상황과 유사하다.

오답분석
① 싸움을 통해 오해를 풀어버리면 오히려 더 가까워지게 된다.
② 무슨 일을 잘못 생각한 후에야 이랬더라면 좋았을 것을 하고 궁리한다.
③ 굶주렸던 사람이 배가 부르도록 먹으면 만족하게 된다.
⑤ 기껏 한 일이 결국 남 좋은 일이 되었다.

19

정답 ②

제시문에 따르면 채집음식이란 재배한 식물이 아닌 야생에서 자란 음식재료를 활용하여 만든 음식을 의미한다.

오답분석
① 로가닉의 희소성은 루왁 커피의 사례를 통해 까다로운 채집과정과 인공의 힘으로 불가능한 생산과정을 거치면서 나타남을 알 수 있다.
③ 로가닉은 '천연상태의 날것'을 유지한다는 점에서 기존의 오가닉과 차이를 가짐을 알 수 있다.
④ 소비자들이 로가닉 제품의 스토리텔링에 만족한다면 높은 가격은 더 이상 매출 상승의 장애 요인이 되지 않을 것으로 보고 있다.
⑤ '로가닉 조리법'을 활용한 외식 프랜차이즈 브랜드가 꾸준히 인기를 끌고 있음을 확인할 수 있다.

20

정답 ②

제시문은 검무의 정의와 기원, 검무의 변천 과정과 구성, 검무의 문화적 가치를 설명하는 글로, 검무의 역사를 아우르며 그 세부적인 내용을 담고 있다.

21

정답 ②

ⓒ은 '농촌 지역 환경오염의 원인'이 아니며 '농촌 지역 환경오염의 폐해'에도 해당하지 않는다. 따라서 ⓒ을 'Ⅱ-1'의 하위 항목으로 옮기기보다는 삭제하는 것이 적절하다.

22

정답 ④

'감탄고토(甘吞苦吐)'는 '달면 삼키고 쓰면 뱉는다'는 뜻으로, 자신의 비위에 따라서 사리의 옳고 그름을 판단함을 이르는 말이다.

오답분석
① 감언이설(甘言利說) : 귀가 솔깃하도록 남의 비위를 맞추거나 이로운 조건을 내세워 꾀는 말
② 당랑거철(螳螂拒轍) : 제 역량을 생각하지 않고, 강한 상대나 되지 않을 일에 덤벼드는 무모한 행동거지를 비유적으로 이르는 말
③ 무소불위(無所不爲) : 하지 못하는 일이 없음
⑤ 속수무책(束手無策) : 손을 묶은 것처럼 어찌할 도리가 없어 꼼짝 못 함

23

정답 ③

빈칸에 해당하는 A의 질문에 대해 B가 '다시 환전할 때는 비용이 없다'고 설명하므로, 빈칸에는 통화를 되파는 것과 관련된 ③의 '환매 정책은 어떻게 되죠?'가 들어가는 것이 적절하다.

> A : 안녕하세요. 돈을 환전하려고 합니다.
> B : 예. 어떤 화폐로 해드릴까요?
> A : 달러를 파운드로 바꿔야 합니다. 환율이 어떻게 되나요?
> B : 1달러 당 0.73파운드입니다.
> A : 좋아요. 수수료를 받으시나요?
> B : 예. 4달러의 소액의 수수료를 받습니다.
> A : <u>환매 정책은 어떻게 되죠?</u>
> B : 무료로 매입합니다. 영수증만 챙겨 오시면 됩니다.

오답분석
① 비용이 얼마죠?
② 어떻게 지불하면 되나요?
④ 신용카드 취급하시나요?
⑤ 당신은 그것에 대해 어떻게 생각하시나요?

24
정답 ③

제시문의 (다) 이후에 MOU 체결로 인한 기대되는 상황이 서술되고 있으므로 보기는 (다)의 위치에 들어가는 것이 적절하다.

25
정답 ③

제시문에 따르면 '소비자 책임 부담 원칙'은 소비자를 이성적인 존재로 상정하며, 소비자의 선택이 자유로움을 전제로 한다. 따라서 실제로는 소비자가 자유로운 선택을 하기 어렵다는 주장을 통해 반박할 수 있다.

오답분석
① 소비자는 소비 생활에 필요한 상품의 성능, 가격, 판매 조건 등의 정보를 광고에서 얻을 수 있기 때문에 도움이 되지 않는 것은 아니다.
②·④·⑤ 제시문의 주장과 일치한다.

26
정답 ②

제시문의 빈칸은 아버지의 사랑에 대한 내용이다. 아버지의 사랑은 조건이 있고, 어린애를 가르치고 지도하는 기능이 있는 반면에, 어머니의 사랑은 무조건적이며 어린애의 생명을 안전하게 하는 기능을 한다. 따라서 '너는 내 아이로 태어났기 때문에'는 '무조건적인 사랑'이므로 어머니의 사랑이다.

27
정답 ③

제시문의 마지막 문단에 따르면, 우리나라도 유럽과 같이 첨단 안전장치를 검사하기 위하여 검사장비 및 검사기준 개발 등을 적극적으로 추진하고 있다고 하였다.

28
정답 ①

부사의 끝음절이 분명히 '-이'로만 나는 것은 '-이'로 쓰며, '어렵사리 겨우'를 뜻하는 말은 '근근이'로 쓴다.

29
정답 ②

제시문의 '그러나 인간의 이성으로 얻은 ~' 이하는 그 앞의 진술에 대한 반론으로, 이를 통해 인간에게 한계가 있는 이상 인간에 의해 얻어진 과학적 지식 역시 완벽하다고 할 수 없음을 추론할 수 있다.

30
정답 ③

보기는 욕망의 확대가 힘의 확대로 이루어지지 않고, 역효과가 나타날 수 있으니 우리의 힘이 미치는 반경을 생각해보아야 한다고 이야기한다. 이는 제시문의 (다) 바로 앞 문단에서 '인간이 만족할 때 강해지고 불만족할 때 약해진다'는 내용과 함께, (다) 뒤의 내용인 '그 범위'에 대응하는 것이다. 따라서 보기가 들어갈 위치로 (다)가 적절하다.

의사소통능력 합격노트 답안카드

성명	
지원 분야	
문제지 형별기재란	( )형 Ⓐ Ⓑ

수험번호: ⓪①②③④⑤⑥⑦⑧⑨ (×7)

감독위원 확인: (인)

번호	①	②	③	④	⑤
1	①	②	③	④	⑤
2	①	②	③	④	⑤
3	①	②	③	④	⑤
4	①	②	③	④	⑤
5	①	②	③	④	⑤
6	①	②	③	④	⑤
7	①	②	③	④	⑤
8	①	②	③	④	⑤
9	①	②	③	④	⑤
10	①	②	③	④	⑤
11	①	②	③	④	⑤
12	①	②	③	④	⑤
13	①	②	③	④	⑤
14	①	②	③	④	⑤
15	①	②	③	④	⑤
16	①	②	③	④	⑤
17	①	②	③	④	⑤
18	①	②	③	④	⑤
19	①	②	③	④	⑤
20	①	②	③	④	⑤
21	①	②	③	④	⑤
22	①	②	③	④	⑤
23	①	②	③	④	⑤
24	①	②	③	④	⑤
25	①	②	③	④	⑤
26	①	②	③	④	⑤
27	①	②	③	④	⑤
28	①	②	③	④	⑤
29	①	②	③	④	⑤
30	①	②	③	④	⑤

〈절취선〉

※ 본 답안카드는 마킹연습용 모의 답안카드입니다.

의사소통능력 합격노트 답안카드

2026 최신판 시대에듀 NCS 의사소통능력 합격노트

개정7판1쇄 발행	2026년 01월 20일 (인쇄 2025년 10월 29일)
초 판 발 행	2019년 02월 20일 (인쇄 2019년 01월 31일)
발 행 인	박영일
책 임 편 집	이해욱
편 저	SDC(Sidae Data Center)
편 집 진 행	여연주 · 정수현
표지디자인	김지수
편집디자인	최미림 · 이다희
발 행 처	(주)시대고시기획
출 판 등 록	제10-1521호
주 소	서울시 마포구 큰우물로 75 [도화동 538 성지 B/D] 9F
전 화	1600-3600
팩 스	02-701-8823
홈 페 이 지	www.sdedu.co.kr

I S B N	979-11-434-0200-4 (13320)
정 가	22,000원

※ 이 책은 저작권법의 보호를 받는 저작물이므로 동영상 제작 및 무단전재와 배포를 금합니다.
※ 잘못된 책은 구입하신 서점에서 바꾸어 드립니다.

NEXT STEP

시대에듀가 합격을 준비하는
당신에게 제안합니다.

성공의 기회
시대에듀를 잡으십시오.

시대에듀

기회란 포착되어 활용되기 전에는 기회인지조차 알 수 없는 것이다.
- 마크 트웨인 -

기업별 맞춤 학습 "기본서" 시리즈

공기업 취업의 기초부터 심화까지! 합격의 문을 여는 Hidden Key!

기업별 시험 직전 마무리 "모의고사" 시리즈

실제 시험과 동일하게 마무리! 합격을 향한 Last Spurt!

※ 기업별 시리즈 : HUG 주택도시보증공사/LH 한국토지주택공사/강원랜드/건강보험심사평가원/국가철도공단/국민건강보험공단/국민연금공단/근로복지공단/발전회사/부산교통공사/서울교통공사/인천국제공항공사/코레일 한국철도공사/한국농어촌공사/한국도로공사/한국산업인력공단/한국수력원자력/한국수자원공사/한국전력공사/한전KPS/항만공사 등

※ 도서의 이미지 및 구성은 변동될 수 있습니다.

NCS
합격
노트
의사소통능력
정답 및 해설